Knaus

K

Vyv Simson/Andrew Jennings

Geld, Macht und Doping

Das Ende der olympischen Idee

Aus dem Englischen von Gabriele Burkhardt,
Karlheinz Dürr, Reiner Pfleiderer

Albrecht Knaus

1. Auflage

Umschlaggestaltung: Claus Grube nach einer
Vorlage aus der Image Bank, München
Gesetzt aus Korpus Sabon
Satz: Büro Dr. Ulrich Mihr, Tübingen
Redaktionelle Bearbeitung: Wolfram Ströle
Druck und Bindung: Mohndruck, Gütersloh
Printed in Germany
ISBN 3-8135-0445-X

Inhaltsverzeichnis

Das soll Sport sein?

Dieses Buch handelt von den Olympischen Spielen und vom Weltsport. Es enthüllt Dinge, die im Fernsehen nicht gezeigt werden und worüber die Zeitungen nicht berichten. In den vergangenen vier Jahren haben wir herauszufinden versucht, wer den Sport beherrscht, wohin die Gelder fließen und warum der Sport, der noch vor einem Jahrzehnt als eine Quelle der Schönheit und Reinheit galt, heute ein verfilztes, undemokratisches, medikamentenverseuchtes und käufliches Marketing-Instrument weltweit operierender multinationaler Konzerne ist.

Zu unserer Überraschung erwiesen sich diese Untersuchungen als die schwierigsten, die wir je in Angriff genommen haben. Wir haben in den vergangenen Jahren über unterschiedliche Themen geschrieben oder in Fernsehdokumentationen berichtet: über die Mafia, die Iran-Contra-Affäre, den Terrorismus, die Korruption bei Scotland Yard und andere dunkle Bereiche des öffentlichen Lebens.

Am schwersten fiel es uns jedoch, in die Welt der Olympischen Spiele und des Amateursports einzudringen. Nie zuvor waren wir mit so vielen Hindernissen konfrontiert, wenn wir Zugang zu zitierfähigen Interviews, Dokumenten und anderen Originalquellen suchten. Ein ehrbarer Olympier hetzte sogar Rechtsanwälte auf uns. Er wollte uns daran hindern, Kritisches über die olympische Führung zu veröffentlichen, obwohl die Kritik in einem längeren, auf Band aufgezeichneten Interview geäußert worden war!

Das Buch enthält unsere Erkenntnisse über die Welt des modernen olympischen Sports. Diese Welt ist eine verschwiegene, elitäre Domäne, in der alle Entscheidungen über den Sport, über *unseren* Sport, hinter geschlossenen Türen getroffen werden. In dieser Domäne dient das Geld nicht dazu, den Sportlern zu Trainingsmöglichkeiten zu verhelfen; vielmehr wird es ausgegeben, um einem kleinen Kreis von Funktionären einen exklusiven Lebensstil zu ermöglichen. Gelder, die für den Sport bestimmt waren, wurden auf ausländische Bankkonten geschleust. Es ist eine Gemeinschaft, in der sich die Funktionäre keinen Wahlen zu stellen brauchen und auf Dauer präsidieren dürfen.

Dieses Buch handelt also nicht von den Sportlern, die um die Goldmedaillen kämpfen. Es handelt von der verborgenen Welt der dunklen Nadelstreifen-Anzüge, von den Männern, die den Sport für ihre eigenen Zwecke manipulieren.

Wir sind keine Sportjournalisten. Wir gehören nicht zu jenem leider allzu großen Kreis von Journalisten, die ihren Blick vorzugsweise und ausschließlich auf die sportliche Seite richten und dabei ignorieren, in welchem Maße der Sport durch Habgier und Ehrgeiz zerstört wird. Es war deshalb eine Erleuchtung für uns, als wir von dem in der Schweiz residierenden Leiter des Informationsbüros des Internationalen Olympischen Komitees (IOC) mit Vorwürfen überschüttet wurden, weil wir versucht hatten, einem hohen Olympier klare Fragen zu stellen. Wir hatten uns nicht anders verhalten als jeder Reporter bei seinen Nachforschungen. Aber ein solches Verhalten ist in der geheimen, selbstsüchtigen Welt des IOC nicht erlaubt. Wenn der Sport überleben soll, braucht er die Aufmerksamkeit einer viel größeren Zahl von Journalisten, die sich nicht den Herren in Lausanne verschrieben haben.

Bei unserem Versuch, hinter den Pomp und die Scheinheiligkeit der modernen olympischen Bewegung und ihrer Führer zu blikken, wurden wir immer wieder an die Bemerkung des Kindes in dem Märchen »Des Kaisers neue Kleider« erinnert: »Aber der Kaiser hat ja gar nichts an!«

Den Personen, die unsere hilfreichsten Quellen waren, dürfen wir nicht öffentlich danken. Das stellten wir bei unserer Arbeit in den vergangenen Jahren immer wieder fest. Aber die Dokumente erreichten uns, und liebe Menschen, die sich um den Sport sorgen, machten uns auf Dinge aufmerksam, die untersucht und veröffentlicht werden mußten. Wir hoffen, daß dieses Buch ihnen in ihrem Kampf hilft, den Sport aus den Klauen der Wenigen zu befreien.

Selbstverständlich übernehmen wir die Verantwortung für alle Aussagen in diesem Buch. Für Hilfe und vielfältige Beteiligung möchten wir uns bedanken bei Pat Butcher, Mark Dowie, Jock Ferguson, Pierlunghi Ficoneri, Sir Arthur Gold, Nick Hayes, Fred Holder, Dennis Howell, The National Security Archive in Washington, Susan O'Keefe, dem verstorbenen Ron Pickering, Claire Powell, John Rodda, Claire Sambrook, Montse Trivino und Giovanni Ulleri.

Auch unseren Übersetzern Sebastian Balfour, Franco Bossario, Patrick Buckley, Lucy Davies und Nicki DiCiolla möchten wir für ihre guten Ratschläge danken, die weit über die Bedeutung einzelner Begriffe hinausgingen. Spanischkundigen Lesern, die mehr über die Herkunft Juan Antonio Samaranchs erfahren möchten, empfehlen wir die Lektüre des Buches von Jaume Boix und Arcadio Espada, *El Deporte del Poder,* das 1991 bei Ediciones Temas De Hoy in Madrid erschien.

Den Mitarbeitern der British Olympic Association danken wir für die Erlaubnis, ihre Bibliothek ausgiebig zu nutzen.

Den größten Dank schulden wir – wie bei unseren früheren Projekten – jenen Personen, die uns nahestehen und ohne deren Unterstützung dieses Buch nicht hätte verwirklicht werden können.

Vyv Simson
Andrew Jennings
Januar 1992

1 Willkommen in Barcelona!

Willkommen in Spanien. Willkommen in Barcelona, dem alten römischen Barcino. In der »Stadt der Grafen« mit ihren mittelalterlichen Mauern. Einer Stadt von ungefähr zwei Millionen Einwohnern, die sich über die breite Ebene zwischen der Sierra de Collserola, den Flüssen Llobregat und Besós und dem Mittelmeer erstreckt.

Willkommen in Barcelona. In der Hauptstadt des stolzen und unabhängigen Katalonien, in der zweitgrößten Stadt Spaniens – in der Stadt, die jahrhundertelang die Erzrivalin der Hauptstadt Madrid war.

Willkommen in Barcelona, der Stadt, in die Christoph Kolumbus nach der Entdeckung der Neuen Welt im Jahre 1492 zurückkehrte.

Willkommen in Barcelona, der Stadt von Salvador Dalí und Pablo Picasso, José Carreras und Pablo Casals – und der Stadt des surrealistischen Hundes Cobi.

Cobi, der surrealistische Hund? Sie haben richtig gelesen. Denn Barcelona ist auch die Stadt der Olympischen Spiele 1992. Und Cobi, der Cartoon-Hund, ist das olympische Maskottchen Barcelonas.

Wir schreiben die Woche vor dem Beginn der Spiele. Die katalanische Hauptstadt ist überfüllt. 400 000 Zuschauer werden erwartet. Sie sind die Gäste der größten Show der Welt. Willkommen in Barcelona.

Für das Organisationskomitee der Olympischen Spiele in Barcelona, das für die Planung und Finanzierung des zweiwöchigen Spektakels verantwortlich zeichnet, ist der Augenblick der Wahrheit gekommen. Das Komitee hat, wie jede andere Institution in der Welt des internationalen Sports, sein eigenes Kürzel: CO-OB'92. Pasqual Maragall, der sozialistische Bürgermeister Barcelonas, ist Präsident des Komitees. Er spricht mit glühenden Worten von der »olympischen Liebesgeschichte« seiner Stadt. Diese Leidenschaft hat Maragall und sein Exekutivkomitee viel Geld gekostet: Fast drei Milliarden Mark verschlingt allein die Inszenierung der zweiwöchigen Show.

Weitere sechs Milliarden Mark öffentlicher Gelder mußte die Stadt aufbringen, um Grundstücke zu kaufen, zu erschließen und nutzbar zu machen, ein olympisches Dorf zu bauen, einen neuen Stadtring von dreiundvierzig Kilometern Länge anzulegen, die vierundvierzig Anlagen, die für das umfassende olympische Sportprogramm benötigt werden, zu renovieren oder auf grünen Wiesen neu zu bauen und schließlich Barcelonas Flughafen zu modernisieren.

Im Oktober 1986, also sechs Jahre zuvor, hatte sich Barcelona beim Wettbewerb um die Ausrichtung der Olympiade 1992 gegen Brisbane, Paris, Amsterdam, Belgrad und Birmingham durchgesetzt. Preßlufthämmer, Planierraupen und Kräne wurden in Bewegung gesetzt und standen seither nicht mehr still. Die Bürger der Stadt lebten praktisch auf einer riesigen Baustelle. Aber in dieser Woche können Bürgermeister Maragall und seine Männer endlich wieder ruhig schlafen, denn sie wissen, daß nun alles für die Spiele bereit ist.

Bei der Schlußfeier der Spiele in Seoul am 2. Oktober 1988 wurde Bürgermeister Maragall die olympische Fahne überreicht, die Baron Pierre de Coubertin, der Gründer der modernen Spiele, entworfen hatte. Die weiße Fahne mit den fünf ineinander verschlungenen Ringen, die für die fünf Kontinente stehen, ist heute das weltweit bekannteste Symbol nach dem christlichen Kreuz. Am Samstag, den 25. Juli 1992 wird die Flagge über dem Montjuic-Stadion in Barcelona hochgezogen. Alles wird für die Eröffnungszeremonie der 25. Olympischen Spiele bereit sein.

Das Montjuic-Stadion ist die zentrale Sportanlage der zweiwöchigen Sport- und sechsjährigen Ausgabenorgie. Bei der Eröffnungszeremonie werden Könige und Königinnen, Fürsten und Fürstinnen, Scheiche und Radschas, Präsidenten und Premierminister auf ihrer Ehrentribüne von siebzigtausend Zuschauern umgeben sein. Eintrittskarten werden für achthundert Mark den Besitzer wechseln.

Das Stadion beherrscht den vom Organisationskomitee sogenannten »olympischen Ring« auf dem Hügel Montjuic, von dem aus man die Stadt im Westen und das Mittelmeer im Osten überblicken kann.

Das Stadion hat eine lange olympische Geschichte. Der Grundstein wurde vor vierundsechzig Jahren von Comte Henri de Ballet-Latour gelegt, dem damaligen Präsidenten des Olympischen Komitees. Montjuic wurde gebaut, als Barcelona sich zum erstenmal um die Olympischen Spiele bewarb. Und im Hotel Ritz in Barcelona fand im Jahr 1931 die 30. Jahrestagung des Internationalen Olympischen Komitees (IOC) statt, das über die Rechte der Olympischen Spiele verfügt.

Zehn Tage vor der Eröffnung dieser 30. Jahrestagung rief die neue linksgerichtete spanische Regierung die Republik aus. Ein Marquis und fünf Grafen befanden sich unter dem tapferen Häuflein, das im Ritz zusammenkam, aber die meisten ihrer Kollegen blieben der Tagung fern. Die Anwesenden vereinbarten, den Veranstaltungsort der Olympischen Spiele 1936 durch Briefwahl zu bestimmen. Als die Stimmen ausgezählt wurden, mußte Barcelona feststellen, daß Adolf Hitlers Berlin gewonnen hatte.

Die tief enttäuschten Bürger Barcelonas, die ohnehin radikalen Gedanken immer nahestehen, führten in ihrem neuen Montjuic-Stadion eigene Spiele durch und nannten sie provokativ »Volksolympiade Barcelona«. Im Juli 1936 konnte der Bürgermeister von Barcelona zur Volksolympiade in seiner Stadt fünftausend Athleten und zwanzigtausend Zuschauer begrüßen.

Die Volksolympiade fand ein schnelles Ende. Am Tag nach der Eröffnung begann der Militärputsch, der dann zum Spanischen Bürgerkrieg führte. Die Volksolympiade löste sich auf, und viele Athleten und Zuschauer schlossen sich den republikanischen Kräften an, die sich in der katalanischen Hauptstadt sammelten. Barcelona wurde zum Bollwerk des Widerstandes gegen General Franco und seine faschistischen Gefolgsleute. Der Diktator Franco vergab Barcelona diesen Widerstand nie; die Bürger der Stadt mußten dafür in den folgenden vierzig Jahren bitter büßen. Tausende der Franco-Gegner starben, und weitere Tausende wurden in die Gefängnisse geworfen. Den Katalanen jedoch, die mit erhobenem Arm den faschistischen *Movimiento* des Diktators grüßten, ging es fortan immer besser.

Generalissimo Francos Rachegelüste gegen Barcelona beeinträchtigten sogar die olympischen Hoffnungen der Stadt. Im Dezember 1965 bewarben sich Barcelona und Madrid um die Nominierung der spanischen Kandidatenstadt für die Spiele von 1972. Auf einer Tagung am Heiligen Abend 1965 sollte die Wahl zwischen den beiden Städten getroffen werden. Ein paar Tage zuvor erhielt der Leiter der Delegation aus Barcelona einen Anruf. Man ließ ihn wissen, daß es sich nicht lohne, zu der Tagung anzureisen. »Es ist nicht wichtig«, erklärte der Anrufer, »bei der Tagung geht es nur um finanzielle Dinge.«

Barcelona war hereingelegt worden. Drei Tage nach Weihnachten wurde dem Hauptquartier der olympischen Bewegung in der Schweiz mitgeteilt, daß Madrid die spanische Kandidatenstadt für 1972 sei. »Damals«, meinen Katalanen, die sich an General Francos absolute Machtfülle erinnern, »lebte der Mann aus El Pardo noch.« Heute ist der Führer tot. Spanien ist wieder eine Demokratie, und die faschistischen Genossen Francos haben ihre Uniformen längst gegen zivile Anzüge getauscht. In dieser Woche wird das Stadion von Montjuic endlich seiner olympischen Bestimmung gerecht.

Im Verlauf der vergangenen sechs Jahre wurde das Stadion abgetragen, neu entworfen und vollständig neu aufgebaut. Das äußere Erscheinungsbild im Stil der dreißiger Jahre blieb jedoch erhalten – »im Gedenken an den sportlichen und olympischen Geist jener Generationen von Bürgern dieser Stadt, die seit Beginn dieses Jahrhunderts um die Ausrichtung der Spiele gekämpft haben«.

Vier riesige Liftanlagen werden vierzehntausend Menschen pro Stunde auf die Ränge des Olympiastadions transportieren, damit sie von dort die Stars auf Aschenbahn und Rasen bei ihrer Jagd nach Weltrekorden beobachten können. Die Wettbewerbe in Volleyball und Basketball finden in der avantgardistischen Sporthalle Palau Saint Jordi, die Boxwettkämpfe in der Stierkampfarena Las Arenas statt.

Das olympische Dorf Parc de Mar befindet sich in Poblenou, einem Küstenort bei Barcelona. Parc de Mar umfaßt ein Areal von 650 000 Quadratmetern, das mit sechsstöckigen Wohnblocks mit Meeresblick bebaut worden ist. Hier werden fünfzehntausend Sportler aus über hundertsechzig Ländern zwei Wochen lang wohnen. Der gesamte Bezirk ist von einem hohen Sicherheitszaun umgeben. Die Sicherheit der Athleten stellt ein Hauptproblem dar, seit in München 1972 elf israelische Sportler von Terroristen ermordet wurden.

Das olympische Dorf verfügt über Restaurant, Postamt, Bank, Reisebüro, Autovermietung, Supermarkt, Buchhandlung, Drogerie, Bar, Lesesäle und Aufenthaltsräume. Das Restaurant wird für die Athleten im Verlauf der Spiele mehr als 900 000 Mahlzeiten liefern.

In der Nähe des Montjuic-Stadions, am Rand des »olympischen Rings«, befindet sich das zentrale Pressezentrum. Es ist über Satellit mit den Pressezentren in den anderen Veranstaltungsorten, im olympischen Dorf und in den beiden eigens errichteten »Mediendörfern« in Badalona und Val d'Hebron am Stadtrand von Barcelona verbunden. Das zentrale Pressezentrum steht den zehntausend akkreditierten Vertretern der Weltpresse und der Fernseh- und Rundfunkanstalten zur Verfügung, die nach Barcelona gekommen sind.

Das luxuriöse Hotel Princesa Sofia befindet sich an der längsten Straße Barcelonas, der berühmten »Diagonal«. In den vergangenen zwei Jahren investierten die Eigentümer rund zehn Millionen Dollar in die Renovierung des Hotels. Es wurde üppig ausgestattet, um die wichtigsten Gäste der Spiele zu beherbergen. Wie auch immer die Starathleten, die Starschwimmer oder die Turner untergebracht sein mögen: Das Hotel Princesa Sofia wird in den nächsten zwei Wochen dem »Club« als Hauptquartier vorbehalten sein.

Der »Club« ist eine der unzugänglichsten, mächtigsten und lukrativsten Vereinigungen der Welt. Er wird von einigen wenigen »Präsidenten« geleitet, die sich gegenseitig ernennen. Die kleine Gruppe von Clubmitgliedern beherrscht den Weltsport.

Der Spanier Juan Antonio Samaranch ist der »olympische Papst«, der unangefochtene König des Weltsports. Als wichtigstes Clubmitglied residiert er in der Präsidentensuite des Hotels Princesa Sofia. Samaranch ist Präsident des IOC, des Internationalen Olympischen Komitees, jener Gruppe grundverschiedener Individuen, in deren »Besitz« sich die olympische Bewegung befindet. Seit über einem Jahrzehnt steht der Spanier an der Spitze der Bewegung. Samaranch behauptet, die Olympiade sei »die wichtigste und zugleich angesehenste soziale Bewegung in der heutigen Welt«. Diese Bemerkung dürfte Millionen von Fernsehzuschauern überraschen, die die Olympischen Spiele lediglich für ein alle vier Jahre stattfindendes Sportfest hielten.

»Mein Chef fühlt sich wie ein König«, gesteht ein IOC-Mitglied. Die politischen Führer der Welt scheinen diesen Anspruch anzuerkennen: Sie behandeln den schmächtigen, zweiundsiebzig Jahre alten Mann mit den silbernen Haaren wie einen Präsidenten. Samaranch mußte im Verlauf seiner zwölfjährigen Amtszeit als Präsident nur eine einzige Wahl bestreiten. Wenn er nicht gerade zu Besuchen im Weißen Haus, im Vatikan, im Kreml oder in der Großen Halle des Volkes in Peking weilt, gewährt er bittstellenden Premierministern und Präsidenten Privataudienzen in seiner olympischen Residenz in Lausanne. Er genießt überall hohes Ansehen. Staatsoberhäupter und Universitäten überhäufen ihn mit Orden, Medaillen, Preisen und Ehrendoktorhüten.

Samaranch nennt sein Internationales Olympisches Komitee »die führende moralische Instanz des sportlichen Wettkampfes«. Diese Bemerkung stammt vom Oberhaupt einer Organisation, die sich in Seoul damit blamierte, daß sie dem mit Steroiden vollgepumpten Ben Johnson die Goldmedaille im 100-Meter-Lauf wieder aberkennen mußte.

Samaranch beschreibt die olympische Bewegung als Pyramide. Natürlich stehen er und die etwa neunzig Mitglieder seines Internationalen Olympischen Komitees an der Spitze. Zur Olympiade flogen die IOC-Mitglieder, ihre Familien und Gäste aus aller Welt in der ersten Klasse nach Barcelona; sie haben Hunderte von Räumen im Princesa Sofia gebucht. Das Hotel wurde schon vor Jahren vollständig als Hauptquartier des »Clubs« reserviert.

Samaranch wird wie ein wirklicher Präsident im Princesa Sofia hofhalten. Barcelona ist Samaranchs Heimatstadt. Die Ausrichtung der Spiele in dieser Stadt ist für ihn der Gipfel des Ruhms.

In einer anderen, dem olympischen Protokoll entsprechend weniger großartigen Suite des Princesa Sofia residiert ein weiteres mächtiges Clubmitglied: der Brasilianer Dr. João Havelange. Er gehört dem IOC seit 1963 an, zwei Jahre länger als Samaranch. Havelange ist König des populärsten Sports der Welt: des Fußballs. 1974 wurde er zum Präsidenten der hauptsächlich mit dem Profi-Fußball befaßten Fédération Internationale de Football Association gewählt, die unter der Abkürzung FIFA besser bekannt ist. Wie der IOC-Präsident mußte sich auch Havelange seit seiner Wahl zum Führer des populärsten Sports der Welt keiner weiteren Wahl mehr stellen. Präsident Havelange ist seit fast zwanzig Jahren einer der einflußreichsten Sportfunktionäre.

Als sich Barcelona in den frühen achtziger Jahren um die Ausrichtung der Spiele bewarb, erklärte IOC-Präsident Samaranch, als Spanier und Katalane wolle er sich bei dem Bewerbungsverfahren neutral verhalten. Das konnte er sich leisten. Die Haltung des Präsidenten in dieser Frage war allgemein bekannt, und es gab genügend Persönlichkeiten, die sich für seine Heimatstadt einsetzten. Der mächtigste von ihnen war sein brasilianischer Freund, João Havelange. Er organisierte die Unterstützung der spanischsprachigen IOC-Mitglieder für die Bewerbung Barcelonas.

Was folgte, war wenig erfreulich. Man sprach vom »unzumutbaren Gesicht der olympischen Bewegung«: »Üppige Empfänge wurden gegeben, Einladungen an die Mitglieder in aller Welt verschickt, zur Besichtigung der verschiedenen Örtlichkeiten anzureisen, und Geschenke verteilt, und schließlich wurden auch Könige und Premierminister in den letzten Entscheidungsprozeß verwikkelt.«

Der frühere französische Premierminister Jacques Chirac, der die Bewerbung von Paris leitete, beschuldigte Havelange bei der IOC-Tagung 1985 in Berlin, durch politische Manöver die Spiele für Barcelona sichern zu wollen. Chirac, dem politische Schachzüge selbst keineswegs fremd sind, sah Paris auf der Verliererstraße. »Chirac drohte«, so ein Beobachter, »seinen Einfluß in Afrika zu nutzen, um sicherzustellen, daß Havelange als Präsident der FIFA nicht mehr gewählt würde. Es gibt keinen Zweifel daran, daß Havelange mit seinem Rückhalt in Süd- und Mittelamerika innerhalb des IOC Mehrheiten schaffen kann.«

Das Hotel Hilton liegt ebenfalls an der »Diagonal« in Barcelona. Dieses Hotel wurde für ein weiteres tragendes Element der olympischen Pyramide Samaranchs reserviert – für die internationalen Sportverbände. Jeder dieser Verbände fungiert als weltweite Kontrollbehörde für eine oder mehrere der fünfundzwanzig Sportarten, die bei den Spielen in Barcelona vertreten sind. Die Verbände legen deshalb auch die Gesetze und Regeln der olympischen Wettbewerbe ihrer Sportarten fest.

Ein weiteres Clubmitglied ist Präsident Primo Nebiolo. Sein Einfluß im Weltsport wurde zwar durch ein paar Skandale zeitweilig reduziert, doch im Hinblick auf die Olympischen Spiele gilt er als Schlüsselfigur. Nebiolo ist Oberhaupt der Leichtathletik, der zentralen olympischen Sportart. Er ist zugleich das drittwichtigste Clubmitglied.

Für Samaranch ist der Italiener Nebiolo von größter Bedeutung. Der IOC-Präsident fürchtet Nebiolos Macht, denn ohne den Bahn- und Rasensport könnten die Spiele nicht als wichtigstes Sportspektakel der Welt gelten. Nebiolos Sportart ist der schönste Edelstein der olympischen Krone. Sie verschafft den Spielen Glanz und Geld. Fernsehgesellschaften in aller Welt zahlen hohe Preise, um bei der Jagd der Stars nach Rekorden live dabei zu sein.

Mit Sportlern, die allein die Teilnahme an den Spielen als ausreichende Belohnung ansehen, ist kein Profit zu machen. Nebiolos Organisation ist der internationale Leichtathletikverband, der den seltsamen Namen International Amateur Athletic Federation (IAAF) trägt, obwohl die »Amateursportler« des Verbands heutzutage Ferrari und Porsche fahren. Dieser Verband kontrolliert den Nachschub olympischer Spitzensportler.

Primo Nebiolo trägt zwar entscheidend zum fortgesetzten Erfolg der Spiele bei, wurde aber nicht in das Internationale Olympische Komitee aufgenommen. Viele IOC-Mitglieder mißtrauen ihm. Sein Ehrgeiz ist geradezu spürbar und dringt aus jeder Pore seines ständig sonnengebräunten Gesichts. Er ist ganz anders als der glatte und diplomatische IOC-Präsident Samaranch oder der weltläufige FIFA-Präsident Havelange. Nebiolo ist ein Raufbold, ein Überlebenskünstler, ein Straßenkämpfer; er verletzt die empfindlichen Gefühle vieler Mitglieder des IOC.

Doch Nebiolo hat die Hoffnung noch nicht aufgegeben. Im vergangenen Jahr wurde ein ähnlich umstrittener Verbandspräsident in das IOC aufgenommen. Präsident Mario Vazquez Raña, der mexikanische Medienmagnat und Multimillionär, reist im eigenen Privatjet nach Barcelona und bezieht dort ebenfalls eine Präsidentensuite. Raña ist ein führendes Clubmitglied. Er ist Präsident des Verbandes der Nationalen Olympischen Komitees ANOC.

Die Nationalen Olympischen Komitees (NOK) stellen in Samaranchs Pyramide den dritten Baustein dar. In jedem Land gibt es ein solches Komitee; in die Schlagzeilen geraten diese Komitees jedoch nur in den olympischen Jahren, wenn sie Gelder sammeln, um ihre Teams zu den Spielen entsenden zu können.

Die Pflichten der NOK sind in einem der großen ungelesenen Dokumente dieser Welt festgelegt: in der Olympischen Charta. Früher war die Charta nichts weiter als eine Zusammenstellung ethischer Prinzipien, Ziele und Ideale. In dem Maße, in dem die Spiele an Bedeutung gewannen, wurde auch die Charta immer pompöser. Laut ihr ist es die Funktion der NOK, die grundlegenden Prinzipien des olympischen Gedankens auf nationaler Ebene zu fördern und zu seiner Verbreitung durch den Unterricht an den Schulen beizutragen. Die NOK entscheiden darüber, welche der großen Städte ihrer Länder sich um die Ausrichtung der Spiele bewerben sollen. Aus jedem Land darf sich nur eine Stadt bewerben, und aufgrund der Kosten können nur wenige Länder eine Bewerbung anstreben.

Es gibt gegenwärtig über hundertsechzig Nationale Olympische Komitees – von der Volksrepublik China mit mehr als einer Milliarde Einwohnern bis hin zu Monaco mit etwa 25 000 Einwohnern. Der Olympischen Charta zufolge dürfen die NOK sich keinerlei Druck beugen, auch nicht politischem oder wirtschaftlichem Druck. Diese Vorschrift wurde während der kommunistischen Herrschaft im Ostblock ständig mißachtet, denn dort wurden die Sportfunktionäre lediglich aufgrund ihrer marxistisch-leninistischen Überzeugung ausgewählt.

In vielen Ländern der Dritten Welt sind die NOK den Sportministerien unterstellt. Mehrere IOC-Mitglieder und NOK-Präsidenten sind hochrangige Offiziere. Ihre Länder werden von Militärjuntas beherrscht. Politische und ökonomische Unabhängigkeit ist den meisten dieser Länder ebenso fremd wie eine Wahlurne.

Die übrigen Clubmitglieder sind im Rest der insgesamt 2300 Hotelzimmer untergebracht, die in Barcelona für die große olympische Familie reserviert wurden. Beispielsweise Un Yong Kim aus Südkorea. Dr. Kim ist Präsident der World Taekwondo Federation – Taekwondo ist ein koreanischer Kampfsport. Samaranch bezeichnet Kim als seinen »engsten Berater«.

Kim gehört schon lange zur olympischen Bewegung. Er war das

wichtigste Mitglied des Organisationskomitees der Spiele in Seoul. Für seinen Einsatz wurde Kim, der in einer der brutalsten Militärdiktaturen der Welt Karriere gemacht hat, zum Sonderberater des südkoreanischen Staatspräsidenten ernannt. Einige IOC-Mitglieder sehen in Kim den Nachfolger Samaranchs.

Der Rechtsanwalt Dick Pound aus Montreal gilt ebenfalls als Anwärter auf das höchste olympische Amt. Pound ist das kanadische Clubmitglied; er ist ein freimütiger, manchmal zu freimütiger Mensch und war der Verhandlungsführer des IOC beim Verkauf der Fernsehrechte.

Ein Clubmitglied wird beim Fest in Barcelona durch Abwesenheit auffallen: Pounds früherer nordamerikanischer Kollege Robert H. Helmick, ein Rechtsanwalt aus Des Moines, Iowa. Bis Ende 1991 war Helmick Präsident des mächtigen Olympischen Komitees der Vereinigten Staaten, USOC. Er unterzeichnete die viele Millionen Dollar schweren Sponsorenverträge des USOC. Zugleich war Helmick Mitglied des Exekutivkomitees des IOC und stand bereits in den Startlöchern für die Nachfolge Samaranchs. 1991 wurde jedoch enthüllt, daß er Gelder von Sportorganisationen, Marketingfirmen und TV-Gesellschaften angenommen hatte, die mit der olympischen Bewegung ins Geschäft kommen wollten. Er mußte deshalb sein Amt als Präsident des USOC niederlegen.

Die Clubmitglieder aus dem einst mächtigen Ostblock genießen den für sie ungewohnten Luxus in Barcelona – die Russen Vitaly Smirnov und Marat Gramov, der Rumäne Alexandru Siperco, Vladimir Cernusak aus der Tschechoslowakei, der Gewerkschaftsboß Shagdarjav Magvan aus der Mongolischen Volksrepublik, der Pole Wlodzimierz Reczek, der Bulgare Ivan Slavkov und natürlich der alte Günther Heinze, ehemals Ostberlin, aus dem neuen, wiedervereinigten Deutschland.

Durch die unerwartete Demokratisierung ihrer Länder wurden viele dieser Sportfunktionäre aus Amt und Würden vertrieben – sie bleiben jedoch lebenslang Mitglieder des IOC, reisen um die Welt und repräsentieren niemanden als sich selbst.

Juan Antonio Samaranch wurde vor siebenundzwanzig Jahren Mitglied des IOC. In dieser Zeit wurde das IOC zu der reichen Organisation, die es heute ist. In den frühen sechziger Jahren war die finanzielle Situation des Olympischen Komitees katastrophal. Bei den Spielen in Rom war ein Verlust von dreihundert Millionen Lire entstanden. Freilich war nicht alles verloren: Die großen Fernsehanstalten der Welt eilten zu Hilfe. Dennoch lebte das Komitee von der Hand in den Mund. Das damalige kenianische IOC-Mitglied Reggie Alexander erbot sich, einen Buchhalter aufzutreiben, der ohne Honorar die Buchführung des IOC übernehmen würde. Seitdem verbesserte sich die Lage. Heute ist das angesehene internationale Buchprüfungsunternehmen Price Waterhouse für die Prüfung der Finanzen zuständig.

Die Bücher des IOC werden geheimgehalten. Wir können aber feststellen, daß Präsident Samaranch im Dezember 1990 einer Organisation vorstand, die über einen Jahreshaushalt von zwanzig Millionen Dollar und über Vermögenswerte in Höhe von 118 Millionen Dollar verfügte. Die Barmittel belaufen sich auf fast sechzig Millionen Dollar. Diese Barmittel wurden geschickt verteilt, um in den Nutzen der höchsten Zinssätze zu kommen – fünfundsiebzig Prozent sind in Schweizer Franken und der Rest in US-Dollar angelegt.

Samaranchs IOC-Büro in der Schweiz hatte früher elf Angestellte, die sich mit drei Zimmern im zweiten Stock eines Hauses namens Mon Repos begnügen mußten. Heute arbeiten einundsechzig Angestellte in einem luxuriösen Komplex von marmorverkleideten Gebäuden, dem Château de Vidy inmitten eines gepflegten Parks in Lausanne. Allein die Lohnkosten belaufen sich heute auf acht Millionen Schweizer Franken. Bald wird es noch mehr Büros geben: Ein neuer Anbau und ein Tiefgeschoß werden das Château de Vidy mit dem nahegelegenen Olympischen Haus verbinden.

Und das Imperium wächst weiter. Im Juni 1993 wird das IOC in Lausanne seine 100. Vollversammlung abhalten. Dabei wird Präsident Samaranch das Projekt einweihen, an dem ihm am meisten gelegen ist: Er wird das Olympische Museum eröffnen. Das Museum kostete vierzig Millionen Dollar, die teilweise von dankbaren internationalen Konzernen gespendet wurden. Die Konzerne standen bereitwillig an, um dem Präsidenten die Mindestspende von einer Million Dollar zu übergeben. Samaranch war sicher, daß die olympische Bewegung von den Krösussen dieser Welt nicht im Stich gelassen würde; ohne zu zögern erwarb er deshalb

Auguste Rodins Bronzestatue »Der amerikanische Athlet«. Irgendein Sponsor würde sicherlich den Erwerb finanzieren. Er wurde nicht enttäuscht. Die Sponsoren haben mehr als zwanzig Millionen Dollar zur Finanzierung des Museums beigetragen.

Das IOC setzt Kommissionen ein, die sich mit Finanzen, Doping, Sportmedizin und der Organisation der Sommer- und der Winterspiele befassen. Als Samaranch 1966 in das IOC eintrat, gab es sieben Kommissionen; heute sind es siebzehn Kommissionen, die allein jährlich viereinhalb Millionen Schweizer Franken verbrauchen.

Die Flugreisen der IOC-Mitglieder in der ersten Klasse in Linienmaschinen oder in gecharterten Privatflugzeugen und ihre Unterbringung in Luxushotels kosten weitere zwei Millionen Franken. Für Pressemitteilungen, Hochglanzbroschüren und PR-Aktionen werden drei Millionen Franken ausgegeben.

Samaranch hält eine professionell gesteuerte Medienarbeit für entscheidend. Das IOC hat zu diesem Zweck eine der weltweit größten PR-Agenturen verpflichtet. Samaranch sagt: »Die Welt des Sports verändert sich rapide. Die Themen werden immer komplexer, und das Ausmaß der kommerziellen Interessen wächst ständig. Diesen Umständen wollen wir entsprechen, indem wir die Reichweite und die Professionalität unserer Kommunikationsbeziehungen erhöhen.«

Die Grey Advertising Agency, die Samaranch beauftragte, »die Reichweite und die Professionalität unserer Kommunikationsbeziehungen zu erhöhen«, drückt dies viel direkter aus. »Nach unserer Auffassung«, erklärt ihr Vorstandsvorsitzender Ed Meyer, »ist die internationale olympische Bewegung eine Art ›Markenartikel‹, dessen zukünftiges Potential gepflegt und entwickelt werden muß. Unsere Agentur ist stolz darauf, daß wir unseren Kunden helfen konnten, große und weltweit erfolgreiche Marken aufzubauen. Wir freuen uns darauf, auch dem IOC auf diese Weise helfen zu können.«

Die Olympiade als »weltweiter Markenartikel«: Samaranchs olympische Bewegung ist Welten entfernt von der Bewegung eines früheren olympischen Präsidenten, der feststellte, die Olympiade »ist kein Geschäft, und wer am Sport Geld verdienen will, ist hier nicht erwünscht. So einfach ist das!« Heute werden jene, die am Sport Geld verdienen wollen, mit offenen Armen aufgenommen.

Der Preis, den Samaranchs IOC für die Übertragungsrechte bei den Olympiaden von den TV-Gesellschaften und internationalen Medienkonglomeraten fordert, ist horrend.

Die Fernsehanstalten der Welt erklärten sich bereit, für die Spiele in Barcelona insgesamt 633 Millionen Dollar zu zahlen. Die amerikanische Fernsehgesellschaft NBC unterschrieb einen Kontrakt über 416 Millionen Dollar. Die European Broadcasting Union mußte 90 Millionen Dollar berappen. Die japanische Gesellschaft NHK führte die Verhandlungen für ein japanisches Fernsehkonsortium, das um 62,5 Millionen Dollar erleichtert wurde. Der australische Sender Channel 7 zahlte fast 34 Millionen Dollar. Selbst das finanzschwache Osteuropa mußte sich von vier Millionen Dollar trennen. Diese Gelder kommen zu den 289 Millionen Dollar hinzu, die die Fernsehgesellschaften der Welt dieses Jahr bereits für die Übertragungsrechte bei den Winterspielen in Albertville hinblättern mußten. Bei den Olympischen Spielen in Rom hatte das Fernsehen nur eine Million Dollar zahlen müssen.

Aber das ist nur der Anfang einer Dollarlawine: Das Fernsehen hat eine weltweite Zuschauerschaft von rund dreieinhalb Milliarden Konsumenten. Ein Dutzend multinationaler Konzerne – von Coca-Cola über Visa bis hin zu Mars – zahlten jeweils bis zu dreißig Millionen Dollar für die weltweiten Exklusivrechte, ihre Marken in Verbindung mit den Olympischen Spielen anbieten zu dürfen. Weitere zehn Gesellschaften, darunter Namen wie Seiko, Danone und Asics, deren Produkte nicht mit denen der zwölf Konzerne der Spitzengruppe in Wettbewerb stehen dürfen, zahlten jeweils mindestens sechs Millionen Dollar für das Recht, die Logos der Spiele in ihren Werbekampagnen verwenden zu dürfen.

Rank Xerox, Philips, IBM, Seat und vier weitere Konzerne, die »wesentlich zur Organisation der Spiele« beigetragen haben und bereit waren, jeweils mindestens dreiundzwanzig Millionen Dollar zu zahlen, wurden als Partner der Organisatoren in Barcelona anerkannt. Ferner spendeten achtzehn Unternehmen Waren und Dienstleistungen im Wert von mindestens zwei Millionen Dollar – von Büroelektronik über Stromkabel bis hin zu Signalanlagen. Als offizielle Lieferanten der Olympiade von Barcelona versprechen sie sich davon Marktvorteile.

Im Hafen von Barcelona liegen sechzehn Luxuskreuzschiffe vor Anker. Die Schiffe wurden gemietet, um dem Bedarf an Unterbringungsmöglichkeiten all dieser Unternehmenssponsoren, Partner und Lieferanten zu genügen. Den Konzernherren und ihren Gästen stehen hier 2500 schwimmende Hotelzimmer zur Verfügung.

In den Kabinen und auf den Decks der Royal Viking Sun werden sich die 740 Fernsehmagnaten, ihre Gäste und diverse Stars der amerikanischen Fernsehgesellschaft NBC aufhalten. Neben dem Schiff der Medienleute und ihrer Gäste liegen die Kreuzschiffe Danae und Seabourn Spirit vor Anker. Diese schwimmenden Luxushotels sind für die Direktoren, Gäste und wichtigen Kunden der IBM Spanien und des amerikanischen 3M-Konzerns bestimmt. Auch diese Firma gehört zu den zwölf weltweit operierenden kommerziellen Sponsoren der Spiele.

Der Lebensstil, den die olympischen Sponsoren auf ihren Kreuzfahrtschiffen im Hafen von Barcelona genießen, gleicht dem Lebensstil der IOC-Clubmitglieder an Land. Die olympischen Versammlungen sind eine unaufhörliche, atemberaubende Folge von Erste-Klasse-Flügen, Fünf-Sterne-Hotels, Champagner-Empfängen, extravaganten Banketten, Bergen von Geschenken und üppigen Unterhaltungsprogrammen. Und selten ist dabei auch nur ein einziger Sportler zu sehen.

Das Fünf-Sterne-Hotel Hyatt Regency liegt gegenüber dem International Convention Centre in Birmingham, der zweitgrößten britischen Stadt. Das Kongreßzentrum ist neu; es hat hundertsechzig Millionen Pfund gekostet. Auch das Hyatt Regency ist neu: Es ist das neueste und teuerste Hotel in Birmingham, groß, protzig und hauptsächlich in blauen Farben gehalten. Kürzlich wurde es, zum Leidwesen seiner Eigentümer, als einer der häßlichsten Neubauten Großbritanniens bezeichnet. Das Hotel besteht aus einem Turm aus Beton und Glas im modernen Stil internationaler Unverbindlichkeit. Das Gebäude hätte an jedem anderen Ort der Welt errichtet werden können, wo immer Konzernbosse über genügend Geld verfügen, um es für solche Bauwerke zu verschleudern.

Vor dem Hotel flattert die olympische Fahne. Im Juni 1991 diente das Birmingham Hyatt Regency dem »Club« als Hauptquartier während seiner letzten Zusammenkunft vor dem olympischen Jahr. Gastgeber war die Stadt Birmingham, die den größten Teil der Kosten übernahm.

»Tut mir leid, Sir, aber hier ist gesperrt«, sagt einer der Beamten der Polizei von West Midland, der Region, zu der Birmingham gehört. Er steht am Haupteingang des Hyatt. Oder eigentlich steht er nicht am Haupteingang, sondern ungefähr sechs Meter davor. Man kann also nicht einmal in die Nähe des Eingangs gelangen. Er gehört zu einem Team von Polizisten, die auf dem Gehweg eine Kontrolleinrichtung jener Art bedienen, wie sie auf Flughäfen verwendet wird. Die Installation umfaßt ein Gerät, mit dem Gepäck durchleuchtet wird, und einen Metall-Detektor-Bogen. Sowohl das Hyatt als auch das International Convention Centre, in dem die IOC-Versammlung stattfinden soll, wurden in »Inseln« verwandelt, wie Sicherheitsexperten diese Art der Absperrung bezeichnen. Dies bedeutet, daß normale Sterbliche nicht hineingelangen können.

»Aber wir sind akkreditierte Presseleute«, protestieren wir. »Tut mir leid, Sir, aber Sie dürfen dort nicht hinein«, lautet die Antwort. Mehrere weiße Limousinen fahren vor, auf denen die fünf olympischen Ringe und die Aufschrift »Dienstwagen« prangen. Die Fahrzeuge werden von identisch aussehenden, blonden, langbeinigen jungen Frauen gesteuert. Gutgekleidete Menschen, zumeist Männer, steigen vor dem Hoteleingang aus. Es sind die ungefähr neunzig Mitglieder des Internationalen Olympischen Komitees, die nach Flügen in der ersten Klasse auf dem Internationalen Flughafen von Birmingham gelandet sind.

Die Polizisten nehmen der Prominenz die Koffer ab und führen sie durch die Sicherheitskontrollen. Eine besonders große und langgestreckte Limousine fährt vor, gefolgt von einer Motorradstaffel. Der Wagen – ein Rover Regency mit vierundzwanzig Ventilen in diskretem Metallicgrau – ist so groß, daß der Stadtrat von Birmingham darin eine ganze Familie von Obdachlosen samt ihren Verwandten unterbringen könnte. In den tiefen Polstern dieses Monstrums sitzt das wichtigste Clubmitglied: Juan Antonio Samaranch, der Präsident des IOC.

Wie das Hotel Princesa Sofia in Barcelona war auch das Hyatt in Birmingham ausschließlich für die olympische Bewegung reserviert worden. Drei Tage vor Beginn der 97. Vollversammlung bzw. Jahresversammlung des IOC hatte man das Hotel hermetisch abgeriegelt. Die Patronage durch die Sportbürokratie des Präsidenten Samaranch und die damit verbundene Publizität sind heute so gefragt, daß sich die Städte heftig um das Privileg streiten, Gastgeber der IOC-Vollversammlungen zu werden, von der Gastgeberrolle bei den Olympischen Spielen ganz zu schweigen!

Birminghams Mitbewerber um dieses Privileg waren Moskau, Belgrad, Nairobi, Riad, Monte Carlo und Budapest. Wie bei einem olympischen Wettkampf gab es auch bei diesem Wahlverfahren verschiedene Ausscheidungsrunden; in jeder Runde schied die Stadt mit der geringsten Stimmenzahl aus, bis nur noch die Siegerin übrig war. In der letzten Runde standen sich Budapest und Birmingham gegenüber. Das kuwaitische IOC-Mitglied, das für Budapest gestimmt hatte, verließ für kurze Zeit den Raum, um eine Zigarette zu rauchen. Während seiner Abwesenheit fand die letzte Abstimmung statt. Birmingham gewann – mit einer Stimme Mehrheit. Präsident Samaranch fragte eines der beiden britischen IOC-Mitglieder, Mary Glen-Haig, nach ihrer Meinung zum Wahlausgang. Sie antwortete: »Allah hat entschieden.«

Die Organisatoren in Birmingham erklärten sich bereit, während dieser Woche für alle 319 Hotelzimmer des Hyatt zu bezahlen – ob die Zimmer belegt waren oder nicht. Die Rechnung für dieses Hotel beläuft sich auf 34 689 Pfund pro Nacht oder 277 512 Pfund für die ganze Woche. Juan Antonio Samaranch belegte die Präsidentensuite im Penthouse des Hotels zum Preis von 595 Pfund pro Nacht oder 4760 Pfund pro Woche. In diesen Räumen kann der Präsident bis zu zwölf private Gäste zu Tisch bitten, er kann sich in einem der vielen tiefen Sofas vor dem Kamin im Salon entspannen, er kann sich in einer riesigen versenkten Badewanne von sprudelnden Düsen massieren lassen, er kann auf dem Flügel eine kleine Melodie klimpern oder einfach ein Nickerchen im Himmelbett halten.

In denselben Räumlichkeiten hatten vor ihm Showstars wie Gloria Estefan, Paul Simon, Rod Stewart und Billy Idol übernachtet. Tina Turner bekam das Penthouse einmal nicht, weil Cher schneller gewesen war.

»Das Penthouse wird manchmal von privaten Unternehmen gemietet«, erklärt Catriona McFadden, die PR-Managerin des Hyatt, »aber das war vor allem im vergangenen Jahr. In diesem Jahr hatten wir wegen der Rezession eine Menge Stornierungen. Es ist einfach kein Geld mehr da. Deshalb ist auch diese Buchung [durch das IOC] für uns eine großartige Sache. Sie garantiert uns eine Woche Belegung. Wir hätten sonst einen ziemlichen Durchhänger gehabt.«

Die etwas weniger luxuriös ausgestatteten drei »Executive Suites« kosten demgegenüber nur 295 Pfund pro Nacht oder zusammen 7080 Pfund pro Woche; sie sind den drei nach Samaranch wichtigsten IOC-Mitgliedern vorbehalten. Die übrigen Personen der olympischen Reisegesellschaft und ihre Gäste und Familien müssen mit den acht »Junior Suites«, den fünfunddreißig »Regencyclub«- und den 242 »Deluxe«-Hotelzimmern vorlieb nehmen.

»Das IOC hat die Zimmerbelegungen genau aufgelistet«, sagt Miss McFadden. »Sie legen großen Wert auf das Protokoll. Vor einem Jahr kamen sie hierher, um festzustellen, ob das Hotel gut geführt wurde. Sie nahmen einen Lageplan der Zimmer mit Größenangaben mit und verteilten dann die Räume selbst. Danach besuchten sie uns einmal im Monat, um alles abzuklären und sicherzustellen, daß alles klappte. Lausanne gab uns die Zimmerbelegungen per Telefax durch. Aber der Plan wurde dauernd geändert. Eine Zeitlang faxten sie so oft, daß wir die Änderungen unserem Computer gar nicht mehr eingaben! Ich habe so etwas noch nie erlebt und werde es vermutlich auch nicht mehr erleben. Höchstens einmal bei einem Parteitag der Konservativen – aber das war nichts im Vergleich zu dieser Sache. Diese Leute benehmen sich eher wie Staatsoberhäupter.«

Und sie fügt hinzu: »Aber für uns ist das natürlich eine gute Sache. Hotels gehen im Augenblick nicht besonders gut, und die Veranstaltung ist gut für unseren Ruf. In dieser Woche waren wir jeden Abend im Fernsehen!«

Im Hyatt läuft inzwischen das volle olympische Zirkusprogramm ab. IOC-Mitglieder, Unternehmenssponsoren, Marketingleute, Vorsitzende der Nationalen Olympischen Komitees und Präsidenten internationaler Sportverbände begegnen und begrüßen sich. Der Saal gleicht mit seinen Palmen in Pflanzkübeln, den Bäumen in überdimensionalen Tontöpfen, der Flutlichtbeleuchtung und den Wasserspielen einem gigantischen Treibhaus. Hoch unter der gläsernen, diskret beleuchteten Decke spielt ein Geiger populäre Klassiker. Dann greift eine Pianistin in die Tasten des Flügels. Ein Streicherensemble tritt auf. Sie spielen »Take Good Care of Yourself« – »Paß gut auf dich auf« –. Das dürfte hier eigentlich kein Problem sein.

In der Lobby findet ein großes Händeschütteln statt. Die Anwesenden umkreisen den Pool wie Piranhas, bereit, sich auch auf den kleinsten Brocken zu stürzen. Hinter den neoklassizistischen Säulen der Hauptempfangshalle und an den Ecktischen in den Restaurants stecken Marketingleute und Agenten die Köpfe zusammen. Sie sind hier, um Ideen zu verkaufen und Geschäfte abzuschließen. Die Hotelbediensteten bewegen sich diskret durch die Hallen. Sie sind ständig damit beschäftigt, die marmorierten und gläsernen Tischplatten nachzupolieren.

In einer Ecke wird der junge Scheich Ahmad vom kuwaitischen Fernsehen aufgenommen. Seine Kleidung ist mit goldenen Fäden durchwirkt; er hält einen Spazierstock mit goldenem Knauf in der Hand. Der Vater des Scheichs war kuwaitisches IOC-Mitglied gewesen; er wurde von den Irakern während der Invasion im August 1990 erschossen. Der junge Scheich hat von seinem Vater den Vorsitz des kuwaitischen Nationalen Olympischen Komitees übernommen und erwartet nun, auch seinen Sitz im IOC übernehmen zu können. Was immer er tut, wird gefilmt. Der Scheich erhebt sich. Die Kamera beginnt zu surren. Der Scheich setzt sich. Wieder läuft die Kamera. Der Scheich bestellt Tee. Die Kamera scheint nie stillzustehen.

Die Hotelzimmer des Hyatt sind mit Blumen geschmückt, und den Gästen stehen Wein und Früchte zur Verfügung. Als Willkommensgeschenke erhalten die Gäste Pralinenpackungen der örtlichen Schokoladenfabrik Cadbury's. Plötzlich entsteht Unruhe in den Fluren. Die Pralinen werden den Gästen wieder weggenommen! Der Mars-Konzern hat viele Millionen Dollar bezahlt, um sich als offizieller weltweiter Snack-food-Sponsor der olympischen Bewegung bezeichnen zu dürfen; die Produkte dieses Unternehmens dürfen nun nicht von den Produkten eines Konkurrenten verdrängt werden. »Ganz besonders begrüßen wir die IOC-Marketing-Abteilung!« lautet eine eigens gedruckte Anmerkung auf der Menükarte der Brasserie des Hotels. Wahrhaftig ein besonderer Willkommensgruß!

Primo Nebiolo, der italienische Oberboß der Weltathleten und führendes Mitglied des »Clubs«, kommt die Treppe herab. Wie auf Rollschuhen gleitet er durch die Hotellobby und umarmt Charles Mukora, der früher in Kenia für Coca-Cola arbeitete und nun kenianisches IOC-Mitglied ist. Mukora sitzt auch in Nebiolos eigenem Verbandsrat der Leichtathleten. Einen Schritt hinter dem Präsidenten folgt einer seiner Pressereferenten. Es kommt zu übertriebenen Umarmungen und Küssen.

Die IOC-Mitglieder haben auch ihre Frauen und Kinder mitgebracht. Für sie wurde ein die ganze Woche des IOC-Treffens dauerndes Programm entwickelt. Dieses »Gesellschaftsprogramm« beinhaltet auch Besichtigungen der Porzellanwerke Royal Worcester und des Geburtshauses Shakespeares in Stratfordupon-Avon. Ferner findet eine Antiquitätenfahrt durch Shropshire mit einem Imbiß in Stanley Hall statt, das einem der Direktoren der weltbekannten Auktionsfirma Christie's gehört. Auch die Antiquitäten in Willey Park, dem Sitz von Lord und Lady Forester, werden besichtigt.

Diese Ausflüge sind nur ein kleiner Teil der Vergnügungen, die den Mitgliedern der olympischen Familie geboten werden. Man besucht das Ballett *Schwanensee.* An einem anderen Abend gibt das Symphonieorchester der Stadt Birmingham ein Konzert. Es finden Empfänge und Bankette statt. Präsident Samaranch gibt ein Abendessen, und Ihre Majestät die Königin und die British Olympic Association geben Essen zu Ehren des Internationalen Olympischen Komitees.

Beim Essen der British Olympic Association fungierte Ihre Königliche Hoheit Prinzessin Anne als Gastgeberin. Der Empfang fand in Warwick Castle statt, einem der schönsten mittelalterlichen Schlösser Englands. Prinzessin Anne ist eines der beiden britischen IOC-Mitglieder und Präsidentin der British Olympic Association (BOA). Außerdem ist sie Präsidentin der Internationalen Reiterlichen Vereinigung, eine Funktion, die sie von ihrem Vater Prinz Philip übernommen hat. Die BOA buchte das Schloß für den gesamten Abend und lud rund dreihundert Gäste zu einem Champagner-Empfang in den großen Schloßsaal. Im Schloßpark hatte man ein großes Festzelt errichtet; dort wurden den Gästen eisgekühlte Suppe mit Brunnenkresse, Lachsforelle und Erdbeeren mit Kognakplätzchen und Sahne gereicht.

Präsident Samaranch und seine Gattin waren an diesem Abend Ehrengäste. Anmutig entstieg die Präsidentengattin dem Fond der chauffierten Limousine; reflexartig lächelte sie und winkte der Menschenmenge zu – obwohl keine Menschenmenge vorhanden war. Denn dies war ein privater Empfang.

Ein mit einer Rüstung bekleideter Ritter zu Pferd und eine Dudelsackband begrüßten die übrigen Clubmitglieder. Drei Stunden später blies ein Dudelsackspieler vom hell angestrahlten Guys Tower ein Abschiedslied. Als einem führenden BOA-Vertreter am nächsten Tag für die Gastfreundschaft gedankt wurde, sagte er lakonisch: »Nichts zu danken. Wir haben es gern einfach.«

Die Eröffnung der IOC-Tagung war ebenfalls eine großartige Angelegenheit. Die Zeremonie begann am Mittwoch, dem 12. Juni 1991, um fünfzehn Uhr in Halle 1 des International Convention Centre. Unter den Fanfarenklängen der königlichen Leibwache betraten Präsident Samaranch und seine Gattin gemeinsam mit Ihrer Majestät der Königin und dem Herzog von Edinburgh die königliche Ehrenloge. Hinter ihnen nahmen die übrigen IOC-Mitglieder Platz. Primo Nebiolo saß ebenfalls in der königlichen Loge – und verstieß damit gegen das IOC-Protokoll. Aber Präsident Samaranch hatte dies ausdrücklich gewünscht. Einige IOC-Mitglieder waren über die Anwesenheit des Italieners in der Ehrenloge verärgert, erklärten uns aber später: »Wer kann schon dem Präsidenten des IOC vorschreiben, wen er zur Eröffnung seiner Veranstaltung in die Ehrenloge einlädt, und wen nicht?«

Samaranch begann seine Rede mit den obligatorischen Hinweisen auf die Weitsicht des Barons Pierre de Coubertin, des Gründers der modernen olympischen Bewegung, und erklärte dann den Zuhörern, der olympische Sport dürfe »nicht zu einem Showbusineß verkommen«. Um dies zu verhindern, »müssen wir die Massenmedien dazu bringen, daß sie uns helfen, die ethischen Werte des Sports stärker zu betonen«.

Samaranch ging in seiner Rede kurz auf das ethische Problem des Dopings ein und informierte seine Zuhörer dann sehr ausführlich über die Fortschritte beim Aufbau seines Olympischen Museums. Sein Generalthema lautete: »Es gibt für alles eine Lösung.« Danach ergriff Ihre Majestät die Königin das Wort. An Präsident Samaranch gewandt, erklärte sie: »Die Augen der Welt richten sich auf die Ergebnisse Ihrer Beratungen. Ich bin zuversichtlich, daß die Bewegung auch weiterhin unter der Führung von Menschen wie Ihnen blühen wird, die ihren Zwecken mit solcher Hingabe dienen.« Und mit diesen Worten erklärte die Königin die

97. Vollversammlung des Internationalen Olympischen Komitees für eröffnet.

Die Teilnehmer kamen danach eine Stunde lang in den Genuß eines speziell zusammengestellten Varieté-Programms mit dem Titel »A Taste of Britain«. Studenten der Northern School for Contemporary Dance, Mitglieder der Grenadier Guards, Dudelsackspieler und Trommler der Scots Guards und die Sänger der vereinigten Männerchöre der Region Midlands führten zuerst durch einen geschichtlichen Abriß der alten Olympischen Spiele und erklärten dann durch Musik, Tanz und Gesang die Symbolik der britischen Flagge, des »Union Jack«.

Den IOC-Mitgliedern gefiel dies alles sehr gut. Als das 2. Bataillon der Scots Guards durch die Zuschauertüren in den Saal einzog und mit Dudelsackmusik und schwingenden Kilts auf die Bühne marschierte, klatschten und stampften die IOC-Mitglieder im Rhythmus. Und nachdem sie in gebanntem Schweigen dem Lied »Amazing Grace« gelauscht hatten, spendeten sie donnernden Applaus.

Stars der Show war eine Gruppe Kinder, die als irische Faune kostümiert waren. »Waren sie nicht wunderbar!« rief ein IOC-Mitglied aus, als er sich nach der Show auf den Weg zu seinem Hotelzimmer im Hyatt machte, um ein Mittagsschläfchen zu halten. »Eine der besten Eröffnungszeremonien, die wir je zu sehen bekommen haben.« Einige der älteren IOC-Mitglieder hatten die Ruhepause wohl nötig, wenn sie die übrigen Aktivitäten dieses Tages durchstehen wollten: Etwa zwei Stunden später besuchten die IOC-Mitglieder und ihre Gäste ein Konzert und anschließend ein spätes Abendbankett.

Angesichts all der Pracht, der Zeremonien und des vergnügten Trubels vergißt man leicht, daß die IOC-Vollversammlung eine Art jährliches Parlament und die oberste Instanz der olympischen Bewegung darstellt. Theoretisch dient die Vollversammlung der Diskussion und Abstimmung über die Politik, die im Namen der olympischen Bewegung verwirklicht werden soll. Trotz der massiven Medienpräsenz – in Birmingham waren fünfhundert akkreditierte Reporter, Fotografen und TV-Teams anwesend – dringt nur ein geringer Teil der Diskussionen an die Öffentlichkeit. Die Zusammenkünfte finden hinter geschlossenen Türen statt; die Medien der Welt bleiben ausgeschlossen. Das Informationsbüro des IOC überwacht streng, welche Informationen über die Debatten und Beschlüsse freigegeben werden. Leiterin dieses Büros ist Madame Michèle Verdier. In den Augen des IOC ist sie »eine gut unterrichtete Person, die Journalisten gerne befragen«. Die britische Presse jedoch nennt sie »den Bernard Ingham des IOC« – eine unfreundliche Anspielung auf Mrs. Thatchers berüchtigten Informationszerberus.

Madame Verdier hat alles unter Kontrolle. Eine gepflegte Erscheinung, das blasse Gesicht von dunklen Haarwellen umrahmt, ist sie stets tadellos gekleidet und bevorzugt solides Schuhwerk. Ihre olympischen Schützlinge bewacht sie wie ein Schäferhund. Sie ist der offizielle Filter des IOC. Der von ihr beaufsichtigte Tagesablauf ist immer der gleiche. Jeden Morgen, genau um acht Uhr fünfundvierzig, kurz vor Beginn der IOC-Tagung, geleitet sie Fotografen und TV-Kamerateams zum Fototermin in den Saal. Die Journalisten haben dann Gelegenheit, den »Club« aufzunehmen, der sich auf die großen Tagesfragen vorbereitet. Auf dem Podium sitzen die Mitglieder von Samaranchs innerem Kabinett, dem Exekutivkomitee: Dick Pound (Kanada), Un Yong Kim (Südkorea), Kevan Gosper (Australien) und Zhenialing He (China). Der »Fototermin« dauert genau fünfzehn Minuten, während Madame Verdier ungeduldig wartet. Dann geleitet sie die Fotografen und Kameraleute wieder hinaus und macht die Tür hinter ihnen energisch zu.

Die Vertreter der Presse sitzen dann herum und trinken kostenlosen Kaffee. Manche bevorzugen stärkere Getränke.

»Ein Bier, bitte.«

»Gerne, Sir, aber ich muß es Ihnen in Rechnung stellen.«

Überall im Medienzentrum sind die Firmenzeichen und Produkte der Zahlmeister der olympischen Bewegung zu sehen. Coca-Cola und Mars-Riegel werden massenweise kostenlos ausgegeben. Die elektronischen Schreibmaschinen wurden von Brother und die Telefax-Geräte von Ricoh zur Verfügung gestellt. All diese Firmen sind weltweite Sponsoren der Olympischen Spiele. Jeder Journalist nimmt dankbar einen kostenlosen Aktenkoffer von adidas in Empfang. All das gehört zur Öffentlichkeitsarbeit. Die Presse wird gleichsam in die olympische Familie und das olympische Team aufgenommen.

Nach der Morgensitzung findet eine Pressekonferenz unter Leitung von Madame Verdier statt. Hinter ihr sind zwei große olympische Fahnen aufgehängt worden. Die versammelten Journalisten hören einen kurzen Bericht über die am Vormittag behandelten Tagesordnungspunkte. Wenn sich Madame Verdier durch eine Frage bedrängt fühlt, gibt sie ausweichende Antworten: »Darüber wurde nicht ausführlich gesprochen«, oder: »Ich glaube nicht, daß das zur Tagesordnung gehörte.«

Ein paar Journalisten beschweren sich laut. Man hat sie nicht in das Hyatt hineingelassen, sie konnten deshalb keine IOC-Mitglieder interviewen, um herauszufinden, worüber in der geschlossenen Sitzung wirklich beraten wurde. Madame Verdier sieht die Sache ganz anders. Zwei japanische Journalisten hätten sich dreist einem führenden IOC-Mitglied genähert, bevor dieses sich nach einem Sitzungstag in das schützende Hotel habe retten können. Daraufhin seien die Sicherheitsmaßnahmen vor dem Tagungsgebäude verschärft worden, damit sich ein solcher Vorfall nicht wiederholen könne.

Nach zweitägigem Streit bietet Madame Verdier den versammelten Journalisten einen Kompromiß an. Wir sollen einen besonderen Paß erhalten. Aber es wird nur vierzig Pässe für die fünfhundert Medienleute geben. Am nächsten Tag hängt im Medienzentrum ein Plakat mit der Aufschrift: »Bitte mißbrauchen Sie die Pässe nicht, da dieses Privileg sonst wieder abgeschafft werden muß.« Das Plakat stammt von Madame Verdier.

Die Fototermine und Pressekonferenzen dauern an, aber erst am letzten Tag erscheint Präsident Samaranch persönlich, um mit der Weltpresse zu sprechen. Diese letzte Pressekonferenz wird in dem großen Sitzungssaal abgehalten, in dem eine Woche lang die Vollversammlung des IOC stattgefunden hat. Selbst in diesem letzten Stadium der Tagung lassen die Sicherheitskräfte die Journalisten erst in den Konferenzsaal, als Madame Verdier die Erlaubnis erteilt.

Samaranch erscheint. Seine erste Bemerkung lautet: »Wir haben hier hervorragende Arbeitsbedingungen vorgefunden.« Er spricht englisch, neben französisch eine der beiden offiziellen Sprachen des IOC. Im Hintergrund des Raumes werden seine Worte von Dolmetschern in sechs Sprachen übersetzt. Samaranch bittet um Fragen. Er wird über Katalonien und Gibraltar befragt, die beide vom IOC als unabhängig anerkannt werden wollen. Samaranch sagt, er habe gerade eine Kommission eingesetzt, die diese Fragen untersuchen solle. Den Vorsitz habe IOC-Vizepräsident Richter Mbaye aus Senegal. »Ich gebe die Frage deshalb an ihn weiter«, sagt Samaranch.

Der Richter, der neben dem Präsidenten sitzt, blickt verwirrt auf. Er erklärt dem Fragenden: »Ich kann Ihnen leider keine Auskunft geben, denn ich habe erst heute morgen den Vorsitz übernommen.« Die nächste Frage betrifft den jüngsten Doping-Skandal. Wird Samaranch einen Untersuchungsausschuß einsetzen? »Nein«, antwortet der Präsident. »Für diese Angelegenheit ist der Internationale Leichtathletikverband zuständig.« So einfach ist das.

Es ist schwierig, genaue Auskünfte zu bekommen; Gemeinplätze gibt es in Hülle und Fülle. Aber nur wenige Journalisten setzen den Präsidenten unter Druck. Nach fünfundvierzig Minuten erklärt Samaranch die Pressekonferenz für beendet. Bei seinem Abgang erhebt sich ein beträchtlicher Teil der Pressevertreter und applaudiert.

Der Präsident des »Clubs« wird zweifellos auch dann wieder enthusiastischen Applaus bekommen, wenn die Spiele in Barcelona beginnen. Das Motto der Spiele verheißt »Freunde fürs Leben«. Die Clubmitglieder sind schon längst Freunde fürs Leben. Und was für ein Leben sie führen! Eine ununterbrochene Folge von Besprechungen, Händeln und Verhandlungen in der heute so lukrativen, mächtigen und hochgeachteten Welt des internationalen Sports. Es ist eine Ironie des Schicksals, daß bei der Versammlung des IOC in Barcelona ausgerechnet jene beiden Männer fehlen, die das alles ermöglichten.

2 Das System

An einem Morgen im April 1987 versammelte sich der »Club« an einem ganz ungewohnten Ort. Es war das Jahr vor den Olympischen Spielen in Seoul. Die Mitglieder des »Clubs« trafen sich nicht wie sonst üblich in einem Fünf-Sterne-Hotel aus Anlaß eines Banketts oder internationalen Sportereignisses, sondern zu einem Gedenkgottesdienst in der Kirche Notre Dame in Lausanne.

Die führenden Persönlichkeiten des Weltsports waren anwesend. Sie gehörten allen drei Zweigen der olympischen Familie an – dem Internationalen Olympischen Komitee, den internationalen Sportverbänden und den Nationalen Olympischen Komitees. In betroffenem Schweigen lauschten sie den Worten ihres Präsidenten Juan Antonio Samaranch.

»Wir haben uns an diesem Morgen hier versammelt, um einem großen Mann die letzte Ehre zu erweisen und für ihn zu beten.« Der große Mann, dem die nonstop um den Globus jettenden Präsidenten und Generalsekretäre der weiten Welt des Sports die letzte Ehre erweisen wollten, war weder ein großer olympischer Sportler noch ein herausragendes IOC-Mitglied gewesen, sondern ein Geschäftsmann. Die Leuchten des Weltsports ehrten an diesem Morgen in der Kirche Notre Dame das Andenken Horst Dasslers. Der Deutsche war Chef der Firma adidas gewesen, des größten Sportartikelproduzenten der Welt.

»Horst Dassler weihte sein ganzes Leben dem Sport«, intonierte Samaranch. »Es ist nicht nötig, hier alle Leistungen, die er im Verlauf seiner Karriere vollbracht hat, noch einmal in Erinnerung zu rufen, denn wir alle, die wir hier versammelt sind, kennen diese Leistungen.« Das war keine Übertreibung. Horst Dassler war nicht nur der Mann gewesen, der die bekanntesten Sportschuhe der Welt mit den berühmten drei Streifen verkaufte. Horst Dassler hatte vielmehr auch den »Club« in seiner heutigen Form aufgebaut.

»Viele von uns waren seine Freunde«, fuhr der olympische Oberhirte fort. »Er wird in unserer Erinnerung und in unserem Gedenken weiterleben. Sein Wissen, seine Weitsicht und sein tiefes Verständnis für die komplexe Wirklichkeit des Weltsports werden uns fehlen.«

Unter Dasslers Führung durch die »komplexe Wirklichkeit des Weltsports« hatten die Spitzenfunktionäre in beispiellosem Maße an Macht und Prestige gewonnen.

»Meiner Ansicht nach«, fuhr Samaranch fort, »und ich bin sicher, daß viele andere diese Ansicht teilen, bestand Horst Dasslers herausragende Eigenschaft in seinem persönlichen Engagement für alle jene, die der Sporthilfe bedurften.«

Dassler hatte durch geschickte Manipulation dieser Bedürfnisse die Strukturen der heutigen, vom Kommerz beherrschten internationalen Sportwelt geschaffen. Gleichzeitig hatte er seine Sportartikelfirma adidas und sein Marketingunternehmen ISL zu zwei der einflußreichsten Sportinstitutionen der Welt gemacht.

Heute, fünf Jahre nach Dasslers Tod, ist die Marke adidas nicht mehr im Besitz seiner Familie. Hingegen ist das Marketingunternehmen ISL noch immer in Familienbesitz. Diese Gesellschaft verfügt über die alleinigen Rechte für die Vermarktung der Fußball-Weltmeisterschaft, der Leichtathletik-Weltmeisterschaften, der Basketball-Weltmeisterschaften sowie der Olympischen Spiele. Und was noch wichtiger ist: ISL hat einige dieser Exklusivrechte bis ins nächste Jahrhundert.

»Wir sind stolz darauf, uns zu seinen Freunden zählen zu dürfen. Ich bin sicher, daß jeder von uns ganz besondere Erinnerungen an diesen ungewöhnlichen Mann hat, dem der Sport so viel verdankt. Danke, Horst, für alles, was du getan hast. Leb wohl, guter Freund. Du wirst uns fehlen!«

Samaranchs Nachruf klang noch in den Ohren der mächtigsten Würdenträger des Weltsports nach, als sie die Kirche Notre Dame verließen und in den Frühlingsmorgen hinaustraten. Sie wandten sich sofort wieder ihren Geschäften zu.

Horst Dassler starb am 10. April 1987 an Krebs. Er war nur einundfünfzig Jahre alt und stand im Zenit seiner Schaffenskraft.

Zum Zeitpunkt seines Todes belief sich der weltweite Umsatz seines adidas-Imperiums auf 2,2 Milliarden Dollar. Das Unternehmen beschäftigte über zwölftausend Menschen und stellte vierhundert verschiedene Sportartikel her – von Bällen über Sporttaschen und Sportkleidung bis zu Tennisschlägern. Die Betriebe von Europa bis zum Fernen Osten produzierten über eine Viertelmillion Paar Sportschuhe pro Woche.

Die meisten adidas-Käufer sind keine Sportler. In einem Nachruf hieß es: »Millionen von Menschen tragen die Schuhe des Konzerns, obwohl ihre einzige sportliche Betätigung darin besteht, nach der Fernbedienung des Fernsehers zu greifen.« Doch Dassler sorgte dafür, daß auch die Sieger adidas trugen, damit die Sportenthusiasten im Fernsehsessel weiterhin seine Produkte kauften.

Die Olympischen Spiele in Los Angeles waren die letzten vor Dasslers Tod. Dassler prahlte damals, über achtzig Prozent der Sportler auf den Aschenbahnen, in den Schwimmbecken, auf den Fußball- und Basketballfeldern oder in den Boxringen trügen die adidas-Produkte mit den drei Streifen und dem dreiblättrigen Motiv, und Milliarden Fernsehzuschauer sähen ihnen dabei zu.

Ein Mann freilich fehlte unter den Clubmitgliedern beim Gottesdienst in Lausanne, der dem Gedenken dieses Kolosses der Geschäftswelt galt: Patrick Nally, früherer Geschäftspartner und ehemals rechte Hand Horst Dasslers. Auch Nally verfügt über jene »ganz besonderen Erinnerungen« an Dassler, von denen der olympische Präsident Samaranch sprach. Doch Nally hat diese Erinnerungen bis heute für sich behalten.

»Als Präsident Samaranch Horst mit dem Olympischen Orden auszeichnete«, sagt Nally, »erklärte er, Horst bekomme diesen Orden für seine Treue zu den olympischen Idealen des Gründers der modernen olympischen Spiele, Pierre de Coubertin. Ich weiß, daß die versammelten Spitzenfunktionäre des Weltsports zustimmend nickten, aber der arme alte Coubertin hätte sich im Grab umgedreht.«

Nally arbeitete eng mit Dassler zusammen, als dieser dem »Club« seine heutige Form gab. Sie waren ein Herz und eine Seele; gemeinsam legten sie die Fundamente für die heutige Struktur der von Dollars überschwemmten, ständig im Fernsehen präsenten internationalen Sportmeisterschaften und der märchenhaft reichen Sportverbände mit ihren hochgeachteten Präsidenten.

»Horst wurde zum Marionettenspieler des Weltsports«, sagt Nally. »Er zog die Fäden und verursachte grundlegende Veränderungen, deren Höhepunkt darin bestand, daß er die Kontrolle über die modernen Olympischen Spiele gewann. Für Horst stellten Kontrolle und Manipulation ständige Herausforderungen dar. Er war geradezu begeistert von seiner Rolle als Marionettenspieler. Er stand hinter der Bühne und wußte, was sich auch ereignen mochte, ereignete sich genau nach Plan.«

Als Nally mit Dassler zu arbeiten begann, hatte er geglaubt, daß ihre Aktionen dem Nutzen des Sports dienten. Anfang der achtziger Jahre kamen ihm jedoch Zweifel. »Ich kam an einen Punkt, an dem ich manchmal nicht mehr wußte, auf welcher Seite ich stand. Stand ich auf der Seite der kommerziellen Sponsoren, die Geld verteilten, um ihr Image zu verbessern? Stand ich auf der Seite der internationalen Sportverbände, die dieses Geld ausgaben? Oder stand ich auf Horst Dasslers Seite, der das System zugunsten seines Unternehmens ausnutzte?«

Die Entstehungsgeschichte der adidas-Sportschuhfabriken ist allgemein bekannt. Sie wird inzwischen wie ein Märchen von Hans Christian Andersen oder der Gebrüder Grimm erzählt. Es waren einmal zwei Brüder, Adolf und Rudolf Dassler. Die beiden waren Schuster in dem kleinen deutschen Ort Herzogenaurach. Eines Tages hatten die beiden Brüder einen furchtbaren Streit. Der Streit war so schrecklich, daß Adolf und Rudolf beschlossen, nie mehr miteinander zu sprechen. Sie trennten sich und gründeten auf den beiden Ufern des Flusses Aurach konkurrierende Schuhläden. Rudolf nannte sein Geschäft Puma. Adolf und seine Frau nannten ihr Geschäft adidas. Der Name war eine nicht besonders einfallsreiche Kombination von Adolf, allgemein Adi genannt, und Dassler. Doch anders als im Märchen lebten die Brüder seither nicht mehr in Glück und Zufriedenheit.

»Selbst nach der berühmten Trennung von adidas und Puma gab es in der Familie Dassler ständig Streit«, erklärt Nally. »Horst hatte vier Schwestern. Er lebte in ständiger Furcht, daß diese Familienstreitigkeiten zu einem ähnlichen Bruch wie damals zwischen seinem Vater und seinem Onkel Rudolf führen würden. Als wieder einmal einer dieser dauernden Konflikte ausbrach, verließ Horst die deutsche adidas-Gesellschaft. Er ging nach Frankreich und baute in Landersheim sein eigenes adidas-Unternehmen auf. Adidas Frankreich war Horsts Lösung für die Familienprobleme.«

Obwohl Horst Dassler mit adidas Deutschland noch immer durch die Holding-Gesellschaft der Familie verbunden war, bestand zwischen beiden Unternehmen ein scharfer Wettbewerb. »Alle Kämpfe ließen sich im Grunde auf Konflikte zwischen Personen zurückführen«, erklärt Nally. »Seltsamerweise war der ständige Streit in gewisser Hinsicht sehr hilfreich, weil er die beiden Unternehmen wettbewerbsfähig machte. Horst und die anderen Mitglieder seiner Familie waren sehr aggressiv und sehr erfolgreich.«

Dassler benutzte adidas Frankreich, um in der Welt des Sports sein eigenes Imperium aufzubauen. Durch seine Gesellschaft errichtete er stillschweigend ein Monopol auf dem Markt für Sportausrüstungen. Klammheimlich erwarb er andere Sportartikelfirmen und kaufte sich in konkurrierende Schuhhersteller wie Pony ein.

»Horst gehörte nicht nur die Marke adidas«, sagt Nally. »Für den Fall, daß es noch einmal zu einem Bruch im Konzern kommen sollte, baute er neben der Marke adidas eine zweite Unternehmensgruppe für Sportartikel auf. Dann wollte er adidas hinter sich lassen, seine Basis in Frankreich verstärken und mitnehmen können, was möglich war.«

Dassler liebte den Sport. Er war selbst ein begeisterter Sportler. Als Jugendlicher hatte er Hockey gespielt und eine Jugendmeisterschaft im Speerwurf gewonnen. Aber seine große Liebe gehörte der Leichtathletik.

»Er hielt sich selbst für einen Sprinter«, sagt Nally. »Ab und zu forderte er mich zu einem Rennen heraus. Obwohl er zehn Jahre älter war als ich, lief er mir auf und davon! Persönlichkeiten des Sports und Spitzensportler faszinierten ihn, jagten ihm geradezu Ehrfurcht ein. In ihm steckte noch immer der kleine Junge, der die Stars anhimmelte. Ich war immer ganz verblüfft darüber, wie dieser Mann aufgeregt war, wenn er Spitzensportlern begegnete. Wenn sie dann vor ihm standen, fing er unweigerlich an, sie zu umwerben. Das war wirklich sehr eigenartig, wenn man bedenkt, wie mächtig der Mann später wurde.

Horst beschäftigte immer viele Sportler. Auf seiner Lohnliste standen Leute wie Robbie Brightwell und John Boulter, der olympische 800-Meter-Läufer. Er wußte eine Menge über Leichtathletik und hatte auch mit den Olympischen Spielen zu tun, bei denen die Leichtathletik im Mittelpunkt steht. Sie ist einer der Schlüssel zur olympischen Welt. Auf der Leichtathletik gründet auch der Markenname und der Ruf von adidas. Jesse Owens trug 1936 in Berlin adidas-Stollenschuhe und gewann damit seine vier Goldmedaillen. Sehen Sie sich doch einmal alte Fotos von Leichtathletik-Spitzensportlern an. Das frühe Image der Marke stammt von den drei Streifen und wurde auf der Aschenbahn begründet.

Horsts Vater, Adolf, sah als erster, wie wichtig Markennamen und die Olympischen Spiele waren. Die Menschen vergessen heute zu leicht, daß die Olympiade damals das einzige wirklich internationale Sportereignis auf Aschenbahn und Rasen war. Adolf Dassler erkannte, wie entscheidend es war, das personalisierte Image zu vermitteln, nur adidas könne die Schuhe der Sieger herstellen. ›Sieger tragen adidas.‹ Mit anderen Worten: Wenn eine Goldmedaille gewonnen werden sollte, so konnte sie nur in adidas-Schuhen gewonnen werden.«

Horst Dassler übernahm von seinem Vater die Strategie, Sportler für seine Marke zu gewinnen und sie dafür zu bezahlen. Er wollte erreichen, daß alle Spitzensportler und alle Spitzenteams adidas-Ausrüstungen trugen. Dann konnte man das Image dieser Spitzenathleten mit dem adidas-Markennamen in Verbindung bringen. Das Problem war nur, daß all diese Sportler angeblich Amateure waren. Dasslers Versuche, die Spitzensportler dazu zu bringen, adidas-Schuhe zu tragen, führten sowohl im IOC als auch im Internationalen Leichtathletikverband zu Konflikten. Damals war der strenge Amerikaner Avery Brundage Präsident des IOC; der IAAF stand der Brite Lord Exeter vor.

Bei den Olympischen Spielen in Mexiko im Jahre 1968 griff der »Schuhkrieg« zwischen den rivalisierenden Konzernen auch auf die Umkleidekabinen und die Aschenbahnen über. Der Leichtathletikverband beschloß deshalb, bei zukünftigen internationalen Sportveranstaltungen nur noch Schuhe ohne Markenkennzeichen zuzulassen.

»Wir entschlossen uns, diese Regel einzuführen. Sie ist die Folge der Ereignisse in Mexiko«, erklärte damals Lord Exeter. »Bei der nächsten Tagung des Verbandsrates in England werden wir über die Anwendung dieses Verbots sprechen. Soll die Regel nur für internationale Begegnungen gelten oder auch für nationale, regionale und lokale Meisterschaften?« Dassler entschuldigte sich, versprach Besserung und machte weiter wie zuvor.

Bei einer olympischen Pressekonferenz beklagte sich Präsident Brundage: »Dies ist der Preis, den wir für den Erfolg der Olympischen Spiele bezahlen müssen. Alle wollen davon kommerziell und politisch profitieren.« Und niemand wollte mehr profitieren als Horst Dassler.

»Horst war sehr geschickt bei der Manipulation von Menschen«, sagt Nally. »Er erzählte mir manchmal von den verlokkenden Angeboten, die er den Sportlern machte, um sie zu bewegen, adidas zu tragen. Eine der lebhaftesten Geschichten, die er mir erzählte, handelte davon, daß er seinen Cousin Armin verprügelte, weil dieser für seinen Onkel Rudolf bei Puma arbeitete.

Horst wurde 1956 von seinem Vater zur Olympiade nach Melbourne entsandt. Er war damals gerade erst zwanzig Jahre alt. In Melbourne kam Horst wahrscheinlich zum ersten Mal mit der olympischen Welt in Berührung. Damals waren die Olympischen Spiele noch recht bescheiden – angeblich belief sich der Preis für die Fernseh-Übertragungsrechte auf die königliche Summe von achtzig Pfund! Adidas kämpfte erbittert gegen Puma. Es gelang Horst, ein paar Arbeiter in den australischen Häfen zu bestechen, damit sie keine Puma-Ausrüstungen mehr entluden. Er war selbst verblüfft, wie leicht es ihm gelang, seinen Cousin kaltzustellen.«

Horst Dasslers Erfolg hob sich deutlich von den Ergebnissen ab, die offen operierende Unternehmer erzielten. In Melbourne fragte ein Unternehmer beim IOC an, ob er den Siegern Armbanduhren schenken dürfe. Das IOC lehnte dankend ab, weil »das IOC weder den Amateurstatus der Sportler gefährden noch zulassen will, daß die Spiele kommerzialisiert werden«. Der unglückliche Uhrenfabrikant hätte sein Glück vermutlich gemeinsam mit Dassler in den Häfen suchen sollen.

Doch Horst Dassler widmete seine Aufmerksamkeit nicht nur den Stars von Aschenbahn und Rasen. Fünfundzwanzig Jahre nach der Olympiade von Melbourne war er so aktiv wie eh und je. 1982 wurde die angeblich noch immer dem Amateurstatus verpflichtete britische Rugby-Szene vom »Schuh-Skandal« erschüttert. Die Schurken des Schauspiels? Adidas und Puma.

Funktionäre der englischen Rugby Football Union drohten, jedem Spieler Spielverbot zu erteilen, dem nachgewiesen werden könne, daß er Geld oder Ausrüstungen von einem der beiden deutschen Hersteller entgegengenommen habe. Die englischen Rugby-Teams aller Altersstufen hatten seit Jahren kostenlose Ausrüstungen bekommen. Dann wurde ein adidas-Manager gezwungen, dem britischen Finanzamt die Namen der Sportler zu nennen, die dafür Geld erhalten hatten, daß sie adidas-Schuhe trugen. »Die Finanzbeamten werden der Rugby Football Union keine Namen nennen«, hieß es in einem Bericht. »Die Vertreter der Union hoffen nun, daß adidas-Chef Horst Dassler die Sache in einem Gespräch ›ins reine bringt‹.«

Doch die Rugby Football Union wurde enttäuscht. Dassler weigerte sich, Namen zu nennen. Statt dessen erklärte er: »Wir sind Opfer einer Situation, die von unseren Konkurrenten heraufbeschworen wurde. Wir waren nicht die ersten, die Geld an Rugby-Spieler zahlten.« Er gab zu, daß in den beiden vergangenen Jahren etwa fünfzig »Amateure« von adidas braune, mit Bargeld gefüllte Umschläge erhalten hätten. Als mildernder Umstand wirkte sich seiner Ansicht nach aus, daß »niemand mehr als eine vierstellige Summe erhielt«.

Die Rugby-Spieler des Nationalteams von Wales waren weniger verschlossen. Der frühere walisische Mannschaftskapitän Mervyn Davies gestand ein, daß er von adidas bis zu fünfzig Pfund pro Spiel erhalten habe. Er fügte hinzu, daß er nicht der einzige gewesen sei. Arthur Young, ein adidas-Vertreter, erklärte dem Fernsehsender BBC, daß er seit den frühen siebziger Jahren als Zahlmeister der walisischen Nationalspieler aufgetreten sei. Er habe den Spielern bis zu fünfundsiebzig Pfund pro Spiel bezahlt. Der frühere walisische Rugby-Nationalspieler Glyn Shaw bestätigte Youngs Aussage: »Arthur kam mir immer wie der Weihnachtsmann vor, wenn er mir fünfzig Pfund überreichte!«

Horst Dassler reagierte auf Youngs Enthüllungen mit der Bemerkung: »Es ist unmoralisch, Namen zu nennen.« Damit hatte er den richtigen Ton getroffen.

»Die britische Werbebranche bewundert die Art und Weise, in der adidas-Chef Horst Dassler mit der Verwicklung seines Unternehmens in den großen ›Schuhgeld-Skandal‹ fertig wurde«, krähte ein Unternehmermagazin. »Es war ein Meisterstück in Promotion ohne jegliche Kosten«, erklärte auch ein Londoner PR-Mann. »Dassler fand in jedem Stadium den richtigen Ton. Wenn die Sache vorüber ist, werden wir die ganze Kampagne wahrscheinlich unseren Praktikanten als klassisches Lehrstück vorführen, wie man aus einer potentiell katastrophalen Publizität einen kostenlosen Werbenutzen ziehen kann.«

»Die ganze Sache machte ihm Spaß«, sagt Dasslers ehemaliger Partner Patrick Nally. »Das gehörte zum Geschäft, er sah darin nichts Unmoralisches. Das war eben Wettbewerb, und er verhielt sich nur wettbewerbsgerecht. Horst setzte jedes Mittel ein, das notwendig war, um die Konkurrenz zu schlagen. Ich glaube, seine geradezu paranoide Sucht nach Erfolg wurde durch die Familienkonflikte hervorgerufen. Horst glaubte immer, daß hinter der nächsten Ecke jemand lauerte, der ihm ein Bein stellen wollte. Sein ganzes Leben war ein Versteckspiel. Er sah sich andauernd über die Schulter, spionierte die Gegner aus und erkaufte sich die Möglichkeiten, ihnen voraus zu sein. In Horsts Umgebung war alles Intrige, war alles Mißtrauen. Er legte Informationsdossiers über die Leute an und sammelte Details, um herauszufinden, was sie vorhatten. Er trainierte seine Angestellten wie Spione! Seine Sportbetreuer, die sich um die Sportler kümmern sollten, bekamen zugleich den Auftrag, die Gegner auszuspionieren. Sie alle mußten lernen, wie man die Aktenkoffer anderer Leute durchsucht. Ich weiß, es klingt lächerlich, aber er brachte ihnen sogar bei, Telefonleitungen anzuzapfen. Horst setzte gegen den Feind in Bewegung, was immer er konnte. Und er konnte sehr viel.«

Auf der anderen Seite des Ärmelkanals entwickelte Patrick Nally die Beziehungen zwischen Sport und Kommerz auf ganz andere Weise als Horst Dassler. Nally ist ein Marketingexperte. Als Teenager arbeitete er für die Wettbüro-Kette Littlewoods Pools. Er brachte die Menschen dazu, Wetten auf den Ausgang der Spiele der englischen Fußball-Liga abzuschließen. Er hatte auch mit Werbekampagnen für eine große Brauerei zu tun. Aber in seinem Kopf keimte während dieser Zeit ein anderer Gedanke.

»Massen von Menschen sehen sich Sportsendungen an, Massen von Menschen betreiben Sport. Wenn ich irgendwie die Brücke zwischen ihren Sportinteressen und einer kommerziellen Botschaft schlagen konnte, war ich im Geschäft. Ich suchte also nach einem Weg, Sport als Kommunikationsmittel zu nutzen.«

In den späten sechziger Jahren lernte Nally Peter West kennen, einen berühmten britischen TV-Sportkommentator. West hatte viele Jahre lang für die BBC Sportereignisse jeder Art kommentiert, von Kricket bis Rugby. Er hatte sogar eine klassische BBC-Fernsehserie mit dem Titel *Come Dancing* moderiert – einen Tanzwettbewerb.

»Als ich Peter zum ersten Mal traf«, erinnert sich Nally, »dachte er, seine Fernsehkarriere neige sich dem Ende zu. Aber er hatte immer noch einen ausgezeichneten Ruf. Er war kein Geschäftsmann, aber er kannte sich im Sport aus. Wir taten uns zusammen und gründeten die Peter West and Associates PR Ltd. Unser Grundgedanke war, den Sport als Transportmittel für eine kommerzielle Botschaft zu nutzen. Das wollten wir erreichen, indem wir die Unternehmen dazu brachten, Geld lockerzumachen und damit den Sport zu sponsern.

Einer unserer ersten Versuche richtete sich auf Green Shield – ein Rabattmarken-Unternehmen. Wir brachten Green Shield dazu, ein Programm zu sponsern, durch das britische Kinder Tennis lernen konnten. Tennis galt noch immer als Elitesport. Die meisten Leute glaubten, es sei nur ein Sport für reiche Kinder. Mit dem Geld von Green Shield zogen wir durch das Land und gaben den Kindern die Gelegenheit, einen Tennisschläger in die Hand zu nehmen und das Spiel zu lernen. Das führte dann dazu, daß Green Shield die Jugendmeisterschaften in Wimbledon sponserte.

Damals gab es noch kein Unternehmen, das spezielle Sponsorenprogramme für den Sport entwickelte. Peter und ich waren die ersten. Zwar gab es Mark McCormack irgendwo in Amerika, der sich um berühmte Sportler kümmerte, aber er begann sich erst viel später für Sponsorenprogramme zu interessieren. Peter und ich zeigten, daß es eine Möglichkeit gab, Unternehmen als Sportsponsoren wirken zu lassen. Und das hatte bisher noch niemand geschafft.

Man kann sich heute kaum vorstellen, wie neu in den späten sechziger und frühen siebziger Jahren der Gedanke des Sport-Sponsorings war und welcher Widerstand vom Sportestablishment kam. Die Journalisten beispielsweise wollten die Namen der

Sponsoren nicht nennen. Sie brachten kaum die Worte über die Lippen, wenn sie eine Veranstaltung als ›Benson and Hedges-Cup‹ oder als ›Gilette-Cup‹ bezeichnen mußten.

Peter glaubte nicht, daß es uns noch zu seinen Lebzeiten gelingen würde, kommerzielle Werbung auf dem heiligen Turf von Twickenham einzuführen. Aber wir zeigten, daß auch dies möglich war. Wir konnten neben Green Shield auch Ford und Kraft gewinnen und machten aus einem kleinen ein recht beachtliches Unternehmen.«

Eines Tages betrat der ehemalige britische Olympialäufer John Boulter die Geschäftsräume der Firma West and Nally. Boulter arbeitete schon damals, also 1974, für Horst Dassler und ist heute bei adidas als Leiter der Abteilung für internationale Verbindungen beschäftigt. 1991 war er bei der Vollversammlung des Internationalen Olympischen Komitees in Birmingham anwesend und erneuerte dort seine Bekanntschaften mit den wichtigsten Clubmitgliedern.

Boulter wußte, daß Nally Mitinhaber einer erfolgreichen britischen Agentur für Sport-Sponsoring war; er hatte aufmerksam verfolgt, wie die Agentur es schaffte, das Geld großer Unternehmen anzuzapfen und dem Sport zuzuleiten. »Nally war ein ehrgeiziger junger Mann, der unbedingt Horst Dassler kennenlernen wollte«, erklärt Boulter. »Horst sagte, er habe von diesem Engländer noch nie gehört, und bat mich, nähere Informationen über Nally einzuholen.«

Horst Dassler und Patrick Nally lernten sich im elsässischen Landersheim kennen, dem Hauptquartier von adidas Frankreich. Das große moderne Gebäude der Fabrik liegt im elsässischen Hügelland mit Blick auf flache Felder. Vor dem Gebäude befinden sich ein Tennis- und ein Fußballplatz – Zeichen für Horst Dasslers Sportbegeisterung.

Schon gleich zu Beginn des Gesprächs wurde deutlich, wie sehr Dassler vom Treiben des jungen Engländers fasziniert war. Der Gedanke, Gelder von großen Unternehmen für den Sport einzusetzen, begeisterte ihn.

»Er erzählte von den Handelskriegen zwischen Sportartikelfirmen, die bei den Olympiaden hinter den Kulissen stattfanden, und von den halsabschneiderischen Methoden, die konkurrierende

Schuhhersteller anwandten, um die Sportler dazu zu bringen, ihre Produkte zu tragen«, erinnert sich Nally. »Die Verhandlungen liefen manchmal bis kurz vor den Beginn der Wettläufe. Die Sportler beherrschten das Feilschen inzwischen so gut, daß sie manchmal noch die Schuhe wechselten, kurz bevor sie auf die Bahn gingen!

Horst stritt sich mit dem IOC und mit einigen Sportverbänden über seine Zahlungen an ›Amateur‹-Athleten. Er wurde gedrängt, diese Zahlungen einzustellen. Erinnern Sie sich noch daran, wie der große Finne Lasse Viren, der jeweils zwei Goldmedaillen in München und in Montreal gewann, seine Tiger-Laufschuhe vor der Kamera hochhielt? Hier kam der gewaltige und unerfreuliche Kampf zum Ausdruck, durch den angebliche Amateursportler dazu bewegt werden sollten, bestimmte Produkte zu tragen.

Ich muß gestehen, daß ich bei dieser ersten Begegnung mit Horst ein bißchen geblendet war. Da saß ich mit diesem sehr dynamischen Menschen zusammen – seine Dynamik war geradezu spürbar. Neben dem französischen Hauptquartier von adidas befinden sich ein privates Restaurant und ein Hotel, beides ebenfalls von Horst aufgebaut. Dort konnte man mit ihm sprechen und sich mit phantastischen Speisen und Weinen verköstigen lassen. Wenn ich heute zurückblicke, wird mir klar, wie bescheiden das alles damals noch war. Alles, auch das Restaurant, wurde in dem Maß extravaganter, in dem Horsts Macht wuchs.

Er war ein Mensch, der immer wollte, daß man sich bei ihm wohl fühlte. Er gehörte nicht zu denen, die immer sofort auf die Halsschlagader zielen und direkt zum Geschäft kommen wollen. Sein Stil war, daß man sich in belanglosem Gespräch erst einmal kennenlernen sollte. Nach diesem ersten Gespräch gab er sich als ein entschlossener, sehr zielstrebiger Mensch zu erkennen, der seine gegenwärtige Situation glasklar einschätzte und nun bereit war, mit mir über seine Zukunftsvisionen zu sprechen.«

Für jede olympische Sportart gibt es einen eigenen, internationalen Sportverband, der letztlich ihre Regeln bestimmt und überwacht. Ende der sechziger und Anfang der siebziger Jahre wurden die meisten dieser Sportverbände noch immer sehr amateurhaft geführt. Nur wenige hatten eigenes, festangestelltes Personal; viele wurden ehrenamtlich von Personen geleitet, die sich für den jeweiligen Sport begeisterten, ihn häufig früher selbst betrieben hatten und bereit waren, die Last der Führung eines internationalen Verbandes auf sich zu nehmen. Viele Verbandspräsidenten hatten ihre Büros zu Hause. Selbst die heute mächtigsten Sportverbände, wie der Fußball- und der Leichtathletikverband, waren damals noch recht kleine Organisationen. Die IAAF unterhielt sehr bescheidene Büroräume im Londoner Stadtteil Putney. Das Hauptquartier der FIFA befand sich in einem Haus in Zürich. Nur das Internationale Olympische Komitee, dessen Einnahmen aus den Fernsehübertragungsrechten damals anstiegen, hatte gerade begonnen, seine Bedeutung auch äußerlich unter Beweis zu stellen.

»Horst war mit dem Sport und mit den Olympiaden aufgewachsen; er kannte die Bedeutung der Sportverbände«, sagt Nally. »Die Verbände standen in seinen Zukunftsvisionen im Mittelpunkt. Er erkannte ganz klar, daß die Verbände einen rapiden Veränderungsprozeß durchlaufen würden. Sie würden in dem Maß an Bedeutung und finanzieller Macht gewinnen, in dem die Fernsehgesellschaften immer größere Beträge für die Olympischen Spiele bezahlten.

Horst wollte in der Lage sein, diese Veränderungen zu seinem eigenen Vorteil zu nutzen. Die Strukturen der Verbände waren ihm bekannt; er wußte auch, daß ihre Führungen gewählt wurden. Seine neue Strategie bestand darin, daß er sich nicht mehr auf einzelne Sportler, sondern auf die Zusammenarbeit mit Verbänden und Nationalteams konzentrieren wollte. Er hatte erkannt, daß die Zukunft bei den Verbänden lag, daß sie die Entscheidungen treffen würden, was ein Sportler zu tragen hatte. Wenn es ihm gelang, die Verbände zu kontrollieren, würden alle Sportler seine Produkte tragen.

Ursache der Veränderungen war das Geld. Das Fernsehen war plötzlich ein wichtiger und integraler Bestandteil der Sportszene. Bis dahin hatten Live-Sendungen praktisch keine Rolle gespielt. Das Fernsehgeld erzwang die Veränderungen in den Verbänden, und es zwang auch Horst und andere, mit ihren Manipulationen anzufangen und sich mit der Sache eingehend zu befassen.«

Dassler glaubte an die Verwirklichung seiner Zukunftspläne. Er war klug und begann, mehrere Sprachen zu erlernen. Neben seiner Muttersprache deutsch sprach er französisch, italienisch, spanisch und englisch, und er verfügte sogar über Grundkenntnisse des

Japanischen. Im Umgang mit Menschen war er sehr geschickt. Er konnte gut verhandeln und pflegte seine geschäftlichen Beziehungen.

»Selbst in den frühen Tagen bot adidas nicht immer nur Geld an«, sagt Nally. »Horst wußte immer, ob er jemandem mit Geld oder mit anderen Anreizen kommen mußte.«

Zum Zeitpunkt der ersten Begegnung Nallys mit Dassler 1974 in Landersheim hatte der deutsche Schuhfabrikant bereits die Vorarbeit für den Generalangriff auf die internationalen Sportverbände geleistet. Dassler operierte von zwei Zentralen aus: Landersheim und Paris. »In der Rue de Louvre in Paris befand sich ein sehr schickes adidas-Geschäft, das aber eigentlich nur eine Art Kulisse darstellte«, sagt Nally. »Im oberen Stockwerk arbeitete das adidas-Promotion-Team. Die eigentlichen Geschäfte wurden im Untergeschoß getätigt.«

Im Untergeschoß befand sich ein privates Restaurant. Hier konnte Dassler die Vertreter der Sportverbände und die Sportpolitiker empfangen. Im Hotel Terrasse auf dem Montmartre waren mehrere Räume ständig für Dasslers Gäste reserviert. »Ein Barkeeper im Hotel Terrasse«, erinnert sich Nally, »versorgte Horsts erlauchte Gäste mit Mädchen.«

Dassler hatte auch bereits begonnen, ein eigenes »politisches Team« aufzubauen. Dieses Team hatte die Aufgabe, weltweit Informationen zu sammeln und Kontakte zu den Sportverbänden und den Sportpolitikern herzustellen und Einfluß auf das Geschehen zu nehmen. Jedes Teammitglied kümmerte sich schwerpunktmäßig um eine bestimmte Weltregion.

Zentral- und Südamerika übernahm Dassler selbst. John Boulter war für Europa zuständig.

Asien war Professor Anwar Chowdhrys Bereich. Diese Tätigkeit wirkte sich nicht zu seinem Nachteil aus: Chowdhry ist heute Präsident des Internationalen Amateur-Box-Verbandes.

Der Journalist Bobby Naidoo kümmerte sich um das englischsprachige Afrika und generell um die Kontakte zu den Medien. Er stand an der Spitze des Internationalen Sportjournalisten-Verbandes, der wiederum eng mit dem Internationalen Olympischen Komitee verbunden ist.

Oberst Hassine Hamouda aus der früheren französischen Kolonie Tunesien war für das französischsprachige Afrika zuständig.

Der Oberst war bei der Olympiade in Berlin 1936 Mitglied des französischen Teams gewesen. In Paris, das als wichtiges Zentrum französischsprachiger Afrikaner gilt, gab er das zweisprachige Magazin *Champion D'Afrique* heraus. Hamouda war zugleich einer der tunesischen Leichtathletiktrainer und Vizepräsident des tunesischen Boxsportverbandes.

»Mr. Hamouda will mit dem Magazin *Champion D'Afrique* afrikanischen Sportlern helfen, sich zu entwickeln und zu verbessern«, heißt es in der vom IOC herausgegebenen Publikation *Revue Olympique*. Auch Horst Dassler wollte den afrikanischen Sportlern helfen, sich zu entwickeln, solange sie dabei adidas-Schuhe trugen. Dassler stellte Hamouda Geschäftsräume zur Verfügung und leistete einen finanziellen Beitrag zur Gründung des Magazins. Er erfand auch bedeutungslose Auszeichnungen – wie die Goldmedaillen des *Champion D'Afrique* – und finanzierte die Festbankette, bei denen sie verliehen wurden.

»Es gab nur wenige Unternehmen, die sich für Afrika als kommerziellen Markt interessierten«, sagt Nally. »Aber politisch gesehen war Afrika für Horst wichtig, weil es dort viele Sportverbände und infolgedessen bei Entscheidungen viele Verbandsstimmen zu holen gab. Denn bei Wahlen entscheiden nicht die Sportfunktionäre, sondern die Politiker. Horsts Plan war, durch Oberst Hamouda und den *Champion D'Afrique* Einfluß auf diese afrikanischen Politiker zu gewinnen und ihnen zu helfen, eine wichtigere Stellung innerhalb der Sportverbände zu erringen. Oberst Hamouda widmete Afrika einen wesentlichen Teil seiner Zeit und Energie.

Die Afrikaner waren arm; also konnte Horst auch hier helfen. Er konnte in Afrika Sportartikel verschenken. Das war auch politisch wichtig. Kommerziell war das von geringer Bedeutung, denn es war nicht zu erwarten, daß die Afrikaner Großbestellungen und Massenkäufe von adidas-Schuhen tätigen würden. Horst konnte seine Hilfsmaßnahmen auf die populärsten Sportarten in Afrika konzentrieren und damit in den meisten wichtigen Verbänden Unterstützung gewinnen. Der Boxsport und natürlich Fußball und Leichtathletik, die größte olympische Sportart, waren in Afrika populär. Horst lieferte eine Menge Ausrüstung nach Afrika. Heute ist deutlich erkennbar, daß die Afrikaner in den internationalen Verbänden dieser Sportarten starkes Gewicht haben.«

Die Sowjetunion und der Ostblock waren der Zuständigkeitsbereich eines Franzosen namens Christian Jannette. Er war genau der richtige Mann für Horst Dassler. Jannette verfügte über langjährige und einflußreiche Verbindungen zu den Olympischen Spielen. Bei der Olympiade in München 1972 war er stellvertretender Protokollchef gewesen und hatte für seine »Freundlichkeit und Kompetenz während seines vierjährigen Aufenthalts in München« den französischen Verdienstorden *Mérite National* erhalten.

Nach den Spielen von 1972 hatte Jannette zwei Berufe: Er arbeitete als Attaché beim französischen Nationalen Olympischen Komitee und stand gleichzeitig auf der adidas-Lohnliste. Bis zur nächsten Olympiade hielt er sich in Montreal auf und lebte danach in den Jahren bis zur Olympiade von 1980 in Moskau. Dort fungierte er als Missionschef des französischen Teams und als Krisenmanager für Dassler. »Persönliche Kontakte ermöglichen es den Organisatoren, ein viel persönlicheres Willkommen vorzubereiten«, hatte Jannette in München gelernt. »Ich rate daher jedem, Träger hoher Ämter immer so gut wie möglich kennenzulernen.«

»Zwischen 1974 und 1980 reiste ich zweiundsechzigmal für adidas nach Rußland«, erklärte uns Jannette. »Schon Mitte der sechziger Jahre hatte Horst zu allen Ostblockländern sehr gute Beziehungen. Ich kann mich daran erinnern, daß ich schon 1974 einen Vertrag mit Polen unterzeichnete, nach dem wir die Ausrüstung für alle ihre Verbände liefern sollten. Und wir hatten damals auch schon Verträge mit Sportverbänden in der UdSSR abgeschlossen.«

Nally erinnert sich: »Christian war Horsts ständiger Verbindungsmann zu den Russen. Er flog immerzu mit Geschenken nach Moskau. Der Ostblock war ein riesiger potentieller Markt für adidas. Bei den Olympiaden war der Ostblock führend. Die Sowjets und die Ostdeutschen gewannen die meisten Goldmedaillen. Für Horst war es wichtig, den Osteuropäern zu beweisen, daß er die Pipeline darstellte, durch die Hilfe aus dem Westen kommen konnte.

Die Lieferung von adidas-Artikeln öffnete auch hier, wie in Afrika, alle Türen. Im Ostblock selbst wurden weder hochwertige Schuhe noch Sportkleidung hergestellt, und Westwaren konnte man sich nicht leisten. Horst konnte also eine wichtige Position besetzen, wenn er ihnen adidas-Ausrüstungen schenkte. Wichtig war es auch, den Funktionären attraktive Auslandsreisen zu bezahlen, damit sie aus dem doch recht öden Osteuropa herauskamen.

Horst warf ihnen jedoch kein Geld nach. Zuerst wollte er die Funktionäre kennenlernen. Er gewann ihr Vertrauen und lieferte den verschiedenen Verbänden seine Produkte, also seine qualitativ hochwertigen Schuhe und Textilien.

Die Geschäftsbeziehungen zu den meisten Verbänden im Ostblock waren ganz anders als die zu den Verbänden im Westen. Im Osten hatte man mit einem Sportministerium zu tun, das über alle Sportangelegenheiten und auch über die Beteiligung des Landes an den Olympischen Spielen bestimmte. Dieses System der zentralisierten Geschäftsbeziehungen erleichterte es Horst, in die Infrastruktur einzudringen. Befand er sich im System, sprach er auch darüber, welche Sportfunktionäre und -beamten in die internationalen Sportverbände entsandt werden sollten. Er traf dann auch entsprechende Absprachen, um sicherzustellen, daß ein Russe oder Osteuropäer im Exekutivkomitee jedes wichtigen Sportverbandes saß.

Horst galt deshalb sowohl den Russen und Ostdeutschen als auch den Afrikanern als Freund. Die Osteuropäer waren wichtig, weil auch sie eine einflußreiche Gruppe darstellten. Ihre Stimmen zählten bei Entscheidungen in den Verbänden, und obwohl sie zahlenmäßig nicht so schwer wogen wie die der Afrikaner, stimmten sie doch als geschlossene Gruppe ab. Horst konnte also mit ihrer Unterstützung rechnen, wenn er sicherstellte, daß sie mit dem nötigen Respekt behandelt wurden und sich in Schlüsselstellungen befanden. Es war ein großer gegenseitiger Handel. Die Osteuropäer sind geborene Händler. Wenn du ihnen etwas gibst, geben sie auch dir etwas.«

Nally war der Schlüssel zu Dasslers Zukunftsvision: Milliarden von Fernsehzuschauern würden die besten Sportler der Welt auf dem Siegertreppchen stehen sehen – mit den drei adidas-Streifen an Schuhen und Kleidung.

»Die Tatsache, daß ich kommerzielle Unternehmen dazu brachte, Geld in den Sport zu investieren, wirkte wie ein ›Heureka!‹ Horst sagte: ›Wir brauchen nur die beiden Dinge zusammenzubringen. Dann geht es erst richtig los.‹ Horst suchte nach Wegen, kommerzielles Sponsoring und Sport zum Nutzen von adidas zu vereinigen. Aus seiner Sicht bedeutete dies einen Machtgewinn. Sein Einsatz für die Sportverbände würde ihm als Verdienst zugeschrieben; er würde eine sehr starke Stellung bekommen. Er wollte, daß ich jemanden fand, der den Zahlmeister spielte.«

Nally sollte diesen Zahlmeister möglichst schnell finden. Dassler war bereits 1974, als er zum ersten Mal in Landersheim mit Nally zusammentraf, einem Mann gegenüber Verpflichtungen eingegangen, der in den folgenden zwanzig Jahren einer der wichtigsten Makler im großen Spiel um die Macht in der Welt des Sports werden sollte.

3 Dassler und Coca-Cola

Diego Maradonas argentinisches Fußballteam verteidigte 1990 im Finale der Fußball-Weltmeisterschaft im Olympia-Stadion in Rom den Titel gegen die deutsche Nationalmannschaft. Als die Teams auf das Spielfeld kamen, waren gewisse Gemeinsamkeiten unübersehbar. Beide Mannschaften trugen Kleider und Fußballschuhe der Marke adidas. Ebenso der Schiedsrichter und die Linienrichter. Fünfzehn der vierundzwanzig Nationalmannschaften, die in Italien angetreten waren, trugen das dreiblättrige adidas-Zeichen und die drei Streifen auf ihren Hemden, Hosen, Socken und Schuhen.

Der Anstoß zum Endspiel erfolgte mit einem schwarz-weißen adidas-Fußball. Alle Spiele der Weltmeisterschaft 1990 wurden mit adidas-Fußbällen bestritten. Der adidas-Fußball war der offizielle Ball. Das Unternehmen lieferte auch den offiziellen Fußballschuh.

Auch außerhalb des Fußballfeldes hatte Horst Dassler vorgesorgt. Seine Marketingfirma ISL besaß die Exklusivrechte zur Vermarktung der Weltmeisterschaft. Wahrscheinlich gab es beim Weltcup-Endspiel 1990 nur einen einzigen Gegenstand, den adidas nicht geliefert hatte: die Pfeife des Schiedsrichters.

Im Stadion von Barcelona war es acht Jahre zuvor nicht viel anders gewesen. Bei der Eröffnungszeremonie der Fußballweltmeisterschaft 1982 hatte der zwölfjährige Victor Puente eine Friedenstaube aus einem aufgeschnittenen Fußball flattern lassen. Der aufgeschnittene Fußball trug das Markenzeichen der Firma adidas. Der kleine Victor trug adidas-Kleider. Selbst die Auslosung der Teampaarungen bei dieser Weltmeisterschaft wurde mit Miniaturen des offiziellen schwarzweißen adidas-Fußballs durchgeführt.

»Wir haben keine besonders enge Beziehung zu adidas«, behauptet FIFA-Vizepräsident Harry Cavan. »Das Unternehmen adidas verhält sich, soweit ich weiß, gegenüber dem Sport im allgemeinen und dem Fußball im besonderen sehr großzügig. Wenn die Firma die Ausrüstung liefern will, weiß ich nicht, was daran falsch sein soll.«

Das Endspiel der Fußball-Weltmeisterschaft 1974 in München zwischen Deutschland und Holland wurde von zwei europäischen Mannschaften unter der Kontrolle eines europäischen Schiedsrichters an einem europäischen Veranstaltungsort ausgetragen. Doch das Jahr 1974 markierte zugleich das Ende der europäischen Vorherrschaft im internationalen Fußball.

Der glitzernde Pokal, den Franz Beckenbauer unter dem donnernden Applaus der treuen deutschen Fans in die Höhe hielt, war neu. Und neu in seinem Amt war auch der Mann, der diese Weltmeisterschaft leitete. Drei Wochen zuvor war Dr. João Havelange zum Präsidenten des Internationalen Fußballverbandes FIFA gewählt worden. Er war der mächtigste Mann im Weltfußball.

Ein neuer Pokal war benötigt worden, weil die Brasilianer 1970 nach dem dritten Titelgewinn ihrer blendend aufspielenden Fußballkünstler den alten Pokal hatten behalten dürfen. Ein Team, das zum dritten Mal die Weltmeisterschaft gewinnt, braucht den Pokal nicht mehr weiterzugeben. Der ursprüngliche Jules-Rimet-Pokal hatte also in Brasilien eine ständige Heimat gefunden.

Jean Marie Faustin Godefroid Havelange, der besser unter dem Vornamen João bekannt ist, stammt ebenfalls aus Brasilien. Havelange ist jetzt sechsundsiebzig Jahre alt; er gilt als Königsmacher. Er besitzt über fünfzig Auszeichnungen und Orden. Er ist Ritter der französischen Ehrenlegion, Kommandeur des portugiesischen Ritterordens des Infanten Dom Henrique, Träger des Großkreuzes des spanischen Ordens Isabellas der Katholischen, Ritter des schwedischen Wasa-Ordens und Kommandeur des senegalesischen Löwenordens.

Havelange ist es zu verdanken, daß die Stimmen zusammenkamen, durch die Barcelona zum Austragungsort der Olympischen Spiele 1992 bestimmt wurde. Und Havelange handelte mit Horst Dassler aus, daß Juan Antonio Samaranch Präsident des Internationalen Olympischen Komitees werden solle.

Manch einer glaubt, Havelange sei zu alt, seine Macht sei im Schwinden, und er habe seinen Höhepunkt überschritten. Doch der Brasilianer ist noch immer die einzige Person in der Welt, die dem allmächtigen Präsidenten der olympischen Bewegung eigene Bedingungen diktieren kann. Daß er das kann, verdankt er seiner Verbindung zu Horst Dassler.

João Havelange ist Gründungsmitglied des »Clubs«. Seine Wahl zum Präsidenten der FIFA erfolgte ein paar Wochen vor dem Beginn der Fußball-Weltmeisterschaft 1974 und markierte den Beginn einer neuen lateinamerikanischen Dominanz in der Führung des Weltsports – eine dramatische Abkehr von der bisherigen angelsächsischen Vorherrschaft und von den Wertvorstellungen des Amateursports. Aber das ist nur ein Teil der Geschichte. Meistens bleibt unerwähnt, daß Havelanges Wahl zugleich den Beginn der Kampagne Horst Dasslers bedeutete, die Kontrolle über die Entwicklung des Weltsports zu gewinnen.

»Havelanges Wahl brachte Horst zum Bewußtsein, wie wichtig die Sportverbände waren«, sagt Dasslers ehemaliger Partner Patrick Nally. »Horst sah in Havelanges Wahl eine Wasserscheide.«

Havelanges Wunsch, Chef des Weltfußballs zu werden, traf zunächst auf ein grundsätzliches Hindernis: Die FIFA hatte bereits einen Präsidenten. Amtsinhaber war der Brite Sir Stanley Rous, und Rous, der sechste Präsident der FIFA und wie alle seine Amtsvorgänger Europäer, war keineswegs amtsmüde. Er war ein leidenschaftlicher Anhänger des Fußballs, und der Fußball war für ihn eins der wichtigsten Dinge im Leben. Er war Lehrer gewesen und hatte sich in seiner Freizeit zum Fußballschiedsrichter ausbilden lassen. Bereits 1933 war Rous in den großen Fußballzentren der Welt in Aktion. In riesigen Schuhen und mit weiten Shorts bekleidet, leitete er internationale Begegnungen, zum Beispiel zwischen Ungarn und Italien. Rous war großgewachsen und eine physisch eindrucksvolle Erscheinung. Er hatte sich völlig dem Ideal des Fairplay verschrieben und duldete keine faulen Tricks auf dem Spielfeld.

Rous' Wissen über die Spielregeln des Fußballs war wahrhaft enzyklopädisch. Er verfaßte ein Buch über die Geschichte der Spielregeln des Fußballs, wurde von König Georg VI. für seinen Einsatz bei der Organisation der Olympiade in London 1948 zum Ritter geschlagen und 1961 zum Präsidenten der FIFA gewählt.

Unter Sir Stanley Rous' Führung »war die FIFA eine recht konservative und in ihren Entscheidungen zurückhaltende Organisation«, heißt es in der offiziellen Darstellung der Verbandsgeschichte. »Die Finanzen stammten ausschließlich aus den Gewinnen, die die Durchführung der Weltmeisterschaften abwarf. Mit diesem Gewinn mußte die Arbeit der folgenden vier Jahre bestritten werden. Es schien kaum möglich, mehr zu erreichen, ohne größere Risiken einzugehen.«

Nally stellt fest: »Die FIFA arbeitete damals mit sehr beschränkten Mitteln. Als Hauptquartier diente ein altes Privatwohnhaus, die Villa Derwald in Zürich. Dort residierte der Generalsekretär, der liebe alte Dr. Käser, mit seinen beiden Hunden. Besucher wurden von einer Empfangsdame mit schriller Stimme begrüßt, die Dr. Käser schließlich heiratete. Ich glaube, es war auch noch eine Hilfskraft beschäftigt. Ansonsten sah man nur die beiden Hunde auf dem Boden und einen alten Tisch, auf dem sich Bücher stapelten. Alles wirkte ziemlich wunderlich und antiquiert, gerade wie in einem Roman von Charles Dickens.«

Havelange war ein ganz anderer Menschenschlag. Sein sportlicher Hintergrund hatte mehr mit Wasserball als mit Fußball zu tun. In den dreißiger Jahren, als Stanley Rous internationale Fußballspiele leitete, kämpfte Havelange im brasilianischen Wasserballteam und nahm an der Olympiade in Berlin teil. Achtzehn Jahre später gehörte er zum brasilianischen Wasserballteam bei der Olympiade in Helsinki. 1956 leitete Havelange die brasilianische Delegation bei der Olympiade in Melbourne, und während er in der Prominentenloge saß, brachte der junge Horst Dassler die australischen Hafenarbeiter durch Bestechungsgelder dazu, die Sportartikellieferungen der Konkurrenz in einem Lagerhaus einzuschließen.

Havelange sagt: »Ich bin Geschäftsmann. Ich besitze viel Geld und habe es nicht nötig, mich am Fußball zu bereichern.« Das mag wohl stimmen; aber Havelange entdeckte immerhin, wie ein Beobachter anmerkte, daß »Sport eines der großartigsten Mittel der modernen Welt darstellt, reine, unverfälschte, nackte Macht uneingeschränkt auszuüben«.

Zu Beginn seiner Karriere arbeitete Havelange in den verschiedensten Branchen der Wirtschaft. Er versuchte sich im Import-Export-Geschäft von Stahlprodukten, im Bergbau, in der Chemie und im Transport. Heute ist er Präsident der Nationalen Brasilianischen Bus-Gesellschaft. Sein Geld allerdings machte er mit Versicherungen. Er war Direktor einer Gesellschaft in São Paulo und einer weiteren Gesellschaft in Rio.

Aufgrund seiner Sportkarriere im Wasserball wurde er Präsident des Schwimmverbandes von São Paulo und 1955 Mitglied des Nationalen Olympischen Komitees von Brasilien. 1963 wurde er in den elitären Kreis des Internationalen Olympischen Komitees aufgenommen. Drei Jahre später wurde auch sein späterer olympischer Führer Juan Antonio Samaranch Mitglied des »Clubs«.

Havelanges wichtigster Posten war das Präsidentenamt des allumfassenden brasilianischen Sportverbandes. In seiner für PR-Zwecke autorisierten Lebensbeschreibung heißt es, daß er als Chef des brasilianischen Sports »Brasiliens erfolgreichster Fußball-Manager« und »Architekt der brasilianischen Erfolge bei den Weltmeisterschaften von 1958, 1962 und 1970« gewesen sei.

Der brasilianische Fußballerfolg mochte zwar mehr mit dem Geschick eines Pelé und eines Garincha zu tun haben; es gibt jedoch keinen Zweifel daran, daß Havelange seine Position als Machtbasis für seine Kampagne gebrauchte, die Kontrolle der FIFA zu erringen.

»Havelange blickte in die Zukunft«, sagt Nally. »Er wußte, wenn er der nächste Präsident des einzigen Verbandes würde, der bereits eine prestigereiche Weltmeisterschaft veranstaltete, konnte er enorme politische und ökonomische Macht ausüben.«

Im Jahre 1970 begann Havelange den Wahlkampf um die Präsidentschaft. Entschlossen, die drei brasilianischen Weltcup-Gewinne nach Kräften für sich auszunutzen, reiste er um die ganze Welt, um die potentiellen Wähler der Fußballwelt hinter sich zu sammeln.

»Eine solche Wahlkampagne um die Präsidentschaft eines Sportverbandes hatte es noch nie gegeben«, erinnert sich Nally. »Sir Stanley Rous hatte nicht all die Länder in Afrika und Asien besucht und schon gar nicht all die kleinen Inselstaaten. Jetzt plötzlich gab es diesen dynamischen, weltgewandten und leutseligen Südamerikaner, der mit seiner Frau um die ganze Welt reiste, Menschen kennenlernte, Hände schüttelte, das brasilianische

Team mitbrachte und Leute wie Pelé in seinem Gefolge hatte. Es war wie ein brasilianischer Karneval.«

Havelange griff die alte europäische Dominanz in der FIFA an. Das war ein geschickter Schachzug. Er hatte festgestellt, daß die neu zum Fußball bekehrten Asiaten und Afrikaner von den internationalen Spitzenbegegnungen ferngehalten wurden. Wenn man ihn wähle, erklärte er, wolle er die Zahl der Weltcup-Finalisten von sechzehn auf vierundzwanzig Teams erhöhen. Er versprach, eine neue Weltmeisterschaft für die Jugendfußballteams einzurichten. Den Entwicklungsländern versprach er Geld für den Bau von Fußballstadien, für die Ausbildung von Schiedsrichtern, Ärzten und Trainern; außerdem wollte er die Zahl der Vereinswettbewerbe in der Dritten Welt erhöhen.

»Sir Stanley erkannte plötzlich, daß dieser Brasilianer drauf und dran war, ihn zu vertreiben«, sagt Nally. »Seine deutschen Freunde schlugen vor, er solle Horst fragen, ob dieser ihm nicht helfen könne.«

Dassler war willig. Er sammelte sein Team um sich und setzte die Delegierten, die zur neununddreißigsten Jahrestagung der FIFA in Frankfurt anreisten, unter Druck. Beinahe hätte er den Umschwung herbeigeführt. Bis zum Schluß sah es so aus, als ob Havelange die Wahl verlieren würde. Es wurde ein zweiter Wahlgang erforderlich; Havelange gewann mit einer knappen Mehrheit von sechzehn Stimmen.

»Havelange hatte ein Vermögen dafür ausgegeben, mit der brasilianischen Fußballmannschaft in der Welt herumzureisen und jedes einzelne Mitglied der FIFA für sich zu gewinnen«, sagt Nally. »Das war noch nie dagewesen. Kein Präsident eines Sportverbandes war je zuvor in der Welt herumgereist und hatte Hände geschüttelt und Wahlkampf betrieben.

Horst setzte sich erst in allerletzter Minute für Sir Stanley ein und hätte es beinahe geschafft, daß er wiedergewählt wurde. Damit jagte er Havelange einen gewaltigen Schrecken ein. Und das brachte die beiden Männer zusammen. Havelange war so sehr von Horsts Fähigkeit beeindruckt, ihn beinahe aus dem Rennen zu werfen, daß er dachte: ›Verdammt, wenn mich dieser Bursche fast erledigt hätte, bevor ich nur richtig loslegen konnte, ist es wohl besser, ihn auf meiner Seite zu haben.‹

Horst seinerseits sah in Havelange einen Mann, der aus dem

Nichts auftauchte und Sir Stanley aus dem Amt drängte, obwohl er, Horst, versucht hatte, ihn aufzuhalten. Horst stand immer gerne auf der Seite der Sieger. Wenn er für einen Menschen keine Verwendung mehr sah, spuckte er ihn einfach aus. Das Band zwischen ihm und Havelange kam dadurch zustande, daß beide erkannten, wozu der andere fähig war.«

Havelange wurde sofort nach seiner Wahl mit der Tatsache konfrontiert, daß er nicht genug Geld hatte, sein Wahlprogramm zu verwirklichen. Er wandte sich an Horst Dassler und schloß mit ihm eine Übereinkunft. Der adidas-Chef wollte die Beziehung zur FIFA nutzen, um in Abkommen mit den nationalen Verbänden zu erreichen, daß alle Spieler von adidas ausgestattet wurden. Als Gegenleistung mußte Dassler Havelanges Wahlprogramm finanzieren.

»Natürlich hatte auch Horst nicht so viel Geld«, sagt Nally. »Deshalb wandte er sich an mich. Schon in Landersheim hatte er mit mir über die FIFA gesprochen. Er fragte mich, ob ich ihm helfen wolle, die Finanzmittel zu beschaffen, damit Havelange seine Wahlversprechen halten könne. Ich war Mittel zum Zweck. Ich war Marketing-Experte. Ich konnte das Geld beschaffen; den Nutzen wollte Horst für sich selbst haben.

All das war ein wichtiges Element seines Plans, in die Sportverbände einzudringen und sie unter seine Kontrolle zu bringen. Er wollte ihre Entwicklung fördern, was kein schlechter Gedanke war, denn sie mußten sich zwangsläufig weiterentwickeln. Aber Horst wollte die Richtung ihrer Entwicklung bestimmen. Er wollte einen passenden Präsidenten finden, wollte dessen Wahlversprechen ausarbeiten und wollte mit ihm abstimmen, wie die Versprechungen zu verwirklichen seien.

Wer in die Sportverbände eindringt, hat auch einen Fuß im Internationalen Olympischen Komitee, und das bedeutet, daß er Einfluß auf die Olympischen Spiele hat, das größte Sportereignis der Welt. Horst wollte in einer Schlüsselposition sein. Er wollte sich unentbehrlich machen. Wenn Entscheidungen gefällt wurden, wenn jemand etwas brauchte, sei es Geld oder eine gewonnene Wahl, dann wollte er die einzige Person sein, die man um Hilfe bat.«

Adidas konzentriert sich auch nach Dasslers Tod sehr stark auf den Fußball. Popstars werden Grammies, Filmstars werden Oscars verliehen. Fußballspieler erhalten Trophäen von adidas: adidas-Schuhe, adidas-Bälle und das dreiblättrige und dreistreifige adidas-Emblem in Gold, Silber und Bronze.

Bei der Gala des Weltfußballs, die nach Beendigung der Weltmeisterschaft 1990 in Bonn stattfand, waren alle Stars anwesend. Lothar Matthäus, Kapitän der siegreichen westdeutschen Fußballelf, wohnt in Herzogenaurach, wo sich auch die adidas-Unternehmenszentrale befindet. Er wurde zum »Fußballer des Jahres 1990« gewählt und erhielt die »höchste Auszeichnung des Fußballs«, wie die PR-Maschinerie des adidas-Konzerns das goldene adidas-Dreiblatt nennt.

Der neununddreißig Jahre alte Roger Millar aus Kamerun, dessen Lambada-Tänze auf dem Spielfeld während der Fußball-Weltmeisterschaft immer wieder Aufsehen erregten, erhielt den »adidas-Beckenbauer-Preis«, der nach Franz Beckenbauer benannt ist, dem Kapitän des siegreichen deutschen Teams bei der Weltmeisterschaft von 1974 in München und Teamchef der siegreichen Elf beim Weltcup von 1990.

Salvatore Schillaci erhielt als Torschützenkönig der WM 1990 den »Goldenen Schuh« von adidas. »Schillaci begann die Weltmeisterschaft als Reservespieler und beendete sie als Superstar«, jubelte das firmeneigene PR-Magazin *adidas News*. Und »Toto« erhielt eine weitere Auszeichnung: den »Goldenen Ball« von adidas als bester Spieler der Weltmeisterschaft. Toto im Glück.

»Goldene Schuhe« von adidas erhielten außerdem der Mexikaner Hugo Sanchez und der Bulgare Christo Stoichkov, zwei weitere Torschützenkönige.

Auf derselben Galaveranstaltung, bei der adidas großzügig seine Gaben unter den Fußballstars der Welt verteilte, zeichnete die FIFA die englische Nationalmannschaft mit dem Fairplay-Preis aus. Der englische Mannschaftskapitän Gary Lineker nahm den Preis entgegen. Lineker erhielt außerdem den Preis als fairster Einzelspieler der WM 1990, der mit fünfzigtausend Schweizer Franken dotiert ist.

Obwohl auch bei diesem Ereignis die Verbindungen zwischen adidas und der FIFA nur allzu offenkundig waren, behauptet FIFA-Präsident João Havelange weiterhin: »Herr Dassler hatte keinen Einfluß auf die Politik der FIFA.« Havelange zeigt sich verwundert darüber, wie überhaupt jemand eine solche Vermutung äußern könne. »Warum begegnet man mir mit solchem Haß, wenn ich so hart für die Entwicklung des Fußballs gearbeitet habe?« fragt er. »Überall auf der Welt werden mit Hilfe des Fußballs alle möglichen Produkte vermarktet. Das ist das Ergebnis meiner Arbeit.« Das mag stimmen. Aber viele dieser Produkte werden von adidas hergestellt.

Der FIFA-Präsident selbst, der bei der Eröffnungsfeier der neuen FIFA-Zentrale in Zürich an einem Prominenten-Fußballspiel teilnahm, trat sportlich gekleidet auf das Spielfeld – in Schuhen mit dem allseits bekannten Drei-Streifen-Motiv.

In einer Hochglanzbroschüre, die aus Anlaß des achtzigsten Geburtstages der FIFA herausgegeben wurde, wird die Geschichte des Verbandes dargestellt. Darin heißt es, Havelanges »vordringlichste Aufgabe« nach seiner Wahl im Jahr 1974 sei gewesen, ein umfassendes, weltweites Entwicklungsprogramm für den Fußball zu erstellen. »Da die FIFA nicht über die notwendigen finanziellen Mittel verfügte, nutzte der Präsident seine weitreichenden Erfahrungen und seine große Phantasie als Geschäftsmann, um diese ehrgeizigen Pläne zu verwirklichen.« In der offiziellen Geschichtsschreibung des Verbandes fehlt jedoch der Hinweis, daß Havelange »weitreichende Erfahrungen und große Phantasie als Geschäftsmann« in Wahrheit Horst Dassler und Patrick Nally zu verdanken hatte.

»Für Havelange war es politisch wichtig, seine Versprechungen gegenüber den Afrikanern und Asiaten einzulösen«, sagt Nally. »Er hatte der Dritten Welt versprochen, mehr afrikanische und asiatische Nationalteams in die Fußball-Weltmeisterschaften aufzunehmen; er hatte die Gründung einer Weltmeisterschaft der Fußballjugend zugesagt; er hatte ein Entwicklungsprogramm angekündigt, durch das Kenntnisse über die besten europäischen und südamerikanischen Spieltechniken nach Afrika und Asien vermittelt werden sollten. Auf der Grundlage dieses Wahlprogramms war Havelange Präsident geworden. Wenn Horst ihm helfen wollte, dieses Programm zu verwirklichen, brauchte er viel Geld für die vielen neuen Veranstaltungen.

Horst hatte sich verpflichtet, Havelange Zugang zu den notwendigen Finanzmitteln zu verschaffen. Ich stand vor der Frage: ›Woher bekomme ich all das Geld?‹ Denn mir wurde der Job übertragen, ein entsprechendes Marketingprogramm zu entwikkeln. Das Programm sollte das große Geld in den Fußball holen und Horst helfen, seine Verpflichtungen zu erfüllen. Ich brauchte also einen verdammt großen Konzern als Sponsor.«

Das Magazin *Time* brachte einmal ein Titelbild, auf dem die Erde als Menschengesicht mit einer Flasche Cola an den Lippen dargestellt wurde. Die Schlagzeile lautete: »Die Welt trinkt aus dieser Flasche.« Auch die Welt des internationalen Sports hält sich damit aufrecht.

Coca-Cola ist der weltweit größte und bekannteste Olympia-Sponsor. Die Werbung assoziiert das Produkt mit Reinheit, Jugend, Energie und Schwung. Die beliebteste Limonade der Welt und die tapfere neue Welt des internationalen Sports waren also geradezu füreinander geschaffen.

Die Beziehungen von Coca-Cola zu den Olympischen Spielen haben eine lange Geschichte. Der Konzern war schon 1960 in Rom und 1968 in Mexiko-City dabei. Damals pumpten »Astronauten« in rotweißen Raumanzügen das magische Elixier aus Kanistern, die auf ihren Rücken befestigt waren.

Auch 1972 in München, 1976 in Montreal und 1980 in Moskau war Coca-Cola dabei. Amerikanische Sportler mußten zwar die sowjetische Olympiade boykottieren, aber Coca-Cola war mit seiner Orangenlimonade Fanta vertreten.

Bei der Olympiade 1984 in Los Angeles wurde Coca-Cola zum »offiziellen Getränk der Olympischen Spiele«. Diesen Titel führte das Getränk auch 1988 in Seoul, und es führt ihn auch wieder bei der Olympiade in Barcelona.

In den vergangenen fünfundsechzig Jahren gab der Konzern, dessen Zentrale sich in Atlanta befindet, mehr als eine Milliarde Dollar für den Weltsport aus. Die erste Sportart, die von Coca-Cola auf weltweiter Ebene gesponsert wurde, war der Fußball.

»Coca-Cola gehört zu den Spitzenunternehmen der Welt«, erklärt Nally. »Was immer Coca-Cola tut, muß ein Erfolg werden. Und alle anderen folgen Coke. Wer Coke für eine Sache gewinnen kann, hat die Sache schon halb gewonnen. Wer Coke hinter sich hat, hat das angesehenste Unternehmen der Welt hinter sich. Horst hat immer behauptet, daß wir mit unserem Geld den Menschen halfen, ihre Ziele zu verwirklichen. In gewisser Hinsicht stimmte das auch, und alle dankten ihm überschwenglich und überschütteten ihn mit Auszeichnungen. Aber in Wirklichkeit sicherte er sich dadurch eine unglaubliche Machtstellung, in der er Sportverbände und Sponsoren organisieren und manipulieren konnte.

Es gab damals noch kein einziges Unternehmen auf der Welt, das über ein Budget für internationales Marketing verfügte. Unser Ansatz war also eine echte Innovation. Man konnte damals nicht einfach sagen: ›Wir wollen Ihnen bei einer internationalen Marketing-Entscheidung helfen.‹ Die meisten Gesellschaften, wie groß sie auch sein mochten, hatten nur Budgets für regionale Werbung.

Für unsere Expansion wurden deshalb später die japanischen Konzerne sehr wichtig. Die Japaner hatten zwei Vorteile: Erstens benutzten sie weltweit standardisierte Markennamen. Toyota heißt weltweit Toyota, während viele europäische und amerikanische Konzerne in verschiedenen Teilen der Welt verschiedene Markennamen benutzen. Zweitens gab es bei den Japanern sehr häufig zentralisierte Entscheidungsprozesse. Die Manager vor Ort waren oft Japaner, und diese Leute mußten sich bei ihren Entscheidungen immer mit Tokio abstimmen.

Ich wußte, daß harte Arbeit nötig sein würde, um mit Coca-Cola ins Geschäft zu kommen, aber welch ungeheure Schwerarbeit ich wirklich leisten mußte, hätte ich mir nicht vorstellen können. Ungefähr achtzehn Monate lang reiste ich um die ganze Welt und führte unzählige Verhandlungen, die nicht selten fast zu scheitern drohten.«

Der Coca-Cola-Konzern, der gewöhnlich für ein riesiges, internationales Konglomerat gehalten wird, bestand in Wirklichkeit aus einer Anzahl von »Lehen«. Coca-Cola Deutschland war für den deutschen Markt, Coca-Cola Großbritannien für den britischen Markt zuständig. Der Konzern war nur dem äußeren Erscheinungsbild nach ein multinationaler, seiner Operationsweise nach jedoch ein nationaler Konzern. Die Organisationsstruktur gab dem Management in jedem Land die alleinige Verfügungsgewalt; die finanziellen Entscheidungen lagen bei den lokalen Managern.

»Als ich verkündete, ich wolle die Interessen des Unternehmens auf weltweiter Ebene mit einer Sportart verbinden, wurden mir zuerst einmal die Flügel gestutzt«, erzählt Nally. »Jeder sagte: ›Nicht nötig, ich habe meine eigenen Verbindungen zum Sport.

Ich interessiere mich ohnehin mehr für Flohhüpfen als für Fußball.‹ Es war der reinste Krieg, und es wurde scharf geschossen. Keiner wollte die eigene Entscheidungsfreiheit aufgeben.

Doch dann wurde endlich auf einer unglaublich stürmischen Vorstandssitzung in Atlanta die Entscheidung getroffen. Coca-Cola beschloß, ein weltweites Sponsoring-Programm einzuleiten; alle nationalen Tochterunternehmen sollten dazu beitragen. Sie wurden nicht gebeten, einen Beitrag zu leisten, es wurde ihnen befohlen. Außerdem mußten sie einen bestimmten Prozentsatz ihres Budgets für Werbung in einen zentralen Topf in Atlanta einzahlen, der für das Fußball-Sponsoring bestimmt war.«

Diese Entscheidung machte Havelange Gelder in Höhe von Millionen von Dollars zugänglich. Nun konnte er die Versprechen erfüllen, mit denen er die Wahl gewonnen hatte.

Es gab keine Organisation, die Havelanges hochfliegenden Pläne hätte ausführen können. Die Verwirklichung der Versprechen des neuen Präsidenten blieb Nally überlassen. Wie mußte ein Entwicklungsprogramm aussehen? Wie ruft man eine Jugendfußball-Weltmeisterschaft ins Leben? Die FIFA wußte auf solche Fragen keine Antworten, denn der Verband hatte keine hauptamtlichen Mitarbeiter. Dassler und Nally mußten also nicht nur das Geld beschaffen, sondern auch die neuen Wettkämpfe und Entwicklungsprogramme konzipieren. Sie brachten damit den Weltfußball unter ihre Kontrolle. Alles lief außerhalb des Verbandes ab; Dassler und Nally schrieben die Spielregeln.

»Horst wandte sich an Klaus Willing, der für den Deutschen Schwimmverband arbeitete. Klaus war wunderbar. Er sprach fließend englisch und war im schriftlichen und mündlichen Ausdruck sehr gewandt. Er erstellte einen Plan, aus dem später das FIFA-Entwicklungsprogramm hervorging. Klaus war auch verantwortlich für die gesamte Strategie, nach der hundert Länder der Dritten Welt das spieltechnische Wissen der großen Fußballnationen in Europa und Südamerika vermittelt bekamen und nach der Spitzentrainer, Sportfunktionäre und Sportmediziner nach Afrika, Asien und in alle anderen Regionen geschickt wurden, deren Stimmen für Havelange von Bedeutung waren. Leider starb Klaus bei einem Autounfall, als er eines Tages nach einem ›politischen Essen‹ bei adidas Landersheim verließ.«

Nally und Dassler widmeten sich zunächst der Jugendfußball-Weltmeisterschaft. Sie trafen ein Sponsoring-Abkommen über viele Millionen Dollar mit Coca-Cola. Sie beschlossen, daß die Jugendweltmeisterschaft auf Spieler unter zwanzig Jahre beschränkt sein, alle zwei Jahre stattfinden und die Bezeichnung »FIFA/Coca-Cola-Cup« tragen sollte. Das erste Turnier fand 1977 in Tunis statt.

Als 1981 der dritte Coca-Cola-Cup in Australien stattfand, war Geld für die FIFA kein Problem mehr. Die Männer, die Patrick Nally in Atlanta grünes Licht gegeben hatten, zahlten über 600 000 Dollar für das Privileg, den Namen ihres Konzerns auf der Siegestrophäe zu sehen. Ferner übernahmen sie die Reisekosten der fünfzehn Mannschaften und der Schiedsrichter nach Australien. An der Veranstaltung nahmen vierzig FIFA-Funktionäre aus der ganzen Welt teil. Coca-Cola übernahm auch eine Garantie bis zu einer Viertelmillion Dollar, falls die Jugendweltmeisterschaft mit einem Defizit endete.

»Außerdem haben wir ein weltweites Fußball-Lernprogramm geschaffen«, sagt Nally. »Das nützte den lokalen Abfüllfirmen. Es half ihnen bei der Werbung. Und 1978 beteiligten wir Coca-Cola an der Fußball-Weltmeisterschaft in Argentinien.« Coca-Cola beteiligte sich an dieser Veranstaltung mit dem beispiellosen Betrag von acht Millionen Dollar.

Nally und Dassler schufen auch die neuen kommerziellen Regeln der FIFA-Wettkampfveranstaltungen. Dabei ging es um viel mehr als um den Coca-Cola-Schriftzug, der bei Veranstaltungen jetzt überall zu sehen war. »Wir mußten den Ausschank der Bars rund um die Uhr kontrollieren«, sagt Nally. »Als Soft Drink durfte nur Coke angeboten werden. Bei der Weltmeisterschaft 1982 in Spanien hatten wir im Stadion von Madrid einen schweren Kampf auszufechten. Pepsi-Cola hatte sich schon die Konzession gesichert, aber Coca-Cola trat als Sponsor auf. Pepsi mußte nachgeben.«

Nally sagt weiter: »Wir mußten auch dafür sorgen, daß das Stadion ›sauber‹ war, damit wir die Anzeigen unseres Sponsors rings um das Spielfeld plazieren konnten. Das mußte auch in die Regeln aufgenommen werden. Bevor irgendein Stadion zum Austragungsort eines FIFA-Wettkampfes wurde, mußte es absolut sauber sein. All das waren vollkommen neue Ideen. Wir schrieben die Marketing-Regeln und die Wettkampf-Regeln, bestimmten den organisatorischen Ablauf und legten fest, wie ein Entwicklungsprogramm aufzubauen war. Unsere Beziehung zum Verband war umfassend.«

Es war tatsächlich eine »umfassende« Beziehung. Dassler übernahm das Management der FIFA und wählte sogar ihren neuen Generalsekretär aus. »Horst erkannte, daß die FIFA mit Dr. Käser, der Sekretärin mit der schrillen Stimme und den beiden Hunden nicht in der Lage sein würde, den neuen Stil umzusetzen«, sagt Nally. »Er gewann Joseph Blatter, der damals für Swiss Timing arbeitete. Blatter erhielt in der adidas-Zentrale in Landersheim noch eine Ausbildung, bevor er bei der FIFA anfing. Bei adidas arbeitete er mit Horst zusammen und lernte das Unternehmen kennen. Während seines Aufenthalts in Landersheim wurden er und Horst enge Freunde.«

Die Strategie, durch die Nally und Dassler Coca-Cola als Fußball-Sponsor gewonnen hatten, wurde auch für andere Sportverbände beispielhaft. Havelange war der neue Typ eines Sportpräsidenten. Er genoß hohes Ansehen, und die Geschäftswelt hatte ihn mit einem überquellenden Bankkonto ausgestattet.

Im Jahre 1979 betrugen Havelanges Jahresausgaben fast hunderttausend Pfund. 1986 beliefen sich die Kosten seines Privatbüros in Rio auf eine Viertelmillion Pfund. Als sich die FIFA-Funktionäre auf den Weg zur Fußball-Weltmeisterschaft 1982 in Spanien machten, hatten seine Ausgaben fast zwei Millionen Pfund erreicht – soviel hatten auch Reise und Unterbringung der vierundzwanzig Mannschaften gekostet. Der neue Reichtum des Verbandes war erstaunlich. In den beiden folgenden Jahren gab die FIFA 650 000 Pfund für internationale Reisen und für Geschenke aus. Und Havelange ist unangefochtener Präsident der FIFA, seit die bei Coca-Cola angezapfte Geldquelle sprudelt.

»Aber Horst hatte letztlich den politischen und kommerziellen Nutzen der Investition des Coca-Cola-Konzerns«, erklärt Nally. »Er arbeitete Hand in Hand mit dem neu strukturierten Verband und blieb eng mit Havelange verbunden. Die Aufträge flossen an adidas zurück. Horst brauchte das saubere Image und den Namen von Coke. Andere Unternehmen würden blindlings dem Beispiel von Coca-Cola folgen, und andere Sportverbände würden blindlings dem Beispiel der FIFA folgen. Man muß sich das einmal vorstellen: einerseits das saubere Image von Coke, andererseits Horst, der das Geld von Coca-Cola für seine eigenen Zwecke einsetzt. Coca-Cola legitimierte sozusagen das ganze Verfahren des kommerziellen Sport-Sponsorings. Aber der Konzern hat die Bedeutung dieser Beziehung nie voll erkannt und weiß nicht, daß er dazu mißbraucht wurde, den »Club«, diese Mafia des Sports, abzusichern. Mit Coke hat es angefangen.«

4 Von Montreal nach Monte Carlo

Dennis Howell, der britische Minister für Sport, stellte Horst Dassler einmal die Frage: »Warum mischt sich eigentlich ein Schuhfabrikant in die Sportpolitik ein?« Dassler gab ihm eine unverblümte Antwort: »Wir leben davon, daß wir Sportschuhe und Sportkleidung verkaufen. Wir müssen also überall sein, wo sich im Sport etwas ereignet.« Howell ist ein bodenständiger Politiker aus Birmingham und weiß eine direkte Antwort zu schätzen.

»Mich stört aber noch heute«, sagt Howell rund zehn Jahre nach der Begegnung mit dem adidas-Chef, »daß er hinzufügte, er habe einen weitaus besseren Überblick über die Situation des Sports als jeder andere Mensch. Er habe eine ›Abteilung‹, in der Informationen über die Nationalen Olympischen Komitees und über die internationalen Sportverbände gesammelt würden.«

Dassler habe betont, daß seine Datensammlung nur Informationen aus »offiziellen Veröffentlichungen« enthielten und daß er gern bereit sei, seine Datenbanken jedem zugänglich zu machen, der sich dafür interessiere. »Aber im Grunde geht es doch darum«, sagt Howell, »daß kein kommerzieller Produzent versuchen darf, die Kontrolle über die Körperschaften des Weltsports zu erlangen. Das wäre eine Machtkonzentration, die ich für ungesund hielte.«

Der ehemalige Sportminister wäre noch mehr beunruhigt gewesen, hätte ihm der deutsche Schuhfabrikant das wahre Ausmaß seiner Macht und seiner Geschäfte mit den obersten Funktionären des Weltsports enthüllt oder dargelegt, wie sein eifriges Team weltweit politische Informationen sammelte.

Mitte der siebziger Jahre kam Dasslers politische Kampagne in Schwung. Das politische Team baute umfassende Datensammlungen über die gegenwärtigen und potentiellen Sportfunktionäre der

Welt auf. Aus allen Teilen der Welt schickten sie Berichte über die internationalen Sportverbände, die verschiedenen Nationalen Olympischen Komitees und über das Internationale Olympische Komitee.

»Wir müssen überall sein, wo sich im Sport etwas ereignet«, hatte Dassler auf Howells Frage geantwortet; Dassler stand zu seinem Wort. Die Repräsentanten der Firma mit den berühmten drei Streifen tauchten überall auf der Welt in den Machtzentren des Sports auf, schmeichelten den Mächtigen und pflegten die Beziehungen zu den Männern an der Spitze des Weltsports.

»Wenn irgendwo die Tagung eines internationalen Sportverbandes stattfand, die Zusammenkunft eines Nationalen Olympischen Komitees oder des IOC selbst, wurde stets ein obligatorisches adidas-Dinner veranstaltet«, sagt Nally. »Wer an einem internationalen Kongreß oder etwas Ähnlichem teilnahm, begegnete stets einem Unternehmen: adidas.«

Dassler spielte die Rolle der guten Fee; adidas erschien, und alle kamen zum Ball. »Horst war der einzige, der diesen Männern soviel Aufmerksamkeit schenkte. Er bot ihnen sogar seine eigenen Einrichtungen für ihre Tagungen an, erschien dann selbst und lud alle zu einem fröhlichen Mahl ein. So war adidas – freundlich, leutselig, angenehm und hilfsbereit. Es gab keine harten Verkaufsgespräche. Horst war ihr Freund. Das wurde zu einem fast natürlichen Vorgang, und auf diese Weise konnte Horst die Leute eng an sich binden.«

Dassler und sein politisches Team mußten nicht immer nach Informationen suchen; oft wurden sie ihnen gebracht. Ihre Datenbank quoll fast über mit Informationen über die verschiedensten Besucher aus der Sportwelt, die nur zu gern die Gastfreundschaft in Dasslers Hotel und Restaurant neben der Zentrale in Landersheim genossen. »Ständig fanden an dem großen Eßtisch in Landersheim Besprechungen und Treffen mit Horst statt, mit Sportfunktionären und mit dem politischen Team«, erinnert sich Nally.

Als die kanadische Stadt Montreal den Wettbewerb um die Ausrichtung der Olympiade von 1976 gewonnen hatte, wurde in der ganzen Stadt gefeiert. Der große Traum des Bürgermeisters von Montreal, Jean Drapeau, die Olympischen Spiele in seine Stadt zu holen, schien endlich Wirklichkeit geworden zu sein. Aber sechs

Jahre später verwandelte sich der Traum in einen Alptraum. Die Olympiade von 1976 endete mit einem Defizit von einer Milliarde Dollar; die Steuerzahler von Montreal werden noch im Jahre 1996 diese Schulden abzuzahlen haben, wenn der »Club« zur Einhundert-Jahr-Feier der modernen Olympischen Spiele nach Atlanta jettet.

Bürgermeister Drapeau hatte behauptet, die Olympiade könne ebensowenig mit einem Defizit enden, wie ein Mann ein Kind bekommen könne. Nachdem der damalige oberste Richter von Quebec, Albert Malouf, in einem vier Bände umfassenden Bericht ein vernichtendes Urteil über das olympische Abenteuer ausgesprochen hatte, muß sich Drapeau wie ein Mann im Wochenbett gefühlt haben. Der Richter erklärte, Drapeau habe »sich selbst zum Oberplaner und Projektmanager« der neuen olympischen Einrichtungen Montreals ernannt, ohne über »Fähigkeiten und Wissen« für diese Aufgabe zu verfügen. Der Bürgermeister habe »unnötig luxuriöse und eindrucksvolle Einrichtungen« in Auftrag gegeben, die unter den Gesichtspunkten der Ästhetik und des Größenwahns und ohne einen Gedanken an die Kosten entstanden seien.

Schlimmer noch: Als Ihre Majestät die Königin von England die Spiele eröffnete, waren zweiundzwanzig afrikanische Länder nicht vertreten. Sie hatten zwei Tage zuvor aus Protest gegen die Südafrika-Tour des neuseeländischen Rugby-Teams die Stadt verlassen.

Zwei große Sportstars überragten die Spiele in Montreal: der Finne Lasse Viren und der Kubaner Alberto Juantorena. Viren, ein Dorfpolizist mit schütterem Bart, verteidigte erfolgreich seine olympischen Titel über 5000 und 10000 Meter. Der mit Riesenschritten sprintende Juantorena war der erste Sportler, der bei derselben Olympiade Goldmedaillen über 400 und über 800 Meter gewann.

An die Spiele von Montreal erinnert man sich nicht zuletzt wegen der herausragenden Leistungen dieser beiden Sportler. Selbst Richter Malouf stellte in seinem kritischen Bericht fest, daß die Spiele für die meisten Kanadier »eine Quelle der Freude und des nationalen Stolzes« gewesen seien. Patrick Nally allerdings erinnert sich an die Olympiade in Montreal aus ganz anderen Gründen.

»Montreal wirkte als Katalysator. Horsts politisches Team hatte Stellung bezogen und sammelte personenbezogene Daten. Welche Männer waren Kandidaten und mußten deshalb besonders beachtet werden? Wem war der Erfolg sicher? Horst führte Gespräche mit den Samaranchs dieser Welt und bereitete die Ergebnisse zukünftiger Wahlen vor.

Im Jahr 1976 begann für Horst das dritte Entwicklungsstadium. Das erste Stadium hatte darin bestanden, daß den Sportlern Geld angeboten wurde, wenn sie adidas-Sportausrüstungen trugen. Das zweite Stadium begann, als Horst klarwurde, daß er sich die Kontrolle über die Sportverbände sichern mußte. Das dritte Stadium war die Implementation der vollständigen Strategie. Nach Montreal reisten wir zum ersten Mal mit einem Strukturplan. Dort begannen wir, die Früchte unserer Arbeit mit all den Verbänden und mit dem IOC zu ernten. Montreal war die Startbahn der Ära Dassler und Nally.«

Die Ära Dassler und Nally nahm in einem erlesenen Herrensitz ihren Anfang. Das Haus lag in einem eleganten Viertel Montreals und diente Dassler als Hauptquartier. Die beiden Partner brachten ihren hauseigenen englischen Koch mit, der eine Folge von kulinarischen Genüssen für eine schier unendliche Serie von Dinnerpartys hervorzauberte. Bei diesen Essen kultivierten Dassler und Nally ihre Kontakte und ergänzten ihre Datenbanken.

»Wir bezogen lange vor dem Beginn der Olympiade in Montreal Stellung«, erklärt Nally. »Wir hatten dieses wunderbare Haus ausgewählt, weil wir erkannten, daß sich hier eine gute Atmosphäre schaffen ließ, um die Leute zu empfangen, die nur zu gern ihren Hotels entfliehen wollten. Eigentlich hätte bei einer Olympiade viel mehr Unterhaltung geboten werden müssen; in Montreal fehlte es daran ganz besonders, vermutlich deshalb, weil die Kanadier zu diesem Zeitpunkt von der ganzen Sache genug hatten. Es war sehr schwierig, das Herz der Olympiade von Montreal zu entdekken.«

Das Herrenhaus, das die beiden Geschäftspartner gemietet hatten, füllte diese Lücke. Es wurde während der Olympiade zum Herz der Sportpolitik; hier wurden Ideen und Strategien für die kommenden Tagungen und Konferenzen ausgearbeitet.

Bei den Zusammenkünften ließen die beiden Geschäftspartner eine besonders saftige Karotte vor den Augen der Sportverbände baumeln: das Millionen-Dollar-Geschäft für Havelange und die FIFA, das Nally mit Coca-Cola abgeschlossen hatte. Der Mann an der Spitze des Weltfußballs konnte seinen Präsidenten-Kollegen der anderen Sportverbände verkünden, daß er von Coca-Cola Millionen von Dollars erhielt.

»Wir hatten kommerzielle Unternehmen dazu gebracht, Geld in die internationalen Verbände zu stecken«, sagt Nally. »Und wir zeigten auch, wie wir hoffnungsvollen Verbandspräsidenten bei der Verwirklichung ihrer Wahlziele helfen konnten. In Montreal erklärten wir, wie wir die FIFA entwickelt und Havelange als mächtigen Sportpräsidenten etabliert hatten und was ein internationaler Verband erreichen konnte. Das Geld von Coke, das wir in die FIFA brachten, veränderte das Erscheinungsbild des Verbandes grundlegend. Havelange baute ein neues internationales Hauptquartier in Zürich und stellte professionelle Vollzeitbeschäftigte sowie PR- und Finanzfachleute ein. Die FIFA zeigte, wo es langging. Andere große Verbände wie der Leichtathletikverband beobachteten die Entwicklung aufmerksam. Viele andere wollten die Sache nachahmen und fielen dabei sofort Horst und mir in die Hände.«

Havelange wurde immer reicher und mächtiger; jetzt wollten auch die anderen Präsidenten eine solche Stellung – denn das war gleichbedeutend mit vielen Reisen, hohem Ansehen, Auszeichnungen und Macht.

»Natürlich ist es schöner, in der ersten Klasse zu internationalen Großveranstaltungen zu fliegen, als zu Hause den Rasen zu mähen«, sagt Nally. »Sobald jemand darüber zu reden anfing, daß er Präsident eines Sportverbandes werden wollte, begann auch Horst zu verhandeln, um sicherzustellen, daß die richtigen Leute gewählt wurden.«

Dassler widmete dem Aufbau wertvoller Kontakte innerhalb der olympischen Organisation größte Aufmerksamkeit. Viele der Schlüsselpersonen, die die Olympiade in Montreal organisierten, standen entweder auf der adidas-Lohnliste oder agierten als unbezahlte adidas-Berater.

»Sie alle gehörten zum Team«, sagt Nally. »Ihre zukünftige Karriere sollte von Horst abhängen; während sie die Spiele organisierten, hielten sie deshalb Horst auf dem laufenden und lieferten ihm aktuelle Informationen, stellten Kontakte her, verschafften ihm Passierscheine, mit denen er Zugang zu den für die Sportler reservierten Bereichen erhielt, und lieferten ihm alles, was er benötigte. In Montreal hatten wir enge Kontakte mit allen wichtigen Personen, zum Beispiel mit Artur Takac, der damals technischer Berater bei den Olympischen Spielen war und das auch heute noch ist. Artur gehörte zu den ersten Personen, die ich in Landersheim kennenlernte. Er spielte mit Horst oft Tennis auf dem firmeneigenen Tennisplatz. Takac stammte aus Jugoslawien und brauchte Unterstützung aus dem Westen. Horst half ihm, und Takac öffnete ihm dafür Türen in Osteuropa und im IOC.«

Dassler pflegte während seines Aufenthalts in Montreal auch schwierigere Kontakte. »Ich erinnere mich, wie ich mit Horst die Runde machte«, sagt Nally. »Wohin Horst auch ging, brachte er natürlich immer Geschenke mit. Wir hatten immer ein paar teure Uhren dabei. Wir unterhielten uns dann mit unserem Gesprächspartner über das Leben im allgemeinen und wie wunderbar alles war und daß wir nach neuen kommerziellen Bereichen im Sport suchten. Und dann sagte Horst: ›Ach übrigens, ich habe Ihnen eine kleine Aufmerksamkeit der Firma adidas mitgebracht.‹ Und er überreichte eine dieser teuren Uhren.

Mir wurde allmählich klar, daß diese Dinge als selbstverständlich hingenommen wurden. Die Zahl der Geschenke und Mitbringsel, die man heute in der Sportwelt erhält, ist absolut erstaunlich. Manche Kritiker nennen das Bestechung, aber das Wort ist zu hart. Man macht das ja nur, um sich das Wohlwollen der Leute zu sichern. Geschenke sind heute im Sport üblich, um sich Leute zu Freunden zu machen. Die Runden mit Horst in Montreal waren ein Lehrstück für mich, denn er hatte eine besondere Art, jeden einzelnen als seinen Freund zu behandeln. Aber er ging mit jedem anders um. Es war klar, daß er den Charakter und die Persönlichkeit jedes einzelnen perfekt einschätzte, denn er kam bei allen gut an.«

Tommy Keller war Vorstandsvorsitzender von Swiss Timing und Präsident des Internationalen Ruderverbandes und galt als ein Mann, der klar aussprach, was er dachte. Im Lauf der Jahre führte er immer wieder vernichtende Angriffe gegen die anderen Spitzenfunktionäre des Weltsports, die er ständig als zweitklassig bezeichnete.

»Eine Karriere in einem Sportverband ist oft ein Ersatz für den Ehrgeiz, der auf anderen Gebieten nicht zum Ziel führte, beispielsweise in der Wirtschaft, im Militär oder in der Politik«, schrieb er in einer typischen frühen Attacke. »Die Aufgaben als Sportfunktionär dienen aber allzu häufig nur der Befriedigung des eigenen Stolzes.«

Keller starb 1989; in den Jahren vor seinem Tod wurden seine Äußerungen immer freimütiger, auch gegenüber dem »Club«, den Dassler mitgestaltet hatte. Keller beklagte sich bitter, daß die neue Welt des Sports von »einer latein-amerikanischen und latein-europäischen Mafia beherrscht« werde. Er versuchte, seine Kollegen daran zu erinnern, worum es beim internationalen Sport wirklich ging: »Heute sind die dominanten Faktoren Gewinnsucht und die Befriedigung persönlichen Ehrgeizes. Für mich besteht aber die Funktion des Sports darin, den jungen Menschen im Wettkampf beizubringen, sich den Regeln der menschlichen Gesellschaft zu unterwerfen, und nicht, den Interessen von Sportfunktionären zu dienen, die im beruflichen oder politischen Leben keinen Erfolg hatten. Sie haben jetzt eine Nische gefunden. Persönliche Interessen sind jetzt wichtiger geworden als die Interessen des Sports.«

Die Anhänger des »Clubs« versuchten, Keller herabzusetzen, und bezeichneten ihn als einen Don Quijote, der gegen Windmühlen kämpfe. Im offiziellen Nachruf der olympischen Bewegung heißt es ironisch, er habe einen Kreuzzug gegen den kommerziellen Einfluß im Sport geführt und gefordert, daß die Mitglieder seines Verbandes Amateure blieben und die Verbandsangestellten ehrenamtlich arbeiteten.

Aber bei den Spielen in Montreal im Jahre 1976 hatte Keller ein gutes Verhältnis zu Dassler. Keller war schon seit langem eine einflußreiche Persönlichkeit des internationalen Sports. Er hatte hart für die Interessen der Verbände und gegen das seiner Meinung nach immer mächtiger werdende IOC gekämpft. Schon 1967 hatte er zu den ersten Männern gehört, die eine Front der Verbände in ihren Verhandlungen mit dem IOC bilden wollten. Gemeinsam mit den Verbänden der Schwimmer und der Ringer hatte er die General Assembly of International Sporting Federations gegründet (GAISF, Allgemeine Versammlung der Internationalen Sportföderationen).

Dieser Schachzug rief von Anfang an Konflikte im IOC hervor.

Avery Brundage, der damalige IOC-Präsident, weigerte sich, die GAISF anzuerkennen, weil ihr keine der wichtigsten Sportarten angehörte. Ein italienisches IOC-Mitglied erklärte, die GAISF stelle eine Bedrohung sowohl des IOC als auch der gesamten olympischen Bewegung dar, denn sie beanspruche »Kompetenzen und Finanzmittel«, die dem IOC gehörten.

Die Ursache dieser ungewöhnlich hitzigen Debatten in der normalerweise friedlichen Welt des IOC war Geld. Die Zahlungen für die Fernseh-Übertragungsrechte bei den Olympischen Spielen stellten eine zunehmend wichtige Einkommensquelle dar. Die Fernsehanstalten zahlten fast zehn Millionen Dollar für die Übertragung der Olympiade 1968 in Mexiko – und das war nur der Anfang.

Bei den Spielen in Barcelona geht es um TV-Gelder in Höhe von 633 Millionen Dollar, aber damals in Mexiko war der Betrag, der bezahlt wurde, ohne Beispiel. In den folgenden Jahren boten die Fernsehgesellschaften immer mehr. Vier Jahre später, in München, zahlten sie 17,8 Millionen Dollar. Als Dassler und Nally ihr »drittes Stadium« in Montreal einleiteten, beliefen sich die TV-Zahlungen bereits auf 34,8 Millionen Dollar. Allein die American Broadcasting Corporation (ABC) zahlte 25 Millionen Dollar.

»Tommy Keller würde ich als einen der wenigen bezeichnen, die zur ehrenhaften alten Garde der Sportfunktionäre gehörten«, behauptet Nally. »Tommy erkannte, daß die Spiele plötzlich wertvoll wurden. Früher waren die Olympiaden einfach gute Unterhaltung mit guten Unterhaltungskünstlern gewesen. Alle gehen hin und spielen mit. Über Geld brauchte man nicht nachzudenken, denn es gab keins. Doch dann gab es plötzlich die Fernsehgelder. Die US-Fernsehgesellschaften hatten entdeckt, daß die Olympiaden ein gutes Geschäft waren. Die Zuschauerquoten stiegen und die Fernsehwerbung zog nach. Zum ersten Mal konnte man durch die Spiele große Profite einfahren. Aber wohin führt das alles? Wie bekommen die internationalen Sportverbände ihren Teil ab? Wer bekommt wieviel? Wird gleich geteilt? Wie arbeitet ein internationaler Verband mit diesem Gremium, dem IOC, zusammen, das nun plötzlich sehr reich wird?«

Keller gehörte zu den ersten, die erkannten, daß ein neues Forum erforderlich war, um Antworten auf diese Fragen zu finden. Er wollte, daß die Verbände ein Gegengewicht zur wachsenden

Macht des IOC bildeten. Deshalb gründete er die GAISF. Auch Dassler und Nally erkannten die Vorteile eines solchen Dachverbandes, aber aus ganz anderen Gründen.

»Die GAISF war in diesem Stadium nur eine lose Körperschaft, die sich einmal im Jahr versammelte«, erklärt Nally. »Die Organisation hatte keine eigene Verwaltung und nicht einmal eine Zentrale. Horst und ich dachten, wenn es uns gelänge, die GAISF einzufangen, ihr ein Hauptquartier zu verschaffen und sie zu einem Informations- und Datenzentrum auszubauen, hätten wir auf einen Schlag Zugang zu einer großen Zahl von Verbänden.«

Die Lösung des Problems lieferten ein Fürst und ein amerikanischer Filmstar. Fürst Rainier von Monaco herrscht über einen Miniaturstaat mit einem Territorium von wenigen Quadratkilometern, das sich zwischen den gierigen Rachen Frankreichs und Italiens an die Mittelmeerküste klammert.

Das Haus Grimaldi sieht sich einem ständigen Problem gegenüber – dem Erhalt der Wirtschaft des kleinen Fürstentums. Das Klima der Côte d'Azur und der Ruhm der Fürstin, des inzwischen verstorbenen amerikanischen Filmstars Grace Kelly, erwiesen sich als hilfreich. Flugzeug auf Flugzeug entlud amerikanische Touristen, die von der rührseligen Geschichte der »Hollywood-Göttin, die sich in einen Fürsten verliebte« angelockt wurden. Die Touristen flogen nach Nizza, besichtigten dort »Europa« und überquerten dann die Grenze nach Monte Carlo, wo man wenigstens wieder englisch sprach.

Auch das Glücksspiel erwies sich als hilfreich. Das Märchen von dem Mann, »der die Bank von Monte Carlo sprengte«, war seit Jahren sorgfältig verbreitet worden. In den achtziger Jahren war freilich mehr als der verblaßte Glanz Grace Kellys und des Casinos nötig, damit das Freizeitangebot Monacos weiterhin attraktiv blieb. Fürst Rainier war deshalb ständig auf der Suche nach Investoren, die hartes Geld nach Monaco brachten.

»Horst konnte sich für bestimmte Dinge begeistern wie ein Kind«, erinnert sich Nally. »Zum Beispiel geriet er immer außer sich, wenn er mit seinen Sportidolen zusammentraf. Mit Monaco war es das gleiche, schon der Name zog ihn magisch an. Er war deshalb ungeheuer beeindruckt und fühlte sich geschmeichelt, als man ihn wissen ließ, Fürst Rainier wolle ihn sprechen.

Horst war unglaublich aufgeregt. Rainier erklärte ihm, daß er das Ansehen seines Fürstentums durch internationale Veranstaltungen heben wolle. Monaco hatte bereits ein erfolgreiches Motorrennen, den Grand Prix, und auch ein Grand-Prix-Tennisturnier. Rainier wollte mit Horst darüber sprechen, wie das Fürstentum zu einem Zentrum für internationale Sportveranstaltungen ausgebaut werden könne.

Horst und ich richteten in Monte Carlo eine Filiale ein. Das war Teil unserer Bemühungen, die Beziehungen zu den Grimaldis zu entwickeln. Wir beschlossen, das Marketing-Element unserer Arbeit mit den Sportverbänden – vergleichbar mit der Arbeit, die wir für Havelange und die FIFA machten – durch eine gemeinsame Firma zu betreiben. Wir nannten unsere neue Firma SMPI – Societé Monagasque de Promotions International.

Ich erhielt eine Aufenthaltserlaubnis und ein wunderbares Apartment an der Küste mit prächtiger Aussicht über das Mittelmeer. Auch andere Größen der Sportwelt ließen sich damals in Monaco nieder; wir trafen uns regelmäßig in der Stadt, die wir ›Spielplatz‹ nannten. Es war ein großartiges Leben, solange alle da waren, aber wenn wir wieder allein waren, erwies sich die Stadt, in der nur ein paar reiche Alte wohnten, als recht trist.

Als wir damals unser Büro in Monte Carlo einrichteten, führte Horst mit Madame Monique Berlioux regelmäßig Gespräche. Sie war die Geschäftsführerin und *grande dame* des IOC. Moniques Problem war, daß die Schweizer Regierung Ausländern nur zögernd eine Aufenthaltserlaubnis erteilte, wenn sie in der IOC-Zentrale in Lausanne arbeiten wollten. Eine Zeitlang wurde darüber diskutiert, ob ihr Problem dadurch zu lösen sei, daß das IOC nach Monte Carlo verlegt würde. Horst war ein Fürsprecher dieses Gedankens, weil er sich bei den Grimaldis beliebt machen wollte.

Bei einem Essen mit Monique in Montreal wurde aber deutlich, daß der Plan nicht funktionieren würde. Horst sprach deshalb mit mir darüber, was wir für Monte Carlo tun könnten. Es wurde viel darüber diskutiert, Spitzensportler wie Franz Beckenbauer und Björn Borg nach Monaco zu holen, damit sie dort Unternehmen leiten könnten. Mit der GAISF fanden wir schließlich die Lösung. Wir sprachen mit Tommy Keller und vereinbarten, daß die GAISF in Monte Carlo eine Zentrale erhalten solle.«

Fürst Rainier stellte Keller die reizende Villa Henri, in deren

Garten Zitronenbäume wuchsen, als Basis für seine Organisation zur Verfügung. Im Mai 1977 wurde die Villa als neues GAISF-Hauptquartier mit Keller als Präsidenten eingeweiht.

»Die Tagungen mit den internationalen Verbänden waren immer sehr lustig«, erinnert sich Nally. »Die Leute saßen einfach in Hemdsärmeln da und rissen dauernd Witze, während es bei den Vollversammlungen des IOC immer sehr steif und formal zuging.«

Die amerikanischen Fernsehgesellschaften ABC, NBC und CBS waren alle anmarschiert. Sie kämpften gegeneinander um die Fernsehrechte für die Olympischen Spiele und waren bereit, dafür immer mehr Geld auszugeben. Diese Fernsehgiganten versuchten auch, sich in viele Einzelsportarten einzukaufen. Alle drei Gesellschaften hatten ihre eigenen Sportshows, deren Einschaltquoten immer weiter anstiegen: ABC sendete *Wide World of Sports,* NBC brachte *Sports World* und CBS die Show *Sports Spectacular.* Geld spielte also in Monte Carlo keine Rolle. Die amerikanischen Fernsehgesellschaften waren bereit, jeden Preis zu zahlen. Und die Sportverbände bemühten sich eifrig, an die Futterkrippe heranzukommen.

»Jede Fernsehgesellschaft gab eine Party«, sagt Nally, »eine großartige Sache. Es war wie ein Schmeichelwettbewerb. Wir schwelgten in hervorragenden Speisen und erlesenen Getränken, denn die Gesellschaften versuchten, sich gegenseitig zu übertrumpfen. Hier waren all diese Sportfunktionäre versammelt, die früher hart hatten kämpfen müssen, um überhaupt vorwärtszukommen. Jetzt eröffnete sich ihnen plötzlich eine Welt des Reichtums. Ich glaube, das war das Entscheidende. Alle wollten sich ein Stück vom Kuchen sichern.«

Auch für Dassler und Nally war Monte Carlo ein Honigtopf. Hier konnten sie ungehindert um die Verbände herumschwirren und sie in ihrem eigenen Interesse neu strukturieren. Sie betonten immer wieder, wie wichtig es sei, die Kontrolle über die Vermarktungsrechte für die jeweilige Sportart zu behalten. Nally veranstaltete Präsentationen, bei denen er vorführte, wie man Entwicklungsprogamme wie das im Fußball erstellte. Und er erklärte, wie notwendig es sei, den Markt zu erschließen, um an das große Geld heranzukommen. Nally erklärte den Verbandsleuten auch, wie sie ihren Veranstaltungskalender besser strukturieren konnten. Er betonte dabei, daß Fernsehgelder unvermeidlich verlorengehen müßten, wenn alle Verbände ihre Wettkämpfe an denselben Tagen und um dieselbe Zeit ansetzten.

»Die GAISF wurde zu einem ausgezeichneten Forum, nicht nur für die Verbände selbst, sondern auch für unsere Beziehungen zu ihnen«, erklärt Nally. »In Monte Carlo wurden die Grundlagen für ihre kommerzielle Erziehung gelegt. Daraus gingen dann die ganzen Weltmeisterschaften und Weltcups im Schwimmen, in der Leichtathletik und im Turnen hervor. Wir haben die Einstellungen der Verbände verändert.«

Die Einzelsportarten folgten nun dem Beispiel des Fußballs und entwickelten neue Großveranstaltungen. Nally machte sie mit dem Konzept des »Pakets« vertraut, was bedeutete, daß er eine Gruppe von Unternehmen dafür gewann, ein bestimmtes Großereignis zu finanzieren.

»Einzelne Sponsoren wie Coca-Cola reichten nicht mehr aus«, sagt Nally. »Denn ein einzelner Sponsor konnte nicht wie Coca-Cola in einer solchen finanziellen Größenordnung auftreten. Wir organisierten mit Tommy Keller zusammen Meisterschaften im Rudern und brachten ein halbes Dutzend Unternehmen wie Canon und Metaxa dazu, den Wettkampf zu finanzieren. Auch mit den Weltmeisterschaften im Turnen hatten wir zu tun, ferner mit der Weltmeisterschaft im Radfahren in Holland, aber das war eine Katastrophe. Die Stadionleitung vergab die Werbeflächen entlang der Rennbahn. Wir hatten den Bierkonzern Heineken als unseren Hauptsponsor gewonnen, mußten dann aber feststellen, daß im Stadion für die Heineken-Reklametafeln kein Platz mehr war. Ich mußte den Verbänden erst einmal beibringen, wie sie die Stadien für ihre Wettkämpfe ›sauber‹ bekommen konnten. Kein einziger Verband verfügte auch nur über das geringste kommerzielle Begriffsvermögen. Keiner hatte eine Ahnung, wie Fernsehgesellschaften arbeiten. Die Verbandsleute waren nichts weiter als hart arbeitende, aber vollkommen unbedarfte Amateure.

Aber all das änderte sich, als das Geld hereinzufließen begann und die Olympiaden immer wichtiger wurden. Plötzlich waren auch Leute da, die genug politischen Verstand hatten, um die sich bietenden Gelegenheiten zu nutzen. Ein paar sehr clevere, sehr geschickte Manipulatoren erkannten, was hier möglich war. Diese Leute waren kommerzielle Unternehmer und politische Drahtzieher, die Sachen anstießen und auf die Beine stellten, auf Stimmenfang gingen und sich selbst wählen ließen. In dem Moment, in dem dieser Bereich lukrativ wurde, trat ein ganz neuer Typus des Sportfunktionärs auf die Bühne.«

5 Ich grüße Sie mit erhobenem Arm

Willkommen in Barcelona – noch einmal. Die Eröffnungsfeier der Olympischen Spiele nähert sich ihrem Höhepunkt. Die Mannschaften sind auf der Laufbahn durch das Stadion gezogen; bald wird ein einsamer Läufer die olympische Fackel hereintragen. IOC-Präsident Juan Antonio Samaranch tritt vor, um die siebzigtausend Stadionbesucher und die Milliarden von Fernsehzuschauern auf der ganzen Welt zu begrüßen.

»Ich habe die Ehre, König Juan Carlos zu bitten, die Spiele der 25. Olympiade zu eröffnen!« Beobachten wir den rechten Arm des Präsidenten: Bewegt er sich nicht? Zuckt er nicht wie von selbst? Hebt er sich nicht wie von überirdischen Kräften gezogen, bis er in einem Winkel von fünfundvierzig Grad von der Schulter absteht?

Nein? Nun, früher wäre das der Fall gewesen. Fast vierzig Jahre lang war Juan Antonio Samaranch aktiver Parteigänger der am längsten bestehenden Diktatur Europas. Betrachtet man das heutige Spanien, vergißt man leicht, daß das Land noch vor siebzehn Jahren ein totalitärer Polizeistaat unter der Herrschaft General Francisco Francos war. Viele Spanier emigrierten oder wandten sich von der Politik ab; viele hofften, daß eines Tages wieder die Demokratie in ihr Land zurückkehren würde.

Nicht so Samaranch. Er zog das Blauhemd der Faschisten an und marschierte mit dem faschistischen Gruß durch die Straßen. Er war faschistischer Parlamentarier, faschistischer Stadtrat von Barcelona, faschistischer Präsident des katalanischen Regionalrats und eine Zeitlang sogar faschistischer Sportminister. Samaranch bezeichnete sich einmal selbst als »hundertprozentigen Franco-Anhänger«. Er machte seine Bücklinge und Kratzfüße vor dem Führer eines politischen Systems, das die westlichen Demokratien ablehnten und ausschlossen.

Samaranch sieht seine Lebensgeschichte allerdings anders. Er stellt sich als Sportliebhaber dar, der nebenbei auch mit Politik zu tun hat. »Ich halte es für richtig, den Sport dadurch zu fördern, daß man sich mit Politik befaßt«, sagt er, »aber ich halte es für falsch, den Sport in den Dienst der Politik zu stellen.« Seine Biographie widerspricht dieser Aussage. Von den einundzwanzig Jahren seiner Karriere in der totalitären Politik Spaniens widmete er dem Sport nur vier Jahre als hauptberuflicher Funktionär. Während der übrigen Zeit war der Sport nichts weiter als ein Mittel, seinen Aufstieg in der Hierarchie des Diktators zu bewerkstelligen. Als Francos repressives Regime abrupt endete, gab es auch für Samaranch keine Zukunft in der Politik mehr. Als einzige Karrieremöglichkeit blieb ihm die Sportpolitik.

Wie konnte sich Samaranch zu zwei so offenkundig widersprüchlichen Philosophien bekennen? Wie verhält sich das faschistische Weltbild, an dem er festhielt, bis er weit über Fünfzig war, zur Olympischen Charta mit der Verpflichtung, gegen Diskriminierung zu kämpfen und die Politik vom Sport fernzuhalten? Samaranchs Lösung war, sich immer neu anzupassen.

Selbst als er schon Vizepräsident des IOC geworden war, hob er noch immer den rechten Arm zum faschistischen Gruß, wenn er in Spanien an politischen Versammlungen teilnahm, obwohl er sich doch in der ganzen Welt als Bewahrer des olympischen Ideals darstellte.

Heute, in den neunziger Jahren, steht Samaranch im Mittelpunkt der olympischen Bühne. Seine Leistung ist einzigartig. Alle anderen alten Faschisten aus jener Ära der europäischen Geschichte des 20. Jahrhunderts sind längst in Schande abgetreten. Samaranch ist die letzte Erinnerung an das Europa der Diktatoren, die auf der Weltbühne noch weiterwirkt.

In den beiden kommenden Wochen wird das Zentrum dieser Weltbühne die olympische Arena sein. Die Spiele sind das erste große spanische Ereignis seit dem Tod des Tyrannen Franco im Jahr 1975, bei dem Samaranch in führender Position in Erscheinung tritt. Kurz nach Francos Tod hatte Samaranch die Koffer gepackt und Spanien verlassen, während in seinen Ohren noch die Flüche seiner Landsleute nachklangen. Seither lebt Samaranch im Ausland.

In den vom IOC herausgegebenen biographischen Informationen über den verehrten Präsidenten ist davon nicht die Rede. Die wahre Geschichte des Juan Antonio Samaranch, des Führers des Weltsports, ist die Geschichte eines Mannes, der sich selbst neu erschuf.

Samaranch rekonstruierte sein öffentliches Image sehr sorgfältig. »Er hat sein ganzes Leben der olympischen Bewegung verschrieben und ist ein kultivierter Mensch«, steht in einer Informationsschrift aus Lausanne zu lesen. »Seit Pierre de Coubertin besaß kein olympischer Führer eine solche Vielfalt von Talenten wie der gegenwärtige IOC-Präsident«, meint das Schweizer IOC-Mitglied Raymond Gafner überschwenglich. Und das kanadische IOC-Mitglied Dick Pound erklärt: »Juan Antonio Samaranch ist als oberster Administrator der olympischen Bewegung zugleich außerordentlich erfolgreich und einzigartig.« Das Wort »Faschist« fehlt in diesen Lobpreisungen.

Samaranch wird als gütiger und prunkliebender älterer Herr dargestellt, der seine späten Lebensjahre in selbstloser Weise der Jugend der Welt opfert und das olympische Ideal davor bewahrt, von Politik und Kommerz vergewaltigt zu werden. All das klingt eindrucksvoll und wird unbesehen in den zahlreichen Lebensbeschreibungen wiederholt, die vor allem in olympischen Jahren erscheinen. Das Problem ist nur, daß wenig oder nichts davon wahr ist.

Samaranch sieht besser aus, je älter er wird. Vierzig Jahre alte Fotografien zeigen ihn als jungen Geschäftsmann in der Gesellschaft von Generälen, die damals die Macht in Spanien innehatten. Auf diesen Bildern hat er das scharfe Gesicht eines ehrgeizigen Opportunisten.

Heute erscheinen Samaranchs Gesichtszüge milder. Er wirkt wie ein freundlicher, alter Gentleman, und er kann stolz auf ein erfolgreiches Leben in Wohlstand zurückblicken. Aber er hat eine ungewöhnliche Vergangenheit. Zehntausende seiner spanischen Landsleute wurden von Militärtribunalen verurteilt, erschossen, gefoltert oder ins Gefängnis geworfen. Warum? Ursprünglich deshalb, weil sie im Bürgerkrieg auf der Seite der Verlierer gekämpft hatten; in späteren Jahren deshalb, weil sie gegen ein Leben in Armut unter dem Joch eines Einparteien-Systems protestiert hatten. In Spanien gab es bis 1977 keine Bürgerrechte, keine freien Wahlen und keine legalen Oppositionsparteien.

Samaranch schloß sich schon als Jugendlicher den Faschisten an. Er blieb der Bewegung treu, bis sie vierzig Jahre später, am Vorabend der ersten demokratischen Wahlen, aufgelöst wurde. Er zerriß also seinen Parteiausweis nicht freiwillig, sondern blieb loyal, bis der Faschismus endete.

Die faschistische Bewegung Spaniens, der *Movimiento,* beherrschte alle Lebensbereiche – von der Rechtsprechung bis zur Politik, von den Löhnen bis zu den Sportverbänden. Die Diktatur General Francos war ein Spiegelbild des stalinistischen Despotismus im Osten; dies wurde im Sport besonders deutlich. Der Sport sollte nicht als gesunde Freizeitbeschäftigung den jungen Menschen nutzen, den älteren Freude bereiten und eine Quelle des Anstands und der Harmonie sein. Er war vielmehr eine muskulöse Reklame für die Glaubwürdigkeit des diktatorischen Regimes. Auch Samaranch hob den rechten Arm und trug die Uniform des *Movimiento,* Blauhemd und weiße Militärjacke – und er nutzte den Sport dazu, sich selbst und der Bewegung Erfolge zu verschaffen.

Mit der olympischen Bewegung verfuhr Samaranch ähnlich. In den vergangenen zehn Jahren hat er die traditionell ehrenamtliche Funktion des IOC-Präsidenten in den Vollzeitberuf eines obersten Verwaltungsbeamten verwandelt. Er hat den früheren, bezahlten Direktor entlassen und um den Präsidenten eine zahlreiche Gefolgschaft und Verwaltungsbürokratie geschaffen. Obwohl Samaranch immer betont, der Sport sei für alle da, hat er es fertiggebracht, der olympischen Präsidentschaft einen abgehobenen, wahrhaft olympischen Status zu verleihen. Wie ein Monarch – oder wie ein Diktator – läßt er sich gelegentlich zu Fototerminen mit ausgewählten Sportlern und anderen Bittstellern herab. Und Samaranch ist seit fünfundzwanzig Jahren ein geschickter Politiker: Er gab sich nicht nur ein neues Image, sondern paßte auch die olympische Bewegung seinem eigenen politischen Stil an. Der Führer gewährt den Staatsoberhäuptern Audienzen; der Führer befiehlt; der Führer wählt neue IOC-Mitglieder aus und drängt sie der Bewegung auf; der Führer weiß alles; des Führers Wille geschehe; der Führer tritt bei Pressekonferenzen vor den Fahnen der Bewegung auf.

Einer der wichtigsten Tage im Leben des Juan Antonio Samaranch war der 17. Juli 1936. An diesem Tag feierte er seinen sechzehnten

Geburtstag, und an diesem Tag hißte General Franco das Banner der Revolution. Einige Monate zuvor hatte das spanische Volk eine linksgerichtete Volksfront-Regierung gewählt. Die Reichen, die Konservativen und das Militär weigerten sich, das Wahlergebnis anzuerkennen. Francos Rebellion wurde deshalb im Hause Samaranch mit Erleichterung aufgenommen.

Franco wurde von Hitler und Mussolini unterstützt, die bereits die anderen großen europäischen Diktaturen errichtet hatten. Militärkasernen in ganz Spanien schlossen sich dem Aufstand Francos an. Die stolzen Katalanen widerstanden Francos Truppen drei Jahre lang; Barcelona gehörte zu den letzten Städten, die sich dem Diktator ergaben. Der Widerstand brach zusammen, nachdem die Stadt von Deutschen und Italienern bombardiert worden war, für die der Angriff eine Übung für den Weltkrieg darstellte, der ein Jahr später begann.

Samaranch entstammt einer reichen, in Barcelona ansässigen Familie aus der Textilbranche. Er hätte sich am liebsten sofort den Faschisten angeschlossen, aber das war nicht möglich. Katalonien blieb gegenüber der gewählten Regierung loyal, und Francos »nationalistische« Truppen standen Hunderte von Kilometern entfernt im Süden des Landes.

Samaranch schloß sich deshalb der faschistischen Jugendbewegung an. Seine Aktivitäten fielen der Polizei auf, die ihn zu einem Verhör bestellte. Auf den Rat seiner Mutter hin zog er Tennisshorts an, damit er jünger wirkte, als er wirklich war. Die Polizei ließ ihn wieder frei. Kurz vor seinem achtzehnten Geburtstag wurde Samaranch zur republikanischen Armee eingezogen.

»Samaranch war von Anfang an anders als die übrigen Soldaten«, erinnert sich Juan Llarch, der am selben Tag rekrutiert wurde. »Seine Taktik war, sich eng an den Hauptmann und die anderen Offiziere zu halten. Seltsamerweise hatte er immer Tabak und Schokolade bei sich, obwohl beides damals sehr knapp war. Wenn dem Hauptmann die Zigarren ausgingen, konnte Samaranch ihm immer Zigarren anbieten.«

Juan Llarch hatte Samaranchs Taktik erkannt. »Sein ganzes Leben lang hat er sich so verhalten: jemandem etwas anzubieten, um dafür etwas viel Größeres zu bekommen.«

Samaranch hatte nicht die Absicht, auch nur einen Tag länger als unbedingt notwendig in der republikanischen Armee zu bleiben. Llarch erinnert sich, wie Samaranchs kurzer Aufenthalt in der Armee endete, die die Demokratie verteidigte. »Er wollte unbedingt Urlaub haben. Als der Urlaub genehmigt wurde, sagte er, er werde nicht zurückkommen, er wolle in Barcelona bleiben und sich dem Roten Kreuz anschließen. Später erfuhr ich, daß er desertierte, sobald er in Barcelona ankam, und daß er sich dann versteckt hielt.«

Llarch wurde nach dem Bürgerkrieg ein prominenter Schriftsteller. Seinem wendigen Kameraden Samaranch begegnete er erst viele Jahre später wieder. Samaranch hatte inzwischen eine wichtige öffentliche Stellung errungen. Llarch zufolge verhielt Samaranch sich sehr kühl und wollte nicht mit ihm zusammen gesehen werden.

»Samaranch ruft heute ›Lang lebe Katalonien!‹« erklärte Llarch in den späten siebziger Jahren. »Aber wir wissen, daß er sein ganzes Leben lang ein Gefolgsmann Francos gewesen ist.«

Franco nahm nach seinem Sieg im Jahre 1939 nur wenige Gefangene. Er ließ schätzungsweise 200 000 Gegner hinrichten; mehr als eine Million Flüchtlinge verließen das Land. Seine Rache an Katalonien und Barcelona, deren Widerstand besonders heftig gewesen war, fiel entsprechend hart aus. In dem Monat, in dem Samaranch seinen neunzehnten Geburtstag feierte, wurden in Barcelona jede Woche bis zu fünfhundert Menschen von den Faschisten hingerichtet. Die Besucher des Olympia-Stadions Montjuic können in wenigen Minuten zu Fuß die alte Festung Montjuic erreichen. Dorthin schaffte man die Feinde des Mannes, der später IOC-Präsident wurde, und mähte sie wie Hunde nieder.

Die politische Bewegung, der Samaranch angehörte, verhielt sich gegenüber Katalonien in einer Weise, die in schärfstem Kontrast zu den olympischen Idealen steht, die Samaranch heute verkündet. Eine Stadt, die Gastgeberin der Olympischen Spiele sein darf, muß sich verpflichten, ein Kulturfestival auszurichten, das die »Universalität und Vielfalt der menschlichen Kultur symbolisieren« soll. Barcelonas Kulturfestival wird die Vielfalt der katalanischen Kultur vorstellen.

Franco und sein *Movimiento* hatten sich vor fünfzig Jahren zum Ziel gesetzt, diese Kultur zu vernichten. Im Zuge dieser Politik, die an die Bücherverbrennungen im nationalsozialistischen

Deutschland erinnert, wurde die katalanische Sprache verboten, und private Bibliotheken und Museen wurden zerstört. Selbst Busfahrscheine, die in Katalanisch bedruckt waren, wurden auf offener Straße verbrannt.

Das Verbot der katalanischen Sprache bestand noch lange nach der Auflösung der Hinrichtungskommandos. Im Jahre 1960, als Samaranch bereits ein aufsteigender faschistischer Politiker war, gewann ein katalanischer Sänger mit einem auf spanisch gesungenen Lied den ersten Preis im Mittelmeer-Schlagerfestival. Das Lied wurde für das Europäische Schlagerfestival nominiert, und der mutige Sänger kündigte an, daß er es auf katalanisch singen werde. Die Regierung untersagte daraufhin dem Sänger, an dem Festival teilzunehmen.

Das kastilische Spanisch war die Sprache der Sieger; sie wurde auch Samaranchs Heimat aufgezwungen. Samaranch, der sein ganzes Leben lang katalanisch gesprochen hatte, war bereit, seine eigene Muttersprache zu verleugnen. Nach Francos Tod erschien in der vom IOC herausgegebenen Biographie Samaranchs plötzlich ein neuer Eintrag: Samaranch verkündete nunmehr, er spreche nicht nur spanisch, französisch, englisch und russisch, sondern auch katalanisch.

Nach dem Bürgerkrieg trat Samaranch in das Textilunternehmen seiner Familie ein. Er wurde Manager, und da er mit Hilfe gewerkschaftlich nichtorganisierter Arbeiter beträchtliche Profite erwirtschaften konnte, hatte er genügend Zeit, um sich seinem eigentlichen Ziel zuzuwenden: durch Manipulation des Sports seinen politischen Ehrgeiz zu stillen. Samaranch nutzte das große Vermögen seiner Familie, um sich die Gunst wichtiger Personen zu erkaufen, und entfaltete den Lebensstil eines jungen Aufsteigers.

Als Samaranch Anfang zwanzig war, besuchte er häufig die Nachtclubs Barcelonas, die der reichen Elite offenstanden. Attraktive junge Frauen konnten der damaligen Armut entfliehen, indem sie sich in diesen Clubs als Hostessen an männliche Kunden verkauften. Man nannte sie *cortesanos*. Seinen Kumpanen zufolge nahm Samaranch die Dienste dieser Frauen häufiger in Anspruch als jeder andere. Es scheint jedoch, als seien die wenigsten für ihn selbst bestimmt gewesen. Samaranch mietete jeden Abend in einem halben Dutzend Nachtclubs ganze Tische einschließlich der

Frauen und schenkte sie dann seinen Freunden. Durch diese grenzenlose Großzügigkeit wurde Samaranch bald der Anführer der jungen Reichen von Barcelona.

Über Samaranch wurde viel geredet. Seine Freunde behaupteten, er habe die Besonderheiten jeder einzelnen Frau in einem kleinen Notizbuch festgehalten und im Lauf der Jahre über vierzig solcher Notizbücher angelegt. Außerdem habe er sich die Geburtstage der Frauen sowie die Geschenke aufgeschrieben, die er ihnen gemacht hatte. Seit dem frühen Mannesalter dokumentierte Samaranch eine lebenslange Gewohnheit: Geschenke zu verteilen – und zu warten, bis er eine Gegenleistung einfordern konnte.

In den frühen vierziger Jahren trainierte Samaranch als Boxer und nahm als Federgewicht an der katalanischen Meisterschaft teil. Er betrat den Boxring in einem seidenen Mantel mit der Aufschrift »Kid Samaranch« auf dem Rücken. Schon in der zweiten Runde errang er den Sieg. Damals ging das Gerücht, Samaranchs reiche Freunde hätten ohne sein Wissen den Gegner bezahlt, sich fallen zu lassen.

Doch Samaranchs Laufbahn als Boxer war von kurzer Dauer. Er gab den ernsthaften Wettkampf bald auf und begann sein Lebenswerk als Funktionär. Auf der Suche nach einem Startpunkt für seine Karriere erkannte er das Potential der Sportart Rollhokkey, die damals in Spanien und einigen anderen Ländern populär war. Dieser Sport litt unter Finanzmangel; ein reicher Geldgeber konnte hier einen langfristigen Nutzen erzielen.

Im Jahre 1943 schlug Samaranch dem spanischen Sport-Dachverband die Gründung einer Sektion Rollhockey vor. Zwei Jahre später bat er den spanischen Sportminister, General Moscardó, um Erlaubnis, dem Internationalen Rollhockey-Verband beitreten zu dürfen, und 1946 nahm er an der Vollversammlung des Verbandes in Montreux teil. Das war Samaranchs erster Schritt in die internationale Sportwelt.

Samaranch war erfolgreich – zu Hause und im Ausland. Er baute das spanische Nationalteam auf und finanzierte es aus eigener Tasche. Instinktiv hatte er den Weg eingeschlagen, dem auch viele andere Mitglieder des IOC-Clubs ihre Karrieren verdanken – er setzte sein Geld ein, um Erfolg im Sport und in der Sportpolitik zu erkaufen.

Einen anderen Teil seiner Gewinne aus dem Textilunternehmen

nutzte Samaranch dazu, die Weltmeisterschaft im Rollhockey zu finanzieren, die im Juni 1951 in Barcelona stattfand. Das war nicht nur Altruismus; vielmehr sollte sich nun eine sorgfältig berechnete Investition auszahlen. Spanien war von der internationalen Völkergemeinschaft seit 1945 geächtet worden. Die meisten westlichen Regierungen weigerten sich, ein Regime anzuerkennen, das den Nazis Truppen zur Verfügung gestellt hatte. Die Vereinten Nationen hatten Francos Spanien den Beitritt verwehrt. Samaranchs Initiative, ein internationales Sportereignis in Barcelona zu veranstalten, war der Beginn eines langen Prozesses der internationalen Anerkennung seines Landes. Die Initiative zahlte sich auch in anderer Hinsicht aus: Das spanische Nationalteam errang den Weltmeistertitel.

Das Leben der meisten Menschen in Barcelona drehte sich damals um Brot und Rollhockey. Während Samaranch seine käuflichen Mädchen, seine Autos und seinen Erfolg mit dem Rollhockey-Team genoß, war die Masse des Volkes dem Verhungern nahe. »In den vierziger und frühen fünfziger Jahren mußte die Mehrheit des spanischen Volkes großes Leid ertragen«, schreibt der Historiker Raymond Carr aus Oxford. »Füllfederhalter konnten nur auf Ratenzahlung gekauft werden, und Zahnbürsten wurden immer wieder mit neuen Borsten versehen. Die Armut leistete der Prostitution Vorschub. Es gab so viele Bettler, daß die Polizei Strafzettel an jene verteilte, die ihnen Geld gaben.«

Samaranch konnte sich darauf verlassen, daß seine Textilfabriken weiterhin Gewinne abwarfen. In Francos Spanien waren Streiks verboten; die Löhne wurden mit Gewehren niedrig gehalten. Aus der Verzweiflung entstand Wut. Die Weltmeisterschaften im Rollhockey fanden deshalb vor einem furchtbaren Hintergrund statt. Die illegalen Gewerkschaften hatten zu einem Generalstreik aufgerufen. 300 000 Arbeiter befolgten den Aufruf. Mit der Eisenbahn wurden weitere Polizeieinheiten herbeigeschafft, und in den Häfen legten Zerstörer an, die Soldaten an Bord hatten. Die Polizei eröffnete das Feuer; zwei Arbeiter wurden getötet und fünfundzwanzig verwundet. Die Arbeiter wurden in die Fabriken zurückgetrieben, und Tausende wurden verhaftet. Für viele Arbeiter wurde der Streik zur Katastrophe; für Samaranch wurde er zu einem großen Erfolg.

Samaranch hatte Spanien die Weltmeisterschaft im Rollhockey ermöglicht. Damit war auch seine Bedeutung in der einzigen spanischen Partei, dem *Movimiento,* gewachsen, in dem die faschistische Falange-Partei aufgegangen war. Ein Jahrzehnt zuvor war Samaranch der Jugendbewegung der Partei beigetreten, der *Frente de Juventudes.* Auf der Grundlage seines Erfolgs im Sport versuchte er nun, sein eigentliches Ziel zu verwirklichen: eine politische Karriere.

Am 22. Oktober 1951 schrieb Samaranch an den regionalen Parteivorsitzenden und bat darum, als Kandidat für die Wahl des Stadtrats von Barcelona aufgestellt zu werden. Diese »Wahlen« würde der Bürger eines demokratischen Staates kaum als Wahlen bezeichnen. Die Einwohner Barcelonas hatten keinen Einfluß auf das Ergebnis. Die Partei allein »wählte« den Stadtrat in einer ihrer nichtöffentlichen Sitzungen; die Einwohner erfuhren aus den vom Staat kontrollierten Medien, wer die neuen Herren waren.

Im Archiv des früheren Zivilgouverneurs von Barcelona, der der Falange angehörte, befinden sich zwei interessante Dokumente aus dem Jahre 1951. Das erste Dokument trägt die Nummer 994 und ist voll des Lobes über Samaranch. Offenbar hatte in der Partei während des Generalstreiks ein beklagenswerter Mangel an Aktivisten geherrscht. In dem Dokument wird festgestellt: »Samaranch war einer der wenigen Falangisten, die während des Streiks anwesend waren.« Es hatte an Streikbrechern gefehlt, und Samaranch hatte im Rathaus lobenswert harte Arbeit geleistet. Aber sein privates Leben stellte ein Problem dar.

Samaranchs Ruf als Playboy störte die Geheimpolizei der Falange, die jeden ausspionierte. Sein Verhalten schien ihnen unpassend für einen Parteipolitiker. Im zweiten Bericht – Dokument Nummer 884 – wird er kritisiert, weil er Autos an »seine vielen und ständig wechselnden Freundinnen« verschenke. Am Schluß heißt es: »Wir glauben nicht, daß er die Reife besitzt, ein öffentliches Amt zu bekleiden.«

Samaranch ließ sich durch diese Zurückweisung nicht entmutigen, sondern machte sich daran, noch mehr sportliches Prestige für Spanien zu gewinnen. Er wurde Vizepräsident des Komitees, das die zweiten Mittelmeer-Spiele organisierte, und zu seinem großen Glück wurden sie 1955 auch noch in Barcelona abgehalten. Dies war ein weiteres Großereignis, durch das die internationale Öffentlichkeit von der fortgesetzten Unterdrückung in Spanien abgelenkt werden konnte. Und das Ereignis brachte Samaranch endlich auch den lange ersehnten politischen Durchbruch. Einer der Faktoren seines Erfolgs in den fünfziger Jahren wirkte auch bei seinem Aufstieg in die olympische Laufbahn mit – die unkritischen Medien.

Das Organisationskomitee der Mittelmeer-Spiele wünschte sich eine massive, aber positive Berichterstattung in der Presse. Um dies zu erreichen, wurden die Journalisten bestochen. Die guten falangistischen Bürokraten hielten diesen Plan schriftlich fest. Ihre Aufzeichnungen befinden sich noch heute im Archiv des Zivilgouverneurs.

»In jedem Publikationsorgan gibt es einen Mann in einer Schlüsselfunktion«, heißt es darin, »der sich direkt auf die Seite der Organisation stellen oder zumindest beide Augen zudrücken kann. Dieser Mann könnte, ohne auch nur eine einzige Zeile schreiben zu müssen, die Art und Weise beeinflussen, in der über die Organisation berichtet wird. Zu diesen Leuten müssen wir persönlichen Kontakt aufnehmen, bevor die Propaganda-Kampagne in der Presse anläuft, und ihnen Geld für ihre Zusammenarbeit anbieten.«

In Francos Spanien galten routinemäßig ausbezahlte Bestechungsgelder als bewährtes Schmiermittel. Eine korrupte Politik zog eine korrupte Gesellschaft nach sich. Dieselben Geschäftsleute, die den Generalissimo bei jeder Gelegenheit am lautesten priesen, zahlten oft gar keine Steuern, stahlen sich ins Ausland davon oder begingen unerhörte Betrügereien. Für Franco war dies ein akzeptabler Weg, manche Gefolgsleute zu belohnen oder Menschen zu kaufen, die Schwierigkeiten machen konnten.

Samaranch bekam eine bessere Presse als viele andere seiner Kameraden aus dem *Movimiento*. In Barcelona gab es eine Gruppe von Journalisten, die schier endlose Lobgesänge auf ihn veröffentlichten. Er war dafür bekannt, daß er Journalisten ebenso beschenkte wie die »käuflichen Mädchen« der Nachtclubs. Man erzählte sich sogar, daß Journalisten, die er nie kennengelernt hatte, von ihm Silbertabletts als Hochzeitsgeschenke erhielten.

Einem Bericht der IOC-Publikation *Revue* zufolge waren die Mittelmeer-Spiele von 1955 ein großer Erfolg. »Die Spiele illustrierten den Triumph des olympischen Ideals in den Anliegernationen des ›Mare Nostrum‹, dem Ursprung unserer Zivilisation«, lautete der begeisterte Bericht. »Die Bedeutung dieser unvergeßlichen Tage in Barcelona wurde durch die Anwesenheit von acht IOC-Mitgliedern weiter erhöht.«

Die Spiele waren »eine erzieherische Manifestation, angefüllt mit Geschichte, Kunst, Philosophie und Schönheit. Nicht der Sieg war wichtig, sondern die Ehre, daran teilzunehmen.« Der Autor vergaß, darauf hinzuweisen, daß einem Anrainerstaat des Mittelmeers die Ehre einer Teilnahme verweigert worden war: Israel. Der Autor hieß Juan Antonio Samaranch.

Die Samaranch vergötternde Pressekampagne lief auf vollen Touren; er versuchte deshalb erneut, in den Stadtrat von Barcelona »gewählt« zu werden und richtete ein entsprechendes Schreiben an den *Movimiento*. Erneut wurden die Agenten losgeschickt, um Samaranchs privates Leben auszukundschaften. Der anschließende Bericht datiert vom 6. November 1954; er enthüllte, daß sich in Samaranchs Privatleben keine Wende zum Besseren ergeben hatte. Der Bericht war vorsichtig formuliert und enthielt einen versteckten Stachel.

»Dieser Mann genießt im Sport ein hohes Ansehen. Er ist ein perfekter Gentleman. Politisch identifiziert er sich mit dem Regime. In seinem moralischen Verhalten – wobei an seinen Reichtum, sein Alter und seinen Freundeskreis erinnert werden muß – neigt er weder zu Prahlerei noch zu Skandalen hinsichtlich seiner Frauenbekanntschaften oder Liebesaffären. Er hat allerdings viele Affären, und einem Gerücht zufolge unterhält er für die Befriedigung solcher Bedürfnisse ein Junggesellen-Apartment. Er ist ledig.«

Dennoch wurde Samaranch nominiert. Er war nun bereits zu mächtig, um politisch ignoriert zu werden. Jetzt war er an der Regierung der zweitgrößten spanischen Stadt beteiligt und damit endlich in der großen faschistischen Politik tätig. Als Stadtrat war er für einen wohlhabenden Vorortsbezirk zuständig, und auch die politische Verantwortung für den Sport in der Stadt wurde ihm übertragen. Es gab nur eine einzige Bedingung. Bis zu diesem Zeitpunkt war Samaranch Sympathisant der Partei gewesen, aber nicht Mitglied. Wenn er weiter aufsteigen wollte, mußte er Mitglied des *Movimiento* werden. Samaranch trat in die Partei ein.

Es gab jedoch noch eine andere, delikatere Bedingung für seinen weiteren Aufstieg. Der Zivilgouverneur nahm Samaranch beiseite. »Samaranch«, sagte er zu ihm, »ich bin der Meinung, daß alle Stadträte verheiratet sein sollten.«

Das Signal war klar. Wenn Samaranch in der Partei politisch weiterkommen wollte, mußte er eine Frau finden. Bald darauf kündigte er seine Verlobung mit María Teresa Salisachs an. Seine Verlobte wurde »Bibis« genannt und stammte aus einer reichen Familie. Innerhalb eines Jahres heirateten sie. Salvador Dalí entwarf die Einladungskarten für die Hochzeit.

Nun richtete Samaranch den Blick auf die Landespolitik. Seit dem ersten Versuch, in den Stadtrat »gewählt« zu werden, waren vier Jahre vergangen. Diese verlorene Zeit wollte er nun wieder aufholen. Außerdem wollte er im Regionalrat der Provinz Katalonien politisch aktiv werden.

Der Wahlvorgang hatte wie gewöhnlich mit einem demokratischen Verfahren keinerlei Ähnlichkeit. Samaranch wandte sich an einen Arzt in Barcelona, der im *Movimiento* großen Einfluß besaß und zufällig früher von Samaranchs Vater finanziell unterstützt worden war. Der Arzt griff zum Telefon. Am nächsten Tag wurde in der Presse verkündet, Juan Antonio Samaranch sei nunmehr zum Regionalrat ernannt worden und zugleich für den Sport in ganz Katalonien zuständig.

Die Regierung wußte den Erfolg der ohne Teilnahme Israels veranstalteten Mittelmeer-Spiele zu schätzen. Weitere Persönlichkeiten griffen zum Telefon, und im Jahre 1956 wurde Samaranch vom Regionalrat für einen Sitz im Nationalen Sportkomitee in Madrid nominiert. Auch dafür mußte ein Preis bezahlt werden, aber dieser Preis war für einen Mann von Samaranchs Überzeugung durchaus akzeptabel. Er mußte jetzt ständig seine unverbrüchliche Loyalität zum *Movimiento* bekunden. Deshalb schloß er Briefe an übergeordnete Sportfunktionäre häufig mit dem klangvollen Satz: »Stets zu Ihren Diensten, grüße ich Sie mit erhobenem Arm.«

Samaranch hatte jetzt keinen Zweifel mehr, daß der Sport für ihn *der* Weg zum politischen Erfolg war. In Francos Spanien wurde zwischen Sport und Politik nicht unterschieden. Der Sport war nichts anderes als ein weiterer Arm der Regierung in einem allgegenwärtigen totalitären Staat. Und er war ein Instrument, das Samaranch mit großer Wirkung einzusetzen wußte. Die Generation der Generäle, die den Bürgerkrieg gewonnen und die Regierung übernommen hatten, war im letzten Jahrhundert verwurzelt. Für den modernen Sport hatten sie wenig Verständnis. Samaranch war clever, dynamisch, loyal und politisch ehrgeizig. Er wollte politisch aufsteigen, und dabei würde er das Ansehen Spaniens im Sport erhöhen und die Kontrolle der Faschisten über den Sport aufrechterhalten. Von dieser Vorstellung angetan, öffneten die Generäle ihm allmählich die Tür zu ihrem eigenen Club.

Der Lokalpolitiker Samaranch aus Katalonien war nun in das Machtzentrum Madrid aufgestiegen. Aber es folgte ein frustrierendes Jahrzehnt. Nicht alle Gruppierungen des politischen Establishments in Madrid nahmen ihn mit offenen Armen auf. Er war wegen seines Reichtums und seines offenkundigen Ehrgeizes unbeliebt und erhielt den Spitznamen *»señorito«* – Stutzer.

Aber Samaranch, der katalanische Textilmagnat, nutzte die Zeit, um jene Kontakte herzustellen, die ihm ein zweites Vermögen einbringen sollten. In Madrid begegnete er dem Finanzier Jaime Castell, der sein Geschäftspartner und enger Freund wurde. Zusammen beteiligten sie sich an einer Reihe von Grundstücksspekulationen im Zusammenhang mit der touristischen Erschließung der katalanischen Küste. Samaranch wurde Aufsichtsrat in verschiedenen Unternehmen, darunter Banken, Produktions- und Bauunternehmen. Castell verfügte in Madrid über beste Verbindungen. Durch ihn lernte Samaranch auch die Familie Franco kennen. Samaranch und Bibis waren besonders eng mit der Tochter des Diktators befreundet, Carmen.

Im Dezember 1966 zahlte sich das Jahrzehnt der Geduld und der geschickten Verteilung von Geschenken endlich aus. Der Sportminister trat zurück. General Franco ernannte Samaranch zum Nachfolger.

Bei Samaranchs Aufstieg spielten die Zeitungen und die Fernsehnachrichten eine Schlüsselrolle. Er hatte frühzeitig gelernt, daß für seine politische Karriere eine Mischung aus Zensur, Schmiergeldern und Begünstigungen entscheidend war. Jetzt beteiligte er sich selbst an einer Zeitung, dem *Tele-Exprés*. Ein Journalist, der bei dieser in Barcelona erscheinenden Zeitung beschäftigt war, beschrieb Samaranchs Rolle als die eines »politischen Aufsehers«. Als einmal ein Bericht über Arbeiter erschien, die von einem Textilunternehmen entlassen worden waren, schnitt Samaranch den Artikel aus und schickte ihn mit einem Begleitbrief an den verantwortlichen Redakteur: »Wie immer wird für diejenigen geschrieben, die keine Zeitungen lesen. So kommen wir nicht weiter.«

Aber Samaranch kam weiter. 1956 war er Mitglied des von den Faschisten beherrschten Spanischen Olympischen Komitees geworden. Einer der Schlüsselfaktoren seines politischen Aufstiegs in Spanien war der Einfluß, den er sich selbst und seinem Land in der olympischen Bewegung verschaffte. Schon 1961, fünf Jahre vor seinem Eintritt in das IOC, stellte Samaranch der Gattin des IOC-Präsidenten Avery Brundage seine Sommervilla an der Costa Brava zur Verfügung. Diese Großzügigkeit zahlte sich aus. 1965 fand die jährliche Session des IOC in Madrid statt und wurde vom Staatsoberhaupt eröffnet. General Franco erhielt dabei Gelegenheit, sich als Schutzherr des olympischen Ideals des Anstands und Fairplays darzustellen.

Als im darauffolgenden Jahr der Sitz eines spanischen IOC-Mitglieds neu zu besetzen war, gab es kaum Zweifel darüber, daß Samaranch nominiert werden würde. Und bei der nächsten IOC-Versammlung wurde Samaranch Mitglied der olympischen Elite.

6 Das schlaue Chamäleon

Die olympische Flamme lodert auf. Die Spiele in Barcelona beginnen. Endlich wird das Montjuic-Stadion seiner olympischen Bestimmung gerecht. Bürgermeister Pasqual Maragall hat all dies ermöglicht. Die vergangenen sechs Jahre hat er hauptsächlich damit verbracht, das Team anzutreiben, das die 25. Olympischen Spiele organisiert. Man muß Nachsicht üben, wenn Maragall den IOC-Präsidenten nicht gerade überschwenglich begrüßt. Schließlich ist er der *sozialistische* Bürgermeister von Barcelona, und vor nicht allzu vielen Jahren hatte seine Familie unter Samaranchs *Movimiento* zu leiden. Die Brüder des Bürgermeisters wurden verhaftet, und seine Schwester Monica kam ins Gefängnis, weil sie gegen Franco gerichtete Texte gedruckt hatte.

Die beiden Männer – Samaranch und Maragall – stehen für völlig unterschiedliche Strömungen der spanischen Politik. Der Sozialist wurde in einem fairen demokratischen Verfahren gewählt. Der Faschist errang seine Macht durch einflußreiche Bekannte und später durch Scheinwahlen. Auch dies ist eine wahre Geschichte, die sich in Samaranchs offizieller IOC-Biographie nicht findet.

Mitte der sechziger Jahre befand sich die spanische Wirtschaft in einem hoffnungslosen Zustand. Die westlichen Demokratien hatten Franco die Tür vor der Nase zugeschlagen und erlaubten der Diktatur nicht, Handel mit der Europäischen Gemeinschaft zu treiben. Um überleben zu können, brauchte Spanien aber die Märkte Frankreichs, Deutschlands, Italiens und der anderen Nachbarn jenseits der Pyrenäen. Franco suchte also nach Möglichkeiten, das harte Erscheinungsbild seines repressiven Regimes zu mildern. Im Jahre 1967 verfiel er auf eine völlig neuartige Idee: Wahlen.

Dem spanischen Volk wurde endlich die Demokratie angeboten – aber der *Movimiento* diktierte die Bedingungen. Den Bürgern wurde die Wahl der Volksvertreter im spanischen Parlament, der Cortes, zugestanden. Doch Francos Vorstellung von »demokratischen Wahlen« war, daß er selbst dreiundachtzig Prozent der Abgeordneten ernannte; das Volk durfte nur die restlichen siebzehn Prozent wählen.

Zwei Arten von Kandidaten wurden zugelassen: Rechte und Ultrarechte. Bevor ein Kandidat aufgestellt wurde, mußte er dem Generalissimo gegenüber eine Loyalitätserklärung abgeben. Damit waren Kandidaten des politischen Zentrums, der Liberalen oder der Linken ausgeschlossen. Und damit auch wirklich nichts schiefgehen konnte, blieb das Verbot aller politischen Parteien bestehen – natürlich mit Ausnahme des offiziellen *Movimiento.*

Einer der beiden offiziellen Kandidaten des *Movimiento* für Barcelona bei den Wahlen von 1967 hieß Juan Antonio Samaranch. Er erhielt über eine halbe Million Stimmen. Nur knapp geschlagen landete ein unabhängiger Rechter namens Eduardo Tarragona auf dem zweiten Platz. Aus Enttäuschung über den Mangel an Alternativen hatten nur dreiundfünfzig Prozent der Wahlberechtigten von ihrem Wahlrecht Gebrauch gemacht.

Aber Tarragona hatte dem *Movimiento* während des Wahlkampfes einen gewaltigen Schreck eingejagt. Er bot den Bürgern von Barcelona die Chance, sich gegen das Franco-Regime auszusprechen. Deshalb mußte seine Wahlkampagne gestört werden. »Man setzte jedes bewährte Mittel ein, ihn zu behindern«, schreibt ein Historiker. »Bis fünf Tage vor der Wahl hinderte man ihn daran, Wahlveranstaltungen in Barcelona abzuhalten. Für eine Veranstaltung erhielt er ein Klassenzimmer zugewiesen, in dem dreißig Personen Platz hatten, und bei einer anderen Kundgebung gab man ihm einen Saal, der nicht bestuhlt war. Im Gegensatz dazu standen Samaranch die gesamten Ressourcen des *Movimiento* zur Verfügung.«

Viele Katalanen zogen die Abstimmung mit den Füßen vor. Nachdem Samaranch in die Cortes »gewählt« worden war, schlugen die Arbeiter zu. Sie forderten anständige Löhne. Der Notstand wurde ausgerufen, Demonstranten kamen ins Gefängnis. So sah der Hintergrund des »demokratischen« Triumphes von Samaranch aus.

Samaranch konnte mit seinen politischen Erfolgen zufrieden sein. 1967 war er Parlamentsabgeordneter, Minister und ein enger Freund der Familie Franco. Und er war Multimillionär und der Liebling der Medien. Er reiste durch Spanien und warb für sich selbst und für den Sport. Zusammen mit Bibis verbrachte er den Jahreswechsel in einem Landhaus in Gesellschaft des Diktators. Aber Samaranch hatte zu steil abgehoben.

1970 stürzte Samaranch. Er wurde als Sportminister entlassen. Sein Sturz war seinem unbändigen Ehrgeiz zuzuschreiben. Samaranchs Stil vertrug sich nicht mit dem der ergrauten alten Männer des Regimes in Madrid. Die reaktionären Veteranen des Bürgerkrieges hielten nichts von der Ellbogen-Mentalität von *señorito* Samaranch.

Er hatte den großen Fehler begangen, die protokollbesessenen Bürokraten des *Movimiento* zu verärgern. Erstens hatte er sie übergangen und Prinz Juan Carlos selbst zu den Mittelmeer-Spielen nach Tunesien eingeladen. Zweitens hatte er Franco gebeten, ein neues Sportzentrum einzuweihen.

Der Generalsekretär des *Movimiento* schäumte vor Wut. Er hatte davon erst aus der Presse erfahren! Samaranch war zu weit gegangen. Der alte Mann wies den jungen Aufsteiger in seine Schranken und ernannte einen neuen Sportminister. Samaranch wurde nicht entlassen, weil er sich mit dem Faschismus überworfen hatte, sondern weil er sich mit bestimmten Personen überworfen hatte. Er wurde nicht aus der Partei ausgeschlossen und trat auch nicht aus dem *Movimiento* aus. Vielmehr behielt er seine übrigen Posten in der Partei und in der spanischen Politik. Man hatte ihm nur mal eben einen kleinen Denkzettel erteilt.

Die nächsten »Wahlen« für das Scheinparlament, die Cortes, fanden 1971 statt. Auch diesmal wurden sie vor dem Hintergrund wachsender Unzufriedenheit unter den Bürgern durchgeführt. Die Arbeiter und Studenten und zum Zeitpunkt der Wahlen bereits auch die Mittelschicht hatten es gründlich satt, unter einer Diktatur und in bitterer Armut leben zu müssen, während Francos Freunde in Luxus schwelgten. Um die Privilegien der Franco-Anhänger zu verteidigen, ermächtigte der *Movimiento* die Polizei, das Feuer zu eröffnen.

In Granada kamen drei Arbeiter ums Leben. In Barcelona versammelten sich dreihundert Intellektuelle zu einer Protestveranstaltung im Kloster Montserrat, dem geistlichen Zentrum der katalanischen Kultur. Das war illegal. Die Polizei belagerte das Kloster zwei Tage lang und drohte, die Gebäude zu stürmen. Viele der Protestteilnehmer wurden verhaftet und abgeurteilt.

Samaranch trat bei den »Wahlen« erneut als offizieller Kandidat des *Movimiento* auf, und wieder war der unabhängige Rechte Eduardo Tarragona sein schärfster Rivale. Seit den Wahlen von 1967 hatte Tarragona jede Woche Sprechstunden für die Bürger des Wahlkreises abgehalten. Das war gefährlich, denn er schuf damit einen Präzedenzfall dafür, daß Politiker auf den Willen der Wähler eingingen. Tarragona gründete Bürgerinitiativen, um gegen den Mangel an Schulen und an elektrischem Strom sowie gegen die unzureichende Abwasserentsorgung zu protestieren. Er verurteilte die Praktiken der Mittelschicht, sich vor Steuern zu drücken, und drängte auf die Beseitigung der Slums wie auf den Bau von Sozialwohnungen und neuen Schulen. Er setzte sich für Sozialleistungen zugunsten geistig behinderter Kinder ein. In der Cortes stimmte er gegen die Haushaltsentwürfe der Regierung, weil »sie von keinem kompetenten Buchhalter akzeptiert« würden.

Für Samaranch wurden die Wahlen von 1971 beinahe eine Katastrophe, obwohl er den Vorteil hatte, offizieller Kandidat des *Movimiento* zu sein. Er war mit zwei politischen Wahlsprüchen angetreten: »Niemand hat so viel für den Sport getan« und »Wir werden die Vierzig-Stunden-Woche einführen«. Die Wahlberechtigten blieben der Wahl fern. Die Wahlbeteiligung fiel auf bloße fünfunddreißig Prozent. Schlimmer noch: Tarragona schloß zu Samaranch auf, der deutlich weniger Stimmen bekam. Es gelang Samaranch nur mit knapper Not, in die Cortes zurückzukehren. Kurz nach den »Wahlen« wurde in der SEAT-Fabrik in Barcelona ein Arbeiter erschossen. Er durfte die Vierzig-Stunden-Woche nicht mehr erleben.

Das IOC hat sich bisher nicht dazu bekannt, daß Samaranch in einem totalitären System eine herausragende Rolle gespielt hat. Als Samaranch 1974 IOC-Vizepräsident wurde, stand in der IOC-Publikation *Revue* zu lesen, er halte den »Rekord an Wählerstimmen für das spanische Parlament«. Das war aber nur im Jahre 1967 der Fall gewesen. Die *Revue* berichtete davon, nachdem seine Stimmenzahl bei den zweiten Parlamentswahlen stark zurückgegangen war.

Die olympische Bewegung war für den Politiker Samaranch von entscheidender Bedeutung. Sollte der Faschismus in Spanien zusammenbrechen, konnte er den olympischen Sport als Sprungbrett für eine alternative Karriere auf internationalem Parkett benutzen. Das IOC, das über die hehren griechischen Ideale der Olympischen Spiele wachte, würde ihm die Möglichkeit bieten, sich selbst neu zu erfinden.

Das IOC war noch immer ein Club von Gentlemen, und ein hart arbeitender Opportunist konnte es weit bringen. Bei den Spielen von 1968 in Mexiko war Samaranch für das olympische Protokoll verantwortlich. Zu diesem Zeitpunkt gehörte er dem IOC erst seit zwei Jahren an. Die Aufgabe war geradezu ideal für einen Mann, der eine Leidenschaft für Vorschriften, Regeln und Ordnung hatte. Und ein ehrgeiziger Mann konnte es in ihr weit bringen. Nun bekam das neue Mitglied endlich die Möglichkeit, sein Ansehen bei den IOC-Mitgliedern in aller Welt zu erhöhen.

Bei den Winterspielen von 1972 in Sapporo hielt der neue Protokollchef Samaranch seinen *chefs de mission* eine Rede. Ihre Pflicht sei es, erklärte er, den Sportlern die Bedeutung der Eröffnungszeremonie einzuprägen. Ein Sportler, der bei der Parade fehle, mache sich »größter Unhöflichkeit, des Betrugs und der Zerstörung des moralischen Werts der Spiele« schuldig.

Samaranch wies auch auf die Bedeutung der Schlußfeier hin. Seine Verfügung lautete: »Alle Teilnehmer müssen sich freiwillig strengster Disziplin unterwerfen. Den Sportlern ist nicht erlaubt, mit Taschentüchern zu winken. Sie dürfen keine Fotoapparate mitführen und nicht aus der Reihe treten.« Solche Verordnungen schmeckten nach dem autoritären Leben, das Samaranch von zu Hause kannte und dessen Inhalt militärische Paraden, Ordnung und Disziplin waren.

Weniger ehrgeizige IOC-Mitglieder sitzen selten in den entscheidenden olympischen Komitees. Samaranch stieg schnell auf. Bald wurde er Mitglied der Pressekommission und dann des Exekutivkomitees – des inneren Kabinetts des IOC. Sein Aufstieg war kometenhaft. Aber all das reichte nicht, an die Spitze des Weltsports zu gelangen und IOC-Präsident zu werden. Wie konnte Samaranch diese letzte Hürde nehmen? Was mußte er tun, um sich die Mehrheit der IOC-Stimmen zu sichern? Es gab nur eine Antwort: Er mußte sich mit dem Marionettenspieler in Landersheim verbünden.

Doch wie konnte Samaranch die Brücke zu Horst Dassler schlagen? In den späten sechziger Jahren hatte er den Franzosen Christian Jannette kennengelernt, der dann stellvertretender Protokollchef der Spiele in München wurde. Mittelsmänner hatten Jannette für Dassler geworben; seither arbeitete er im politischen Team bei adidas.

»Samaranch war in München Protokollchef des IOC. Ich mußte eng mit ihm zusammenarbeiten, und wir wurden gute Freunde«, erzählte uns Jannette. »1974 erfuhr Samaranch, daß ich für Horst arbeitete, und zeigte Interesse, Horst kennenzulernen. Er lud uns in sein Haus in Barcelona ein. Wir blieben drei Tage lang dort. Horst wollte alle Menschen kennenlernen, die mit den Sportorganisationen zu tun hatten. Natürlich war Samaranch schon damals eine sehr wichtige Person. Er war Protokollchef des IOC. Es heißt oft, der Protokollchef sei der nächste Präsident. Ich wußte, daß Samaranch Präsident werden wollte. Ich sagte Horst, daß Samaranch ein guter Mann und sehr ehrgeizig sei und sehr hart arbeite. Horst mochte ihn. Später wurden sie sehr gute Freunde.«

Auf einem der adidas-Feste traf Patrick Nally mit Dassler und Samaranch zusammen. »Horst sprach mit Samaranch in einer Weise, die deutlich machte, daß es darum ging, das IOC zu erobern«, erinnert sich Nally. »Horst wußte schon lange, daß Samaranch Präsident werden wollte. Havelange erreichte die Spitze aus eigener Kraft und nahm erst dann Horsts Hilfe in Anspruch. Ich glaube, Samaranch war der erste wichtige Spieler, der nichts anderes tat, als den Wahlkampf um die Präsidentschaft zu führen, und der dabei ständig Horst an seiner Seite hatte. Samaranch erkannte als erster Funktionär einer neuen Generation, welche Möglichkeiten sich hier auftaten. Ein Funktionär mußte wie ein Politiker in den Wahlkampf ziehen, um gewählt zu werden. Und damals reiste jeder, der so etwas vorhatte, zuerst nach Landersheim, sprach mit Horst und schloß mit ihm ein Abkommen. Erst wurde man mit Horst handelseinig, dann half er einem, gewählt zu werden.«

Von einer Prominentenloge aus verfolgt Jordí Pujol die Eröffnungsfeier der Olympischen Spiele von Barcelona. Pujol ist der demokratisch gewählte Präsident der Region Katalonien, zugleich Bankier und wie Samaranch ein Konservativer. Doch damit enden die Gemeinsamkeiten. Samaranch stand auf der Seite Francos, des *Movimiento* und der Vernichtung der katalanischen Kultur. Pujol dagegen kämpfte für seine Sprache und Kultur und für politische Freiheit.

Im Jahr 1960 stattete Franco Barcelona einen offiziellen Besuch ab. Bei einem Konzert stimmte ein Teil der Anwesenden mutig die verbotene katalanische Nationalhymne an. Die Reaktion erfolgte prompt. Man verschloß die Türen und rief die Polizei. Die Anwesenden, die sich an dem Protest beteiligt hatten, wurden verhaftet und mißhandelt. Francos Geheimpolizei machte sich an die Arbeit und identifizierte Jordi Pujol als Organisator des Protests. Er wurde zu einer Gefängnisstrafe von sieben Jahren verurteilt. Nachdem sich die Demokratie endlich durchgesetzt hatte, belohnte ihn das katalanische Volk mit dem hohen Amt, das er heute innehat. Sein Vorgänger in diesem Amt war Juan Antonio Samaranch, der aber nicht gewählt, sondern vom *Movimiento* in Madrid ernannt worden war.

Unter Francos Regime war der Präsident des Regionalrats von Katalonien ein wichtiger Mann. Mit dem Sport hatte er allerdings nichts zu tun. 1973, als sich Francos Leben dem Ende näherte, ging eine Aufbruchstimmung durch das Land. Der sterbenskranke General reagierte mit der Ernennung von Admiral Carrero Blanco zum Premierminister. Blanco zählte zu den reaktionärsten und treuesten Gefolgsleuten Francos aus dem Bürgerkrieg. Einen Monat später bestimmte Carrero Blanco den in den Augen des Regimes geeignetsten Mann für die Aufgabe, das rebellische Katalonien unter Kontrolle zu halten. Dieser Mann war Juan Antonio Samaranch.

Samaranch machte aus seiner ablehnenden Haltung gegenüber der Demokratie keinen Hehl. Bei seiner Amtseinführung erklärte er: »Ich erkläre unzweideutig meine Loyalität und Treue gegenüber dem Regime, meine Treue zu den Prinzipien des *Movimiento,* meinen Gehorsam gegenüber dem Prinzen von Spanien und meine absolute Loyalität gegenüber Franco.«

Fünf Tage vor Weihnachten 1973 wurde Carrero Blanco in

Madrid von einer Bombe zerfetzt. Die baskische Terrorgruppe ETA hatte Rache geübt. »Er war einer der größten Spanier des Jahrhunderts«, erklärte der katalanische Führer. »Er war die Verkörperung des guten Spaniers.« Und Samaranch verlieh Carrero Blanco postum die goldene Medaille des Regionalrats.

Das Attentat löste eine neue Terrorwelle aus. Samaranchs Aufgabe war es, die Vergeltungsmaßnahmen in Katalonien zu leiten. »In den Jahren 1974 und 1975 nahm die Repression in Form zahlreicher Verhaftungen, Folterungen und Hinrichtungen ein Ausmaß an, wie es seit den späten vierziger Jahren nicht mehr vorgekommen war. Dazu gehörte auch der bereitwillige Einsatz von Feuerwaffen durch die Polizei und die Nationalgarde«, schreibt ein Historiker.

Samaranch schien nicht in der Lage, sich vom *Movimiento* zu trennen. Ein Vorfall aus dem Jahre 1974 zeigt seine grenzenlose Loyalität, die selbst dann noch andauerte, als sich Spanien auf das größte Staatsbegräbnis der vergangenen vierzig Jahre vorbereitete. Regimegegner hatten in Barcelona versucht, das Denkmal zu schänden, das den im Bürgerkrieg gefallenen *Franquistas* geweiht war. Zehntausende von faschistischen Gefolgsleuten wurden mit Bussen zu einem Protestmarsch durch die Stadt nach Barcelona gebracht. An diesem Protestmarsch nahm auch der mit dem Blauhemd bekleidete Samaranch teil. Er grüßte mit dem faschistischen Gruß.

Samaranch blieb dem Diktator bis zum bitteren Ende treu. 1975 verschlechterte sich Francos Gesundheitszustand kontinuierlich, aber Samaranch verließ das sinkende Staatsschiff nicht. Am 26. Januar erschien er, nun bereits IOC-Vizepräsident, im Blauhemd zur Jahresfeier zum Gedenken an die faschistische »Befreiung« Barcelonas. Wie immer grüßte er auch hier mit dem faschistischen Gruß.

Auch an der Messe des *Movimiento* zu Ostern und später an einem Gedenkgottesdienst für die faschistischen Gefallenen des Bürgerkriegs nahm Samaranch in seiner Uniform teil.

Im Spätherbst 1975 lag Franco im Sterben. Ohnmächtig standen seine Familie und die alten Generäle aus dem Bürgerkrieg um das Bett. Francos Hand umklammerte den mumifizierten Arm der heiligen Theresia, sein Körper war an sämtliche lebenserhaltenden

Apparaturen angeschlossen, die die moderne Medizin zu bieten hatte. Im Krankenhaus ging das Gerücht um, er sei bereits vor einigen Tagen gestorben, seine engsten Freunde hätten jedoch verhindert, daß die Maschinen abgeschaltet würden.

Am 20. November nahm Samaranch im Blauhemd an der Jahresfeier in Barcelona zu Ehren des Gründers der Falange teil. Dreißig Jahre nach der Niederlage der Nazis marschierte ein IOC-Vizepräsident mit seinen Kameraden durch die Straßen und grüßte mit jenem Gruß, der für das genaue Gegenteil des olympischen Ideals steht.

Noch in derselben Nacht erhielt Samaranch den gefürchteten Telefonanruf: Franco war tot. Samaranch eilte zum Hauptquartier des katalanischen Regionalrats und bestellte Soldaten zum Schutz des Gebäudes. Danach sandte er Beileidstelegramme an die Familie Francos und eine Loyalitätserklärung an Juan Carlos und sicherte der Regierung seine Unterstützung zu.

Am nächsten Tag hielt Samaranch vor dem Regionalrat eine Rede. »Spanien und Katalonien sind zu Waisen geworden, ein bitteres Gefühl«, erklärte er. »Aber wir brauchen nicht zu verzagen. Unser Land hat einen Glauben und einen König. Das ist Francos Vermächtnis.«

Er beendete seine Rede mit den Worten: »Francos Beispiel wird uns in unserem Kampf für ein besseres Spanien immer begleiten.« Nicht nur die darin ausgedrückte Überzeugung war befremdlich, sondern auch die Tatsache, daß Samaranch diese Worte auf Katalanisch sagte – jener Sprache, die er vierzig Jahre lang verleugnet hatte und die sein Führer auf jede erdenkliche Weise hatte vernichten wollen.

Sechs Wochen später nahm Samaranch an der Jahresfeier zum Gedenken an die »Befreiung« Barcelonas teil. Die Feier Anfang 1976 war die erste seit Francos Tod. Und zum ersten Mal ließ Samaranch sein Blauhemd im Schrank hängen. Statt dessen trug er ein weißes Hemd.

Samaranch suchte verzweifelt nach einer Nische für seine alten politischen Ideale. Das katalanische Magazin *Arreu* veröffentlichte einen langen und vernichtenden Bericht über seine Tätigkeit unter dem alten Regime. Zum ersten Mal seit vierzig Jahren wagte es hier jemand, Samaranch öffentlich zu kritisieren.

Die Überschrift des Artikels lautete: »Samaranch, wir gehören nicht zu deiner Welt.« Ein Team von drei Journalisten war Samaranchs politischer Karriere nachgegangen. Dieser hatte ständig behauptet: »Ich halte es für richtig, durch Politik den Sport zu fördern, aber ich halte es für falsch, den Sport in den Dienst der Politik zu stellen.« Die Journalisten glaubten Samaranch nicht. Für sie stand fest, daß er den Sport zur Förderung seiner politischen Karriere benutzt hatte.

»Wir haben es hier mit einem schlauen Chamäleon zu tun«, schrieben sie in ihrem Artikel. »Er hat seine Farben schlau der Umgebung angepaßt – aber damit kann er die Öffentlichkeit nicht täuschen.«

Doch Samaranch hatte Glück. Die Stimmung im neuen Spanien war auf Versöhnung gerichtet, und es sollte keine Kriegsverbrecherprozesse geben. Samaranchs politische Karriere war freilich zu Ende. Seine Laufbahn als Verbündeter der Diktatur machte jede Perspektive im eigenen Land zunichte.

Samaranchs politisches Ende in Spanien kam am 23. April 1977: Hunderttausend Menschen demonstrierten vor dem Gebäude des katalanischen Regionalrats in Barcelona. Der Regionalpräsident versteckte sich hinter verschlossenen Türen. Die Demonstranten beschimpften ihn und brüllten: »Samaranch, hau ab!«

Samaranch sagte einige Jahre später: »Eine der wichtigsten Entscheidungen meines Lebens stand an, als ich feststellte, daß meine öffentliche Karriere in Spanien zu Ende war. Nicht nur politisch, sondern auch gesellschaftlich.« Aber Samaranch war noch nicht am Ende. Er beschloß, sich neu zu schaffen. Für ein »Chamäleon« war das kein Problem.

Das Dilemma für Spanien wie auch für Samaranch bestand darin, daß man ihn zwar loswerden mußte, aber keine der beiden Seiten dabei das Gesicht verlieren wollte. Samaranch war noch immer Präsident des Regionalrats, und die spanische Übergangsregierung wollte bei der Einführung der Demokratie Konfrontationen vermeiden. Schließlich fand Madrid die Lösung: den diplomatischen Dienst. Samaranch hatte aufgrund seiner Tätigkeit beim IOC Erfahrungen auf internationalem Parkett gesammelt und dreißig Jahre wechselvoller Politik des *Movimiento* überlebt. Er konnte dem Land nutzen – solange er sich im Ausland befand.

Im Außenministerium in Madrid erzählt man sich, man habe Samaranch damals eine bequeme, aber verhältnismäßig bedeutungslose Position in Wien angeboten, die er aber abgelehnt habe. Samaranch habe unbedingt in die düstere sowjetische Hauptstadt entsandt werden wollen. Die Beamten des Ministeriums standen vor einem Rätsel, aber Samaranch hatte seine Gründe. Das Chamäleon sah neue politische Aufgaben vor sich.

Was Spanien verlor, gewann das IOC. Samaranchs Vaterland trennte sich mit großer Erleichterung von einem seiner führenden Faschisten. Am 18. Juli 1977 reiste Samaranch nach Moskau, um die diplomatischen Beziehungen wiederherzustellen, die vierzig Jahre zuvor abgebrochen worden waren. Er wollte sich in Moskau vor allem selbst repräsentieren.

Die Sowjets hatten nur noch drei Jahre, um die Olympischen Spiele von 1980 zu organisieren. Die Spiele sollten das Schaufenster ihres politischen Systems werden, aber die sowjetische Bürokratie war schlecht geölt; die Funktionäre hatten große Mühe, die Bedürfnisse sowohl der internationalen Sportverbände als auch des IOC zu befriedigen. Nun jedoch hatten sie zu ihrer großen Freude Samaranch in der Stadt. Er war der Erste Vizepräsident des IOC, also die Nummer zwei in der olympischen Hierarchie.

Den Akteuren der Sportpolitik war klar, welches Arrangement sich hier abzeichnete. 1980 würde Lord Killanin die Präsidentschaft des IOC niederlegen; Samaranch wartete begierig darauf, in Killanins Fußstapfen zu treten. Er warb aktiv um jedes IOC-Mitglied, das sich noch nicht festgelegt hatte. Die Sowjets kontrollierten einen großen Block der osteuropäischen IOC-Stimmen sowie die Stimmen der anderen von ihnen abhängigen Staaten.

»Samaranch wollte schon immer IOC-Präsident werden, jedenfalls schon lange vor seiner Moskauer Zeit«, erinnert sich Christian Jannette. »Die Sowjets waren dankbar für alles, was er für sie tun konnte. Er half ihnen damals sehr. Es war für die UdSSR nicht leicht, die Spiele zu organisieren. Eines muß ich sagen: Die Russen vergessen es nicht, wenn man etwas für sie getan hat. Horst Dassler tat eine Menge für sie, und sie haben ihm das nie vergessen. Ich erinnere mich, daß die Familie Dassler schon vor 1970 großzügig mit Sportartikeln war, obwohl die Russen kein Geld hatten.«

Der Boden war bestellt. Dassler war bereit, all seine Kontakte für Samaranch zu nutzen – in der Hoffnung, daß es sich auszahlen würde.

Die Ankunft des Amateur-Diplomaten in Moskau löste unter den professionellen Diplomaten Erstaunen aus. Sie alle waren in die Hauptstadt der Supermacht entsandt worden, weil sie zu den besten Diplomaten ihrer Länder zählten. Wie würde sich der siebenundfünfzigjährige Samaranch, Relikt einer zusammengebrochenen Diktatur, in der ungewohnten Umgebung zurechtfinden? Doch Samaranch erwies sich als erstaunlich kompetent. Die neue Aufgabe war für das schlaue Chamäleon in mancherlei Hinsicht einfach. Spanien galt in Moskau nicht als wichtiger politischer Akteur, deshalb konnte Samaranch sich ganz dem Aufbau des eigenen Image widmen. Seine Arbeitsleistung war hervorragend.

Der überzeugte Franco-Anhänger, der vierzig Jahre lang die Ausrottung der Kommunisten in Spanien durch Gefangennahme, Folterungen und Hinrichtungen unterstützt hatte, vollzog eine für ihn typische Kehrtwende und schmeichelte sich überall ein. Die Ironie war perfekt. Sein ganzes Leben hatte Samaranch gegen die »Roten« gekämpft – und jetzt umwarb er sie, um das höchste Amt zu gewinnen, das der Sport zu vergeben hatte. Am spanischen Nationalfeiertag erschien Samaranch im sowjetischen Fernsehen und hielt eine dreiminütige Rede über die Freundschaft – auf russisch. Er hatte sich große Mühe gegeben, die Sprache zu erlernen, und er hielt die Rede auswendig. Der Mann kannte keine Scham. Ob nun auf katalanisch oder auf russisch, er würde den Menschen immer sagen, was sie hören wollten.

Die neue spanische Botschaft an der Paliashvili-Straße war ein großzügiger Gastgeber. Bunte »spanische Nächte« belebten das ansonsten öde Moskau. Und auch das war eine der vielen Ironien im Leben Samaranchs: Da die Finanzmittel aus Spanien nicht ausreichten, zahlte er einen großen Teil der Ausgaben für die Unterhaltung der Genossen aus seiner eigenen Tasche – mit Geld, das noch aus einer Zeit stammte, als in Spanien die Löhne niedriggehalten wurden und die Steuern für die Freunde des Regimes minimal waren. In der Presse wurde berichtet, die Partys bei Juan und Bibis gehörten zu den besten in der Stadt; ihr Weinkeller war angeblich unübertrefflich.

Der Amateur-Diplomat Samaranch nahm nunmehr den Botschaftertitel »Exzellenz« an, auch dies Teil der Umgestaltung seines Image. Noch heute, ein Dutzend Jahre nach seinem kurzen Aufenthalt als Botschafter in Moskau, wird er von einem großen Teil der olympischen Welt respektvoll so genannt.

Die Stimmen, denen Samaranch bei der Wahl zum IOC-Präsidenten den Sieg verdankte, wurden in Moskau und in den Hinterzimmern des spanischen Organisationskomitees für die Fußball-Weltmeisterschaft von 1982 in Madrid gewonnen. Das größte Fußballturnier der Welt sollte zwar erst in fünf Jahren stattfinden, doch Präsident Havelange befand sich in Schwierigkeiten. Er war mit dem Versprechen gewählt worden, die Zahl der Finalisten bei der Weltmeisterschaft von sechzehn auf vierundzwanzig Mannschaften zu erhöhen. Die Spanier hatten die Ausrichtung der Weltmeisterschaft aber auf der Grundlage von sechzehn teilnehmenden Ländern übernommen. Für die zusätzlichen Mannschaften war kein Geld da.

Havelange lief Gefahr, abgesetzt zu werden, wenn er sein Wahlversprechen nicht einlöste. Er wandte sich an die beiden einzigen Männer, die ihm helfen konnten: Horst Dassler und Juan Antonio Samaranch. Dassler konnte das Geld zur Verfügung stellen; Samaranch, der enge Verbindungen zum Organisationskomitee der Weltmeisterschaft unterhielt, konnte Veränderungen in der Planung durchsetzen.

Dassler und Nally hatten sich die Marketingrechte für die Fußball-Weltmeisterschaft 1982 in Spanien gesichert. Es entsprach Dasslers Stil, daß er zuerst Havelange seine Unterstützung zusicherte und dann Nally den Auftrag erteilte, das Geld zu beschaffen. »Bei einer Besprechung in Madrid«, erinnert sich Nally, »gingen Horst und ich in die Herrentoilette des Palacio de Congresos. Dort erklärte mir Horst beiläufig, im Augenblick sehe es so aus, als ob das spanische Organisationskomitee sechsunddreißig Millionen Mark für die zusätzlichen Mannschaften benötige. Ich brauche wohl nicht zu betonen, daß dieses Geld nicht von adidas kommen sollte, sondern daß ich Sponsoren finden mußte.«

Nachdem das Geld beschafft war, kam Samaranch ins Spiel. Im Mai 1979 verkündeten die Spanier, daß das Turnier auf vierundzwanzig Mannschaften erweitert würde. Havelange war gerettet. Er erkannte seine Schuld gegenüber Samaranch bei seiner Wiederwahl als FIFA-Präsident im Juli 1982 in Madrid an. »Dieser Neuanfang«, erklärte er, »ist durch den spanischen Fußballverband ermöglicht worden.«

Als Gegenleistung sollte Havelange bei der Wahl des IOC-Präsidenten die lateinamerikanischen, afrikanischen und einen großen Teil der asiatischen Stimmen für Samaranch sichern. Samaranch brauchte die Stimmen dieser IOC-Mitglieder, wenn er Präsident werden wollte. Dassler wurde in seiner Rolle als Königmacher bestätigt. Er hatte Havelange vor dem Absturz bewahrt und würde nun Samaranch auf den Thron helfen.

Samaranchs Sieg bei der IOC-Präsidentenwahl schien sicher. Doch um Weihnachten 1979 marschierte die Rote Armee in Afghanistan ein. Die Amerikaner mußten ohnmächtig zusehen; Präsident Jimmy Carter ordnete den Boykott der Olympischen Spiele in Moskau an. Die amerikanischen Diplomaten begannen überall auf der Welt, die Verbündeten der Vereinigten Staaten unter Druck zu setzen. Die neue Regierung in Madrid schloß sich den Amerikanern an und verkündete, daß spanische Sportler nicht an den Spielen in Moskau teilnehmen würden. Samaranch war bestürzt. Die Sowjets würden nun wahrscheinlich voller Wut einem anderen Kandidaten für die IOC-Präsidentschaft den Vorzug geben. Und andere IOC-Mitglieder könnten ihre Stimmen einem Kandidaten vorenthalten, dessen Heimatland sich gegen die Teilnahme an den Spielen ausgesprochen hatte.

Nach Aussage von Beobachtern im spanischen Außenministerium reagierte Samaranch panisch. »Wie könnt ihr mir das antun, wenn ich kurz davor stehe, Präsident des IOC zu werden?« Die Antwort aus Madrid lautete, wenn er an den Spielen teilnehme, werde man ihn abberufen. Er sei Spaniens offizieller Repräsentant in Moskau, und man verbiete ihm, an den Spielen teilzunehmen. Angeblich ersuchte Samaranch die spanische Regierung um seinen Rücktritt, aber ohne Erfolg. Ein Rücktritt hätte ihm die Sympathie einer großen Zahl von IOC-Mitgliedern – und deren Stimmen – eingebracht und die peinliche Abwesenheit der spanischen Mannschaft ausgeglichen.

Samaranch kehrte eilig nach Madrid zurück. In den Hinterzimmern des spanischen NOK, das Samaranch viele Jahre lang geführt hatte, klagte er nun den Dank ein für jeden Gefallen, den er den NOK-Mitgliedern früher einmal erwiesen hatte. Mit Erfolg: Das spanische NOK beschloß, die Anordnung der eigenen Regierung nicht zu befolgen, sondern in Moskau anzutreten. Samaranchs Wahlkampf kam wieder in Fahrt.

Horst Dassler veröffentlichte in der ersten Ausgabe 1980 der IOC-*Revue* einen prophetischen Artikel mit der Überschrift »Sport und Industrie«. Dassler wußte, wie die IOC-Wahl ausgehen würde, und blickte bereits in seine eigene geschäftliche Zukunft mit der olympischen Bewegung. Er warf die Frage auf: »Wie können wir verhindern, daß die Industrie die Kontrolle über den Sport gewinnt?« Problematisch sei allein die »kurzfristige, exzessive Werbung«. Viel besser seien langfristige und diskretere Marketingprogramme, die Dassler als »Paket« beschrieb. Das IOC könne dabei als Vermittler auftreten. Seine eigene Rolle legte Dassler nicht offen. Doch da er nicht zu den Menschen gehörte, die eine Gelegenheit ungenutzt verstreichen lassen, wurde sein Beitrag neben einem Foto von Fußballspielern abgedruckt, an deren Kleidung die adidas-Streifen zu sehen waren.

Am Morgen des 16. Juli 1980 versammelten sich die IOC-Mitglieder in Moskau zu der entscheidenden Sitzung. Die Türen schlossen sich. Die Mitglieder gaben ihre Stimmen für den Kandidaten ab, der das IOC führen sollte. Der kanadische Rechtsanwalt James Worrall galt als Samaranchs wichtigster Rivale. Bei einer privaten Besprechung mit Dassler hatte man ihm in freundlichen Worten mitgeteilt, er habe so gut wie keine Chance. Worrall durfte kein Mitglied des »Clubs« werden, den Dassler so sorgfältig zusammenstellte.

Die anderen Bewerber waren der Neuseeländer Lance Cross und der Schweizer Präsident des Internationalen Skiverbands, Marc Hodler. Der Deutsche Willi Daume bewarb sich ebenfalls und hätte eine Gefahr für Samaranchs Pläne darstellen können, wenn sein Nationalteam nicht die Moskauer Olympiade boykottiert hätte.

Dasslers wirkungsvolle Arbeit in den vergangenen Jahren zahlte sich aus, als die Stimmen ausgezählt wurden. Nur ein Wahlgang war erforderlich: Samaranch schmetterte alle Rivalen in der ersten Runde ab. Er hatte es geschafft.

Das Kriegsbeil wurde begraben. Samaranch, der Barcelona unter den Schmährufen seiner Mitbürger verlassen mußte, wird nun als der Mann gepriesen, der die Olympischen Spiele in sein Heimatland holte. Dort steht er auf der Rednerbühne, als Führer des Weltsports. Das Chamäleon hat seine Farbe ein letztes Mal verändert. Vielleicht sollten wir an diesem für Barcelona so wichtigen Tag etwas großzügiger sein. Vielleicht sollten wir Samaranchs erstaunliche Leistung respektieren. Vor einem Dutzend Jahren legte er in Moskau seine faschistische Vergangenheit endgültig ab, als er das Präsidentenamt der olympischen Bewegung übernahm.

Aber halten wir einen Augenblick inne; denken wir an den Preis, den die Welt für Dasslers Vermächtnis bezahlen muß. Die Art und Weise, in der Samaranch den »Club« führt – die Abschottung nach außen, der Mangel an Demokratie, die Elite, die sich immer wieder aus sich selbst erneuert, die Zeremonien, das steife Protokoll und die Medaillen –, scheint nicht allzu verschieden vom *Movimiento,* dem Samaranchs Treue einst galt. Behalten wir also in Erinnerung, wie er seinen rechten Arm zum Gruß hob, und applaudieren wir dem größten Überlebenskünstler unserer Zeit.

7 Der schönste Edelstein

Dr. Primo Nebiolo, der Präsident des Internationalen Leichtathletikverbandes IAAF, gab in seinem Turiner Apartment ein Essen für eine kleine Runde von Persönlichkeiten. Das Apartment liegt dem Haus des Industriemagnaten Agnelli gegenüber. Nebiolo war schon immer darauf stolz, mit der Fiat-Dynastie, der mächtigsten Familie Italiens, entfernt bekannt zu sein. Er ist Ehrenpräsident des Fußballclubs Juventus Turin und kann sich, wie die Wirtschaftsbosse der Familie Agnelli, zu den mächtigsten Männern der Provinz Piemont zählen.

Einer der Gäste Nebiolos erinnert sich an das Dinner: »Das Essen war vorzüglich, es wurde natürlich von einem Party-Service angeliefert. Ich machte Nebiolo ein Kompliment über seine phantastische Wohnung. Er strahlte und sagte: ›Wenn Sie das hier für phantastisch halten, dann warten Sie mal ab, bis Sie mein Haus in Rom sehen!‹«

Von all der Pracht beeindruckt, fragte Nebiolos Gast den Gastgeber nach den Ursachen seines Erfolgs. Der Präsident gestand mit seiner rauhen Stimme: »Jeden Morgen, wenn ich aufwache, bleibe ich noch fünf Minuten im Bett liegen und denke ausschließlich daran, wie ich meine Position heute verbessern kann.«

Dr. Nebiolo hat es in den letzten zehn Jahren zweifellos immer wieder geschafft, seine Position im Weltsport zu verbessern. Ende der siebziger Jahre war er außerhalb Italiens praktisch unbekannt. Als er sich zum ersten Mal auf die Weltbühne wagte, lachte man ihn hinter seinem Rücken aus. Man hielt den Geschäftemacher mit den langen Koteletten für einen kleinen Ganoven. Sein unverhüllter Ehrgeiz schien in der höflichen Welt des Amateursports völlig fehl am Platz. In Anspielung auf seinen Namen kommentierte das Establishment herablassend: »Primo will Primus werden.«

Heute, zehn Jahre später, trägt Nebiolo keinen Backenbart mehr. Er verfügt über ein dichtes Netz von Verbindungen, das die ganze Welt der Sportpolitik umspannt, und hat sich zäh in die Spitzengruppe des »Clubs« hochgearbeitet. Auf seinem Weg nach oben bohrte er den Dolch tief in den Rücken eines der angesehensten Sportfunktionäre der Welt. Er war außerdem verantwortlich für das schlimmste Beispiel organisierten Betrugs im internationalen Sport, ignorierte beharrlich die Spritzen, die in den Ankleidekabinen seiner Spitzensportler herumlagen, und herrscht heute über einen geheimen Fonds von zwanzig Millionen Dollar, die er aus den Olympischen Spielen herausgepreßt hat.

Der Hofstaat, der Nebiolo auf seinen Reisen begleitet, kann sich sogar neben Präsident Samaranchs imperialen Prozessionen sehen lassen. Bevorzugtes Transportmittel ist der Privatjet. Auf den Flughäfen stehen Pullman-Limousinen mit Polizeieskorten bereit, die ihn zum besten Hotel am Platz bringen, in dem er die größte Zimmerflucht belegt. Zu Nebiolos königlichem Hofstaat gehören in der Regel seine kluge Frau Giovanna, sein Sekretär und seine persönlichen Pressereferenten.

Nebiolo muß Distanz zur Presse halten. Sein Pressereferent hat die Aufgabe, Pressemitteilungen herauszugeben und neugierige Reporter von der stetig zunehmenden Zahl von Skandalen auf Laufbahn und Rasen abzulenken.

Freizeitsportler, Vereinssportler und die meisten Stars der internationalen Leichtathletik mögen Nebiolos Organisation für eine Bürokratie halten, mit der sie nichts zu tun haben. Der Internationale Leichtathletikverband scheint lediglich damit befaßt, ein paar größere Veranstaltungen zu organisieren, Sportrichter und Funktionäre zu stellen und die Regeln festzulegen. Darüber hinaus ist der Verband für die meisten nicht viel mehr als ein klangvoller Name.

Die Leichtathletik ist der schönste Edelstein der olympischen Krone. Der Leichtathletikverband hat sich zu einem sehr lukrativen Unternehmen entwickelt. Der Verband hat in den vier Jahren seit der »Ben-Johnson-Olympiade« in Seoul rund achtzig Millionen Dollar TV- und Sponsorengelder eingenommen. Ein großer Teil dieser Gelder wurde in den Entwicklungsländern für die Verbesserung der Laufbahn- und Rasenanlagen ausgegeben. Aber es ist noch genügend Geld für die exzessiven Spesen und die ausgesprochen extravagante PR-Sucht Nebiolos übrig.

Nebiolo kann gefahrlos gelegentliche Enthüllungen informierter Journalisten einstecken. Er befindet sich ständig in Bewegung und muß sich nie einer »heimischen« Wählerschaft stellen. Auch wenn die Kritiker von Zeit zu Zeit recht laut an die Tür der IAAF klopfen, kann Nebiolo sicher sein, daß er auch den neuesten Skandal überleben wird. Im Sport auf Laufbahn und Rasen hat Nebiolo die absolute Macht. Sein Vorgänger Adriaan Paulen war ein ganz anderer Mensch.

Die Niederlande sind ein kleines Land mit einer großen Sporttradition. Adriaan Paulen war ein besonders gutes Beispiel dieser Tradition. Bei der Olympiade 1920 stand er im Finale des 800-Meter-Laufs, in Paris schlug er im Viertelfinale des 400-Meter-Laufs den Goldmedaillengewinner von 1924, Eric Lidell. Bei den Bislet-Spielen in Oslo stellte er einen neuen Weltrekord über 500 Meter auf, und 1928, gegen Ende seiner Karriere als Läufer, nahm er noch einmal vor heimischem Publikum an der Olympiade in Amsterdam teil.

Adriaan Paulen begeisterte sich für viele Sportarten. Nach dem Ende seiner Karriere als Läufer nahm er an acht Rallys in Monte Carlo teil, fuhr mit dem Motorrad im niederländischen Grand Prix mit und spielte in der Fußballmannschaft seines Wohnorts in der Nähe von Haarlem. Doch seine größte Liebe galt der Leichtathletik. Neben seinem Beruf als Bergbauingenieur war er ehrenamtlich als Funktionär des niederländischen Verbandes für Leichtathletik tätig.

Paulen war ein mutiger und patriotischer Mann. Als die deutsche Wehrmacht die Niederlande überfiel, schloß er sich einer Zelle der niederländischen Widerstandsbewegung an, die Freunde von ihm im Leichtathletikverein seines Heimatortes gründeten. Als die Bergarbeiter seiner Zeche die Arbeit niederlegten, gehörte er zu den Managern, die die Herausgabe der Namenslisten der Streikenden an die Nazis verweigerten. Dafür wurde er ins Gefängnis geworfen und mit Hinrichtung bedroht.

»Die Deutschen sperrten ihn zusammen mit seinen Kollegen ein«, erzählt seine Tochter Iet Nieuwenhuys-Paulen. »Jeden Morgen mußten die Gefangenen über die Lautsprecher mit anhören, wie andere Gefangene erschossen wurden. Erst später entdeckten sie, daß die Deutschen nur Schallplatten abgespielt hatten und alles ein grausamer Scherz war. Es war psychische Folter. Als mein Vater schließlich entlassen wurde, weil die Deutschen dringend Kohle brauchten, setzte er den Kampf sogleich fort. Er war Mitglied einer geheimen Sabotagegruppe, die nachts die Eisenbahnschienen sprengte. Am Morgen suchte mein Vater dann die Offiziere der deutschen Wehrmacht auf und erklärte ihnen, daß die Kohle nicht transportiert werden könne.«

Die anderen Mitglieder in Paulens Widerstandsgruppe begannen, hochrangige deutsche Offiziere zu ermorden. Paulen war ein prominenter niederländischer Bürger und daher ständig in Gefahr, verhaftet und als Vergeltungsmaßnahme hingerichtet zu werden. »Er schlief manchmal auf dem Dach, für den Fall, daß die Deutschen kamen und ihn abholten«, sagt seine Tochter. »Er hätte auch fliehen können, aber er zog es vor, zu bleiben und zu kämpfen.«

Paulen überwachte auch einen zwanzig Kilometer langen Abschnitt des geheimen Fluchtwegs, den die Widerstandsbewegung für abgeschossene Piloten der Alliierten eingerichtet hatte. Sein geheimer Bericht über den Verlauf des Krieges wurde durch die deutschen Linien geschmuggelt und erreichte die niederländische Königin im Exil in London. Als die Alliierten zur Befreiung Europas landeten, kämpfte Paulen in der 2. Panzerdivision der Amerikaner, wurde ehrenhalber zum Oberst ernannt und später mit der amerikanischen Freiheitsmedaille ausgezeichnet. Die dankbare niederländische Nation verlieh ihm ihre höchste Auszeichnung, den König-Wilhelms-Orden.

Drei Jahre nach dem Krieg wurde Paulen in den Exekutivrat des Internationalen Leichtathletikverbandes gewählt. Die damalige Welt der internationalen Leichtathletik war von der heutigen allerdings Lichtjahre entfernt. Wetterfeste Laufbahnen waren noch nicht erfunden. Das Fernsehen berichtete nicht über die Sportveranstaltungen, und Sponsoring war unbekannt. Auch im folgenden Jahrzehnt änderte sich wenig. »Wir arbeiteten in zwei Zimmern in der Nähe des Victoria-Bahnhofs«, erzählt Fred Holder, der ehemalige Schatzmeister der IAAF. »Wir hatten so wenig Geld, daß wir uns nur eine einzige Schreibkraft leisten konnten. Sie mußte sogar einen Teil ihrer Reisekosten zur Olympiade 1956 in Melbourne selbst zahlen, und um Geld zu sparen, übernachtete sie bei einer Familie.«

Die Leichtathletik blühte trotzdem. Zwar gab es Verzögerungen in der Nachrichtenübermittlung, weil noch nicht entwickelte Filme in Flugzeugen um die Welt transportiert werden mußten, aber die Sportfans begeisterten sich dennoch für die Duelle zwischen den Läufern Kuts und Pirie, für Al Oerters Diskuswurf, mit dem er die erste seiner vier Goldmedaillen holte, und für Tamara Press, die zwei Goldmedaillen im Kugelstoßen der Frauen gewann, allerdings nach der Einführung von Geschlechtskontrollen aus den Wettbewerben verschwand.

Adriaan Paulen wirkte als Mitglied des Leichtathletikverbands im Hintergrund. Er ermutigte die Sportler und sorgte für einen fairen Wettkampf. »Mein Vater reiste immer zusammen mit den Sportlern«, erinnert sich seine Tochter. »Er war sehr gerne mit ihnen zusammen und liebte es, die Wettkampfveranstaltungen zu organisieren.«

Die Fernsehgesellschaften zahlten immer größere Geldsummen für die Olympiaden. In dem Maß, in dem die kommerzielle Seite des Sports expandierte, bekam Paulen am Rand der Laufbahn neue und unangenehme Dinge zu hören. »Er war entsetzt, als ihm ein Unternehmen vor den Spielen von 1972 in München riesige Bestechungsgelder anbot«, sagt seine Tochter. »Das Unternehmen wollte sich den Auftrag für die neue Laufbahn sichern. Er wandte sich einfach ab und sagte, das beste Produkt würde den Auftrag bekommen.«

Das Fernsehen veränderte die Welt eines Adriaan Paulen und seiner Sportler für immer. Nachdem die Spiele von 1968 in Mexiko via Satellit über die ganze Erde ausgestrahlt worden waren, wollten immer mehr Zuschauer auf der ganzen Welt Direktübertragungen von Sportveranstaltungen sehen. Dassler war damals noch damit beschäftigt, den berühmten Stars in den Umkleidekabinen Bargeld zu überreichen, damit sie die Schuhe mit den drei Streifen trugen, aber er erkannte die Zeichen der Zeit. Die Leichtathletik würde mehr Geld brauchen, um Großveranstaltungen zu organisieren, und die Sportler würden Geld für sich selbst fordern. Wenn Fernsehen und Veranstalter die Sportler für Auftritte haben wollten, mußten sie ihnen Geld bieten.

Nachdem Dassler und Nally die Hochzeit zwischen Coca-Cola und dem Fußball arrangiert hatten, wandten sie sich sofort den anderen großen Sportverbänden zu. Die Leichtathletik, das Kernstück des olympischen Erfolgs, stand ganz oben auf ihrer Liste.

»Ich habe Adriaan Mitte der siebziger Jahre bei einer Tagung des europäischen Leichtathletik-Kongresses in Frankreich kennengelernt«, erinnert sich Nally. »Er stand kurz vor seiner Wahl zum Präsidenten der IAAF und war mit Sicherheit der beste Mann für diese Position. Er hatte sich von unten hochgearbeitet, war selbst Läufer gewesen und wurde überall geachtet. Und wie Havelange im Fußball erkannte Paulen natürlich auch, daß sein Sport radikal verändert werden mußte.

Stellen Sie sich einen Mann vor, der fest zu seinen Prinzipien steht. Paulen war so ein Mann, aber er war dennoch zu jedem Gespräch bereit. Anders als die Nebiolos dieser Welt konnte er zuhören. Adriaan konnte sich für alles begeistern. Es machte ihm nichts aus, zehn Stunden im Auto zu sitzen, um zu einer Besprechung zu fahren. Wenn er unterwegs müde wurde, hielt er einfach irgendwo neben der Straße an, streckte sich auf dem Boden aus und schlief ein. Er war zäh wie Leder. Er war ein bemerkenswert widersprüchlicher Mensch – einerseits ein starker, zäher, mit Orden ausgezeichneter Soldat, der sich niemandem ergab, andererseits ein Mann mit einer geradezu jugendlichen Überschwenglichkeit.

Paulen lebte bescheiden. Er brauchte nicht die äußeren Zeichen des Wohlstands, er verlangte nie nach extravaganten Hotelzimmern. Ich werde nie seine großen, festen alten Schuhe vergessen, die eigentlich mehr wie Soldatenstiefel aussahen. Adriaan zog sich schlicht an, er hatte keinerlei Verlangen nach modischen Kleidern.«

Fred Holder bestätigt das. »Bei Besprechungen in London buchte Adriaan die billigen Flüge nach Heathrow, fuhr mit der U-Bahn in die Stadt und übernachtete in einem kleinen Hotel. Er sah nicht ein, warum er das Geld des Verbandes zum Fenster hinauswerfen sollte.«

Dassler führte Paulen in das elegante Leben an der französischen Riviera ein. Hier konnte man in angenehmster Umgebung über Verträge verhandeln. »Adriaan reiste gern in Horsts Privatjet oder seiner Yacht«, sagt Nally. »Einer von Horsts Geschäftsfreunden besaß die angeblich schnellste Yacht im Mittelmeer. Ich erinnere mich, daß ich einmal mit Adriaan auf diesem Schiff von Monte Carlo nach St. Tropez fuhr. Wir zischten mit einer Million Meilen pro Stunde über das Meer. Horst fand es sehr hilfreich, seinen Geschäftsfreunden diesen Lebensstil bieten zu können, und Adriaan war davon begeistert. Er war wie ein Kind mit einem neuen Spielzeug. Da saß er und redete unaufhörlich.«

Seine Tochter Iet hatte inzwischen ein Kind bekommen; Adriaan war Großvater geworden. »Mein Vater erhielt einmal einen adidas-Fußball als Geschenk. Er weigerte sich, den Ball seinem Enkel zu geben. Statt dessen stiftete er ihn einem lokalen Fußballverein, in dem er früher gespielt hatte. Auch die Schuhe, die man ihm schenkte, nahm er nie für sich selbst an. Er sagte: ›Wenn ich das mache, vertraut man mir nie mehr. Wer sich einmal kaufen läßt, ist kein freier Mensch mehr.‹«

Das Fernsehen rief lautstark nach weiteren Großveranstaltungen im Sport. Dassler hatte Nallys Marketingtalent für seine Zwecke eingespannt, die Finanzierung solcher Wettkämpfe schien also sichergestellt.

Eine der letzten Amtshandlungen von Paulens Vorgänger Lord Exeter war die Zustimmung zum ersten Leichtathletik-Weltpokal in Düsseldorf im Herbst 1977. Nebiolos Gefolgsleute schrieben die jüngere Geschichte der Leichtathletik um und ließen Nebiolo als den Architekten der rapide ansteigenden Zahl von Großveranstaltungen und des schier endlosen Stromes von Sponsorengeldern erscheinen. In Wirklichkeit unterstützte schon Exeter die Einrichtung neuer Wettkämpfe außerhalb der Olympischen Spiele, und Paulen trieb diese Pläne weiter voran. Diese beiden Männer setzten den Zug aufs Gleis, Nebiolo war lediglich ein Trittbrettfahrer. Und das Geld beschaffte Nally.

»Adriaan war Präsident, als dieser unglaublich erfolgreiche Weltpokal stattfand. Bei der Schlußfeier lief er zusammen mit dem siegreichen Team eine Ehrenrunde. Wir waren alle sehr stolz, denn der Weltpokal von 1977 war der erste große internationale Leichtathletik-Wettkampf außerhalb der Olympiade.

Adriaan wußte, daß die Uhr sich nicht zurückstellen ließ. Er erkannte, daß der Sport immer mehr zur Unterhaltung wurde und daß er Geld einbringen würde. Er wußte auch, daß den Sportlern schon seit Jahren Gagen gezahlt wurden und daß er dies legalisieren mußte. Ständig kämpfte er mit seinem Gewissen, wie er diese Vorgänge unter Kontrolle halten und gleichzeitig sicherstellen konnte, daß sie den Sport nicht kaputtmachten. Mit seinen eigenen Worten: Er mußte die Leichtathletik ausmisten.«

Paulen und seine neuen Ratgeber mußten sich beeilen. Eine Anzahl von Sportstars in Amerika wollten ganz offen Geld von Sponsoren entgegennehmen. Es wurde viel über die Einführung eines Profi-Zirkus nach dem Beispiel des Tennis geredet. Die Sportstars hatten Geld von Vertretern des Scheichtums Dubai angeboten bekommen, die das Image des Wüstenstaates aufbessern wollten. Nally traf mit der Gruppe zusammen und schlug eine Zusammenarbeit vor. Das Ergebnis war, daß die Gagen der Sportstars gewaltig in die Höhe schnellten.

»Zusammen mit Adriaan führten wir die Goldene Serie ein. Der erste Wettkampf war die Goldene Meile, die 1978 in Japan stattfand. Die Stars waren Steven Ovett, Henry Rono und der Amerikaner Steve Scott. Der riesige Pokal war vergoldet und kostete fast vierzigtausend Dollar. Heute verstaubt der Pokal im Safe einer Londoner Bank.

Nach der ersten Goldenen Meile schufen wir eine ganze Reihe ähnlicher Wettkämpfe – den Goldenen Speerwurf, den Goldenen Stabhochsprung, die Goldenen Wettläufe und den Goldenen 10 000-Meter-Lauf. All diese Wettkämpfe fanden während bereits bestehender Leichtathletik-Veranstaltungen statt, meistens in Europa. Sie erschlossen große zusätzliche Geldquellen.«

Nach dem Leichtathletik-Weltpokal von Düsseldorf und nach den Goldenen Serien gab es kein Zurück mehr. Der nächste Meilenstein war die Einführung einer eigenen Weltmeisterschaft der Leichtathletik. Bis dahin hatten die Olympischen Spiele zugleich als Leichtathletik-Weltmeisterschaft gegolten.

»Die Weltmeisterschaft war der Gipfelpunkt im Fußball. Adriaan gründete das Äquivalent für die Leichtathletik. Auf einem Flug von Japan nach Los Angeles begannen wir mit der Abfassung der Regeln für die Weltmeisterschaft. Auch Fred Holder und Adriaan befanden sich im Flugzeug. Adriaan schlief übrigens nicht in seinem Sitz. Er rollte sich, wie es seine Art war, auf dem Boden zusammen.

Wenn wir nicht schliefen, setzten wir uns zu ihm auf den Boden und schrieben zusammen die Regeln für die Wettkämpfe auf. Er fragte mich, wie wir die Regeln für diese Weltmeisterschaft so abfassen könnten, daß die Interessen aller gewahrt würden, wenn wir schon kommerzielle Interessen verfolgten.

Da saß nun dieser Siebzigjährige in einem Jumbo-Jet auf dem Boden und plante eine Veranstaltung, die dann 1983 in Helsinki als Leichtathletik-Weltmeisterschaft stattfand. Natürlich reklamierte Nebiolo diesen Erfolg für sich, denn damals war er bereits Präsident und Adriaan ein gebrochener Mann.

Adriaan leitete die zur Entwicklung der Leichtathletik notwendigen Schritte in die Wege. Wir beschafften neue Finanzmittel, die es ihm ermöglichten, das Hilfsprogramm einzuleiten, die Goldenen Serien ins Leben zu rufen, den Weltpokal zu organisieren und die Weltmeisterschaft einzuführen.«

Nebiolo sah ihm dabei von Rom aus zu und plante seine Strategie. Paulen war ganz offensichtlich ein alter Mann. Er würde nicht mehr lange an der Macht sein. Die IAAF mit ihrem wachsenden Reichtum und ihrem Einfluß war eine verlockende Beute. Wenn Primo der Primus der Leichtathletik werden wollte, mußte er Geschäfte machen. Und genau auf diesem Gebiet war er Meister.

Nebiolo fand im Hochschulsport zum ersten Mal Gefallen an der Ausübung von Macht. Ein Kollege von ihm, der in den fünfziger Jahren mit ihm zusammenarbeitete, erklärte uns: »Er strebte im Hochschulsport nach der Macht, weil das der einzige Bereich war, in dem er etwas erreichen konnte.« Aber es gab noch einen anderen Grund. Nebiolo hatte erkannt, welche Möglichkeiten ihm eine Welt bot, die durch den Eisernen Vorhang getrennt war, sich aber bei sportlichen Wettkämpfen gelegentlich wieder vereinte.

Eine der autorisierten Biographien Nebiolos schildert seinen Aufstieg im Hochschulsport. »Im Jahre 1961 wurde Dr. Nebiolo zum Präsidenten des Internationalen Hochschulsport-Verbandes gewählt. Während seiner Amtszeit leitete er dramatische Schritte ein, durch die der internationale Hochschulsport an Bedeutung gewann. Neben anderen Initiativen gründete er die Universiade, die zweitwichtigste Weltsportveranstaltung nach den Olympischen Spielen. Als Präsident pflegte Primo Nebiolo weltweite Kontakte zu Politikern und Repräsentanten der Hochschulen. Er machte aus der Organisation ein wichtiges Element in der Welt des Sports und wurde einer der weltweit bedeutendsten Förderer des Sports.«

Diese Biographie erschien in den achtziger Jahren. Sie enthielt ein Foto Nebiolos zusammen mit dem »Schlächter von Bukarest«, dem rumänischen Diktator Nicolae Ceauşescu. Das Bild zeigt die beiden Präsidenten in freundlichem Gespräch bei einer Hochschulsport-Veranstaltung in der rumänischen Hauptstadt.

Ohne die Unterstützung des Ostblocks wäre die Studentenolympiade möglicherweise schon vor Jahren wieder eingestellt worden. Die Kommunisten waren nur zu gern bereit, die alle zwei Jahre stattfindende Universiade zu finanzieren, bot sie doch eine Gelegenheit, die Errungenschaften des Kommunismus zur Schau zu stellen. Während die übrige Welt gelangweilt gähnte, nahm der Ostblock die Universiade sehr ernst. Hier lag Nebiolos große Chance: Er verschaffte den Ländern des Ostblocks die Spiele, nach denen sie verlangten, und im Austausch dafür gaben sie ihm ihre Stimmen, wenn er sich um höhere Ämter bewarb. Bei der Universiade 1961 im kommunistischen Sofia wurde er zum Führer des Hochschulsports gewählt.

Nebiolo behauptet, daß er durch den Hochschulsport einer der bedeutendsten Förderer des Sports in der Welt geworden sei. Tatsache ist jedoch, daß das Fernsehen wie auch die Sportsponsoren die Studentenolympiaden ignorieren, weil sie nicht viel gelten. Zwar stiegen im Lauf der Jahre durch die Universiaden auch einige Spitzensportler auf, aber die meisten der jungen Wettkämpfer erschienen danach nie mehr in der Weltsportszene. In den letzten Jahren versuchte Patrick Nally einigen Städten zu helfen, die Spiele zu finanzieren. »Es ist unmöglich, das Fernsehen oder die Sportsponsoren für diese Spiele zu begeistern, da keiner der Sportler berühmt ist.«

Unter Nebiolos Führung fanden die Studentenolympiaden 1967 in Tokio statt, aber zwei Jahre später mußte Lissabon aufgrund mangelnder Finanzmittel die Veranstaltung absagen. 1973 brachte Nebiolo die Universiade ins Moskauer Lenin-Stadion, 1975 mußte Belgrad absagen. In Moskau nahmen viertausend Sportler teil; Primo war wieder einmal der Primus. Leonid Breschnew hatte gute Gründe, die Wettkämpfe zu finanzieren: Moskau bewarb sich um die Ausrichtung der Olympischen Spiele 1980, und die Stadt benötigte eine Art Generalprobe, um zu beweisen, daß sie in der Lage war, ein solches Großereignis zu organisieren.

So mühten sich die Universiaden durch die achtziger Jahre. São Paulo sagte die Veranstaltung 1989 ab, doch 1991 konnte sie in der Nähe der nordenglischen Stadt Sheffield durchgeführt werden. Die Stadt hatte zwar mit einem Verlust von einer Million Pfund gerechnet, das tatsächliche Defizit lag dann aber bei fast zehn Millionen Pfund. Vor allem Nebiolo verlor hier sein Gesicht. Unter den bei den Spielen anwesenden Delegierten machte ein langer anonymer Brief die Runde, in dem sein Sturz gefordert wurde.

In der wichtigsten Passage des Briefes wurde Nebiolo beschuldigt, der »totalitäre Vorsitzende einer demokratischen Organisation« zu sein und in der Ära des Kalten Krieges Machtpolitik betrieben zu haben.

»Während seiner langen Zeit als Vorsitzender hat er sich persönliche Macht verschafft und sich Eigenschaften zugelegt, die nicht in die Welt des Hochschulsports gehören. Er hat ein größenwahnsinniges und extravagantes Verhalten entwickelt. Seine Ausgaben für Luxushotels, Restaurants, Reisen und Autos und seine anderen persönlichen Ausgaben sind unerhört. Wenn er an Veranstaltungen des Hochschulsports teilnimmt, verhält er sich autoritär und nicht so, wie es ihm als einem Repräsentanten der Studenten der Welt ansteht. Er gebraucht seine Macht, um die Entscheidungen des Studentensports zu manipulieren.

Wir sind der Meinung, daß er als Führer nicht den Anforderungen einer internationalen Sportorganisation entspricht. Wir brauchen keinen pompösen und arroganten Vorsitzenden, der den Studentensport in der Öffentlichkeit von einer häßlichen Seite repräsentiert, und wir brauchen auch keinen totalitären Vorsitzenden in einer Welt, die immer demokratischer wird und immer weniger durch die schmutzige Politik des Ost-West-Konflikts gekennzeichnet ist. Nach so vielen Jahren an der Spitze muß Dr. Nebiolo begreifen, daß es Zeit ist, zurückzutreten.«

Bleibt lediglich zu sagen, daß Nebiolo im Alter von achtundsechzig Jahren ohne Gegenkandidat als Führer des Hochschulsports wiedergewählt wurde.

Der anonyme Verfasser des Briefes hatte Nebiolos Strategie durchschaut. »Nebiolo wurde schon früh klar, daß der Bildungsminister in den Ländern des Ostblocks manchmal so wichtig war wie der Sportminister«, erklärte uns ein langjähriger Funktionär des Hochschulsports. »Der Bildungsminister war für die Studenten zuständig. Die Ausrichtung von Studentenolympiaden galt im Ostblock als gute Politik. Der Bildungsminister würde deshalb die Vertreter seines Landes beeinflussen, Primo an der internationalen Front zu unterstützen.« Der Rückhalt in Moskau war von größter Bedeutung. Nebiolo konnte sich seit den frühen siebziger Jahren darauf verlassen.

Die wichtige Rolle, die Nebiolo während der Jahre des Kalten Krieges für sich reklamierte, wurde 1981 bei der Universiade in Rumänien bestätigt. Als Nebiolo auf dem Flughafen von Bukarest ankam, wartete ein Regierungsfahrzeug auf ihn. Adriaan Paulen, der damals noch Präsident der IAAF war, mußte am Flughafen auf einen Bus warten, der ihn in die Stadt bringen würde.

Nebiolo, der nicht mehr junge Führer des Studentensports mit dem schütteren Haar, hatte in seinem italienischen Leichtathletikverband rasch Karriere gemacht. Trotz seiner bescheidenen Machtbasis im Turiner Hochschulsport wurde er in den Exekutivrat der FIDAL gewählt, des nationalen italienischen Leichtathletikverbandes. Doch Mitte der sechziger Jahre stieg er aus.

Im Jahre 1969 kehrte er mit noch größerer Zielstrebigkeit zurück und wurde Präsident der FIDAL. Er war von einer Gruppe junger Funktionäre nominiert worden, die eine Veränderung der Führung anstrebten. Diese jungen Wilden hatten keinen eigenen Präsidentschaftskandidaten benannt, bis plötzlich jemand an Primo dachte. Er war dynamisch und ehrgeizig. Nebiolo blieb zwanzig Jahre Präsident, bis er wegen verschiedener Skandale aus dem Amt vertrieben wurde.

Nebiolos erstes Jahrzehnt bei der FIDAL war ein Erfolg. Die italienischen Athleten wurden von ihm hervorragend vermarktet. Zu seinen Triumphen gehört auch, daß er zum ersten Mal ein westliches Leichtathleten-Team nach China führte und später das chinesische Team in Rom willkommen hieß. Dies brachte ihm die Achtung der westlichen Welt ein. Noch wichtiger war jedoch, daß er die Unterstützung jenes Teils des kommunistischen Blocks gewann, der nicht von Moskau kontrolliert wurde. Im Jahre 1976 wurde ihm das Großkreuz der Republik Italien verliehen.

Nebiolos erster Schritt zur Übernahme der Welt-Leichtathletik bestand darin, sich in den Exekutivrat der IAAF wählen zu lassen. Zuvor hatte er die Vertreter der Dritten Welt und des Ostblocks für sich gewonnen. Beim Weltkongreß der Leichtathleten, der 1972 im Münchener Olympiastadion stattfand, wurde er gewählt.

Als vier Jahre später während der Spiele in Montreal der nächste Kongreß der Leichtathleten stattfand, kandidierte Nebiolo als einer der Vizepräsidenten, konnte aber nur mit knapper Not seinen Sitz im Exekutivrat verteidigen. Viele Delegierte wollten eine Frau im Exekutivrat sehen. Da aber zwei Frauen nominiert worden waren, teilten sich die Stimmen für die Frauen, und Nebiolo rutschte knapp und mit der geringstmöglichen Stimmenzahl wieder in den Rat. Hätte nur eine Frau kandidiert, wäre Nebiolo wahrscheinlich abgewählt worden – und das hätte das Ende seiner ehrgeizigen Pläne bedeutet.

Adriaan Paulen wurde bei dem Kongreß in Montreal zum Präsidenten des Internationalen Leichtathletikverbandes gewählt. Zu diesem Zeitpunkt war er dreiundsiebzig Jahre alt. Er erklärte, er wolle nur für eine Wahlperiode amtieren und 1980, bei den Spielen in Moskau, abtreten. Aber je mehr er sich mit der Planung der ersten Leichtathletik-Weltmeisterschaft befaßte, die 1983 in Helsinki stattfinden sollte, desto größer wurde sein Verlangen, zu bleiben, bis diese Weltmeisterschaft stattgefunden hatte.

Inzwischen wurde Dassler immer nervöser. Er hatte zwar seit 1976 große Fortschritte gemacht, strebte aber nach der totalen Kontrolle. Das schien aber nicht möglich, solange sich ein Mann wie Paulen an der Spitze der Bewegung befand. Dassler hatte also guten Grund, sich um die Zukunft zu sorgen. Lord Exeter, der Vorgänger Paulens, hatte sich nach den Skandalen der Spiele von 1968 in Mexiko geweigert, mit Dassler ins Geschäft zu kommen. Im folgenden Jahr hatte der Leichtathletikverband die strenge Regelung beschlossen, daß »bei zukünftigen internationalen Wettkämpfen nur Schuhe ohne Markenkennzeichnungen zugelassen werden« sollten.

Unter Fred Holders Vorsitz fand später eine Besprechung in London statt, bei der Vertreter von adidas und Puma anwesend waren. Sie versprachen, keine weiteren Schuh-Bestechungsgelder mehr zu zahlen. Lord Exeter warnte die Sportler in seiner Abschiedsrede in Montreal, daß sie sich zu Schneiderpuppen erniedrigten, wenn sie die Markensymbole der Hersteller auf ihren Sportkleidungen trügen. Das war sein letzter Schuß auf Dassler. Aber Dassler setzte sich in den achtziger Jahren durch.

»Horst wollte sicherstellen, daß adidas der Exklusivlieferant der IAAF wurde, und er wollte die Kontrolle über die lukrativen Marketingrechte behalten. Wir hatten einen Vertrag, der bis 1983 galt, fürchteten aber, daß sich ein neuer und unbekannter Präsident womöglich für eine andere Marke entscheiden könnte«, erklärt Patrick Nally.

»Horsts Sorge war, daß er Adriaan nicht so unter Kontrolle hatte, wie er sich wünschte. Adriaan hörte auf ihn, hatte aber eine eigene Meinung. Beim Essen in Landersheim redeten Horst und sein politisches Team oft darüber, was zu tun sei. Es war selbstverständlich, daß sich Horst einschalten würde, wenn in der Leichtathletik ein größerer Wechsel stattfand.

Wir sprachen darüber, ob Adriaan der richtige Mann sei oder wer sonst noch in Frage käme. Horst wollte unbedingt einen Präsidentschaftskandidaten, der ihm nach der Wahl für immer verpflichtet war. Er sprach mit Nebiolos Anwalt, Mino Auletta, der Horst genau erklärte, was er für Nebiolo tun konnte. Das war ein entscheidender Faktor, warum der Kandidat Nebiolo heißen sollte. Überflüssig zu erwähnen, daß Primo nachdrücklich zusicherte, alles nach Horsts Vorgaben zu regeln.

Primo machte es Horst leicht. Er war ein richtiger Geschäftemacher. Es gab nur ein Problem: Wie konnten wir verhindern, daß er bei der Wahl zum Leichtathletik-Präsidenten gegen bessere Kandidaten antreten mußte?«

Ziel des geheimen Krieges war, Nebiolo der IAAF aufzudrängen. Der erste Schritt war die Wahl des Kriegsschauplatzes. Die Wahlen sollten 1980 in Moskau stattfinden; Dassler wußte, daß Paulen den ehrgeizigen Italiener mit Sicherheit besiegen würde. Generalsekretär Breschnew und Präsident Carter trugen zur Lösung bei: Die sowjetische Invasion in Afghanistan wurde von den USA mit dem Boykott der Olympischen Spiele in Moskau beantwortet. Sofort kamen Zweifel auf, ob eine so wichtige Wahl überhaupt abgehalten werden könne, wenn eine Reihe von Delegierten fehlten. Nebiolo erfaßte die Situation auf den ersten Blick. Gemeinsam mit Dassler, der seinen Einfluß in Afrika, Lateinamerika und im Ostblock geltend machte, erreichte er, daß die Wahl verschoben wurde.

»Der Boykott der Olympiade in Moskau war ein Geschenk des Himmels«, sagt Nally heute. »Horst erkannte sofort die Möglichkeiten. Im folgenden Jahr sollte der dritte Leichtathletik-Weltpokal in Rom ausgetragen werden. Dort bot sich die Gelegenheit, eine außerordentliche Vollversammlung abzuhalten und Nebiolos Heimvorteil zu nutzen. Der Gedanke war, Paulen noch ein Jahr lang im Amt zu belassen. Dies erschien auch deshalb richtig, weil Paulen vollauf damit beschäftigt war, die erste Leichtathletik-Weltmeisterschaft 1983 zu organisieren. Mittlerweile konnte Horst seinen Coup vorbereiten.«

So sieht es auch Fred Holder. »Nebiolo führte 1980 ein paar Manöver durch, um die Wahl zu verschieben. Eigentlich hätte man sie nicht zu verschieben brauchen. Zwar flogen die amerikanischen Sportler nicht nach Moskau, wohl aber die Funktionäre. Es war also ein unerwarteter Glücksfall für Nebiolo, daß die Wahl verschoben wurde und 1981 in Rom, in seinem Heimatland, stattfinden sollte.«

Nebiolo überließ nichts dem Zufall. Bei einer Wahlreise nach Ost-Berlin sprach er den Kommunisten aus der Seele, als er erklärte: »Wir sind gegen die Kommerzialisierung des Sports. Wenn wir im Sport einen Fortschritt erzielen wollen, ist es notwendig, den Amateursport in jeder denkbaren Weise zu entwickeln.« Sein Wahlkampfmanager in Landersheim ist bei diesen Worten wahrscheinlich in Lachen ausgebrochen.

In einem zweiten Schritt wollte man Nally zufolge sicherstellen, daß überhaupt keine Wahl stattfinden würde. »Dassler heckte den Plan aus. Er wollte nur zwei Kandidaten. Und sobald die Bewerbungsfrist für weitere Kandidaten vorbei war, sollte Paulen dazu überredet werden, das Handtuch zu werfen.«

»Adriaan war nur um des Sports willen in der Leichtathletik«, erklärt Nally. »Seine Tragödie war, daß er keine Gelegenheit bekam, einen Nachfolger zu bestimmen. Horst entwickelte seinen Plan im Verlauf vieler Monate. Zuerst mußte er sicherstellen, daß nur Nebiolo und Adriaan kandidierten, denn sonst wäre alles schiefgelaufen. Dann hätte buchstäblich jeder die Wahl gewinnen können, und das wäre das Ende von Horsts Plänen gewesen.

Die Sache lief wie ein militärischer Feldzug ab. Adriaans Ansehen wurde benutzt, um andere wichtige Bewerber abzublocken. Sobald wir publik gemacht hatten, daß Adriaan wieder kandidieren würde, lehnten alle anderen möglichen Bewerber aus Achtung ihm gegenüber eine Kandidatur ab. Über Nebiolos Chancen gegen Adriaan wurde nur gespottet.

Der nächste und entscheidende Schritt bestand darin, Adriaan dazu zu bringen, daß er nicht mehr antrat. Horst mußte ihn überzeugen, daß er verlieren würde, aber ich glaube nicht, daß er jemals verloren hätte. Horst erklärte Adriaan, er kenne die Afrikaner und Asiaten besser; sie würden Nebiolo wählen. Adriaan wurde von Horst bearbeitet, bis er glaubte, daß er nicht gewinnen konnte.

Im Lauf der Monate wurde Horst immer konkreter, bis Adriaan schließlich überzeugt war, daß er jeden Einfluß in der internationalen Leichtathletik verlieren würde, wenn er seine Bewerbung nicht zurückzog und sich mit Nebiolo arrangierte.

Horst sagte zu ihm: ›Adriaan, das tut weder dem Sport noch dir gut, wenn du auf diese Weise abtrittst. Laß es uns genau durchdenken. Wir alle müssen zusammenarbeiten, damit der Sport funktioniert.‹ Es war eigentlich traurig; Horst machte so überzeugend glaubhaft, daß alles nur im Interesse der Leichtathletik und in Adriaans Interesse sei.

Der Gnadenstoß wurde Adriaan im Frühjahr 1981 bei einer Tagung in einem Pariser Hotel versetzt. Bei dieser Besprechung brachte Horst Adriaan und Nebiolo zusammen, damit sie sich miteinander arrangieren konnten.

Nach dem allgemeinen Händeschütteln sagte Adriaan: ›Also gut, ich trete nicht mehr an. Aber nur unter bestimmten Bedingungen.‹ Durch seine Bedingungen wollte er sicherstellen, daß er mehr als nur ein Ehrenamt bekam. Die ganze Sache lief ab wie ein übler Handel und diente nur dazu, Adriaan klarzumachen, daß es besser sei, wenn er ging, denn sein Platz in den Annalen der Leichtathletik sei ihm sicher.«

Paulen bat Fred Holder noch um einen letzten Dienst. »Er bat mich, an einem Gespräch teilzunehmen, das er mit Nebiolo führen wollte. Zu diesem Zeitpunkt war Paulen bereits zum Verzicht entschlossen. Bei dem Gespräch wollte Nebiolo die Garantien bekräftigen, die er Paulen hinsichtlich dessen zukünftiger Rolle in der IAAF gegeben hatte. Paulen sorgte sich ein wenig, daß Nebiolo seine Zusagen nicht einhalten würde. Deshalb wollte er mich als Zeugen dabeihaben.«

Adriaan Paulen war von seinem Freund Dassler verraten und getäuscht worden. In einem Schreiben an die IAAF verzichtete er auf eine erneute Kandidatur. Der Brief war kurz. »Es haben Gespräche stattgefunden, bei denen verschiedene Meinungen vorgetragen wurden ... es hat sich herausgestellt, daß die Mehrheit unserer Mitgliedsverbände Dr. Primo Nebiolo unterstützt. Er wird ein ausgezeichneter Nachfolger sein ... Mit freundlichen Grüßen.«

»Mein Vater konnte sehr naiv sein; er glaubte immer an das Gute in den Menschen. Er war intelligent, aber in bestimmter Hinsicht nicht sehr clever«, sagt Paulens Tochter. Als wir ihr erzählten, wie ihr Vater in Wirklichkeit aus dem Präsidentenamt der IAAF gedrängt worden war, wollte sie uns zunächst nicht glauben.

»Dassler steckte dahinter? Er verschwor sich gegen meinen Vater? Ich wußte, daß jemand gegen meinen Vater intrigierte, damit Nebiolo gewählt wurde. Aber ich hätte nie geglaubt, daß Dassler dieser Jemand war, denn er war immer sehr freundlich zu meinem Vater. Mein Vater hat Dassler auch nach seinem Rücktritt noch besucht, er hat also keinen Verdacht geschöpft. Zu meiner Mutter sagte er, er kandidiere nicht mehr, weil sich zu viele gegen ihn gestellt hätten. Von Dassler sprach er nie. Er glaubte, daß jemand hinter seinem Rücken Stimmen für Nebiolo sammelte. Mein Vater wollte sich die Demütigung einer Niederlage ersparen. Deshalb ließ er sich nicht mehr aufstellen. Sein ganzes Leben hatte der Leichtathletik gehört.«

8 Die ISL regiert die Welt

Anfang der achtziger Jahre gründete ein Mann eine kleine Firma, um mit Hilfe des Sports Werbung zu verkaufen. Wenig später hatte er sich die Rechte an der Fußball-Weltmeisterschaft im Wert von vielen Millionen Dollar gesichert. Im Jahr darauf ergatterte er die ähnlich lukrativen Rechte an den Olympischen Spielen. Und wiederum ein Jahr später bekam er den Zuschlag für die Weltmeisterschaft der Leichtathleten.

Ein kleines Unternehmen ohne Geschichte, ohne Erfahrung und ohne vorzeigbare Leistungen hatte sich das Monopol über die größten und lukrativsten Vermarktungsverträge im internationalen Sport gesichert. Dies war einer der größten Firmencoups der Welt.

Die Verträge wurden ausnahmslos erneuert. Einige laufen sogar bis ins nächste Jahrhundert. Sie werden nicht in freier Ausschreibung vergeben. Die Konkurrenz weiß, daß eine Bewerbung reine Zeitverschwendung wäre. Die Sponsoren stehen Schlange und überweisen dieser Firma Hunderte von Millionen Dollar für das Recht, ihr »Markenimage« mit dem zu verknüpfen, was von der Schönheit und Reinheit des Sports noch übriggeblieben ist. Jedesmal, wenn der Sportfan das Fernsehgerät einschaltet, um eine Veranstaltung des IOC, der FIFA oder der IAAF zu sehen, klingelt es in der Kasse der Firma. Jedesmal, wenn er ein alkoholfreies Getränk oder einen Film für seine Kamera kauft, fallen Prozente für sie ab. Der Mann, der die Firma gründete und mit seinen Kontakten den Grundstein zu diesem triumphalen Erfolg legte, war natürlich kein anderer als Horst Dassler. Hatte er einst den »Club« gegründet, so wurde er jetzt sein Bankier.

Die Büros der ISL Marketing befinden sich in einem Bürokomplex oberhalb des Luzerner Bahnhofs. Zusätzlich unterhält die Firma

Zweigstellen in einem halben Dutzend Städte rund um den Globus. Sie beschäftigt nur knapp über hundert Mitarbeiter. Ihr Jahresumsatz wird auf zweihundert Millionen Dollar geschätzt. Fünfundzwanzig Prozent davon behält die ISL als Provision für ihre Dienste ein. Wir können die genauen Zahlen nicht veröffentlichen, da die ISL keine Aktiengesellschaft ist. Der Sport, den die ISL verkauft, ist sehr öffentlich, doch ihr Name ist nur wenigen außerhalb der diskreten Welt des Sportmarketings ein Begriff. Aus verständlichen Gründen reden die Macher nur ungern über die Millionen, die durch ihre Finger gehen. Sie sprechen eine andere Sprache als die große Mehrheit der Sportfans. Nach wie vor träumt jeder Athlet davon, eine olympische Goldmedaille, ein Leichtathletik-Finale oder eine Fußball-Weltmeisterschaft zu gewinnen. Und für den Fan ist es ein einmaliges Erlebnis, als Zuschauer die Wettkämpfe zu verfolgen. Doch für die ISL liegt der Wert solcher Veranstaltungen in den »globalen Möglichkeiten« von »Marketingsegmenten«, die sie den Herstellern bestimmter »Produktkategorien« in »Paketen« anbietet. Das eigentliche Ziel kann der »Konsument« sein oder der Geschäftspartner. Was das Unternehmen herstellt, spielt keine Rolle, wenn es nur finanzkräftig ist. Wer genug Geld hat, sehr viel Geld, kann ein Stück des Finales, der Weltmeisterschaften oder der Olympischen Spiele erwerben.

Finden solche Sportveranstaltungen in historischen und schönen Städten wie Rom oder Barcelona statt, so kann die ISL für die geschätzten Kunden der multinationalen Sponsoren ein »Höchstmaß an unternehmerischer Gastlichkeit« arrangieren. Oder anders ausgedrückt: Niemand muß ins Stadion gehen, wenn er keine Lust dazu hat.

Ein Jahr nach dem Ende der Spiele in Barcelona wird das weltweite Sponsorenbudget fünf Milliarden Dollar pro Jahr übersteigen. Als Gegenleistung werden die Sponsoren das Recht verlangen, das Topereignis des Weltsports so fernsehgerecht »zuzuschneiden«, daß es seine Hauptaufgabe, nämlich das »Sponsorenimage« zu vermitteln, noch effizienter wahrnehmen kann. Was die meisten von uns noch naiv als Olympische Spiele bezeichnen, heißt in der pseudowissenschaftlichen Welt der Marketingforschung heute »Kommunikationsinstrument«. Kein Wort davon steht in der Olympischen Charta.

Die fünf ineinander verschlungenen Ringe gehören heute zu den wertvollsten Dingen der Welt – finanziell gesehen. Noch vor einem Vierteljahrhundert war ihr Wert erheblich geringer. Sie waren unverkäuflich. IOC-Präsident Avery Brundage verschickte von Lausanne aus regelmäßig Rundschreiben, in denen er den Athleten der Verbände verbot, Trikotwerbung zu tragen. Ja, er schuf sogar eine »Kommission zum Schutz des olympischen Emblems«, um einer Benutzung der Ringe zu Werbezwecken vorzubeugen. Unter Samaranch wurde sie durch die Kommission »Neue Finanzierungsquellen« ersetzt. Sie hat die Aufgabe, das Emblem zu besten Marktpreisen zu verkaufen.

Die neue Generation geschäftstüchtiger IOC-Mitglieder fürchtete eine zu große Abhängigkeit von den Fernseheinnahmen. Es sei ein Gebot der Vorsicht, so ihr Argument, auch anderweitig Geld zu beschaffen. Die Folgen beschrieb ein Insider so: »Das Image des IOC ist durch die Wirtschaft systematisch ausgebeutet worden.«

»Horst sagte immer, die Grundidee der Sportvermarktung sei ihm Anfang der siebziger Jahre bei einem Wimbledon-Finale gekommen«, meint ISL-Vizepräsident Paul Smith. »Die Spieler Nastase und Smith, die beide bei adidas unter Vertrag standen, trugen weiße Tenniskleidung mit sehr diskreten Firmenzeichen. Millionen verfolgten das Match im Fernsehen, und Horst stellte sich die Spieler als wandelnde Werbeflächen für Firmenzeichen vor.« Aus Dasslers Sicht war das blütenreine Weiß eine Sünde wider die Natur. Er tat sich mit Patrick Nally zusammen. In den folgenden acht Jahren veränderten die beiden Männer die Finanzierung und das Erscheinungsbild im Fußball, in der Leichtathletik und bei den Olympischen Spielen. Die Verbände wurden umgekrempelt, und im Weltsport kam ein neuer Typus von Präsident ans Ruder.

Im Jahr 1982 endete die Partnerschaft zwischen Dassler und Nally. »Ich war in einen Zwiespalt geraten«, sagt Nally. »Ich wußte nicht: Sollte ich nun Horst und adidas helfen oder die Interessen von Coca-Cola, Canon und meinen anderen Kunden vertreten. Das Geld kam den Verbänden zugute, aber den politischen Ruhm erntete Horst, und den nutzte er für seine eigenen Firmen.«

Nach der Trennung gründete Dassler eilends die ISL. Die Vermarktungsrechte am internationalen Fußball nahm er mit; die ISL hat sie bis heute behalten. Die FIFA räumte Dassler später Optionen ein, den Vertrag bis ins nächste Jahrtausend zu verlängern.

Wieder spielte das Erfrischungsgetränk in den bauchigen Flaschen und leuchtendroten Dosen eine entscheidende Rolle. Die Firma Cola-Cola, mit deren Geld und Image bereits Havelange an der Macht gehalten worden war, sollte nun Dassler dabei helfen, die Vermarktung im Weltsport zu übernehmen und die ISL zum unbestrittenen Branchenführer zu machen. Dassler wollte von seinen Protegés der vergangenen zehn Jahre Gegenleistungen für seine Dienste einfordern, und Coca-Cola sollte die Rechnung bezahlen.

Das Unternehmen mit Sitz in Atlanta war für Dasslers neue Firma ein unverzichtbarer Partner. Nally sah der Entwicklung fast ehrfürchtig zu. »Nach unserer Trennung mußte Horst unbedingt Coca-Cola bekommen, denn er brauchte die Glaubwürdigkeit und das Image dieses Unternehmens. Also investierte er viel Zeit, um Coca-Cola für sich zu gewinnen. Er wollte sich die Macht und das Geld des Unternehmens zunutze machen.«

Paul Smith von der ISL gab zu, daß der Name Coca-Cola einen »Haloeffekt« habe. Und dieser Effekt wurde für das neue Vermarktungsprogramm im Fußball genutzt. Der alte Name »Inter-Soccer« wurde beibehalten, und zum Verkauf standen unter anderem die Europameisterschaft 1984 in Frankreich, die Europapokal-Endspiele und, als Höhepunkt, die Weltmeisterschaft in Mexiko 1986.

Das Angebot, das potentiellen Sponsoren unterbreitet wurde, beinhaltete ein »komplettes Kommunikationspaket auf der Grundlage von Produktkategorien-Exklusivität, gültig für einen Zeitraum von vier Jahren. Das Programm für jedes der fünfundsiebzig Spiele umfaßte Stadionwerbung, den Titel eines offiziellen Lieferanten, die Benutzung von Maskottchen und Emblemen sowie Franchising-Möglichkeiten.« Wer bereit war, zwanzig Millionen Schweizer Franken zu zahlen, konnte 1986 Anteile am »größten Fernsehereignis der Welt mit weit höherer Publicity als andere Sportarten« erwerben.

Aber war der Preis gerechtfertigt? Nally verneint das. »Als wir Inter-Soccer gründeten, planten wir beim Budget das Geld ein, das Spanien für die Aufstockung von sechzehn auf vierundzwanzig Mannschaften brauchte. Havelange mußte seine Wahlversprechen halten, und Samaranch stand kurz vor den IOC-Wahlen in Moskau und brauchte Havelanges Unterstützung. Deshalb waren die allgemeinen Unkosten 1982 höher als 1986. Trotzdem senkte Horst nach der WM in Spanien die Preise nicht, er setzte sie eher noch herauf. Als die Firma Coca-Cola wieder in das Inter-Soccer-Programm einstieg und die Summe bezahlte, die Horst verlangte, legitimierte sie das ganze überteuerte Programm.«

Der nächste dicke Fisch, den die ISL an Land zog, waren die Olympischen Spiele, jener Besitz, wie Dassler einmal witzelte, »aus dem am wenigsten Kapital geschlagen wird«. Jedes NOK hat das Recht, im eigenen Land Lizenzen für die Benutzung der fünf Ringe zu vergeben. Dasslers Plan war, die Ringe nicht national, sondern weltweit zu verkaufen.

Nach geheimen Gesprächen mit dem IOC gab Samaranch im März 1983 bekannt, daß die ISL mit der Durchführung seines neuen Finanzierungsprogramms beauftragt worden sei. Die Konkurrenz hatte nie den Hauch einer Chance.

Die *New York Times* berichtete über diesen Coup. Der Artikel spiegelte das ganze Meinungsspektrum wider. Mark McCormacks International Management Group erklärte, daß sie zwar Interesse bekundet habe, jedoch nie eingeladen worden sei, ein Angebot zu machen. Patrick Nally wurde mit folgenden Worten zitiert: »Daß die ISL praktisch aus dem Stand einen der größten Sportkontrakte der Welt bekommt, zeigt deutlich, daß Dassler jeden gewünschten Vertrag kriegen kann.« Das kanadische IOC-Mitglied Dick Pound sagte: »Die ISL wurde nach sorgfältigster Prüfung ausgewählt.« Samaranch kommentierte: »Dassler steht dem IOC nahe, gewiß, aber ich sehe darin kein Problem.« Und Dassler selbst sagte: »Was ich tue, ist nur zum Besten der olympischen Bewegung. Für mich besteht da keinerlei Interessenkonflikt.« Bestimmt hatte er dabei ein breites Grinsen auf dem Gesicht.

»Es ist doch merkwürdig«, gibt Nally zu bedenken, »daß die großen Marketingfirmen, die schon seit vielen Jahren im Geschäft sind, mit keinem Wort, mit keiner Silbe dazu aufgefordert wurden, ein Angebot zu unterbreiten oder ein alternatives Paket zu schnüren.«

Weitere zwei Jahre sollten verstreichen, bis der Vertrag zwischen der ISL und dem IOC endgültig unterschrieben wurde.

Dassler hatte den Durchbruch geschafft. Er hatte nun das Recht, für die Spiele in Seoul ein globales Vermarktungsprogramm auf die Beine zu stellen. Ein Problem bestand freilich noch. Wenn das Programm funktionieren sollte, mußte er die über hundertfünfzig NOK dazu überreden, einen Großteil ihrer Rechte an den fünf Ringen abzutreten. Selbst Samaranch war skeptisch und sagte im vertraulichen Gespräch zu Dassler: »Beweisen Sie mir, daß Sie in der Lage sind, alle herumzukriegen.«

Wenn jemand dazu in der Lage war, dann Dassler. Keiner war in der Sportwelt besser informiert, keiner hatte bessere Verbindungen, und keiner hatte sich durch Gefälligkeiten so viele Leute verpflichtet. Jetzt wollte er diesen Leuten Gelegenheit geben, sich zu revanchieren. Fünf Monate, nachdem Samaranch grünes Licht gegeben hatte, konferierte eine Gruppe von ISL-Managern bei den Panamerikanischen Spielen in Caracas mit dem Mexikaner Mario Vazquez Raña. Als Chef der weltweiten Organisation der Nationalen Olympischen Komitees ANOC war Raña ein wichtiger Mann. Gemeinsam überredete man die lateinamerikanischen NOK, mit Dasslers Vermarktungsfirma einen Vertrag zu unterschreiben. Das war ein vielversprechender Anfang. Aber das neue Vermarktungskonzept für die Spiele hatte kaum ein Chance ohne die Zustimmung der wichtigen Industrienationen USA, Deutschland, Großbritannien, Frankreich, Japan und Australien. Dassler versprach einem Land nach dem anderen Geld, bis er so viel Unterstützung zusammen hatte, daß er zu Samaranch zurückkehren konnte. Im März 1985 unterzeichnete man schließlich den Vertrag und stellte das olympische Programm TOP vor.

TOP brachte für Olympia 1988 rund hundert Millionen Dollar in die Kassen, doch es ist fraglich, ob die ISL dabei Gewinn machte. Den nationalen Komitees die Rechte abzukaufen und ihnen dafür Summen zu garantieren, die die meisten niemals selbst beschaffen konnten, war eine kostspielige Angelegenheit.

Dasslers Rettung kam in Gestalt der größten Werbeagentur der Welt. »Dentsu ist gigantisch«, sagte Nally, »ein Riesenunternehmen, das praktisch alle Zweige des japanischen Wirtschaftslebens, die Presse, das Verlagswesen, das Fernsehen und die Werbebranche durchdrungen hat. Als ich noch mit Horst zusammenarbeitete, verkaufte ich das Fußball-Paket an JVC, den japanischen Hersteller von Elektrogeräten, und an Fuji-Film. In Japan ist es üblich, daß man eine Agentur beauftragt. Für unser Geschäft mit JVC und Fuji wählte ich als Partner Hukuhodo, die zweitgrößte Agentur in Japan und Dentsus Hauptkonkurrentin. Allerdings ahnte ich nicht, daß ich damit einen schlafenden Riesen weckte, diesen Rip van Winkle namens Dentsu. JVC und Fuji waren Spitzenunternehmen, die nie zuvor mit Hukuhodo zusammengearbeitet hatten. Bei Dentsu rollten Köpfe, denn das war so ziemlich das Schlimmste, was ihnen passieren konnte.

Als Horst und ich uns trennten, entdeckte ich, daß bei adidas France in Landersheim eine Menge Telexe von Dentsu an Horst eingegangen waren. Die Leute von Dentsu versuchten, sich in die ISL einzukaufen. Sie boten Wahnsinnssummen, denn sie wollten JVC und Fuji-Film unbedingt den Klauen des Konkurrenten Hukuhodo entreißen und zu Dentsu zurückholen.

Mit einemmal hatte Horst die Lösung für seine finanziellen Probleme. Ein riesiges japanisches Unternehmen wollte unbedingt mit ihm ins Geschäft kommen und war bereit, dafür beinahe jeden Preis zu zahlen. Sie boten Horst enorme Summen und kauften die halbe ISL. Die Ereignisse in Japan waren ein Glücksfall für Horst. Ich hatte ihm den idealen Partner zugeführt. Selbstverständlich nutzte er die Situation aus. Er sagte zu Dentsu: ›Natürlich weiß ich, wie wir die Suppe auslöffeln können, die Nally Ihnen eingebrockt hat. Sie müssen sofort handeln. Hier ist die Nummer meines Bankkontos in der Schweiz. Bitte überweisen Sie mir soundsoviel Millionen.‹ Und genau das passierte dann auch.«

Dank der Finanzspritze von Dentsu triumphierten Dasslers Tatkraft und Einfallsreichtum. »Bei der ISL gab es niemanden, der die Nationalen Olympischen Komitees dazu bewegen konnte, ihre Rechte zugunsten eines globalen Marketingprogramms an das IOC abzutreten«, sagte Nally. »Das kann nur Dassler selbst getan haben. Samaranch kann es nicht gewesen sein, denn er verfügte nicht über die nötigen Mittel. Einmal mehr stand er tief in Horsts Schuld.«

Neun multinationale Unternehmen – Coca-Cola, Visa, Brother, Federal Express, 3M, Time-Life, National Panasonic, Kodak und Philips – schlossen sich dem ersten TOP-Programm an und steuerten über hundert Millionen Dollar bei, abzüglich ISL-Provisionen. Aber das war nur der Grundstein. Alles, was sie für dieses Geld bekamen, war das Recht, überall in der Welt die fünf Ringe zu benutzen.

Die Olympischen Spiele nehmen unter den Großereignissen im Weltsport eine Ausnahmestellung ein. In den Stadien ist beispielsweise keinerlei Werbung erlaubt. Darauf legt das IOC großen Wert. Als Begründung führt es an, es wolle die Reinheit der olympischen Idee erhalten.

»Das ist irreführend«, sagte Nally. »In Wahrheit gibt es im Olympiastadion deshalb keine Bandenwerbung, weil die amerikanischen TV-Gesellschaften viel Geld für die Fernsehrechte bezahlen. Sie wollen saubere Bilder, damit sie selbst Werbespots verkaufen können. Nehmen Sie die NBC. Sie hat für die Rechte in Barcelona rund vierhundert Millionen Dollar bezahlt. Das heißt, sie muß für rund sechshundert Millionen Dollar TV-Spots verkaufen, um aus den roten Zahlen zu kommen oder einen bescheidenen Gewinn einzufahren. Das wäre nicht zu schaffen, wenn es im Stadion Bandenwerbung gäbe.«

Kaum hatten sich die neun TOP-Sponsoren mit Millionenbeträgen in den elitären olympischen Zirkel eingekauft, waren weitere Investitionen fällig. Sie mußten die Ringe und die Embleme von Seoul und Calgary, dem Austragungsort der Winterspiele 1988, auf den Verpackungen unterbringen und die Werbung umstellen. Visa druckte die Ringe auf seine Kreditkarten und startete eine aggressive Kampagne: Die Olympiastädte, so die Werbebotschaft, seien weltweit die einzigen Orte, »wo niemand American Express nimmt«.

In Los Angeles war der Vertreiber der grünen Konkurrenzkarte noch als Olympia-Sponsor aufgetreten, doch diesmal hatte er abgelehnt, als man die vierfache Summe von ihm verlangte. Dazu American Express: »Wir weigerten uns, der ISL 15,5 Millionen Dollar für Seoul zu zahlen. Der Preis lag deutlich über dem zu erwartenden kommerziellen Nutzen.«

Dem Management von Campbell's Soup, bei den Winterspielen 1984 in Sarajewo mit 500 000 Dollar als Sponsor dabei, verschlug es fast die Sprache, als es von ISL eingeladen wurde, dem TOP-Programm beizutreten und die Spiele in Calgary 1988 zu sponsern. Dazu Direktor George Mahrlig: »Ich werde nie den Preis vergessen, den sie nannten. Ohne mit der Wimper zu zucken verlangte der ISL-Vertreter das Vierzehnfache von mir – 7,2 Millionen Dollar.« Campbell lehnte ab.

Die Zeitschriften *Time* und *Sports Illustrated,* beide aus dem gleichen Haus, erwarben das Recht, spezielle olympische Erinnerungsbücher herauszubringen. Das ist befremdlich. Hat sich hier etwa eine große Verlagsgruppe so eng an die olympische Bewegung gebunden, daß sie ihre Fähigkeit zu kritischem Journalismus aufs Spiel gesetzt hat?

Der Schreibmaschinen-Hersteller Brother nutzte die Ringe mehr zur Pflege seiner Geschäftsbeziehungen. Er ließ wichtige Händler und Kunden in Seoul einfliegen und bezahlte dafür, daß seine Gäste den Goldmedaillengewinnern des Tages die Hände schütteln durften. Was die Olympiasieger davon hielten, daß sie den Gästen von Big Brother vorgeführt wurden, ist nicht bekannt. Im Jahre 1988 wurden für rund 17000 Gäste von Unternehmen Sonderprivilegien gekauft.

Nach der Leichtathletik-Weltmeisterschaft in Helsinki war der Vermarktungsvertrag der IAAF für jeden zu haben. Die Verhandlungen sollten während der Spiele in Los Angeles stattfinden. Die Frage für Dassler war: Wie hoch war der Preis für die Ablösung Adriaan Paulens und die Inthronisation Nebiolos?

Die ISL mußte sich um den IAAF-Vertrag bewerben. Das war eine ganz neue Erfahrung, die sie mit FIFA und IOC nicht gemacht hatte. Es gab zwei Mitbewerber. Einer war Patrick Nally, der nach seiner Trennung von Dassler den Vertrag behalten hatte. Nally wollte die Partnerschaft mit dem Leichtathletikverband fortsetzen, die sich bei der Geldbeschaffung für die ersten Weltmeisterschaften in Helsinki als so erfolgreich erwiesen hatte. Und Dassler wollte den Vertrag für sich.

Die beiden Rivalen mußten ihr Angebot dem kurz zuvor ins Leben gerufenen Marketing-Komitee der IAAF unterbreiten. Ein Mitglied des Komitees erinnert sich: »Nallys Präsentation war sehr professionell. Nach ihm war die ISL dran. Sie garantierte uns für die folgenden vier Jahre bis zu zwanzig Millionen Dollar. Auf dieser Grundlage kamen wir überein, ihr den Vertrag zu geben. Aber aus irgendeinem Grund dauerte es weitere zwei Jahre, bis der Vertrag endlich unterzeichnet wurde.«

Nally meint heute dazu: »Die ISL bekam den IAAF-Vertrag.

Plötzlich war sie angeblich besser als wir, obwohl wir seit vielen Jahren der Vertragspartner gewesen waren und alle Konzepte entwickelt hatten. Es war eine Farce.« Nun hatte die ISL die großen Drei.

Die ISL tat sich mit Nebiolo erheblich schwerer als mit Samaranch. Der Präsident brachte die IAAF mehr als einmal um mögliche Einnahmen. So bestand er im Vorfeld der Leichtathletik-Weltmeisterschaft 1987 in Rom darauf, daß jemand aus seinem Gefolge das Emblem für das Topereignis entwarf. »Es war ein schreckliches Logo«, erzählte uns ein Insider aus der IAAF. »Es war häßlich und hatte überhaupt keine Aussage. Keinem gefiel es, aber er blieb stur. Er wollte das IAAF-Logo unbedingt der Öffentlichkeit vorstellen, bevor die FIFA mit ihrem Logo für die Fußball-Weltmeisterschaft 1990 daherkam. Das Emblem war ein Flop. Die Einnahmen waren gleich Null.«

Aber Dasslers Partnerschaft mit den Leichtathleten trug Früchte. Im Jahr 1986 schloß Nebiolo mit adidas einen Vertrag über die Lieferung von Sportkleidung an die IAAF. Die Verbandszeitschrift brachte einen ganzseitigen Artikel über die wissenschaftlichen Grundlagen der adidas-Schuhproduktion, der nichts anderes war als Werbung für das Unternehmen.

Der Vertrag der ISL mit den Leichtathleten wurde 1989 und ein zweites Mal 1991 erneuert. Paul Smith gab zu, daß die ISL zu Dasslers Lebzeiten tief in die Sportpolitik verstrickt war. »Seit Horst tot ist«, sagte er, »ist die ISL ein ganz normales Marketing-Unternehmen.«

Die ISL hat sich noch einen lukrativen Vertrag geschnappt. Im Jahr 1989 wurde sie mit dem Internationalen Basketballverband handelseinig. Zwar sind dem Geschäft Grenzen gesetzt, weil Amerika, die Hochburg dieser Sportart, in festen Händen ist. Doch die regionalen Vermarktungschancen werden sich 1994 vermutlich schlagartig verbessern, wenn Spitzenprofis aus den USA vor den Fernsehkameras um den Weltmeistertitel spielen werden.

Für die Herren in den Busineß-Anzügen ist Basketball eine »werbekunden-freundliche« Sportart im Fernsehen. Das Spielfeld ist klein, und das Geschehen spielt sich auf engstem Raum ab. Die ISL garantiert ihren Kunden, daß bei nur zwei Reklametafeln der Firmenname fast ein Drittel der Übertragungszeit im Bild erscheint. Doch sie hat noch weitere Vorteile anzubieten. Kunden können das Recht erwerben, daß ihre Namen in der Ankündigung einzelner Spiele erscheinen. Branchenintern ist das als »Aufwertung der Botschaft« bekannt, und die TV-Kommentatoren müssen einen längeren Namen aussprechen.

Im Frühjahr 1988 reiste Coca-Cola-Chef Roberto C. Goizueta nach Lausanne, wo ihm Samaranch den Olympischen Orden umhängte. Der IOC-Präsident begründete die Ehrung mit dem »tiefen Gefühl« der Firma »für eine positive Lebensauffassung«. Coca-Cola war das erste Unternehmen, das in das TOP-Programm für Barcelona einstieg. Samaranch flog höchstpersönlich nach Atlanta, um den Vertrag zu unterzeichnen. Es ist bezeichnend für den Grad an Offenheit und Aufrichtigkeit, der heute in der olympischen Bewegung herrscht, daß keine Seite Auskunft geben wollte, wieviel das Unternehmen bezahlt hat. Insider schätzen die Summe auf rund dreißig Millionen Dollar. Coca-Cola muß tiefer in die Tasche greifen als andere Sponsoren, denn kaum ein Markt ist auf der Welt so hart umkämpft wie der für alkoholfreie Getränke.

Wer die anderen Sponsoren sein werden, die die »TOP 12« in Barcelona voll machen, ist abzusehen. Kodak hat bereits ein Vermögen gezahlt, wenn auch nur, um den Konkurrenten Fuji auszustechen. Ebenso fest entschlossen, sich einzukaufen, sind die japanischen Großunternehmen Brother, National Panasonic und Ricoh. Auch Philips aus Holland ist mit von der Partie, kann allerdings nicht in Produktkategorien konkurrieren, die an Panasonic verkauft wurden. Die übrigen Sponsoren von Barcelona sind das Magazin *Time,* der Süßwarengigant Mars, Bausch & Lomb, Hersteller der Rayban-Sonnenbrillen, Visa, der Paketzusteller EMS und schließlich 3M. Bob Helmicks Nationales Olympisches Komitee in den USA kürte den Präsidenten von 3M 1989 zum »Manager des Jahres«.

Wurde Olympia durch die Wirtschaft »vergewaltigt«? Paul Smith sagt nein. »Die Öffentlichkeit ist nicht der Ansicht, daß die Olympischen Spiele zu kommerziell geworden sind. Die kommerzielle Seite ist gut unter Kontrolle. Die TOP-Unternehmen haben ein ureigenes Interesse daran, daß die Spiele auf lange Sicht keinen Schaden nehmen.« Der Schaden ist bereits eingetreten. So hat das IOC beschlossen, den traditionellen Vierjahres-Zyklus der Spiele zu ändern und von 1994 an Winter- und Sommerspiele im Abstand von zwei Jahren auszurichten. Auf diese Lösung gedrängt hatten vor allem die amerikanischen Fernsehgesellschaften, für die es eine große Belastung war, in einem olympischen Jahr nahezu eine Milliarde Dollar für beide Spiele aufzubringen. Skeptiker vermuten überdies, daß die finanzkräftigen Sponsoren ihr Image beim Konsumenten lieber alle zwei Jahre aufpolieren als alle vier Jahre.

Glaubt man dem PR-Material der ISL, so verknüpft die Firma lediglich die ethischen Inhalte des Sports mit den angemessenen und nutzbringenden Erfordernissen des Geschäfts. Seit die Mehrheit der von den Dasslers gehaltenen adidas-Anteile Mitte 1990 an den französischen Unternehmer Bernard Tapie verkauft wurde, tobt innerhalb der Firma ein Krieg.

Die deutschen Medien attackierten Dasslers vier Schwestern Inge, Karin, Brigitte und Sigrid, weil sie ihre achtzig Prozent der adidas-Aktien für einen Spottpreis abgaben. Seine Tochter Susanne und sein Sohn Adi behielten einen Teil ihrer Aktien. Der Familie gehören auch einundfünfzig Prozent der ISL, den Rest hält Dentsu. Obwohl sie sich anscheinend in dem Ziel einig sind, der Marketing-Firma einen ähnlichen Einbruch zu ersparen, wie ihn die Firma adidas erlebte, die nach Dasslers Tod ihre Position als Marktführer bei der Sportbekleidung einbüßte, verkehren die beiden Generationen nur noch über ihre Anwälte miteinander. Jetzt, wo sie adidas nicht mehr haben, ist die ISL ihre einzige Milchkuh.

Kurz vor Weihnachten 1990, sechs Monate nach dem Verkauf ihrer adidas-Aktien, fielen die vier Schwestern über die ISL her. Sigrids Ehemann Christoph Malms wurde Aufsichtsratsvorsitzender der Sporis Holding AG und übernahm unmittelbar danach die Leitung der ISL. Schon nach kurzer Zeit wurde klar, daß eine Zusammenarbeit mit Klaus Hempel und Jürgen Lens, jenen beiden Männern, die Horst Dassler mit der Leitung der Geschäfte betraut hatte, nicht möglich war. Unternehmensleiter Hempel war es gewohnt, die Firma ohne Einmischung zu führen, und informierte den von der Familie beherrschten Aufsichtsrat erst im nachhinein von seinen Entscheidungen. Malms aber wollte ein praktisch tätiger Chef sein.

Im Januar 1991 verließen Hempel und Lens plötzlich die Firma. Das ISL-Büro in Luzern kündigte in einer Pressemitteilung »wichtige Veränderungen in der Führungsstruktur des Unternehmens« an. Natürlich gingen Hempel und Lens in »beiderseitigem Einvernehmen, um sich anderen geschäftlichen Aufgaben und persönlichen Interessen zu widmen«. Die ISL war in guten Händen, denn der Stamm des Managements blieb.

Am folgenden Tag ging an die wichtigsten Kontaktpersonen in den Sportverbänden ein von Hempel und Lens unterzeichnetes, diskreteres Schreiben ab, in dem die beiden klarstellten, daß sie nach wie vor voll im Geschäft seien. Sie unterrichteten die alten Kunden von ihrer Absicht, auch künftig von ihrer Erfahrung bei der Vermarktung von Sportereignissen zu profitieren. Der Brief schloß mit einer diplomatischen Bemerkung: »Einstweilen würden wir es begrüßen, wenn Sie die ISL weiter unterstützten.« Für Kenner der Szene, die wissen, wie es bei einem Unternehmenskrach zugeht, roch das nach einer stattlichen Abfindung.

Es bleibt abzuwarten, ob Malms oder Dasslers Sohn Adi über ähnliche politische Fähigkeiten verfügen wie der große Mann. Eines jedenfalls geht ihnen ab: die profunde Kenntnis des Weltsports und seiner Repräsentanten. Dassler war ein brillanter Geschäftsmann, der sich auf seine Intuition verließ und sein Wissen für adidas und ISL nutzte. Hempel und Lens arbeiteten jahrelang an seiner Seite, und wenn ihnen auch sein Weitblick fehlte, so waren sie doch intime Kenner der Sportpolitik. Dassler holte eine Menge heraus, mußte zuvor aber eine Menge hineinstecken. Bleibt also die Frage, ob die Nachfolger in der Lage sein werden, den Ruf, den er aufgebaut hat, zu erhalten.

Patrick Nally beurteilt die Zukunft der ISL skeptisch. »Die Verbindungen zur FIFA, zum IOC, zur IAAF und zum Basketballverband kamen nur durch Horst zustande. Er hat eine solide Infrastruktur aufgebaut. Er verkehrte von Anfang an mit den Leuten, die heute im Weltsport das Sagen haben. Die meisten verdanken ihm ihr Amt. Wenn sie eines Tages ihre Führungspositionen verlieren, wird auch Horsts Erbe verfallen. Damals, als wir anfingen, hatten die Verbände kein Personal, keine Fachleute. Inzwischen haben sie eigene Vermarktungsexperten, von denen viele ihr Geschäft verstehen. Sie werden keine Vertreter mehr brauchen. Die Verbände waren auf die ISL angewiesen. Ohne Horsts politische Fähigkeiten, das Geld, die Glaubwürdigkeit und vieles andere mehr wären sie nie dahin gelangt, wo sie heute stehen. Aber inzwischen wissen sie natürlich, wie sie es selbst machen können.«

Es überrascht nicht, daß Paul Smith von der ISL widerspricht: »Wir sind Fachleute. Wir kennen die Feinheiten und Tücken der Sportvermarktung. So wie große Unternehmen Werbeagenturen beauftragen, statt Leute aus dem eigenen Haus zu nehmen, so werden die Verbände auch künftig unsere Fähigkeiten nutzen wollen, da sind wir ganz zuversichtlich.«

In diesem Sommer werden sich die Gäste der Unternehmen auf Luxusdampfern verlustieren, die vor Barcelona ankern. Konsumenten in aller Welt werden angehalten, Coke statt Pepsi zu trinken, ihre Schnappschüsse mit Kodak statt mit Fuji zu machen, die Wettkämpfe auf einem Fernsehgerät von Panasonic statt von Sony zu verfolgen und ihre Rechnungen mit Visa statt mit American Express zu bezahlen – um nur einige der TOP-Sponsoren zu nennen. Glaubt man den Marktforschern der ISL, so wird sich der Einsatz für sie lohnen: »Jedes Unternehmen, das Olympia sponsert, nimmt olympische Qualitäten an.«

»Das Publikum ist nicht mehr so naiv wie früher«, meint dagegen Nally. »Es weiß: Wenn sich jemand dafür einsetzt, daß sein Unternehmen mit Olympia in Verbindung gebracht wird, dann nicht deshalb, weil er Olympia besonders nahesteht oder weil er aufgrund seiner Qualitäten oder seines Images ausgewählt wurde, sondern einfach deshalb, weil er mehr bezahlt hat als alle anderen.«

9 Menschliches Strandgut

Als Samaranch 1966 IOC-Mitglied wurde, dürfte er sich unter den vielen Kollegen aus autoritären und undemokratischen Staaten wohl gefühlt haben. Zeit seines Lebens hatte er einem Polizeistaat gedient und rückhaltlos ein ideologisches System unterstützt, das im Interesse der Mehrheit zu handeln vorgab.

Nach dem Zusammenbruch der Franco-Diktatur und dem Aufblühen der Demokratie in Spanien muß ihm der Umzug nach Moskau wie ein willkommener Schritt in die Vergangenheit erschienen sein. Mit den Russen war ebenso leicht auszukommen wie mit den Kastiliern aus Madrid: Sie genossen die absolute Macht und belohnten jene, die ihnen halfen.

Doch Samaranchs Unerfahrenheit in praktischer Demokratie entpuppte sich als Handikap. Er überschätzte die Stärke und Langlebigkeit seiner neuen kommunistischen Verbündeten. Seit seiner Wahl zum IOC-Präsidenten hat er viele Ostblock-Mitglieder nach Lausanne geholt und gefördert, die heute nichts weiter sind als Überbleibsel einer verflossenen politischen Ära.

Ausgemusterte politische Repräsentanten der alten Ostblock-Regime blockieren heute die Spitze des IOC. Ihrer Privilegien in der Heimat beraubt, repräsentieren sie in der neuen rauhen Wirklichkeit allenfalls noch ihren eigenen Überlebenswillen. Sollte sich Samaranch nicht dazu durchringen können, ihren Rücktritt zu fordern, wäre das eine Brüskierung der neuen, demokratisch gewählten NOK in den osteuropäischen Republiken, die mit »ihren« IOC-Mitgliedern nichts mehr zu tun haben wollen.

Der Kontrast zu den Veränderungen in der übrigen Welt könnte kaum krasser sein. Wenn korrupte Regime stürzen, kehren ihre Botschafter und Vertreter bei den Vereinten Nationen in Schimpf und Schande nach Hause zurück. Nicht so beim IOC. Die diskreditierten Mitglieder aus dem Osten werden bis zu ihrem Tod im Amt bleiben. Die IOC-Führung hat sie zu dem gemacht, was sie sind. Ohne Ansehen oder Einkommen im eigenen Land, werden sie lebenslang ihren Platz an den Fleischtöpfen behaupten, Bewerberstädte inspizieren, IOC-Sitzungen beiwohnen und zu den Spielen und anderen sportlichen Großereignissen reisen.

Die Ostblockländer hatten seit jeher ein gestörtes Verhältnis zur olympischen Bewegung. Nach den Stockholmer Spielen 1912 boykottierten die Russen Olympia vierzig Jahre lang. Erst 1952 in Helsinki kehrten sie zurück und gewannen ihre ersten Goldmedaillen. Sie holten gleich zweiundzwanzig und eroberten im Medaillenspiegel die zweite Stelle hinter den Amerikanern. Von da an genoß der Sport politische Priorität. Mit dem Ziel, den Westen zu überflügeln, pumpten Russen, Ostdeutsche, Tschechoslowaken, Rumänen und Bulgaren ihre spärlichen Mittel in die Förderung des Spitzensports. Mit Erfolg: Bereits 1956 rangierte die Sowjetunion ganz oben im Medaillenspiegel. Bei drei der folgenden fünf Olympischen Spiele behauptete sie ihre Spitzenposition vor den Amerikanern.

Doch nach wie vor schottete sich die Sowjetunion ab. Die einzig wirklich willkommenen Ausländer waren gleichgesinnte Genossen und kapitalistische Piraten wie Horst Dassler. »Ich war von Horsts Auftreten in Moskau immer sehr beeindruckt«, erinnert sich Christian Jannette. »Er kannte nur eine Politik, die Politik der Firma adidas. Selbst wenn er mit Leuten aus dem Zentralkomitee beim Abendessen saß, hörte ich ihn nie über Politik sprechen, nicht eine Minute. Er sprach über Geschäfte, über organisatorische Probleme im Sport, aber nie über Politik.«

Der adidas-Chef brachte zwei besondere Geschenke mit. Die Russen waren dankbar für die Trikots, die er ihren Mannschaften gratis zur Verfügung stellte, aber weit mehr begehrten sie eine Ware, die nur Dassler zu bieten hatte: Wissen. Aufgrund ihrer Isolation und ihrer Gepflogenheit, stets mit einem Troß von KGB-Aufpassern zu reisen, hatten sie keinen Einblick in die internationale Sportpolitik. Dassler wurde ihr Lehrer und ihre politische Anstandsdame. Sie begriffen zwar, daß ihnen die Stimmen der Ostblockländer eine immense Macht verliehen, doch sie wußten nichts damit anzufangen.

»Wenn Horst osteuropäische Länder bereiste, wurde er immer

bevorzugt behandelt«, sagte Patrick Nally. »Wir konnten uns dort problemlos bewegen. Wenn wir beispielsweise nach Rußland flogen und aus der Maschine stiegen, mußten wir nie durch die Paßkontrolle. Nicht nur Armand Hammer, auch Horst machte es immer so. Horst ging häufig mit wichtigen Politikern in die Sauna und sprach dort darüber, wer gewählt werden sollte und wer nicht und welche Rolle die Osteuropäer in den Verbänden spielen konnten. Aus geschäftlicher Sicht war Osteuropa für Horst nicht sonderlich interessant, aber aus politischer Sicht war es für ihn extrem wichtig.«

Dassler erwartete von den Russen vor allem zwei Gegenleistungen: Zum einen wollte er hinter dem Eisernen Vorhang produzieren, zum anderen wollte er eine geschäftliche Beteiligung an den Moskauer Spielen 1980. In beiden Fällen rannte er offene Türen ein. Die Russen benötigten bessere Qualitätsprodukte für ihren Binnenmarkt – Turnschuhe hießen in Osteuropa bis vor kurzem schlicht »adidas« –, und sie liebäugelten mit der Möglichkeit, einen Teil davon gegen harte Devisen zu exportieren.

In Landersheim stellte Dassler ein Team für die Moskauer Spiele zusammen. Auch Nally war mit von der Partie. »Horst wählte eine Anzahl von Leuten aus. Unter ihnen war auch Christian Jannette. Er lebte von 1976 bis 1980, als die Spiele vorbereitet wurden, in Rußland. Wir reisten regelmäßig nach Moskau, und je näher die Spiele von 1980 rückten, desto größer wurden meine Aufgaben. Die Russen brauchten beispielsweise Textilien und Bekleidung, und wir sagten ihnen unsere Unterstützung zu. Horst hatte kein großes Budget, und so mußten wir uns nach anderen Unternehmen umtun, die halfen.

Die Verhandlungen waren schwierig, aber Horst ergatterte einige Vermarktungsrechte in Moskau. Er bekam den Auftrag, nicht nur die Athleten, sondern auch die Funktionäre einzukleiden. Wir schnürten in West Ally ein Paket und schlossen Verträge mit Zulieferern. Levi's sagte die Lieferung von 64 000 Paar Jeans zu. Das war für uns damals ein Riesenerfolg. Mehrmals nahmen wir Leute aus der Unternehmensleitung mit nach Rußland. Sie waren von Horsts politischen Kontakten tief beeindruckt. Wie Coca-Cola wollte auch Levi's die Spiele dazu benutzen, in Osteuropa Fertigungsbetriebe zu errichten. Bluejeans waren ein heiß begehrter Artikel.«

Niemand hatte den amerikanischen Boykott der Moskauer Spiele vorhergesehen. Samaranch, damals noch Erster Vizepräsident des IOC, hatte seine Kontakte zu den Kommunisten gepflegt und darüber die Amerikaner vernachlässigt. Aus seiner Sicht durchaus verständlich: Die Amerikaner spielten in der olympischen Politik nur eine untergeordnete Rolle. Sie hatten wenig Einblick in das, was in Lausanne und in den internationalen Verbänden vor sich ging. Der Diplomat Samaranch versagte bei seiner ersten großen Herausforderung. Alle seine Versuche, den von den Amerikanern geführten Boykott abzuwenden, schlugen fehl.

Als die Russen sich in Los Angeles revanchierten, versuchte es Samaranch, mittlerweile IOC-Präsident, abermals mit eindringlichen Appellen. Doch er stieß auf taube Ohren. Obwohl seit nunmehr achtzehn Jahren in der olympischen Politik aktiv, vermochte er die Ostblockländer nicht davon zu überzeugen, daß sie ihren Boykott bereuen würden. Dabei war allgemein bekannt, daß das kommunistische Lager in dieser Frage gespalten war und außer Breschnew eigentlich niemand Los Angeles fernbleiben wollte.

Obwohl Samaranch sein Land jahrelang als Botschafter in Moskau vertrat, entwickelte er nie ein Gespür für die Feinheiten der kommunistischen Blockpolitik. Es gelang ihm nicht, seine einstigen Freunde auf seine Seite zu ziehen.

Dagegen gelang es ihm, einige der rücksichtslosesten Diktatoren im Ostblock bei Laune zu halten. Regelmäßig hofierte er die Machthaber im Osten, und beide Seiten geizten nicht mit Ehrungen. Selbst nach dem Boykott von Los Angeles belohnte Samaranch die Ostblockstaaten, als hätten sie bei den Spielen die Glanzlichter gesetzt.

Bei der IOC-Sitzung 1985 in Ost-Berlin wurde Samaranch von Manfred Ewald willkommen geheißen, dem höchsten Apparatschik im DDR-Sport und der treibenden Kraft hinter dem Dopingprogramm des Landes. Ewald war bereits Träger des Olympischen Ordens. »Die DDR identifiziert sich entschieden mit dem humanistischen Inhalt der olympischen Idee«, erklärte Ewald und erntete höflichen Beifall. Da die ostdeutschen Gastgeber die Rechnung bezahlten, wäre es unhöflich gewesen zu fragen, was Steroide mit der olympischen Idee zu tun hatten und wieviel Bürger in diesem Jahr bei Fluchtversuchen an der Mauer erschossen worden waren.

Die Heuchelei ging weiter: Der damalige Staats- und Parteichef Erich Honecker, den die deutsche Justiz heute wegen der Verbrechen seiner Regierung zur Verantwortung ziehen will, eröffnete die IOC-Session. Samaranch belohnte ihn dafür mit der höchsten Auszeichnung, die er zu vergeben hat: dem Olympischen Orden in Gold. Die Verleihung dieses Ordens an einen solchen Mann war nicht nur eine Schande für die olympische Idee, sondern auch eine Verhöhnung der unzähligen anständigen und einfachen Menschen, die ihr ganzes Leben in den Dienst des Sports gestellt hatten.

Im selben Jahr wurde diese Ehrung auch einem anderen bemerkenswerten Mann zuteil: Nicolae Ceauşescu, dem Schlächter von Bukarest. Er wurde dafür belohnt, daß er den Russen nicht gefolgt war und eine Mannschaft nach Los Angeles entsandt hatte. Daß der IOC-Präsident von dem entsetzlichen Leid, in das die Ceauşescu-Diktatur die Menschen in Rumänien gestürzt hatte, nichts gewußt haben könnte, ist schlechterdings undenkbar.

Was aber mögen die einfachen Rumänen gedacht haben, als das Fernsehen die Zeremonie in voller Länge übertrug? Vermutlich, daß die zivilisierte Welt sich keinen Deut um die Not und Armut in ihrem Land scherte. Sie werden kaum Verständnis dafür gehabt haben, daß ihr grausamer Staatspräsident geehrt wurde, weil er Athleten nach Amerika geschickt hatte, während sie selbst erschossen wurden, wenn sie das Land verlassen wollten.

Was den Sport selbst anging, so wußte Samaranch ohne Zweifel von den beklagenswerten Zuständen in Rumänien. Er zollte einem Land den olympischen Respekt, das in dem Ruf stand, viele seiner Spitzenathleten zu dopen.

Samaranch hatte offenbar die besondere Gabe, ausgerechnet die schlimmsten Gewaltherrscher für olympische Ehrungen auszuwählen. Zwei Jahre nach dem unsäglichen Spektakel von Berlin reiste er nach Bulgarien und hängte dem Diktator Todor Schiwkow den Olympischen Orden in Gold um.

In Moskau und Washington dürften in den achtziger Jahren nachdenkliche Leute der Spionageabwehr ein ums andere Mal bis tief in die Nacht über Samaranchs Reiserouten gebrütet haben. Für wen, so müssen sie sich gefragt haben, arbeitete er eigentlich? Die CIA hat vermutlich die Möglichkeit erwogen, ob der IOC-Präsident nicht in Wahrheit für die Komintern spionierte und regelmäßig nach »Hause« fuhr, um Instruktionen entgegenzunehmen und Mikrofilme abzuliefern.

Ähnlich dürfte es KGB-Offizieren in der Lubianka gegangen sein. Zwischen 1981 und 1987 besuchte Samaranch so eifrig den Ostblock, daß sich ihnen die Frage aufdrängte, ob er den Amerikanern nicht möglicherweise Informationen zuspielte.

Als das kommunistische System zu zerbröckeln begann, wurde Samaranch noch regelmäßig in Moskau, Albanien, Polen und Pjöngjang gesichtet und fotografiert. Erst als die Mauern fielen, erlahmte seine Reisetätigkeit. Heute ist der Osten im Sport keine Macht mehr: Die Dopingzentren sind geschlossen, die Leistungen auf Normalmaß gesunken, und die einzelnen Länder votieren nicht mehr geschlossen mit einer Stimme. Die Sportgewaltigen sind größtenteils ihrer Ämter enthoben und diskreditiert, ihre Imperien der geheimen Devisenkonten beraubt. Die Osteuropäer sind heute Bittsteller und klopfen mit der Sammelbüchse in Lausanne an.

Bei den Spielen in Barcelona werden sie die besten Sitzplätze mit dem besten Blick auf die Wettkämpfe haben. Sie werden in den Nobelkarossen fahren. Sie werden in den besten Hotels logieren. Und sie werden auch künftig darüber befinden, welche Stadt die Spiele bekommt. Die Rede ist von den ausgemusterten Vertretern des Ostblocks, dem menschlichen Strandgut der Ära Breschnew, den IOC-Mitgliedern des Totalitarismus.

Da ist zum Beispiel Shagdarjav Magvan aus der Mongolei. Der 1927 geborene Gewerkschaftsführer und ehemalige Ringer wurde mit Fünfzig ins IOC geholt. Ein Jahr später beförderte ihn die Partei zum Leiter einer Porzellanfabrik. Seine Muttersprache ist mongolisch, doch er beherrscht auch russisch. Er gehört zu den wenigen IOC-Mitgliedern, die niemals in eine der zahlreichen Kommissionen berufen wurden. Er wird dem IOC bis zum Jahr 2002 erhalten bleiben, erst dann wird er das vorgeschriebene Pensionsalter von fünfundsiebzig erreicht haben. Und erst dann wird er seinen Stuhl für ein neues Mitglied aus der Mongolei räumen. Doch auch danach wird Magvan IOC-Mitglied auf Lebenszeit bleiben, wenn auch ohne Stimmrecht.

Ein anderer ist Marat Gramov aus Moskau. Er steht für eine

der größten personellen Fehlentscheidungen Samaranchs. Gramov war jener Bürokrat, der mit großem Engagement den Ostblock-Boykott der Spiele in Los Angeles organisierte, was Samaranch freilich nicht davon abhielt, ihn 1988 ins IOC zu holen. Gramov war Deputierter des Obersten Sowjet der UdSSR und sowjetischer NOK-Präsident.

Seine Berufung ins IOC macht deutlich, daß Samaranch die Umwälzungen in Rußland nicht beizeiten erkannte. Während seiner dreijährigen Tätigkeit als Botschafter und auf seinen zahllosen Reisen in den acht Jahren danach hatte der IOC-Präsident augenscheinlich wenig gelernt. Gramov ist ein denkbar schlechter Repräsentant des IOC im neuen demokratischen Osten.

Innerhalb eines Jahres nach seiner Ernennung mußte Gramov als sowjetischer Sportminister abdanken. Durch ständiges Verschieben von Sitzungen des sowjetischen NOK gelang es ihm zwar, das Unvermeidliche noch eine Weile hinauszuzögern, doch im April 1990 verlor er endgültig seinen letzten Posten im sowjetischen Sport. Heute ist Gramov im Sport ein Niemand, was allerdings nichts daran ändert, daß er weiterhin auf Kosten des IOC durch die Welt reist und sich von Bewerberstädten hofieren läßt. Gramov wird bis zum Jahr 2002 Vollmitglied des IOC bleiben.

Besser erging es seinem sowjetischen Kollegen Vitaly Smirnov, der seit 1971 IOC-Mitglied ist. Smirnov war Abgeordneter im Moskauer Sowjet, hat sich jedoch mit Erfolg von der alten Garde distanziert und Gramov im sowjetischen NOK ersetzt. Er ist einer der IOC-Vizepräsidenten gewesen und als Vollmitglied bis zum Jahr 2000 ungefährdet. Smirnov hat sich hurtig den neuen Verhältnissen im Sport angepaßt und mit Daimler-Benz ein Arrangement getroffen: Das Unternehmen, das die Olympia-Bewerbung Berlins für das Jahr 2000 unterstützt, stellt ihm in Moskau zwei Nobelkarossen zur freien Verfügung.

Gramov und Smirnov repräsentierten das IOC in der UdSSR, einem Staat, der nicht mehr existiert.

Die Rumänen befreiten sich zwar von dem Trauma der Ceauşescu-Ära, doch ihr Mann in Lausanne blieb der russisch sprechende Alexandru Siperco, der viele Jahre in der Politik des kommunistischen Rumänien aktiv war. Heute ist der 1920 geborene Siperco IOC-Mitglied auf Lebenszeit.

Ähnliches gilt für Polen: Auch der russisch sprechende Wlodzimierz Reczek, seit 1961 im IOC, ist heute Mitglied auf Lebenszeit. Die Tschechoslowakei wird durch Vladimir Cernusak vertreten. Auch er spricht fließend russisch und wird dem erlesenen Kreis in Lausanne bis 1996 angehören.

Das bulgarische IOC-Mitglied, der russisch sprechende Ivan Slavkov, ist zwar der Schwiegersohn des früheren Staatsoberhaupts und Trägers des Olympischen Ordens in Gold, Todor Schiwkow, doch allem Anschein nach hat er diese Erblast erfolgreich abgeschüttelt. Slavkov war unter den orthodoxen Kommunisten stellvertretender Kulturminister und Chef des bulgarischen Fernsehens. Er ist ein Mann in mittleren Jahren von sympathischem Äußeren und genießt Samaranchs hohe Wertschätzung. Nach dem Sturz seines Schwiegervaters wurde er zunächst unter Hausarrest gestellt und dann inhaftiert. Die Vergehen, die man ihm zur Last legte, reichten von Waffenschiebereien bis zur Veruntreuung von Geldern bei der erfolglosen Bewerbung Sofias um die Winterspiele 1994.

Die Behörden ließen die Anklage später fallen. Inzwischen wurde Slavkov als NOK-Präsident im einzigen Land des früheren Ostblocks wiedergewählt, in dem die Kommunistische Partei noch eine starke Kraft darstellt. Er wird für die Dauer der nächsten fünf Olympischen Spiele Vollmitglied des IOC bleiben – bis zum Jahr 2015.

Jugoslawiens älteres IOC-Mitglied, der russisch sprechende Slobodan Filipovic, versucht seit 1989, sich von seinen ehemaligen Genossen in der Führung der herrschenden Partei seines Landes zu distanzieren. Seine Gegner werfen ihm vor, er habe in Montenegro Regierungsmilizen unterstützt, die auf Demonstranten schossen. Filipovic bestreitet diese Anschuldigung mit der Behauptung, seine Ex-Genossen hätten Protokolle von Parteisitzungen gefälscht, um ihn in Mißkredit zu bringen. Er schlug eine Kampagne jugoslawischer Sportfunktionäre nieder, die ihn wegen seines fehlenden Rückhalts im eigenen Land aus dem IOC abberufen wollten. Samaranch half ihm und nahm dabei große Mühen auf sich. Filipovic wird bis zum Jahr 2014 Vollmitglied im IOC bleiben.

Das jüngere jugoslawische IOC-Mitglied ist Boris Stankovic. Seit 1976 Generalsekretär des Internationalen Basketballverbands, stieß er 1988 zum IOC. Zusammen mit Dassler war er auf der sportpolitischen Bühne von Monte Carlo aktiv und wahrte Distanz zur kommunistischen Partei in der Heimat. Er wird dem IOC bis zum Jahr 2000 angehören.

Der Ungar Pal Schmitt, ehemals Fechter und Olympiateilnehmer, genießt von allen IOC-Mitgliedern aus dem Ostblock international den besten Ruf. Schmitt repräsentiert jene unabhängige Richtung der ungarischen Politik, die die Russen unterdrücken wollten. Seit 1983 im IOC, war er in einer Anzahl wichtiger Kommissionen aktiv.

Der Zusammenbruch der DDR stellte das IOC vor ein Problem. Das neue, vereinigte Deutschland hatte zu viele Mitglieder. Der russisch sprechende Günther Heinze, früher Spitzenfunktionär im doping-gepuschten DDR-Sport, erklärte vorzeitig seinen Rücktritt. Er bleibt Ehrenmitglied.

Der letzte IOC-Repräsentant einer monolithischen und repressiven kommunistischen Partei ist der Chinese Zhenliang He, der 1981 ins IOC berufen wurde. Er ist einer der olympischen Vizepräsidenten und sitzt im Exekutivkomitee des IOC. Er wird dem IOC bis zum Jahr 2004 als Mitglied erhalten bleiben.

10 Olympias Schwarzes Gold

Eines Abends im Januar 1987 traf sich der »Club« in einem exklusiven Pariser Restaurant. Gastgeber war Horst Dassler. Zu seinen Gästen zählten Samaranch, Havelange, Nebiolo, das amerikanische IOC-Mitglied Bob Helmick, der Generalsekretär der UNESCO, Mahtar M'Bow, und eine Reihe weiterer IOC-Mitglieder.

Außerdem war ein IOC-Mitglied geladen, das sich gleichfalls dem engeren Kreis des »Clubs« zurechnete. Da der Mann reich genug war, um alle anderen zu kaufen, belehrte ihn niemand eines Besseren. Und noch etwas unterschied ihn von den anderen: Er war höchstwahrscheinlich der einzige Mann im Raum, dessen Mutter eine Sklavin gewesen war.

Scheich Fahd Al-Ahmad Al-Dschabir Al-Sabah, Sproß der milliardenschweren Herrscherfamilie Kuwaits, hatte zu diesem Zeitpunkt nur noch drei Monate zu leben: Er starb unter mysteriösen Umständen während der irakischen Invasion. Doch seine Leistungen sind einzigartig in der Geschichte des Sports.

Fahd, der großzügig Petro-Dollars verteilte, hatte einen Großteil der olympischen Bewegung korrumpiert, die Olympische Charta mit Füßen getreten und die Ideale der Bewegung zum Inbegriff für Betrug und Rassismus gemacht. Dies alles wäre nicht möglich gewesen ohne den Segen Samaranchs und der anderen Clubmitglieder.

Scheich Fahd wurde 1945 geboren, also bevor die Ölvorkommen Kuwait zum reichsten Land der Welt machten. Damals war es noch üblich, daß die Scheichs sich Sklaven und Konkubinen hielten. Auch Fahds Vater Scheich Ahmad Al-Dschabir Al-Sabah, Herrscher über Kuwait, machte darin keine Ausnahme. Eine seiner Lieblingskonkubinen war eine Frau, die er sich von einem Nomadenstamm im wilden Belutschistan geholt hatte. Die Kuwaitis setzten Kinder von Sklavinnen nicht aus, und als die Frau den jungen Fahd zur Welt brachte, erregte es keinen Unmut, daß er genauso behandelt wurde wie die legitimen Kinder des Emirs.

Von einer Sklavin abzustammen stand einer Karriere nicht im Weg – die Mutter des gegenwärtigen kuwaitischen Premierministers Kronprinz Saad war beispielsweise eine Negersklavin aus Somalia. Gleichwohl erntete der junge Fahd gelegentlich Spott, weil er kein reinrassiger Al-Sabah war.

Dazu ein kuwaitischer Jugendfreund: »Fahd ärgerte sich über die Sticheleien wegen seiner gemischten Herkunft und wurde dann unbeherrscht und launisch. Er war nicht dumm, aber auch nicht so gescheit wie viele andere in seiner Familie. Als Kuwait in den fünfziger Jahren die Sklaverei abschaffte, kümmerte er sich um seine Mutter, aber er hatte immer einen Komplex wegen seiner Abstammung. Vielleicht hat ihn das dazu getrieben, mehr zu leisten, als von ihm erwartet wurde.«

Ein Kollege, der Fahd Anfang der achtziger Jahre in Kuwait kennenlernte, erzählte uns: »Fahd war der einzige Bruder des Emirs, der nicht mit einem Ministeramt betraut worden war. Das nagte an ihm. Der Sport war für ihn die einzige Möglichkeit, sich hervorzutun.«

In einem Interview mit der *Revue* des IOC behauptete Fahd, er habe studiert. Was er studiert und welchen Abschluß er gemacht hatte, mochte er freilich nicht sagen. Dies gehörte zu den vornehmen Lügen, die man einem reichen und einflußreichen Kuwaiti durchgehen ließ. Es ist durchaus möglich, daß er sich an der Kuwaiter Universität immatrikuliert hatte – das stand jedem Al-Sabah frei –, doch ein gebildeter Mann war er nicht.

Wie viele Al-Sabahs bekleidete er in der kuwaitischen Armee einen hohen Rang. Doch anders als viele seiner Verwandten wollte Fahd als Mann der Tat gelten. Während der einzige Beitrag seiner Familie zur Verteidigung Kuwaits im August 1990 darin bestand, daß sie auf der Flucht nach Saudi-Arabien in der Wüste neue Weltrekorde im Schnellfahren aufstellte, bewies Fahd seinen persönlichen Mut.

Mit Anfang Zwanzig ging er ohne Wissen seiner Familie in den Südlibanon, um an der Seite der PLO gegen die Israelis zu kämpfen. Die Bewunderung, die ihm diese kühne Aktion in der arabischen Welt einbrachte, gab seinem Leben eine Zielrichtung. Als er in der Sportpolitik Karriere machte, nahm er jede Gelegenheit wahr, Israel zu boykottieren und vom internationalen Sportgeschehen auszuschließen.

Wie die meisten Sportorganisationen unterteilt die olympische Bewegung die Welt nach Kontinenten. Der asiatische Bereich ist der größte und bevölkerungsreichste. Er erstreckt sich von der östlichen Mittelmeerküste bis zur Mongolei im Norden und umfaßt China, Indien und Japan, Thailand, die Philippinen und Korea. Er besteht aus vielen ethnischen und religiösen Gruppen, aus armen und reichen Ländern, in denen der Sport ganz unterschiedlich entwickelt ist.

Die Länder mit einer westlich geprägten Sporttradition schlossen sich 1949 in Neu-Delhi zusammen und gründeten die Asian Games Federation. In der Gruppe der Gründerstaaten dominierten Länder, die nach dem Zusammenbruch des britischen und anderer Kolonialreiche entstanden waren: Birma, Ceylon, Indien, Pakistan, die Philippinen und Israel. Ziel der Föderation war es, nach dem Muster der Olympischen und Panamerikanischen Spiele alle vier Jahre Regionalspiele zu veranstalten.

Die internationalen Sportverbände hatten lange keinen Grund zur Besorgnis. Dies änderte sich erst Anfang der sechziger Jahre, als Indonesien die vierten Asienspiele ausrichtete und die Organisatoren in Djakarta erklärten, daß sie Athleten aus Israel keine Visa ausstellen würden. Damit folgten sie nur dem Beispiel, das Samaranch bei den Mittelmeer-Spielen vorgegeben hatte. Diesmal blieb das IOC hart und schloß Indonesien zeitweilig aus. Ein Jahr später wurde es wieder aufgenommen, gerade rechtzeitig zu den Olympischen Spielen in Tokio, den ersten in Asien überhaupt. Der Druck, Israel zu diskriminieren, war aus den arabischen Golfstaaten gekommen, die unbedingt ihre Solidarität mit den Palästinensern bekunden wollten.

An den Asienspielen 1970 in Bangkok durften die Israelis wieder teilnehmen, doch es sollte das letzte Mal bleiben. Fortan machten die Golfstaaten ihren politischen Einfluß geltend. Da es der arabischen Welt mit militärischen Mitteln nicht gelungen war, die Juden ins Meer zu treiben, verlegte sie sich nun darauf, ein sportliches Getto zu errichten. Die Verbannung Israels aus dem asiatischen Sport nahm in dem Maße zu, wie der Wohlstand am Golf wuchs. Die Kampagne der arabischen Ölstaaten zielte darauf ab, die Sportpolitik und den Sport selbst in ganz Asien zu manipulieren.

Wie viele Söhne reicher Königsfamilien fand Fahd zunächst bei der Armee Zerstreuung und begeisterte sich für den Sport. Er betrieb alle möglichen Sportarten, bis ihn seine zunehmende Leibesfülle schließlich zwang, auf die Funktionärsseite zu wechseln. Von da an sammelte er kuwaitische Sportverbände, wie kleine Jungen Briefmarken sammeln. Nach wenigen Jahren war er oberster Chef der Fechter, der Fußballer, der Basketballer, der Volleyballer und der Handballer. Und als Krönung des Ganzen übernahm er schließlich die Präsidentschaft im Nationalen Olympischen Komitee seines Landes. Die Verleihung dieses Amtes war den Al-Sabahs vorbehalten, derselben Familie, die auch über die endlos sprudelnden Einnahmen aus den Ölquellen verfügte.

Dieses Geld, mit dem man in den ärmeren arabischen Staaten Wirtschaft und Sport hätte fördern können, wurde nun je nach den Erfordernissen reichlich in ganz Asien verteilt, um Stimmen zu kaufen. Fahd, der aktive Wettkämpfer von einst, erkannte schon bald, daß als Funktionär mehr Lorbeeren zu ernten waren. Unter seiner Führung übte das kleine Kuwait starken Einfluß auf die internationale Sportpolitik aus.

Bis dahin hatte die asiatische Föderation stets große Probleme mit der Finanzierung und Organisation der regionalen Spiele gehabt. Doch nun ergoß sich ein Geldstrom vom Persischen Golf bis ins Südchinesische Meer. Er spülte die Prinzipien der meisten hohen Sportfunktionäre in Asien hinweg. Die vierzehn Golfstaaten boten ihnen alles, was ihr Herz begehrte: Geld für Wettkämpfe und neue Sportstätten, für Konferenzen und für Flugtickets, damit sie diese Konferenzen besuchen konnten, und natürlich Schmiergelder. Die Golfstaaten knüpften daran nur eine Bedingung: Zu gegebener Zeit wollten sie die Asian Games Federation abschaffen und durch eine eigene Organisation ersetzen. Asien willigte ein.

Der Grundstein wurde 1974 bei den Asienspielen in Teheran gelegt. Fahd und seine Mitstreiter aus Saudi-Arabien erboten sich, die nächsten Spiele in Thailand zu finanzieren. Damit sicherten sie sich den nötigen Einfluß, um ihr Vorhaben einen weiteren Schritt voranzubringen.

Am Vorabend der Spiele 1978 in Bangkok gaben die Organisatoren bekannt, daß Israel teilnehmen dürfe. Doch das war eine Falle. Als die Israelis das Kleingedruckte lasen, stellten sie fest, daß sie lediglich Offizielle zur Eröffnungs- und Schlußfeier entsenden durften. Ihre Athleten waren nicht zugelassen. Die IAAF reagierte empört auf diesen offenkundigen Antisemitismus. Sie verweigerte den Leichtathletik-Wettbewerben ihre Anerkennung und belegte die teilnehmenden Sportler mit einer dreimonatigen Sperre.

Sathiavan Dhillon, NOK-Generalsekretär Singapurs und eine Schlüsselfigur in der asiatischen Sportpolitik, war zu einem Gespräch mit uns bereit. Wir hatten gehört, daß er sich der Machtübernahme durch die Araber nach Kräften widersetzt hatte. Doch uns gegenüber erklärte er: »Scheich Fahd war ein bedeutender Sportpolitiker und mein persönlicher Freund. Wir lernten uns vor Jahren in Bangkok kennen. Wir diskutierten damals über eine Satzungsänderung der Asian Games Federation und überlegten, wie wir die Spiele 1978 in Bangkok ausrichten konnten, ohne daß die IAAF wegen des Ausschlusses Israels Schwierigkeiten machte. Nach eingehender Diskussion kamen wir darin überein, ohne Rücksicht auf mögliche Sanktionen von seiten der IAAF Israel von der Teilnahme auszuschließen. Diese Position setzte sich durch, und die IAAF verhängte tatsächlich bestimmte Sanktionen – aber sie waren kaum der Rede wert.«

Nachdem Fahd der IAAF getrotzt hatte, benötigte er weitere vier Jahre für den Aufbau seiner neuen Organisation. Das Geld floß reichlich und ebnete seinen Bemühungen den Weg. In den folgenden zwölf Monaten erbot sich Kuwait, künftige Asienspiele durchzuführen und zu finanzieren, und versprach, zu den nächsten Spielen 1982 in Neu-Delhi fünfzehn Millionen Dollar beizusteuern. Seine Bundesgenossen in den Arabischen Emiraten setzten noch einen drauf und versprachen, die Mittelmeer-Spiele 1983 in Casablanca zu finanzieren.

Fahds Großzügigkeit hatte noch einen anderen Grund. Kaum hatte er entdeckt, wie leicht es war, in Asien die Macht zu übernehmen, steuerte er ein neues Ziel an: die Mitgliedschaft im »Club«. Sein Geld öffnete ihm ebenso problemlos die Türen zum IOC.

Die konservativen Kapitalisten aus Kuwait hielten sich an die Feinde Israels und schlossen mit den Kommunisten in Ungarn, China und in der Sowjetunion Sportabkommen. Weitere Petro-Dollars flossen in wichtige Kanäle der olympischen Bewegung, und im März 1981 bereiste der neue IOC-Präsident Samaranch die Golfstaaten. Fahd begleitete ihn. Er sagte, die Araber hätten Anspruch auf ein neues IOC-Mitglied. Und wer sei besser für diesen Posten geeignet als er selbst?

Fahd galt als heißester Anwärter auf den IOC-Stuhl, und im September 1981 wurde er bei der Session in Baden-Baden gewählt. Die Israelis, denen man eine IOC-Mitgliedschaft verwehrte, um die reichen Araber nicht zu vergrätzen, mußten machtlos zusehen.

Nur eine Nation kam ihnen zu Hilfe, als die Gettomauern hochgezogen wurden. Beim IAAF-Kongreß im August 1981 in Rom, bei dem Nebiolo die Macht übernahm, unterstützten die Japaner den Antrag der Israelis, aus der Asiengruppe auszuscheiden; die Israelis wollten in die Europagruppe wechseln, weil sie dort keine Diskriminierung und keinen Ausschluß von internationalen Veranstaltungen zu fürchten brauchten. Der Vorschlag der Japaner wurde niedergestimmt. Statt dessen erkannte die IAAF Palästina an.

Der Weg war nun frei für eine erfolgreiche Abwicklung der Asienspiele in Neu-Delhi am Ende des Jahres 1982. Krönung der Veranstaltung sollte die Gründung von Fahds eigener olympischer Organisation sein. Fahd hatte die arabischen Golfstaaten hinter sich und rechnete mit weiteren Stimmen von Bangladesch, Indien, Pakistan und Nepal. Zusammen mit den Stimmen Chinas, der Mongolei und Nordkoreas, Länder, die ihm wegen seiner anti-israelischen Kampagne folgen würden, verfügte er über eine gesicherte Mehrheit. Israel hatte zwar Freunde in Asien, aber sie wagten es nicht, sich offen zu äußern.

Die indischen Organisatoren brachten neue Gründe für einen Ausschluß der Israelis vor. Sie behaupteten, sie könnten nicht für ihre Sicherheit garantieren – ein fadenscheiniges Argument, da die Israelis stets mit einer Gruppe bewaffneter Leibwächter reisten.

Fahd und die Araber machten kein Hehl aus ihren Plänen. Im Mai 1982 bevollmächtigte das Exekutivkomitee des IOC Samaranch, mit den Indern über den Ausschluß Israels zu sprechen.

Doch es war zu spät. Das Geld war bereits überwiesen worden. Zwei Monate vor den Spielen in Neu-Delhi baten die Israelis Samaranch bei einer Tagung der internationalen Sportföderationen in Monaco, einen erneuten Vorstoß zu unternehmen. Samaranch wartete mit einer seiner »diplomatischen« Lösungen auf.

Einen Monat vor der Eröffnungsfeier der Spiele erklärten die Organisatoren, daß sie ihren Antrag auf olympische Schirmherrschaft zurückziehen würden und daß der IOC-Präsident deshalb auf seinen üblichen Besuch verzichten werde, mit dem er gewöhnlich die Anerkennung solcher Veranstaltungen signalisiert. Allerdings, so die Veranstalter, werde ein Privatbesucher namens Juan Antonio Samaranch den Spielen beiwohnen, aber nur für »sehr kurze Zeit«.

Während seines »kurzen Privatbesuchs« konferierte Samaranch mit Präsident Singh, Ministerpräsidentin Gandhi und Indiens Sportminister. Er gab eine Pressekonferenz, besuchte eine Reihe von Sportstätten und bekam einen zeremoniellen Schlüssel zum Athletendorf überreicht. Die Organisatoren der Spiele und die beiden indischen IOC-Mitglieder sorgten für seine Rundum-Betreuung und luden ihn zu einem Dinner mit fünfhundert Gästen ein. Die *Revue* berichtete ausführlich über seinen Besuch, ging aber mit keinem Wort auf den offenkundigen Verstoß gegen die Bestimmungen der Olympischen Charta ein, der sich hinter den Kulissen abspielte. Obwohl das IOC den Spielen seine Anerkennung versagt hatte, erschienen in Begleitung des Leichtathletik-Präsidenten Nebiolo zehn IOC-Mitglieder vor Ort.

Nach Beendigung der Spiele wurde die Politik in den Hinterzimmern vollendet. Die Asian Game Federation wurde aufgelöst und durch eine Organisation mit dem eindrucksvollen Namen Olympic Council for Asia, kurz OCA, ersetzt. Israel, von den Wettkämpfen in Neu-Delhi ausgeschlossen, konnte keinen Antrag auf Mitgliedschaft stellen, während alle seine Anrainerstaaten aufgenommen wurden. Das Jahresbudget für die neue Organisation wurde auf eine Million Dollar festgesetzt, obwohl der OCA bekanntermaßen über keinerlei Mittel verfügte. Doch Scheich Fahd versprach, das Geld beizubringen, und natürlich wurde er zum ersten Präsidenten gewählt.

Dazu Sathiavan Dhillon aus Singapur: »Die Gründung des OCA zielte einzig und allein auf Israel. Es war eine politische

Frage. Wenn Sie Fahds Werdegang studieren, werden Sie feststellen, daß er ein großer Fürsprecher der palästinensischen Sache war.«

Ein anderer asiatischer Sportfunktionär, der namentlich nicht genannt werden will, sagte uns: »Hinter der Auflösung der Asian Games Federation steckten die arabischen Ölstaaten. Die Sache war bedauerlich, aber wir konnten nicht verhindern, daß Israel von der Mitgliedschaft im OCA ausgeschlossen wurde.«

Er berichtete uns auch, wie Fahd wichtige Abstimmungen gewann: »Bei Sitzungen saßen die Araber nicht in einer Gruppe beeinander, und sie versuchten, geheime Abstimmungen zu verhindern. Sie verteilten sich überall im Saal und suchten die Nähe zu den Leuten, die sie geschmiert hatten. Wenn es zur Abstimmung kam, gaben sie ihren Leuten einen Stoß, und die Arme flogen nach oben. Einmal hob einer ihrer Leute beide Hände, und als die Stimmen zusammengezählt wurden, stellten wir fest, daß mehr Stimmen abgegeben worden waren, als Delegierte anwesend waren! Gerüchten zufolge zahlten sie Bestechungsgelder. Das ist ein offenes Geheimnis. Leute aus den ärmeren Ländern konnten den Petro-Dollars nicht widerstehen.«

Singapurs Vertreter Dhillon war sich in puncto Bestechung nicht so sicher: »Dafür gibt es keinerlei Beweise. Zwar habe auch ich davon gehört, doch ich kann nicht mit Bestimmtheit sagen, das so etwas vorgekommen ist. Wer Schmiergelder nimmt, spricht nicht darüber. Einige Leute glauben, daß mit Schmiergeldern Stimmen gekauft wurden. Aber das kann man auch anders sehen. Scheich Fahd hat ärmeren Ländern finanziell unter die Arme gegriffen, damit sie Delegierte zu Konferenzen schicken konnten. Er bezahlte Flugkosten und Spesen. Mit andern Worten: Er hat sie unterstützt, nicht bestochen. Ich lege Wert auf die Feststellung, daß er den ärmeren Nationen bei der Wahrnehmung ihrer Interessen geholfen hat – das sollte man nicht mit Bestechung verwechseln.«

Nur eine Sache hätte Fahd beinahe die Führung im OCA gekostet: sein befremdliches Verhalten bei der Fußball-Weltmeisterschaft in Spanien vier Monate zuvor. Er hatte vier Millionen Dollar in die Vorbereitung seiner Mannschaft auf das größte WM-Turnier aller Zeiten gesteckt und alles darangesetzt, daß sie sich auch qualifizierte.

Der Weg der kuwaitischen Elf durch die regionale Ausscheidung war nicht ganz unumstritten. Sie gehörte zur Asien-Ozeanien-Gruppe, und die Ausscheidung wurde so arrangiert, daß sie alle Qualifikationsspiele zu Hause austragen durfte. Es kann nur ein Zufall sein, daß Fahd kurz zuvor zum Schatzmeister des Asiatischen Fußballverbands gewählt worden war. Im heimischen Stadion schlug Kuwait Thailand, Malaysia und Südkorea.

Dann reiste die Mannschaft nach Auckland zum Spiel gegen Neuseeland, dessen Verband am Heimvorteil festhielt und das Angebot abgelehnt hatte, gegen Erstattung sämtlicher Reisekosten in Kuwait zu spielen. Die Zuschauer bewarfen die Funktionäre mit Büchsen, nachdem der Schiedsrichter für Kuwait dreiunddreißig Freistöße und zwei Elfmeter, für die Heimmannschaft aber lediglich zehn Freistöße gegeben hatte. Kuwait gewann 2:1.

In Spanien startete Kuwait mit einem Unentschieden gegen die Tschechoslowakei und traf dann auf Frankreich. Das Spiel endete mit einem Eklat. Acht Minuten vor Schluß erzielten die Franzosen ihren vierten Treffer, doch die Kuwaitis behaupteten, sie hätten den Ball passieren lassen, weil sie den Pfiff eines Zuschauers irrtümlicherweise für einen Pfiff des Schiedsrichters gehalten hätten.

Fahd stürmte auf das Spielfeld, protestierte und wurde von den Rängen ausgebuht. Hinterher schrieb ein Kommentator: »Fairerweise muß man sagen, daß der Scheich andere Leute nur dann wie den letzten Dreck behandelt, wenn sie nicht seiner Meinung sind.« Kuwait wurde zu einer Geldstrafe von siebentausend Dollar verdonnert und Fahd wegen »unsportlichen Verhaltens« gerügt. Traurig daran war, daß Kuwaits Fußballer für ein Land dieser Größe ein beachtliches Niveau erreicht hatten. Bei den Olympischen Spielen in Moskau stießen sie sogar bis ins Viertelfinale vor.

Fahds Darstellung des Fußballskandals von Spanien fand sich in einem neuen Magazin mit dem Titel *Continental Sports,* das Ende 1982 in Paris erschien. Herausgeber war der äthiopische Schiedsrichter Fekrou Kidane, doch es wurde gemunkelt, daß Fahd das Blatt finanziere. Zwei Monate nach Fahds WM-Auftritt schrieb Kidane: »Die sensationslüsterne Presse nahm den Vorfall böswillig zum Anlaß, ihm wegen der Ölpreissteigerung eins auszuwischen. Sie kritisierte ihn, weil sein Bruder der Emir von Kuwait ist.« Nach Kidane war das »latenter Rassismus«. Außerdem monierte er, daß bei der Weltmeisterschaft Politiker bessere Plätze bekommen hätten als IOC- und FIFA-Mitglieder. Das klang verdächtig nach einem wütenden Fahd.

Ende 1982 brachte die *Welt am Sonntag* einen Artikel über den ehemaligen Bundesliga-Trainer Rudi Gutendorf, der schwere Vorwürfe gegen Fahd erhob. So habe Fahd versucht, das Spiel Kuwait gegen Nepal im Jahr zuvor zu manipulieren. Gutendorf, zu der Zeit Berater des nepalesischen Fußballverbands, behauptete, zwei Funktionäre des Scheichs hätten ihm eine Trainerstelle beim kuwaitischen Fußballverband angeboten, mit einem Jahresgehalt von 200 000 Dollar. Als Gegenleistung sollte er dafür sorgen, daß die nepalesische Mannschaft mit acht Toren Unterschied verlor.

Angeblich mußte Kuwait mit 8:0 gewinnen, um sich für die Endrunde der asiatischen Juniorenmeisterschaft zu qualifizieren. Nach 72 Minuten stand es 4:0. Dann kam es zu einer Schlägerei. Gutendorf behauptete, kuwaitische Spieler hätten sie angezettelt. Das Spiel wurde abgebrochen.

Die Fußball-Skandale dienten nur einem Zweck: Sie sollten Fahds Ruf im eigenen Land untermauern, daß er den großen Nationen Paroli bot. In den folgenden drei Jahren stürzte er sich in immer kostspieligere Unternehmen, die allesamt aus der Staatskasse bezahlt wurden. Obwohl in Kuwait keine Einkommensteuer erhoben wird, zeigten sich viele einflußreiche Bürger zunehmend besorgt über die Summen, die Fahd nach eigenem Bekunden für die Finanzierung seines asiatischen Imperiums benötigte.

Die erste Entscheidung, die es zu manipulieren galt, war die Abstimmung über den künftigen Sitz des OCA. Japan und andere Länder in Fernost waren wenig erfreut über Fahds Forderung, Kuwait City den Zuschlag zu geben, einer Stadt an der Peripherie der Region. Wie üblich wurden Stimmen gekauft, und der OCA zog nach Kuwait City.

Doch noch war die Zukunft des OCA nicht gesichert. Solange ihn das IOC nicht offiziell anerkannt hatte, genoß er keine Glaubwürdigkeit. Bei der IOC-Session 1983, die glücklicherweise in Neu-Delhi stattfand, sollte darüber entschieden werden. Fahd mußte also erneut genügend Stimmen zusammenbekommen, er wartete deshalb mit einer neuen Idee auf.

Die unerschöpflich scheinende Staatskasse Kuwaits wurde geplündert, und Fahd kündigte für 1985 die Ausrichtung der ersten

Afro-Asiatischen Spiele an, Austragungsland Kuwait. Ein solches Ereignis stellte den Sportfunktionären aus beiden Erdteilen die großzügige Gastfreundschaft der Kuwaitis in Aussicht und verhieß jenen IOC-Mitgliedern, die ständig mit Erste-Klasse-Tickets um den Globus jetteten, Präsente entgegennahmen und in Fünf-Sterne-Hotels logierten, noch mehr Annehmlichkeiten.

Samaranch selbst wurde dazu überredet, auf seinem Flug nach Delhi in Kuwait zwischenzulanden und einer gemeinsamen Sitzung des OCA und der Olympischen Komitees Afrikas beizuwohnen, auf der das Vorhaben erörtert wurde. Die Session in Delhi verlief nach Wunsch. Während die neuen arabischen Mitglieder in den Wandelhallen die Delegierten beeinflußten, schwiegen Israels Freunde. Schließlich gab das IOC dem OCA seinen Segen, einer Organisation, deren einziger Existenzgrund im Widerspruch zu den fundamentalen Forderungen der Olympischen Charta stand. Die Bedürfnisse der asiatischen Delegierten wurden nicht vergessen; im Oktober 1983 richtete Kuweit die Asiatischen Leichtathletik-Meisterschaften aus.

Zu seinem eigenen Erstaunen mußte Fahd feststellen, daß er kurz vor dem Bankrott stand. Wie viele andere törichte Kuwaitis hatte er an der inoffiziellen Aktienbörse des Landes spekuliert, der Suk al-Manach. Solange die Ölpreise gestiegen waren, waren auch die Aktienkurse gestiegen. Und in der Annahme, daß die Preise weiter klettern würden, hatten kuwaitische Spekulanten vorausdatierte Schecks ausgestellt, weil sie auf satte Gewinne hofften, bevor die Schecks fällig wurden.

Doch die Kurse fielen, und plötzlich stand Fahd mit rund einer Milliarde Dollar Schulden da. Zum Glück war er in guter Gesellschaft. Auch viele andere Mitglieder der Familie Al-Sabah hatte spekuliert und verloren. Der Gesamtverlust wurde auf neunzig Milliarden Dollar geschätzt. Die Regierung – genaugenommen die Al-Sabahs – schnürte in aller Eile ein Hilfspaket, um denen, die am meisten verloren hatten, aus der Patsche zu helfen. Die politischen Gegner der Al-Sabahs, in der Hauptsache Kaufmannsfamilien, die ihr Vermögen durch Geschäftssinn erworben hatten, zeigten dafür wenig Verständnis.

Fahd verfolgte eigene Pläne zur Wiedererlangung seines Vermögens. Unbeeindruckt durch den Milliardenverlust, gab er weiter mit vollen Händen Geld aus und brachte seine Familie dadurch an den Rand des politischen Ruins. Dazu ein kuwaitischer Informant: »Er verlangte vom Staat Geld für Sportprojekte, veranschlagte die Kosten absichtlich zu hoch und strich den Überschuß ein. Auf diese Weise schlug er zwei Fliegen mit einer Klappe. Durch seine Leistungen für den Sport errang er persönliches Ansehen, und gleichzeitig bereicherte er sich. Er blähte die Budgets auf und stahl Summen in Millionenhöhe. Es steht außer Frage, daß die Regierung davon gewußt hat. Im vertraulichen Gespräch gab er zu, daß er Bestechungsgelder zahlte; immerhin waren die mächtigsten Männer – der Emir und der Premierminister – sein Bruder und sein Cousin. Sie tolerierten, daß er in ganz Asien Schmiergelder bezahlte, denn das stärkte das Ansehen Kuwaits. Und solange seine Eitelkeit befriedigt war, gab er Ruhe. Er war ein launischer Mann und neigte zu Wutanfällen, wenn er nicht seinen Willen bekam. Er war clever und wußte, wie man Leute bestach, ob nun in Kuwait oder im Ausland. Wenn er eine Stimme kaufen wollte, nahm er den betreffenden Sportfunktionär persönlich unter die Lupe, um herauszufinden, was er sich am meisten wünschte: die Stiftung einer Sportstätte, die ihm zu Hause Prestige einbrachte, oder eher ein persönliches Geschenk.«

Die Unverfrorenheit, mit der Fahd Staatsgelder in die eigene Tasche umleitete, erregte den Zorn der kuwaitischen Opposition. Sie war darüber erbost, daß er nicht arbeitete und von gestohlenen Öleinnahmen lebte, die eigentlich dem Wohl der gesamten kuwaitischen Gesellschaft dienen sollten.

Im Jahr 1983 unternahm sie erste Schritte gegen ihn. Initiator war Ahmed Al-Saadoon, der Sprecher des kuwaitischen Parlaments. Zu diesem Zeitpunkt präsidierte Fahd unter anderem dem Box-, dem Handball- und dem Fußballverband seines Landes.

Al-Saadoon brachte eine Gesetzesvorlage ein, nach der jedem Kuwaiti verboten werden sollte, mehr als einem Verband vorzustehen. Die Vorlage der Opposition kam einer Kriegserklärung an die Al-Sabahs gleich. Die inländische Presse, die damals noch keiner Zensur unterlag, brachte Artikel über den launischen Scheich. Fahd wurde häufig als »verrückt« apostrophiert, und Vorwürfe wurden laut, er habe die Ergebnisse der Fußballspiele in Kuwait manipuliert. Der Streit hielt bis zu den Wahlen von 1985 an. Die

Al-Sabahs behaupteten zwar die Macht, brachten ihre Kritiker aber nicht zum Verstummen.

Das neue Parlament leitete eine Untersuchung gegen Fahd ein, um seinen finanziellen Machenschaften auf den Grund zu gehen, aber er weigerte sich, seine Bücher vorzulegen. Als dann auch noch andere Mitglieder der Herrscherfamilie unter den Verdacht der Veruntreuung gerieten, setzte der Emir Mitte 1986 kurzerhand die Verfassung außer Kraft, löste das Parlament auf, verhängte eine strenge Pressezensur und regierte fortan per Dekret. Seitdem gab es weder Wahlen noch unbequeme Fragen im Parlament. Selbst die *diwanias,* traditionelle Diskussionsrunden, wurden in der Zeit vor der irakischen Invasion von der Polizei aufgelöst.

Die Abschaffung des einzigen demokratischen Forums führte in Kuwait zu einer weiteren Politisierung des Sports. Im Land gibt es drei führende Familien, und die herrschenden Al-Sabahs liegen mit den beiden anderen in einer Dauerfehde. Jeden Donnerstag, dem traditionellen Spieltag im kuwaitischen Fußball, verwandelte sich das Stadion Al-Arabi in eine politische Arena. Die Al-Sabahs kontrollierten den Club Al-Arabi und zwei weitere, die Opposition drei andere Teams. Jedesmal, wenn Mannschaften aus den verschiedenen Lagern gegeneinander antraten, war das für die Opposition die Chance, der Regierung eine Ersatzniederlage beizubringen.

Die ausländische Presse berichtete ausführlich über die Skandale der Al-Sabahs, doch die *Revue* des IOC ignorierte sie. Im Lauf der Jahre brachte sie in loser Folge eine Serie mit dem Titel »Einflußreiche Persönlichkeiten im Sport«. Auch Fahd wurde interviewt und sagte: »Ich tue das alles freiwillig. Ich arbeite vierundzwanzig Stunden am Tag, sieben Tage in der Woche, vier Wochen im Monat, zwölf Monate im Jahr unentgeltlich für den Sport. Gott sei Dank brauche ich keinen Job.« Das IOC half, den Mythos aufrechtzuerhalten.

Zwar war die Demokratie zu Hause abgeschafft, doch im Ausland rührte Fahd in ihrem Namen kräftig die Werbetrommel. Wollte er die Unterstützung der Entwicklungsländer in den internationalen Sportforen behalten, so mußte er als Fürsprecher ihrer Belange auftreten.

Seit langem schon attackierte *Continental Sports* die IAAF und deren Abstimmungsmodus, der den älteren, etablierten Sportnationen mehr Stimmen einräumte. Sie warf Primo Nebiolo vor, in seinem Verband herrsche »Demagogie und Zynismus«. Das war natürlich absolut richtig, doch bewies Fahd eine bedauernswerte Unkenntnis der Realitäten in der Sportpolitik. Nebiolo dachte nicht im Traum daran, die kleineren Nationen zu übergehen. Im Gegenteil, er setzte sich vehement für das Prinzip »ein Land, eine Stimme« ein, denn auch er wollte die Macht der großen Nationen schwächen, die ihn zum Teil erbittert bekämpften.

Mit Appellen an die Dritte Welt begann Fahd einen heuchlerischen Feldzug für die »Reinheit der Olympischen Spiele«. Er verschickte an zahlreiche Organisationen Briefe mit der Behauptung, die Zulassung von Profisportlern werde zu einer »totalen Vernichtung« der Spiele führen. Er forderte die Sportfunktionäre auf, ihm »die Hände zu reichen und diese verheerende Entwicklung zu stoppen«. Der Trick war gut: Viele ärmere Länder, die ernste Schwierigkeiten hatten, für ihre Athleten Trainingsstätten zu bauen, fürchteten, daß der neue Professionalismus zu unereichbaren Qualifikationsnormen führen könnte. Von den hohen Siegesprämien, mit denen Fahd seine kuwaitischen Fußballer motivierte, war freilich nicht die Rede.

Fahds Motiv hatte nichts mit Altruismus zu tun. Sein nächstes Ziel war, bei den Wahlen 1988 in Istanbul einen Sitz im Exekutivkomitee des IOC zu erringen. Fahd hatte die Afrikaner hinter sich und erhielt achtundzwanzig Stimmen, unterlag aber dem Japaner Chiharu Igaya. Es ist bezeichnend, daß in einer geheimen Abstimmung und ohne vorherige Beeinflussung die Sympathien vieler Asiaten Igaya galten.

Im folgenden Jahr fanden die Olympischen Spiele von Seoul statt. Sie waren eine ernsthafte sportliche Herausforderung, doch obwohl sie in Asien stattfanden, spielte Fahd nur eine unbedeutende Rolle. Sein einziger erwähnenswerter Beitrag: Als auf der Anzeigetafel Jerusalem als die Hauptstadt Israels aufleuchtete, protestierte er bei Samaranch. Die Israelis konterten mit dem Hinweis, dies sei schon seit viertausend Jahren der Fall.

Je mehr sich Fahds Leben dem Ende zuneigte, desto offensichtlicher wurde, daß er außerhalb Kuwaits nur wenig Positives erreicht hatte. Seine »Erfolge« auf der internationalen Bühne waren wertlos, und bei Licht besehen waren die Fortschritte, die der asiatische Sport gemacht hatte, nicht wegen, sondern trotz Fahds Bemühungen zustande gekommen.

Sein letzter grandioser Einfall waren die ersten Friedens- und Freundschaftsspiele, die im November 1989 in Kuwait stattfanden. Organisiert wurden sie von der Islamischen Sportkonferenz unter ihrem Präsidenten, dem Emir von Kuwait. Auch der Irak nahm teil und erreichte in einem Fußballspiel gegen den Iran ein torloses Unentschieden – nach acht Jahren Krieg ein durchaus bemerkenswertes Ereignis. Auch Samaranch gab sich die Ehre, flankiert von Havelange und mehreren IOC-Mitgliedern. Einhellig lobten sie »den Geist des Fairplay und des gegenseitigen Respekts« und lauschten dann andächtig, als Fahd ein Gedicht vortrug, das er eigens für diesen Anlaß verfaßt hatte. Kuwait demonstrierte seinen arabischen Brüdern, wieviel Geld man für den Sport verschwenden konnte, indem man die Athleten in Fünf-Sterne-Hotels unterbrachte und den Journalisten Fahrzeuge zur Verfügung stellte. Das Ereignis wurde in der *Revue* besprochen, und der Berichterstatter war kein anderer als Fekrou Kidane. Es überrascht nicht, daß er die Spiele als »vollen Erfolg« wertete. Darüber hinaus gab er bekannt, daß man für die Planung künftiger Spiele ein Komitee gebildet und Fahd durch Akklamation zu dessen Vorsitzenden gekürt habe.

IOC-Präsident Samaranch bereiste im Februar 1990 erneut den Nahen Osten. In Amman traf er zum letzten Mal Scheich Fahd, der ihn durch die Region begleitete. Die Reise endete in Kuwait, wo Fahd eine Konferenz zum Thema »Apartheid und der olympische Gedanke« veranstaltete – ein befremdliches Thema, wenn man bedenkt, daß Fahd Millionen für die Diskriminierung Israels ausgegeben hatte. Aber damit hielt er die Afrikaner bei der Stange.

Zwei Monate später nahm Fahd die FIFA ins Visier. Bei einer Sitzung des Asiatischen Fußballverbands wurde er zu dessen regionalem Vizepräsidenten im Exekutivausschuß der FIFA gewählt. Ein Kommentator sprach von einer »merkwürdigen Wahl«. Fahd gewann mit siebzehn zu sechzehn Stimmen. Seine Kampagne wurde als »vehement« beschrieben. In wahrer olympischer Tradition übernahm er die Kosten für die gecharterte Boeing, die die stimmberechtigten Teilnehmer zur Tagung nach Bali brachte.

Es war Fahds letzter sportlicher Triumph. In der Nacht des 2. August 1990 marschierten Saddam Husseins Truppen in Kuwait City ein. Es gibt viele Versionen über Fahds Tod, und die Wahrheit wird möglicherweise nie ganz ans Licht kommen. Nach offizieller Darstellung der Al-Sabahs fiel Fahd im heroischen Kampf gegen die Eindringlinge. Wissen konnten sie es freilich nicht, denn zu diesem Zeitpunkt waren sie bereits geflohen.

Nach einer anderen Version, die allgemein als glaubhafter gilt, konnte die Familie ihn nicht finden, als sie die Flucht vorbereitete, weil er die Nacht in einem Etablissement verbrachte, das am Ort unter dem Namen »bordello« bekannt war. Angeblich trat er im Morgengrauen auf die Straße, sah die Panzerkolonnen und eilte zum königlichen Dasman-Palast, um herauszufinden, was los war. Er geriet in Streit mit irakischen Soldaten, und ein Heckenschütze schoß ihm ins Genick.

Wie sollte es mit dem OCA ohne seinen Chef und Zahlmeister weitergehen? Delegierte, die zwei Monate später den OCA-Kongreß in Peking besuchten, waren sprachlos, als das arabische Kontingent unter Führung von Fahds jungem Sohn Ahmad anreiste und verlangte, daß der Sohn die Nachfolge seines Vaters antreten solle.

Während der kuwaitische Widerstand gegen die Eindringlinge kämpfte, hatte die Familie Al-Sabah im saudischen Erholungsort At Taif eine sichere Zuflucht gefunden. Obwohl Krieg herrschte, hatte der erst fünfundzwanzig Jahre alte und in administrativen Fragen des Sports völlig unerfahrene Ahmad nichts Wichtigeres zu tun, als sich selbst zum Präsidenten des Kuwaitischen Olympischen Komitees zu »wählen«. Als er der kulturellen Eintönigkeit im saudischen Exil müde war, übersiedelte er nach London und plante eine Kampagne mit dem Ziel, die Posten seines Vaters zu erben.

Die asiatischen Mitglieder des OCA waren empört. Hätten sie umgehend einen neuen Präsidenten wählen können, so hätten sie die Vormachtstellung der Araber möglicherweise gebrochen. »Wir sind keine Monarchie«, sagte einer. Die übliche Taktik der Araber bestand darin, eine Wahl so lange hinauszuschieben, bis ihnen der Sieg gewiß war. So auch diesmal. Ahmad sagte zu Journalisten: »Ich wollte nicht, daß die Wahl in Peking stattfand, denn ich wollte die Einigkeit im asiatischen Sport nicht gefährden, obwohl ich weiß, daß ich eine Mehrheit von vierundzwanzig Stimmen auf meiner Seite habe.« So kam es dann auch. Die üblichen Maßnahmen wurden getroffen, und schließlich votierte der Kongreß dafür, die Präsidentenfrage bis zu einem Treffen zu vertagen, das sechs Monate später in Saudi-Arabien stattfinden sollte. Doch die bisherige Machtposition war erschüttert, und im Verlauf des Jahres 1991 wurden neue Sitzungen anberaumt und dann wieder verschoben, weil die Fahd-Fraktion noch keine manipulierte Wahl zustande gebracht hatte.

Zum ersten Mal äußerten sich die anderen asiatischen Delegierten gegenüber der Presse. Ein asiatischer NOK-Präsident sagte ganz offen: »Sie haben uns gekauft und betrogen.« Mittlerweile hatte der OCA eine neue Adresse. Das organisationseigene Magazin *Horizons,* das voll war mit Fotos des verstorbenen Fahd und seines ehrgeizigen Sohnes, erschien in dem verschlafenen englischen Seebad Eastbourne, wo Fahds persönlicher Assistent Abdul Muttaleb Ahmad Zuflucht gefunden hatte.

Im Juni 1991 tauchte der junge Scheich Ahmad bei der IOC-Session in Birmingham auf und gab den Mitgliedern zu verstehen, daß sie gut beraten seien, ihn auf den Posten seines Vaters zu berufen. Präsident Samaranch hieß ihn willkommen. Zahlreiche IOC-Mitglieder traten vor die Kameras des kuwaitischen Fernsehens und beteuerten, daß Fahds Tod ein großer Verlust für die olympische Bewegung sei.

Im August 1991 berichtete David Miller von der Londoner *Times* aus Seoul von einer drohenden Spaltung des OCA in eine asiatische und eine arabische Gruppe. Er lobte zunächst den verstorbenen Fahd und dessen »unermüdlichen, selbstlosen Einsatz für die Einheit des OCA«, um dann darauf hinzuweisen, daß Südkorea und viele asiatische Länder im pazifischen Raum der arabischen Hegemonie überdrüssig seien. Die Vorwürfe dieser Länder: »Sitzungen werden verschoben, Programme nie verschickt, Unterlagen über Zuteilungen aus dem Olympischen Solidaritätsfonds gehen angeblich verloren, und niemand weiß, wo das Geld geblieben ist.«

Diese Kritik mag die Araber geärgert haben, brachte sie jedoch nicht von ihren Bemühungen ab, Scheich Ahmad ins OCA zu hieven. Allerdings gab es da ein Problem: In der OCA-Satzung war ausdrücklich festgelegt, daß niemand unter fünfunddreißig Jahren Präsident werden durfte. Also auch nicht Ahmad mit seinen fünfundzwanzig. Doch nach gründlicher Lektüre der Statuten entdeckten die Araber eine Klausel, die besagte, daß die Bestimmungen mit einer einfachen Mehrheit aufgehoben werden konnten. Alles, was sie brauchten, waren genug Stimmen.

Im Herbst 1991, als die Araber weiter ihre Verzögerungstaktik verfolgten und gleichzeitig versuchten, eine Mehrheit für Fahds Sohn auf die Beine zu stellen, sagte uns ein Funktionär aus Südostasien: »Der OCA treibt führungslos dahin. Ich finde, der OCA sollte seine Satzung ändern und wieder zur alten Asian Games Federation zurückkehren. Die übertriebene Machtkonzentration in den Händen des Präsidenten hatte viele negative Begleiterscheinungen. Es ist bedauerlich, daß die arabischen Länder auf dem Sohn bestehen – nur um der Macht willen. Deshalb sollten die ost- und südostasiatischen Länder jetzt zusammenhalten. Wir müssen uns einhellig für die Weiterentwicklung des OCA einsetzen. Wir müssen Unregelmäßigkeiten und anderes Fehlverhalten bekämpfen.«

»Wir haben einen großartigen Mann verloren und vermissen ihn sehr«, sagte der diplomatische Dhillon aus Singapur. »Das Dilemma ist, daß wir momentan nicht wissen, wer das Ruder in die Hand nehmen soll. Das hat Diskussionen ausgelöst, denn viele Leute wollen Veränderungen in der Führungsstruktur. Sie wollen nicht, daß der Präsident zu lange im Amt bleibt – allenfalls acht Jahre.«

In dem Bemühen, die Machtübernahme des jungen Scheich Ahmad zu verhindern, trafen sich die Olympischen Komitees der ostasiatischen Staaten China, Japan, Korea, Mongolei, Taiwan und Malaysia am 15. September 1991 in Tokio und diskutierten neun Stunden lang über die Lage. Am Ende unterzeichneten sie eine gemeinsame Resolution, in der sie harsche Kritik an Scheich Fahds Führungsstil übten: Er habe den OCA als Spielzeug mißbraucht. Weiter hieß es in dem Papier: »Der OCA ist in einem desolaten Zustand. Es gab viele Unregelmäßigkeiten und Auswüchse. Die Hauptprobleme sind die übertriebene Machtkonzentration beim Präsidenten, administrative Probleme beim Olympischen Solidaritätsprogramm und Verfahrensmängel bei Programmen und bei der Umsetzung von Beschlüssen des Büros und der Vollversammlung.«

Sie empfahlen, die für eine Woche später in Neu-Delhi anberaumte außerordentliche OCA-Sitzung bis zu der in drei Monaten geplanten Vollversammlung der Organisation in Japan zu verschieben. Sie erhielten Unterstützung durch den IOC-Präsidenten Samaranch, der dem OCA in einem Telegramm dringend riet, auf die ostasiatischen Länder zu hören.

Doch es war bereits zu spät. Die Kuwaitis hatten mittlerweile genügend Stimmen zusammen und wollten ihren jungen Scheich so rasch als möglich inthronisieren. Eine Woche später, am 21. September 1991, tagten die OCA-Delegierten in Neu-Delhi und wählten Scheich Ahmad einstimmig zum Präsidenten.

Man Lip Choy, Generalsekretär des Nationalen Olympischen Komitees von Korea, war noch ganz aufgebracht, als er Wochen später mit uns sprach. Die meisten Sportpolitiker, die wir in Asien befragten, verlangten absolute Diskretion, bevor sie uns ihre wahren Ansichten preisgaben. Nicht so der couragierte Choy. Er suchte bewußt die Öffentlichkeit.

»Etliche waren der Ansicht, daß eine neue Führung her mußte, denn die arabischen Staaten sind klein. Nicht daß wir sie übergehen wollen, aber es gibt dort nur wenig Sport und überhaupt keinen Frauensport. Wenn sie etwas tun würden, um das Niveau des asiatischen Sports zu heben, würden wir ja gar nichts sagen, aber sie haben nun mal nichts getan. Wir haben in Südostasien achtzehn bis zwanzig Länder. An den Asienspielen nehmen nicht viele arabische Länder teil – und wenn, dann schicken sie vielleicht fünf Leute. Außerdem gibt es Probleme mit dem Solidaritätsfonds vom IOC. Wir müssen ein Programm vorlegen, und sie tun es einfach nicht. Außerdem legen sie dem OCA keine Rechenschaft über die Finanzen ab. Die westasiatischen Länder werden praktisch alle bestochen. Die Delegierten bekommen zwischen 25 000 und 50 000 Dollar, manchmal sogar bis zu 100 000 Dollar. Jedesmal, wenn Wahlen anstehen, schmieren sie die Delegierten und passen auf, daß die Hände in die Höhe gehen.«

Choy nannte uns die Namen olympischer Funktionäre, die seiner Meinung nach Geld genommen hatten. Dann erzählte er uns von der merkwürdigen Sitzung in Neu-Delhi, bei der Scheich Ahmad gewählt worden war. Obwohl über die Hälfte der Delegierten bestochen war, kam Ahmads Alter natürlich zur Sprache. Einige wiesen darauf hin, daß er zehn Jahre jünger sei als das von der

Satzung geforderte Mindestalter. Doch C. L. Mehta, langjähriger OCA-Generalsekretär und enger Freund des verstorbenen Scheich Fahd, konterte geschickt.

Dazu Choy: »Scheich Ahmad schwieg. Der indische Generalsekretär Mehta sagte: ›Vielleicht ist er zweiunddreißig, vielleicht fünfunddreißig.‹ Genau das hat er gesagt. Der Vater war fünfundvierzig, als er starb. Wenn ich mich recht erinnere, sagte Mehta, es gebe keine Möglichkeit, Ahmads Alter nachzuprüfen. Ich selbst sprach unmittelbar vor der Wahl in Indien mit Scheich Ahmad. Ich sagte ihm ins Gesicht: ›Hören Sie zu, mein Freund, ich habe Ihren Vater gekannt. Ich habe ihn zweimal in seinem Haus besucht. Anfangs habe ich ihn gemocht, aber in letzter Zeit hat er nichts mehr getan. Und jetzt kommen Sie und wollen sich über die Statuten hinwegsetzen. Wir sind keine Monarchie. Sie haben noch einen weiten Weg vor sich. Beweisen Sie mir, daß Sie gut sind, und wenn Sie es mir bewiesen haben, werde ich Sie in vier Jahren unterstützen.‹ Ahmad antwortete nichts.«

Choy weiter: »Wir werden Maßnahmen ergreifen, aber ich glaube, daß die Japaner wegen der nächsten Asienspiele Angst haben. Und die Chinesen rechnen sich Chancen aus für die Olympischen Spiele im Jahre 2000. Also werden sich beide mit Stellungnahmen zurückhalten. Doch wir anderen wollen Gerechtigkeit. Wenn wir kein Gehör finden und die Araber ihre unberechtigte Vormachtstellung behaupten, dann wird sich bei uns vermutlich die Ansicht durchsetzen, daß wir dem OCA besser den Rücken kehren. Im Moment haben wir eine Monarchie, nichts anderes. Ich werde nie wieder an einer OCA-Sitzung teilnehmen. Zu meinen Mitarbeitern habe ich gesagt, das sei doch keine olympische Bewegung. Ich persönlich werde wegbleiben. Unter solchen Bedingungen gibt es keine Zukunft. Hier geht es nur um schmutzige Machtpolitik.«

Wir fragten Choy, wie das IOC zu der Krise im OCA stehe. »Ich weiß es nicht«, antwortete er. »Samaranch müßte eigentlich auf dem laufenden sein, denn Zhenliang He aus China war bei uns in Tokio und flog anschließend zur Sitzung des Exekutivkomitees nach Berlin und wird Samaranch berichtet haben. Ihm verdankte Scheich Fahd seine IOC-Mitgliedschaft, folglich muß er das Problem auch aus der Welt schaffen. Meiner Meinung nach sollte das IOC dem OCA jetzt mit Nichtanerkennung drohen. Damit würde uns Samaranch einen großen Dienst erweisen.«

Ein führender olympischer Funktionär aus einem anderen ostasiatischen Land sagte uns: »Präsident Samaranch unterstützt Ahmad nicht, aber er will, daß wir zusammenbleiben. Das IOC hat auf eine friedliche Wahl und Harmonie gedrängt. Ahmad hat keinerlei Erfahrung in administrativen Fragen des Sports, spricht nur unzulänglich Englisch und kennt sich im Sport nicht aus. Genaugenommen kann er gar nichts – er ist ein Hans Krampf in allen Gassen. Wir hatten eine kleine Chance, Ahmad zu schlagen, aber jetzt haben wir eine Monarchie im OCA. Wie der Vater, so der Sohn.«

Aber das Erbe des neuen Monarchen zerfällt bereits. Die ostasiatischen Länder – die bedeutendsten Sportnationen im OCA – haben offenbar genug. Im November 1991 gaben sie ihren Beschluß bekannt, im Mai 1993 in Peking oder Shanghai erstmals Ostasiatische Spiele durchzuführen und alle zwei Jahre zu wiederholen. Scheich Ahmad und seine Helfer traten so unverschämt auf, daß sich selbst so verfeindete Länder wie Taiwan und China und Süd- und Nordkorea im Interesse des Sports in ihrer Region zu einer Koalition zusammenschlossen. Ohne China, Japan, Nord- und Südkorea, Taiwan und Hongkong aber verliert Ahmads asiatisches Imperium an Glaubwürdigkeit. Zur gleichen Zeit, als die Ostasiaten die neuen Regionalspiele ankündigten, meldete die *Revue* des IOC, daß Scheich Ahmad »einstimmig zum Präsidenten des OCA gewählt wurde«.

Scheich Fahd war kein schlechter Mensch. Aber von Kriechern umgeben und von Reichtum verwöhnt, hatte er nie Gelegenheit, einen Sinn für die wahren olympischen Werte zu entwickeln. In seiner Heimat erwarb man dadurch Ansehen, daß man den Israelis das Leben schwermachte. Dabei war Fahd kein fanatischer Judenhasser. Uri Afek vom isrealischen NOK sagte uns: »Bei Tagungen war Scheich Fahd sehr höflich zu unseren Leuten. Trotzdem besteht kein Zweifel, daß er hinter den permanenten Versuchen steckte, Israel von allen Aktivitäten in Asien auszuschließen.«

Fahd war das Opfer einer korrupten Familie, die im eigenen Land lieber die Demokratie abschaffte, als ihre Rechnungen prüfen zu lassen. Und er war ein Opfer des IOC, das seine Macht stärkte und zu keinem Zeitpunkt geltend machte, daß es über mehr Macht und moralische Kraft verfügte.

Nach der Olympischen Charta hat das IOC »jede Form der Diskriminierung« in der olympischen Bewegung zu bekämpfen und dem »Geist des Fairplay« zur Geltung zu verhelfen. Samaranch und die IOC-Mitglieder mißachteten ihre eigenen Regeln. Man kann sich des Verdachts nicht erwehren, daß sie nur ungern auf die öffentlichen und privaten Zuwendungen verzichten wollten, mit denen Fahds OCA sie überhäufte.

Das IOC hätte Fahds rassistischem OCA die Anerkennung verweigern und den Mitgliedsländern unmißverständlich mit dem Ausschluß aus der olympischen Bewegung drohen sollen, falls sie den Sport weiter als politische Waffe gegen andere Länder mißbrauchten.

Es verwundert kaum, daß ein IOC, dessen Präsident die Diskriminierung Israels bei den Mittelmeer-Spielen duldete, bereitwillig einen OCA tolerierte, dessen einziger Daseinszweck darin bestand, Israel aus dem Weltsport zu verbannen. Als das IOC im Jahre 1983 den OCA anerkannte, setzte es ein deutliches Signal: Olympische Grundsätze konnten aufgegeben werden, wenn der Bewerber sagenhaft reich war.

11 Nichtstuer und Faulpelze

Alle Olympischen Spiele haben ein Motto. In Seoul 1988 lautete es »Harmonie und Fortschritt«. Dem koreanischen Staatspräsidenten Chun Doo Hwan, seit der Machtübernahme der Militärs 1980 im Amt, gefiel dieses Motto sehr. Als Seoul die Spiele zugesprochen bekam, erklärte er, die Funktion der Spiele bestehe darin, »die Ordnung wiederherzustellen«. In Korea bedeutete das Tränengas, Gummiknüppel und Gewehrkugeln. Und davon bekam die Bevölkerung während der siebenjährigen Vorbereitung auf die Spiele von Seoul reichlich ab – obwohl die Spiele laut Samaranch eigentlich die »Völker zum Wohle der Menschheit friedlich zusammenführen« sollen.

Die Koreaner warteten mit einem zweiten Motto auf: »Die Welt nach Seoul, Seoul in die Welt.« Was soviel bedeutete wie: »Machen wir Geschäfte.«

Alle Spiele haben ihr Maskottchen. Die Organisatoren von Seoul wählten den stolzen Tiger und verwandelten ihn in ein Kuscheltier mit einer Art Tirolerhut.

Alle Spiele haben ihr offizielles Emblem. In Seoul war es die »modifizierte« Form eines traditionellen koreanischen Symbols. Das Original stand für die Harmonie von Mensch, Himmel und Erde mit dem Universum. Die PR-Leute machten daraus ein Symbol für den »Fortschritt durch internationale Verständigung und Frieden«.

Frieden ist in der Sprache der Olympier eine sehr beliebte Vokabel, obwohl nicht bekannt ist, daß Olympia jemals einen Krieg verhindert oder die Völker auf Dauer einander näher gebracht hätte. Als die olympische Flamme schließlich erlosch, feierte man die Spiele als »kolossalen Erfolg«, als Rückkehr zur »olympischen Idee«.

Die Militärjunta verfolgte mit den Spielen eigene Ziele: Sie wollte ihr brutales Image übertünchen und neue Märkte für ihre dynamische Wirtschaft erschließen. Die Koreaner hatten das Glück, daß sie sich zu einem Zeitpunkt bewarben, als andere Städte das Risiko eines Boykotts oder Bankrotts scheuten. Ihr Erfolg verdankte sich den Fehlern der Rivalen, Dasslers kluger Vorbereitung der Wahl und dem bemerkenswerten politischen Geschick von Dr. Un Yong Kim. Dr. Kim, ein tüchtiger Jurist, ist ein ruhiger, stämmiger Mann. Man sieht ihm an, daß er gelernt hat, mit bloßen Händen zu töten. Heute ist er ein führendes Mitglied des »Clubs«, sitzt zu Samaranchs Rechten und gilt als aussichtsreicher Anwärter auf den Präsidentenstuhl in Lausanne.

In bezug auf seine Vergangenheit hält sich Dr. Kim bedeckt. Nach eigenen Angaben war er früher stellvertretender Direktor der Leibgarde des Präsidenten. In dieser Funktion wachte er über die Sicherheit von Staatspräsident Chung Hee Park, der das Land mit großer Brutalität regierte und fast zwei Jahrzehnte lang alle demokratischen Bestrebungen unterdrückte. Als Park 1979 ermordet wurde, hatte sich Kim bereits höheren Aufgaben zugewandt.

In Kims offizieller Personalakte beim IOC wurde sein Posten später in »stellvertretender Generaldirektor des Präsidentenamtes« abgeändert. Kim studierte an drei amerikanischen Universitäten und war Gesandter in Washington, bei den Vereinten Nationen und in London. Im Jahre 1973 gründete er die World Taekwondo Federation (WTF) und wurde ihr Präsident. Bei den koreanischen Streitkräften lernen alle Dienstgrade Taekwondo. Fortgeschrittene sind imstande, mit bloßen Händen Ziegelsteine zu zertrümmern.

Der koreanische Staat hat Taekwondo stark gefördert. Vermutungen zufolge war Kim, ein Mann mit beachtlichem Intellekt und fundierten Kenntnissen in den Kampfsportarten, ein wichtiger Mann in der koreanischen CIA und ist es möglicherweise noch. Bei einer IOC-Sitzung 1991 in Atlanta überraschte Dr. Kim die Organisatoren, als er für einen Tag ins Fort Benning der US-Army fuhr, »um seine Kumpels zu besuchen«.

Wir wandten uns an den ehemaligen CIA-Beamten Philip Liechty, der seit Ende der sechziger Jahre in Korea stationiert war. »Man muß sich klarmachen, was für Leute der Leibwache des

Präsidenten angehörten«, sagte er. »Damals verübten paramilitärische Gruppen im Auftrag der Nordkoreaner mehrere sorgfältig geplante Mordanschläge auf den Präsidenten, deshalb umgab er sich mit bewährten Killern. Ein Mann, der in einem solchen Land den Präsidenten schützt, muß bewiesen haben, daß er ohne weiteres bereit ist, für seinen Chef zu töten und alles zu tun, was der Präsident von ihm verlangt. In Frage kamen nur Leute, die dem Präsidenten absolut treu ergeben waren und keine demokratischen Flausen westlicher Prägung im Kopf hatten, Leute, die ihr Leben für den Präsidenten hingeben würden, ihm aufs Wort gehorchten und glaubten, daß er ein Segen für das Land war.«

Der CIA-Beamte Liechty öffnete uns auch die Augen über die Rolle der »Sportart« Taekwondo. »Ich habe aus vielen Quellen gehört, und viele dieser Quellen halte ich für sehr zuverlässig, daß die koreanische CIA unter Präsident Park Taekwondo-Schulen als Operationsbasen und als Tarnung für Mitarbeiter im Ausland benutzt hat, speziell hier in den USA. Einige dieser Leute sollen zeitweise an der Entführung und Verschleppung regimekritischer koreanischer Studenten aus den USA nach Korea beteiligt gewesen sein. Dafür und für ähnliche Operationen, in die die koreanische CIA in den siebziger Jahren verwickelt war, gibt es zahlreiche Beweise.«

Wir fragten ihn, welche Funktion Dr. Kim im koreanischen Geheimdienst ausgeübt haben könnte. »Ich bin Kim nie begegnet«, antwortete Liechty, »doch ich vermute, daß er in all den Jahren tief in die Aktivitäten des koreanischen Geheimdienstes verstrickt war, entweder auf operativer Ebene oder zumindest als jemand, der mit dem Geheimdienst auf gutem Fuß stand und an Auslandsoperationen mitwirkte, die dort, wo er Ämter bekleidete, den koreanischen Einfluß verstärken sollten. Wenn ich mir die Informationen betrachte, die er über seinen Werdegang an der koreanischen Botschaft in den USA vorgelegt hat, sein Studium an amerikanischen Universitäten, seine Initiative bei der Gründung der World Taekwondo Federation und seine Stellung in der Leibgarde des Präsidenten, so besteht kaum ein Zweifel, daß er früher an koreanischen Geheimdienstaktivitäten im Ausland beteiligt war. Vorsichtiger läßt sich die Rolle nicht umschreiben, die er meiner Meinung nach im Geheimdienst gespielt hat.«

Dr. Kim hatte von allen Organisatoren in Seoul die besten Referenzen. Als einziger Koreaner hatte er den Sprung auf die internationale Sportbühne geschafft. So hatte er zusammen mit einem New Yorker Unternehmer namens Don Kalfin einen Verband gegründet. Kalfin leitete die Firma Sanshoe, die im großen Stil Schuhe aus Korea importierte. Zudem stand er in Kontakt zu einer Gruppe in Kalifornien, die 1981 die ersten Weltspiele durchführen wollte. Die Weltspiele waren eine Bühne für alle nichtolympischen Sportarten, und so mancher war der Ansicht, Kalfin trete in die Fußstapfen Dasslers, weil er den Verkauf von Schuhen mit Sportpolitik verband. Mit Kalfins Unterstützung wurde Dr. Kim Präsident der Weltspiele.

Als die Organisatoren der Spiele in finanzielle Schwierigkeiten gerieten, wandten sie sich an Patrick Nally. »Als kein Geld hereinkam, baten sie mich um Hilfe. Es war sehr schwierig für uns, denn es war bereits fünf vor zwölf, aber ich legte über hunderttausend Dollar drauf, damit die Spiele auch wirklich stattfinden konnten. Kim war damals ein geheimnisumwitterter Mann. Niemand wußte so recht, wie groß sein Einfluß oder seine Macht in Korea war. Er sprach viel mit mir. Vermutlich hatte er begriffen, daß Kalfin und Sanshoe nicht die einzigen waren, die ihm helfen konnten. Er war ganz versessen darauf, im internationalen Sport ein wichtiger Mann zu werden. In den siebziger Jahren lud er viele hohe Sportfunktionäre nach Seoul ein. Das war Teil der Olympia-Bewerbung. Die Koreaner mußten die internationale Sportgemeinschaft davon überzeugen, daß sie die Spiele ausrichten konnten. Bei meinem ersten Besuch war ich verblüfft. Man brachte mich in Dr. Kims Taekwondo-Halle in Seoul, wo er für seine Gäste eine Vorführung arrangiert hatte. Es war beeindruckend. Ich bin viel herumgekommen, aber so etwas hatte ich noch nie gesehen. Ich wurde in eine Prominentenloge geführt und nahm in einem luxuriösen, mit Stickereien verzierten Sessel Platz. Dann führten Hunderte von Teenagern und jungen Leuten Taekwondo-Übungen vor. Ich habe nie so viele wogende Menschenleiber auf einem Haufen gesehen, und das für ein so kleines Publikum.«

Im Jahr 1980 machte Dr. Kim in seiner Karriere zwei große Schritte nach vorn. Das IOC erkannte Taekwondo an, die aggressivste und gefährlichste Kampfsportart, und Kim wurde in den Rat der Allgemeinen Versammlung der Internationalen Sportföderationen gewählt. »Kim verkehrte nun mit wichtigen internationalen Präsidenten und begriff allmählich, welche Möglichkeiten in dem System steckten«, sagt Nally. »Und durch mich lernte er auch Horst kennen.«

Aussichtsreichster Bewerber für die Olympischen Spiele von 1988 war die japanische Stadt Nagoya. Hinter ihrer Bewerbung stand der mächtige Automobilhersteller Toyota. Hinzu kam, daß Japan bereits einmal Sommer- und einmal Winterspiele ausgerichtet hatte, und das mit Erfolg. Den Konkurrenten Melbourne, Athen und Seoul wurden nur geringe Chancen eingeräumt. Südkorea galt als eine instabile Militärdiktatur, der ständig ein Krieg mit den kommunistischen Brüdern im Norden drohte.

Dassler beurteilte die Bewerber danach, welchen Nutzen sie ihm bringen konnten. Melbourne und Athen fanden keine breite Unterstützung, und als es zu einem Kopf-an-Kopf-Rennen zwischen Nagoya und Seoul kam, wußte Dassler, welcher Wahlausgang ihm genehmer war.

»Seoul war aus mehreren Gründen viel attraktiver als Japan«, sagt Nally. »Erstens konnte Horst die Japaner nicht führen. Sie waren sehr eigenwillig. Horst sprach mit ihnen über eine Kooperation, aber dabei kam nichts heraus. Sie waren zu arrogant. Sie waren einfach zu sehr davon überzeugt, daß sie die Spiele bekommen würden.

Die Koreaner waren anders. Sie waren kooperativ, und sie produzierten für die halbe Welt Sportausrüstung und Sportschuhe. Sie stellten auch eine Menge adidas-Produkte her, und Dassler kannte sie gut. Politisch war Korea für ihn ein wichtiges Land. Als Seoul den Zuschlag vor Nagoya erhielt, war das für Dassler ein persönlicher Triumph. Er hatte sich selbst bewiesen, daß er mit seinem politischen Team, seinen Hamoudas und Chowdhrys, den Laden zusammenhalten konnte. Zum ersten Mal hatte er bewiesen, daß er auf die Wahl der Olympiastadt entscheidenden Einfluß hatte.«

Ein anderer Kollege Dasslers erzählte uns: »Im Vorfeld der Wahl sagte Horst zu uns, daß Nagoya gewinnen würde. Aber im letzten Moment schwenkte er auf Seoul um und redete mit den Leuten. Ja, die Japaner waren arrogant, und Horst kam mit ihnen nicht zu Streich.«

Ende 1981 wurde in Baden-Baden abgestimmt. Mit 52 zu 27 Stimmen feierte Seoul einen überwältigenden Sieg über Nagoya.

Allerdings gab es da ein peinliches Problem, das unter den Teppich gekehrt werden mußte. Die Koreaner produzierten nicht nur für die halbe Welt auf Bestellung Kleider und Schuhe, sie fertigten annähernd die gleiche Menge auch illegal. Sie waren Gauner. Koreas Industrie produzierte alljährlich Imitationen im Wert von schätzungsweise zehn Milliarden Dollar. Dazu Howard Bruns, der Präsident des amerikanischen Verbands der Sportartikelhersteller: »In Südkorea ist die Markenpiraterie hoch entwickelt. Man kann Etiketten und Firmenzeichen für jede bekannte Weltmarke kaufen.« In die gleiche Kerbe schlug der Weltverband der Sportartikelindustrie, der Korea vorwarf, der Welt größter Produzent falscher Markenartikel zu sein. Der Verband war nicht gerade erfreut, als koreanische Regierungsbeamte mit Unschuldsmiene beteuerten: »Bei uns wird nichts gefälscht.«

Erschwerend kam hinzu, daß die Koreaner, die ihren heimischen Markt stets mit protektionistischen Maßnahmen schützten, die Olympischen Spiele als Schaufenster für ihre Produkte nutzen wollten. Sie waren nicht gewillt, das größte internationale Sportereignis auszurichten und dann zuzulassen, daß dem Fernsehpublikum in aller Welt ausländische Marken präsentiert wurden. Der koreanische Fußballverband wies den Weg, als er seinen Spielern verbot, ausländische Markenartikel zu tragen. Das höchste Sportgremium des Landes, der koreanische Sportbund, erklärte, die Benutzung ausländischer Produkte sei »eine Schande«.

Kaum war die erste Euphorie über den Gewinn der Olympischen Spiele verflogen, mußten die Koreaner einigen harten Tatsachen ins Auge sehen. Zwar hatten sie bei der Nominierung der Olympiastadt viel Schützenhilfe aus dem Ausland erhalten, doch jetzt mußten sie ein Team zusammenstellen, das in der Lage war, die Spiele zu organisieren. Und sie mußten das nötige Geld beschaffen. Dabei kam ihnen sicher zu Hilfe, daß in einer Gesellschaft, in der die Armee regierte, schnell Entscheidungen getroffen werden konnten. Daß sie das Organisationskomitee aber mit Militärs besetzten, war eine Katastrophe.

Dr. Kim hatte eigene Vorstellungen von der idealen Zusammensetzung des Organisationskomitees. Seiner Meinung nach sollten ihm »Bürokraten, Militärpolizisten, Geheimdienstagenten, Sportler, Presse- und Fernsehleute, Diplomaten und sogar Geschäftsleute« angehören. Kaum ein Jahr nach Vergabe der

Spiele wuchsen im IOC die Bedenken, ob diese Ansammlung von Spionen, Polizisten und Federfuchsern der Aufgabe gewachsen war.

Die Chefs des Organisationskomitees wurden regelmäßig ausgetauscht und, um nach außen hin das Gesicht zu wahren, auf nominelle Posten abgeschoben. Immer neue Gesichter tauchten auf und verschwanden wieder, bis das IOC schließlich nicht mehr wußte, wer nun eigentlich wofür verantwortlich war. Zum Glück funktionierte wenigstens das Management auf den unteren Ebenen. Es war in der Lage, nationale Mittel für den Bau der Sportstätten abzuzweigen.

Die Koreaner hatten angenommen, sie könnten sich für diese Ausgaben an einer dankbaren Welt schadlos halten, die nur darauf wartete, sie mit stattlichen Fernsehgeldern zu überschütten. Doch in den New Yorker Büros der drei großen amerikanischen Fernsehgesellschaften ABC, CBS und NBC war man schockiert, als die Koreaner für die US-Fernsehrechte an den Spielen eine Milliarde Dollar verlangten. Dies war das Vierfache der Rekordsumme, die vier Jahre zuvor in Los Angeles gezahlt worden war.

»Gewöhnlich werden Sommerspiele zweieinhalbmal so hoch taxiert wie Winterspiele«, erklärte uns ein Berater der Koreaner. »Nach den Spielen in Calgary, für die die ABC dreihundert Millionen Dollar gezahlt hatte, nannten die Koreaner zunächst eine Zahl von siebenhundert Millionen Dollar. Dann schraubten sie den Preis immer höher. Sie hielten es nicht nur für möglich, daß sie soviel Geld bekommen würden, sondern für wahrscheinlich. Sie peilten eine bestimmte Summe an und wollten sich schließlich mit weniger nicht mehr zufriedengeben. Ihre Preisvorstellungen entbehrten jeder vernünftigen Grundlage, weil sie weder den Markt noch die Situation in der amerikanischen Fernsehbranche berücksichtigten.«

Manager der amerikanischen Fernsehgesellschaften bezeichneten die Geldforderungen der Koreaner öffentlich als »völlig realitätsfern«. Als die Koreaner ihre Forderung um dreihundert Millionen senkten, kommentierte ein NBC-Vertreter trocken: »Nach einer finanziellen Analyse kann man unmöglich auf eine Zahl von siebenhundert Millionen Dollar kommen.«

IOC-Vizepräsident Dick Pound, der an den Verhandlungen in Lausanne teilnahm, erinnert sich: »Die Situation war kritisch, weil die Koreaner den Wert der Rechte total überschätzt hatten und Erwartungen hegten, die niemals erfüllt werden konnten. Als man ihnen dann Zahlen vorlegte, die weit hinter ihren Erwartungen zurückblieben, argwöhnten sie, daß die Amerikaner sie übers Ohr hauen wollten – weil sie Koreaner waren. Womöglich trampelte dieser Riese auf ihnen herum, weil sie nur ein kleines asiatisches Land waren und keine richtige Marktanalyse vorgenommen hatten. Hinzu kam, daß die ABC sich mit der Berichterstattung aus Calgary finanziell übernommen hatte und im Grunde kein ernsthafter Mitbieter war. Die CBS war seit Rom 1960 nicht mehr im Olympia-Geschäft und aufgrund ihrer Firmenpolitik eigentlich nicht bereit, viel Geld für Fernsehrechte auszugeben, wenngleich sie, wie sich herausstellte, eine ähnliche Summe bot wie die beiden anderen.«

Aber die Koreaner waren taub für alle Argumente. Selbst als die Amerikaner darauf verwiesen, daß jede Gesellschaft nur über einen Jahresetat von etwa zwei Milliarden Dollar verfüge, witterten sie Betrug.

Einer der amerikanischen TV-Unterhändler sagte uns: »Die Zahlen, die die Koreaner in den Raum stellten, waren glatter Wahnsinn. Sie kamen rein und sagten, was die Sache ihrer Meinung nach wert sei. Die NBC bot 325 Millionen Dollar plus Teilung der Einnahmen, ABC und CBS boten jeweils 300 Millionen Dollar. Die Koreaner waren sichtlich konsterniert, und erst da merkten wir, daß sie nicht einmal eine Verhandlungsvollmacht hatten. Sie waren mit der Order aus Seoul angereist, nur eine Zahl über 500 Millionen zu akzeptieren. So vertrödelten wir also den Mittag in Lausanne, und sie konnten nichts tun. Wir mußten stundenlang warten, bis in Korea der Morgen anbrach. Erst dann konnten sie telefonisch weitere Instruktionen einholen. Dr. Kim war auch dabei, sagte aber nichts. Es saß nur auf seinem Stuhl und döste vor sich hin. Ihr Team bestand aus einem Haufen Faulenzer, die keinen Finger rührten.«

Schließlich setzte sich Samaranch mit der koreanischen Regierung in Verbindung und drängte sie, das Angebot der NBC von 325 Millionen Dollar zu akzeptieren. Widerstrebend willigten sie ein. Doch als sie an den Verhandlungstisch zurückkehrten, hatte die NBC das Angebot zurückgezogen.

Im IOC herrschte Bestürzung. Mit dem Angebot der CBS wäre man sehr zufrieden gewesen. Samaranch fürchtete, daß die Gier der Koreaner die guten Beziehungen zu den amerikanischen Fernsehanstalten beeinträchtigen könnte. Er eilte vom Château de Vidy in Lausanne herbei und erklärte: »Die Beziehungen der Organisationskomitees zu den Fernsehgesellschaften enden nach den Spielen. Doch für das IOC gehen sie weiter. Wir bleiben immer auf ihr Wohlwollen angewiesen. Das IOC hat kein Interesse daran, die Gebühren endlos in die Höhe zu treiben.« Die Botschaft nach New York war klar: Das IOC nahm den Koreanern den Wind aus den Segeln.

Als die Nachricht Seoul erreichte, zog die koreanische Regierung ihrer Verhandlungsdelegation den Boden unter den Füßen weg. Sie beorderte den Sportminister zurück und ernannte Dr. Un Yong Kim zum Chefunterhändler.

Er war bei den Besten in die Schule gegangen. »Ich hatte ein Büro in Japan«, erinnert sich Patrick Nally, »und Kim sah mir und meinen Kollegen dabei zu, wie wir mit dem Fernsehen Geschäfte machten und Rechte verkauften. Heute weiß ich, daß er schnell gelernt hat. Am Anfang war er unerfahren und naiv, aber dann verhandelte er für das Organisationskomitee mit den Fernsehgesellschaften. Er war clever und setzte das um, was wir ihm sagten. Er ist kühl, berechnend und tüchtig. Er hat schnell gelernt und jeden sich bietenden Vorteil genutzt.«

Nach Dick Pound, der die Gespräche für das IOC leitete, wurde in der letzten Verhandlungsrunde erbittert gerungen. »Die Verhandlungen über die Details des Vertrags waren qualvoll. Die NBC wollte für das Geld, das sie vor den Spielen ausgab, eine Entschädigungsgarantie, falls etwas schiefging. Die Garantien, die ihnen die Koreanische Zentralbank bot, genügten ihr nicht – die NBC wollte ein Akkreditiv, das von einem Konsortium amerikanischer Banken akzeptiert werden sollte. Alles, was die Amerikaner sagten, war für die Koreaner eine Beleidigung, deshalb zogen sich die Verhandlungen über Monate hin. Als wir eines Nachmittags im März 1986 nach Lausanne fuhren, um den Vertrag zu unterzeichnen, wußten wir nicht, ob das Geschäft unter Dach und Fach war. So hart war die Sache.«

Man einigte sich auf eine Mindestsumme von dreihundert Millionen Dollar – fünfundzwanzig Millionen unter dem Betrag, auf den man die Koreaner zunächst heruntergehandelt hatte. Damit die Koreaner das Gesicht wahren konnten, bot ihnen die CBS eine Gewinnbeteiligung an, mit der sie die halbe Milliarde eventuell vollmachen konnten – aber jeder wußte, daß es dazu nicht kommen würde.

Der mächtige Mann im koreanischen Organisationskomitee war nun Dr. Kim. Zwar erhielt er nur den Titel Vizepräsident, doch er war der Kopf hinter allen wichtigen Entscheidungen. Nachdem er sich mit den Amerikanern geeinigt hatte, verkaufte er die übrigen Fernsehrechte in alle Welt. Man machte ihn zum verantwortlichen Mann für alle internationalen Beziehungen, zum Chef des Protokolls, und schließlich trug man ihm an, die Organisation der Wettkämpfe zu überwachen. Kim war zum eigentlichen Macher der Spiele geworden.

Doch seine Ambitionen gingen weiter. Er wollte Mitglied im »Club« werden. »Egal, worum es ging«, sagte ein IOC-Mitglied, »er stimmte jedem zu, nur um ins IOC berufen zu werden.« Im November 1985 wurde im »Club« ein Stuhl frei, als das koreanische Mitglied Chong Kyu Park einem Krebsleiden erlag. Kaum ein Jahr später legte Dr. Kim in Lausanne das olympische Gelöbnis ab. Und neun Tage später wurde er in Monte Carlo zum Präsidenten der Allgemeinen Versammlung der Internationalen Sportföderationen gewählt. Ein steiler Aufstieg in der Welt der Sportpolitik.

Als Kim in den »Club« aufgenommen wurde, herrschten in Korea bürgerkriegsähnliche Zustände. Bis 1987 war die Lage im Land mit der auf den Philippinen vergleichbar, wo die »People Power« den korrupten Diktator Marcos stürzte. In Seoul und allen größeren koreanischen Städten gingen Angestellte und Arbeiter, Hausfrauen und Studenten auf die Straße, forderten freie Wahlen und eine Beendigung der autoritären Herrschaft Präsident Chuns. Im Frühjahr erklärte Chun, daß es vor den Spielen keine Verfassungsreform geben werde. Die Demonstrationen weiteten sich zu Straßenschlachten aus.

Chun mußte zurücktreten, und kein anderer als sein enger Vertrauter Roh Tae Woo trat ins Rampenlicht. Woo war der eigentliche Initiator der Spiele. Er hatte sich für die Bewerbung Koreas stark gemacht und leitete das Organisationskomitee. Im Dezember wurde er zum Staatspräsidenten gewählt.

Die Nordkoreaner waren wütend, daß Seoul die Spiele bekommen hatte, und riefen das übrige kommunistische Lager zu einem Olympiaboykott auf, gewissermaßen als Akt der brüderlichen Solidarität. Gerieten die Spiele von 1988 in Gefahr? Samaranch wurde umgehend aktiv. Der dilettierende Diplomat, der sich mit den Profis in Moskau schwergetan hatte, gedachte, dem Titel »Seine Exzellenz« gerecht zu werden, den das IOC stets vor seinen Namen setzt. Von 1985 bis zum Vorabend der Spiele verfolgte Samaranch eine unermüdliche Pendeldiplomatie, flog drei Jahre lang von einer kommunistischen Hauptstadt in die andere, besuchte regelmäßig Pjöngjang und empfing in seinem Lausanner Amtssitz Delegationen aus Nord- und Südkorea.

Zeitungen in aller Welt brachten Lobeshymnen auf Samaranch und stilisierten ihn zum hochkarätigen Diplomaten, der um das Überleben der Olympischen Spiele kämpfe. Oberflächlich betrachtet, erinnerte alles an die reale Welt der Machtpolitik. Selbst Kommentatoren von Rang, die es eigentlich hätten besser wissen müssen, rühmten Samaranchs politisches Geschick.

Es war eine Farce. Die Russen und die Ostdeutschen bauschten die Angelegenheit zwar brüderlich auf, doch an eine abermalige Olympia-Abstinenz war nicht zu denken. Im Jahre 1980 waren die USA zu Hause geblieben, 1984 der Ostblock. Wenn man jetzt nicht nach Seoul ging, hielt man die Athleten zwölf Jahre von olympischen Wettkämpfen fern. Man konnte unmöglich sechzehn Jahre verstreichen lassen – von Montreal bis Barcelona –, bis man in einem Olympiastadion wieder gegen die Amerikaner antrat. Ein Boykott kam nicht in Frage. Generationen junger Stars wären groß geworden und wieder verschwunden, bevor der Ostblock 1992 in Spanien wieder ins Geschehen hätte eingreifen können. Durch einen Boykott hätte er nicht nur die Moral in den Trainingszentren untergraben, er hätte sich auch um den unschätzbaren propagandistischen Wert der zu erwartenden Medaillenflut gebracht.

Die mächtigen kommunistischen Länder verabscheuten zwar das rechtsgerichtete Militärregime in Seoul, doch auch Kim Il Sungs diktatorisches Regime in Nordkorea wurde von ihnen kaum mehr als geduldet.

Doch das Wichtigste von allem: Gorbatschow war inzwischen der mächtige Mann im Kreml. Als er sich aufmachte, die alte

Ordnung umzukrempeln, hielten die Begriffe Perestroika und Glasnost Einzug in den westlichen Wortschatz. Unter seiner Führung begann die UdSSR, solide Brücken zum Westen zu schlagen.

Es gab nur einen einzigen ernsten Zwischenfall, der die Spiele von Seoul hätte gefährden können: Im Jahr 1983 schossen die Russen ein koreanisches Passagierflugzeug ab, das den sowjetischen Luftraum verletzt hatte. Dabei fanden 269 Menschen den Tod, die meisten von ihnen Koreaner. Um die Empörung und das Leid zu lindern, gab Horst Dassler im Jahr darauf während der Spiele in Los Angeles für die beiden russischen IOC-Mitglieder und den Präsidenten des koreanischen Organisationskomitees, Roh, in Beverly Hills ein privates Dinner.

Begründete Sorge um die Sicherheit der Spiele lösten allerdings die Nordkoreaner aus. Im November 1987 schmuggelte eine nordkoreanische Terroristengruppe eine Bombe an Bord einer Maschine der Korean Airlines, die von Bagdad nach Seoul flog. Bei dem Anschlag starben 115 Menschen.

Die amerikanische Öffentlichkeit war schockiert. Im State Department liefen die Telefondrähte heiß. Beunruhigte Eltern von Olympiakandidaten fragten an, wie die Regierung ihre Söhne und Töchter zu schützen gedenke.

Clayton McManaway, der damals in der Anti-Terror-Abteilung des Außenministeriums arbeitete, sagte dazu: »Das Bureau of Diplomatic Security instruierte damals alle amerikanischen Athleten, bevor sie nach Korea reisten. Und mein Büro koordinierte die Hilfe der USA für die Sicherheitskräfte der koreanischen Regierung bei den Spielen.« Wenig später kündigte McManaway im State Department und wechselte zu einem Privatunternehmen für Objekt- und Personenschutz, der Fairfax Group. Die Firma hat ihren Sitz in Nordvirginia, von Washington aus gesehen am gegenüberliegenden Ufer des Potomac. Fairfax sollte in Seoul das riesige NBC-Aufgebot an Reportern, Technikern und Ausrüstung schützen.

Der ehemalige FBI-Agent David Faulkner, ebenfalls Mitarbeiter von Fairfax, sagte: »Nach dem Bombenattentat auf das Flugzeug waren wir ziemlich sicher, daß die Nordkoreaner weitere Anschläge geplant hatten, da sie aber gefaßt wurden, konnten sie sie nicht mehr durchführen. Jedenfalls glaubten das die meisten Beteiligten.«

Die Arbeitsbedingungen für die NBC-Leute waren mitunter recht schwierig. Seoul ist von militärischen Einrichtungen umgeben, und das bereitete speziell den Kameraleuten Kopfzerbrechen. »Wir wollten eine besonders hohe Kameraposition«, sagte Faulkner. »Doch wenn man in die falsche Richtung schwenkte, fing man etwas ein, das sie nicht im Bild haben wollten. Darum postierten sie auf dem Dach des Gebäudes bewaffnete Soldaten, die aufpassen sollten, das wir von da nach da schwenkten, aber nicht weiter. Einmal richteten sie ihre Waffen auf die NBC-Leute und drohten damit, sie zu erschießen!«

Nach der Eröffnung der Spiele bestand eigentlich keine ernste Gefahr mehr, daß die Nordkoreaner Sabotageakte unternehmen würden. Tausende ihrer Genossen aus dem Ostblock weilten als Wettkämpfer oder Offizielle in Seoul, und ein Terroranschlag hätte wahrscheinlich auch unter ihnen Opfer gefordert. Die US-Regierung führte drei größere Militärmanöver durch und ließ in den Meeren um Korea Kriegsschiffe auffahren. Dies war ein deutlicher Fingerzeig an die Adresse Nordkoreas, sich zurückzuhalten.

Im Vorfeld der Spiele hatten die Amerikaner mögliche Terroranschläge durch Pjöngjang befürchtet. Im Tausende von Kilometern entfernten Kenia nahm die CIA sogar erhebliche Risikien in Kauf; unmittelbar vor den Spielen veranlaßte sie einen Offizier des nordkoreanischen Geheimdiensts zum Überlaufen, nur um zu erfahren, ob Sabotageakte geplant waren.

Die südkoreanischen Behörden überließen nichts dem Zufall. Als 1986 in Seoul die Asienspiele stattfanden, benutzten sie sie als Generalprobe für Olympia. Die Polizei inhaftierte im Vorfeld der Spiele sage und schreibe 263 564 Menschen und erklärte, diese Maßnahme sei Teil eines »sozialen Reinigungsprogramms«. Das gleiche wiederholte sie vor Olympia und internierte Tausende von Regimekritikern in Lagern außerhalb Seouls. Zweifellos erklärte sie ihnen, ihre Festnahme stehe unter dem Motto »Harmonie und Fortschritt«.

Bei der Verteilung der Medaillen setzten die Organisatoren von Seoul mehr auf Fortschritt als auf Harmonie. Achtzehn Monate vor den Spielen hatte der koreanische Sportminister für die Regierung einen Bericht verfaßt, in dem er dem Gastgeberland ein Dutzend Goldmedaillen prophezeite, drei davon im Boxen. Wer so leichtfertige Prognosen stellt, kann leicht das Gesicht verlieren, wenn der Medaillenregen ausbleibt.

Das Versprechen, daß Korea im Boxturnier erfolgreich abschneiden würde, gründete sich nicht allein auf Optimismus. Das Fundament war in den zwei Jahren vor den Spielen gelegt worden, allerdings weniger im Boxring. Das Resultat waren die skandalösesten Fernsehbilder von den Spielen überhaupt, die Bloßstellung der Gastgeber und Bestechungsvorwürfe.

Seit 1986 präsidierte dem Internationalen Amateur-Box-Verband Professor Anwar Chowdhry aus Pakistan, vormals hochdotiertes Mitglied in Horst Dasslers politischem Team. Über die Jahre hinweg hat der Amateur-Box-Verband mit freundlicher Genehmigung von adidas in Dasslers französischer Zentrale in Landersheim viele Tagungen abgehalten. Adidas war offizieller Ausstatter der Boxer in Seoul. Als sich ein Kämpfer in der Sportkleidung eines Konkurrenz-Herstellers den Kameras zeigte, kam es zu einer tumultartigen Szene am Ring.

Professor Chowdhry hält es nicht für nötig, auf seine früheren Verbindungen zu adidas hinzuweisen. In einer Kurzbiographie, die unlängst in der Zeitschrift seines Verbands erschien und viele hundert Wörter umfaßte, wurden die Summen, die der deutsche Sportartikelhersteller jahrelang an ihn überwies, jedenfalls mit keinem Wort erwähnt.

Chowdhry wurde im November 1988 bei der Jahrestagung seines Verbands in Bangkok zum Präsidenten gekürt. Auf derselben Tagung wählten die Delegierten den Südkoreaner Seung-Youn Kim zu einem der Vizepräsidenten für Asien. Kim, der zuvor den Finanzausschuß des Verbands geleitet hatte, zählt angeblich zu den reichsten Männern der Welt. Er ist weltweit unter seinem Spitznamen »Dynamit« bekannt, weil sein Vater ein Rüstungsunternehmen hatte. Kim – nicht verwandt mit Dr. Un Yong Kim – war seit 1982 Chef des koreanischen Amateur-Box-Verbands und wurde nun mit der Leitung des olympischen Boxturniers betraut.

Vor den Spielen versuchten die Koreaner, olympische Punktrichter zu bestechen. Eines der größten Probleme im Amateurboxsport ist die korrekte Bewertung eines Kampfes durch die Punktrichter. Die für Olympia in Frage kommenden Punkt- und Ringrichter wurden im März 1988 zu einem Seminar nach Seoul eingeladen.

Dassler-Dynastie: adidas-Gründer Adi Dassler sieht auf Frau Katherine und Sohn Horst ıter, der den Olympischen Orden trägt. *(© Popper Foto)*

Samaranch im Blauhemd der Faschisten und in der weißen Jacke des *Movimiento* wird 1967 – u
den Augen General Francos – als Nationaler Rat vereidigt.

Franco-Anhänger mit seinen neuen kommunistischen Freunden: Botschafter Samaranch
reicht 1977 im Kreml seine Beglaubigung. *(© TASS)*

Killanin, der letzte »Teilzeitpräsident«, übergibt im Juli 1980 in Moskau die Macht an
ranch. *(© Associated Press)*

Das Alte muß dem Neuen weichen. Der scheidende FIFA-Präsident Sir Stanley Rous gratuliert 19
seinem Nachfolger João Havelange. *(© Associated Press)*

Der erste Präsident des neuen Stils: João Havelange hat zwei der größten Fußballstars, Pelé
Maradona (vordere Reihe mitte und rechts), unter seine Fittiche genommen. *(© Associated P*

st Dassler erhält im Oktober 1984 von Juan Antonio Samaranch die höchste olympische zeichnung: den Olympischen Orden. *(© Colorsport)*

t H. Helmick (vierter von links) und Samaranch bei der Einweihung des Olympiazentrums in a im April 1991. *(© ACOG)*

Nebiolo und Samaranch: die beiden mächtigsten Funktionäre des Weltsports. *(© Allsport)*

Primo Nebiolo: »Alles nur für die große Familie des Sport«. *(© Allsport)*

frühere französische Premier Jaques Chirac (mit Havelange und Samaranch) hätte mit seiner
ıdruckenden Rede beinahe die Spiele 1992 nach Paris geholt. *(© Colorsport)*

tober 1986 gibt Samaranch bekannt, daß seine Heimatstadt Barcelona Austragungsort der
1992 sein wird. *(© Associated Press)*

Mario Vasquez Raña wird als Mitglied des IOC vereidigt. Nur dreizehn IOC-Mitglieder stimm
für ihn. *(© ANOC)*

Der Präsident des Taekwondo-Weltverbands Dr. Un Yong Kim im Olympiastadion von Se

Ein Mitglied des Verbands erzählte uns: »Jeder einzelne wurde großzügig bewirtet, mit Präsenten überhäuft und in Nachtclubs geführt. Diejenigen, die Monate später beim Boxturnier als Punktrichter eingesetzt werden sollten, bekamen alles, was ihr Herz begehrte. Einige waren sehr besorgt, denn es war klar, daß die Koreaner eine Gegenleistung erwarteten, wenn sie als Punktrichter zu den Spielen kamen.«

Der neuseeländische Ringrichter Keith Walker, der später weltweit für Schlagzeilen sorgen sollte, bezeichnete das Ausmaß der Geschenke als »phänomenal«.

An die Bilder vom Kampf im Bantamgewicht zwischen dem Koreaner Jong-Il Byun und dem Bulgaren Alexander Hristow wird sich jeder Fernsehzuschauer erinnern. Ringrichter Walker verwarnte den Koreaner zwar zweimal, weil er den Kopf gefährlich einsetzte. Trotzdem waren einige Kommentatoren der Meinung, er sei zu nachsichtig gewesen. Nach Ablauf der drei Runden wurde Hristow mit 4:1 Stimmen zum Punktsieger erklärt. Die Experten waren sich einig: Das Urteil war gerecht. Doch für die koreanischen Zuschauer war eine weitere Medaillenhoffnung dahin. Die Sporthalle Chamsil kochte. Der koreanische Chefcoach und ein weiterer Offizieller kletterten in den Ring und schlugen auf Walker ein. Andere stürzten hinzu und rissen ihm ganze Haarbüschel aus.

Walker konnte entkommen, eilte zum Flughafen und nahm die erstbeste Maschine nach Neuseeland. Aus Protest gegen das Urteil setzten sich die Koreaner in den Ring und blockierten ihn eine Stunde und sieben Minuten lang. Die Fernsehbilder der schlechten Verlierer gingen um die Welt. Doch damit nicht genug. David Faulkner, der für die Sicherheit der NBC-Reporter zuständig war, erinnert sich: »Die NBC zeigte die Bilder immer wieder, und die Koreaner warfen ihr vor, sie bausche die Sache künstlich auf. Bei den folgenden Boxkämpfen mußten wir die Sicherheitsvorkehrungen für die NBC-Kommentatoren verstärken, weil die Menge versuchte, sie einzuschüchtern.«

Professor Chowdhry mußte zugeben, daß dies der »skandalöseste Vorfall« gewesen sei, den er je erlebt habe. Doch im weiteren Verlauf des Turniers kam es noch schlimmer. Um die aufgebrachten Medien zu besänftigen, gab man bekannt, der Präsident des koreanischen Boxverbands, Seung-Youn Kim, sei zurückgetreten.

Die Kameras liefen weiter, doch die Boxskandale rissen nicht ab. Tags darauf schlug der amerikanische Halbschwergewichtler Todd Foster den Koreaner Jin-chul Chung zu Boden und wähnte sich schon als Sieger. Doch Chung legte Protest ein: Der Gong aus dem Nachbarring habe ihn irritiert, deshalb habe er aufgehört zu boxen. Zum Ärger der Amerikaner erklärten die Offiziellen den Kampf umgehend für ungültig. Im Wiederholungskampf, der noch am selben Tag stattfand, verlor Chung durch K.o. in der zweiten Runde.

Verzweiflung machte sich breit, als das Kampfgericht einen koreanischen Schwergewichtler zum Punktsieger über den Jugoslawen Havrovic erklärte. Nach Meinung von Beobachtern hatte Havrovic alle drei Runden gewonnen.

Die ganze Wahrheit über das Boxturnier in Seoul wurde am letzten Abend offenbar: Die Fernsehbilder zeigten den koreanischen Goldmedaillengewinner im Halbmittelgewicht, Park Si Hun, wie er den Amerikaner Roy Jones, den er soeben besiegt hatte, in die Höhe hob.

Beide Boxer waren Opfer eines Betrugs, der zu den schlimmsten in der Geschichte der Olympischen Spiele gehört. Auf dem Weg ins Finale hatte Park den Italiener Vincenzo Nardiello ausgeschaltet, sehr zur Überraschung vieler Beobachter, die überzeugt waren, daß Park verloren hatte. Der wütende Nardiello bearbeitete den Ringboden mit den Fäusten, weil das Urteil mit 3:2 Stimmen gegen ihn ausfiel.

Doch es kam noch schlimmer. Im Finale deckte Jones seinen Gegner Park drei Runden lang mit Schlägen ein. In der zweiten Runde mußte sich der Koreaner sogar bis acht anzählen lassen. Am Ende des Kampfes verzeichnete der NBC-Computer sechsundachtzig Treffer für Jones und ganze zweiunddreißig Treffer für Park.

Für den russischen und den ungarischen Punktrichter war Jones der klare Sieger. Trotzdem verlor Jones, denn die drei anderen Punktrichter waren gegenteiliger Ansicht.

Der amerikanische Trainer Ken Adams rannte zum Präsidententisch und brüllte Chowdhry an: »Das kann ich nicht glauben. Sie werden es nicht wagen, den Koreaner zum Sieger zu erklären.« Chowdhry sah nicht einmal auf.

Der britische Ringrichter Rod Robertson, der den Kampf verfolgt hatte, sprach von einem »skandalösen« Urteil. Der Deutsche Heinz Birkle nannte es »kriminell«, der Schotte Frank Hendry »schockierend«. Der Präsident des koreanischen Boxverbands hingegen bezeichnete es als »gerecht«.

Funktionäre aus allen Ländern, darunter auch einige Südkoreaner, erklärten, die drei Punktrichter seien bestochen worden. Nach Meinung der Weltpresse »stank« das Urteil zum Himmel. Worte wie »Bestechung« fielen. Goldmedaillengewinner Park sagte, er schäme sich für diesen Sieg, und hob Jones in die Höhe, um deutlich zu machen, wen er für den Sieger hielt.

Es gereicht dem Gastland zu Ehre, daß fünfzigtausend Koreaner beim lokalen Fernsehsender anriefen und gegen den Sieg ihres Landsmanns protestierten. Die drei Punktrichter, die für Park votiert hatten – Larbi aus Marokko, Duran aus Uruguay und Kasule aus Uganda –, brachten Entschuldigungen vor: Sie hätten nicht alle für Jones stimmen können, denn ein einstimmiges Urteil gegen den Koreaner hätte möglicherweise einen Tumult ausgelöst. Niemand glaubte ihnen. In der an Kontroversen gewiß nicht armen Geschichte des Boxsports ist kein Fall bekannt, bei dem sich die beiden Kämpfer, die Medien in aller Welt und rund eine Milliarde Fernsehzuschauer so einig darin waren, daß die Punktrichter unrecht hatten.

Ein Funktionär nahm einige Journalisten auf die Seite und sagte, sie müßten die Zwangslage des Marokkaners Larbi verstehen. Das Urteil sei vorher abgesprochen worden, und Larbi, ein einfacher Schullehrer, wäre nie wieder eingesetzt worden, wenn er gegen den Koreaner gestimmt hätte. Trotz der allgemeinen Empörung setzte Chowdhry alle drei Punktrichter auch in den restlichen Finalkämpfen ein.

Im Jahr darauf tagte der Internationale Amateur-Box-Verband in Nairobi. Auf der Tagesordnung stand die Frage, was mit den drei Punktrichtern geschehen sollte, die den Boxsport an den Rand eines Ausschlusses vom olympischen Programm gebracht hatten. Die Ring- und Punktrichterkommission des Verbands kam zu dem Ergebnis, daß die drei Missetäter mit einer lebenslänglichen Sperre belegt werden sollten.

Chowdhry bekam Wind davon, bevor sie ihm ihre Ansicht unterbreiten konnten. Einer seiner engsten Mitarbeiter wandte sich an ein Kommissionsmitglied und sagte: »Der Präsident hält es für besser, wenn wir die Entscheidung noch nicht bekanntgeben. Er meint, wir sollten noch eine Sitzung einberufen.« Weitere vertrauliche Gespräche dieser Art folgten. Am Ende wurden die drei Punktrichter für zwei Jahre gesperrt. Zu dem Zeitpunkt war schon fast die Hälfte der Frist verstrichen. Ende 1989 reiste der diskreditierte Larbi als Manager des marokkanischen Teams zu einem Turnier in Moskau.

Präsident Chowdhry ignorierte alle Forderungen nach einer Untersuchung der skandalösen Vorgänge von Seoul. Um den entstandenen Schaden wieder wettzumachen, engagierte er seinen alten Spezi und Gefährten aus Dasslers politischem Team, Oberst Hassine Hamouda. Er sollte das ramponierte Image des Amateurboxsports in den Medien aufpolieren.

Später erklärte Chowdhry: »Wir bemühen uns um weitere Verbesserungen, damit die Wertung idiotensicher wird.« Kein Mensch hatte behauptet, die drei Punktrichter seien Idioten.

Der Präsident des koreanischen Boxverbands legte sein Amt tatsächlich nieder – aber nur für ein Jahr. Dann erschien er in Moskau wieder auf der Bildfläche, wo ihn Chowdhry herzlich willkommen hieß. Noch heute ist er Vizepräsident des Verbands für Asien. Samaranch übte unmittelbar nach Seoul verhaltene Kritik am Boxen, trotzdem blieb die Sportart im Programm für Barcelona, denn die amerikanischen Fernsehzuschauer wollen nicht auf ihre Boxer verzichten. Ein Ausschluß des Boxsports wäre für Olympia ein herber finanzieller Verlust.

Nach Abschluß der Wettkämpfe in Seoul bedankten sich die Koreaner bei allen, die den Spielen zu ihrem »kolossalen Erfolg« verholfen hatten. Sie erstellten eine offizielle Liste der Leute, die Geschenke erhalten sollten. Ganz oben rangierten die IOC-Mitglieder und ihre Frauen, dann folgten die Präsidenten der internationalen Verbände und die einfachen Funktionäre und Kampfrichter. Das Ende der Liste zierten die Athleten. Der Wert der Geschenke variierte zwischen 1100 Dollar ganz oben auf der Liste und 110 Dollar bei den Athleten. Die Olympia-Organisatoren von Seoul wußten, auf wen es ankam. Insgesamt belief sich die Rechnung auf 4,5 Millionen Dollar.

Horst Dassler, dem eigentlich das größte »Dankeschön« gebührt hätte, war ein Jahr vor den Spielen gestorben. Staatspräsident Roh, der die Bewerbung initiiert hatte, lud Dasslers Kinder Susanne und Adi nach Seoul ein, um ihnen persönlich seinen Dank auszusprechen. Im Gedenken an ihren Vater überreichte er ihnen den koreanischen Verdienstorden. Auch Dasslers langjährige Vertraute Huguette Clegironnet wurde später von Präsident Roh empfangen.

Bei der IOC-Session 1991 in Birmingham sprachen wir kurz mit Dr. Un Yong Kim. Wir fragten ihn nach seiner Beziehung zu Dassler. »Ich hatte nie mit Dassler zu tun. Ich weiß nur, daß er ein großer Förderer der olympischen Bewegung war«, sagte Kim. »Ich kannte ihn nicht persönlich. Wir hatten nicht direkt mit ihm zu tun.« In seinen letzten Satz, mit dem er unser Gespräch beendete, packte er nahezu das gesamte Vokabular der Olympier: »Die Olympischen Spiele sind das größte Fest der Menschheit, bei dem sich die Jugend der Welt im Namen von Frieden und Freundschaft versammelt.«

»Dr. Kim gehörte dem Komitee an, das in Baden-Baden die Bewerbung für Seoul vortrug«, sagt Patrick Nally. »Er arbeitete mit Horst zusammen, um die Spiele nach Korea zu holen, und das war sein Sprungbrett ins IOC. Kim gehörte zu den wenigen Leuten mit politischem Scharfsinn, die klar erkannten, was für sie herauszuholen war. Aber er war kein Protegé Dasslers wie Nebiolo, Havelange oder Samaranch. Er machte Geschäfte mit Dassler, traf Absprachen mit ihm, aber der Gerechtigkeit halber muß man sagen, daß er schnell von Begriff war und in Rekordzeit aus dem Nichts ins IOC aufstieg.«

»Für mich ist er eine Mischung aus einem Kämpfer und einem Spion«, sagte uns ein IOC-Mitglied. »Einige halten ihn für den Chef der koreanischen CIA. Sicherlich wurde er von ihr ausgebildet. Er ist ein ziemlich undurchsichtiger Bursche. Und sehr ehrgeizig. Ihm untersteht dieses Netz von Taekwondo-Schulen, das der koreanische Staat unterhält. Das ist sein Job. Er hat alles, was man bei einem mächtigen Mann aus diesem Teil der Welt fürchten muß.«

Dr. Kim ist heute einer der aussichtsreichsten Kandidaten auf die Nachfolge Samaranchs als IOC-Präsident. Seine Wahl wäre durchaus konsequent: Wie der Spanier brachte er es in einem totalitären Staat, der routinemäßig Oppositionelle ermordete und den Sport dazu benutzte, sein schlechtes Image aufzupolieren, zu Amt und Würden. Beide haben die Demokratisierung in ihren Ländern überlebt, sich von ihrer Vergangenheit losgesagt und sich in die internationale Sportpolitik geworfen.

Die Frage ist berechtigt, ob jemand mit Kims Vergangenheit überhaupt ins IOC gehört. Kim selbst würde eine solche Frage gewiß schmerzlich berühren, konnte doch sein koreanischer Vorgänger im IOC, Chong Kyu Park, als Vizepräsident der Internationalen Schützenunion auch als »Pistolen-Park« bekannt, einen ähnlichen Werdegang vorweisen. Pistolen-Park war sein Vorgesetzter in der Präsidentenleibwache und später Chef des koreanischen NOK, mußte aber nach der Ermordung seines Präsidenten 1979 »aus politischen Gründen« zurücktreten. »Park war seinem Präsidenten absolut treu ergeben«, sagt der ehemalige CIA-Mann Philip Liechty. »Außerdem war er ein höchst gefährlicher Mann. Er war Koreas Gangster Nummer eins.«

Pistolen-Park wurde von Präsident Samaranch für eine Mitgliedschaft im IOC nominiert. Auch solche Leute muß es dort offenbar geben.

12 Zwanzig Millionen Dollar

Die folgende Geschichte handelt davon, wie die Spiele von Seoul an den Rand des finanziellen Ruins gebracht wurden, lange bevor die Flamme aus Olympia eintraf. Die Gefahr drohte weder von nordkoreanischen Terroristen noch von einem Boykott des Ostblocks, sondern von einem führenden Mitglied des »Clubs«. Dieses Mitglied benutzte die Spiele von 1988, um die Koreaner zu erpressen und so lange schwitzen zu lassen, bis sie klein beigaben und zwanzig Millionen Dollar an ihn überwiesen.

Der Verhandlungsmarathon über den Verkauf der Fernsehrechte an die amerikanischen Fernsehgesellschaften überdeckte das Drama, das sich hinter den Kulissen abspielte. Im Mittelpunkt standen dabei die Finals in den wichtigsten Sportarten, Hauptstreitpunkt war der Zeitplan der Leichtathletik.

Spektakulärer Höhepunkt der Olympischen Spiele sind die Finals, bei denen Medaillen gewonnen oder verloren werden. Sie locken die ganze Welt vor den Bildschirm.

Traditionsgemäß werden die Finals in den attraktivsten olympischen Sportarten nachmittags ausgetragen. In Seoul warf das Probleme auf. Aufgrund des Zeitunterschieds zwischen Seoul und New York wären Wettbewerbe, die am Nachmittag stattfanden, in den USA zu später Nachtzeit oder gar erst in den frühen Morgenstunden live über die Bildschirme geflimmert. Finanziell war das untragbar. Wurden die Finals nicht vorverlegt, war ihnen in den USA nur ein kleines Fernsehpublikum beschieden.

Entsprechend gering wäre das Interesse der TV-Werbekunden gewesen, und die Fernsehanstalten hätten die Spiele für ein Butterbrot bekommen. Entscheidungen um Mitternacht – und Aufzeichnungen tags darauf – hätten den kommerziellen Wert der Spiele erheblich gedrückt.

Aus der Sicht der amerikanischen Fernsehmacher mußten die wichtigsten Finals in jeder Sportart am frühen Nachmittag koreanischer Zeit beendet sein. Nur dann fielen sie in die Hauptsendezeit am Abend, nur dann garantierten sie in den USA riesige Werbeeinnahmen.

Die Entscheidung, die Finalkämpfe früher anzusetzen, konnten allein die jeweils zuständigen internationalen Fachverbände treffen. Sie planten ihre Wettbewerbe im Rahmen des olympischen Gesamtprogramms.

Die Sportart, die mit Abstand am meisten Sendezeit zu vergeben hatte, war natürlich die Leichtathletik. Clubmitglied Dr. Primo Nebiolo, der Leichtathletik-Präsident, ist ein ausgekochter Geschäftsmann. Er wußte, daß er über die Ware verfügte, die die Koreaner, das Olympische Komitee und die Fernsehgesellschaften am dringendsten brauchten.

Der Leichtathletikverband erarbeitete einen Zeitplan und legte die Finals auf fünf Uhr nachmittags, Ortszeit Seoul. Nebiolo erklärte dazu, er könne seine Athleten nicht durch zeitliche Umstellungen verunsichern. Dann legte er die Hände in den Schoß und wartete ab.

Im Herbst 1984 rief Samaranch Nebiolo nach Lausanne, um mit ihm über den Zeitplan zu reden. Was könnte ihn dazu bewegen, die Finals früher anzusetzen? Nebiolo war zu einer Verlegung vom Spätnachmittag auf die Mittagszeit bereit, allerdings unter einer Bedingung: Er verlangte vom IOC einen größeren Anteil an den Fernseheinnahmen.

Samaranch blieb hart und lehnte ab. Wenn er Nebiolos Forderung nachgab, mußte er mit wütenden Protesten der anderen Verbände rechnen. Daraufhin verlangte Nebiolo das Recht, selbst mit den amerikanischen Fernsehgesellschaften zu verhandeln. Doch auch das blockte Samaranch ab.

Dann holte man die Koreaner an den Verhandlungstisch zurück. Mehrere Verbände erklärten sich bereit, die gewünschten Veränderungen vorzunehmen. Einige verlangten eine moderate Entschädigung – angeblich bis zu 200 000 Dollar. Die Koreaner waren einverstanden.

In dem Moment, als die Koreaner, und nicht etwa die amerikanischen TV-Anstalten oder das IOC, sich erboten, das Problem mit Geld aus der Welt zu schaffen, begriff Nebiolo, daß er hier den Coup seines Lebens landen konnte. Seine Leichtathletik entschied über Erfolg oder Mißerfolg der Spiele. Die Koreaner waren erpreßbar, und je länger er eine Übereinkunft hinauszögerte, desto fügsamer mußten sie werden.

Bei einer Tagung des IAAF-Rats im Oktober 1984 in Canberra beschwor Nebiolo seine Kollegen, standhaft zu bleiben: Es sei ihr gutes Recht, die olympischen Finals um fünf Uhr nachmittags auszutragen, Zugeständnisse kämen nicht in Frage. Koreanische Unterhändler flogen eigens nach Canberra, um auf die Delegierten einzuwirken. Doch durch ihr schroffes Auftreten arbeiteten sie nur Nebiolo in die Hände. Als sie die Rückreise antraten, wußten sie, daß sie um die erhofften Fernseheinnahmen bangen mußten.

Der Verhandlungspoker ging 1985 weiter. Um den Zeitplan einzuhalten, mußten die Koreaner immer höhere Summen in die Vorbereitung der Spiele stecken, ohne daß sie freilich wußten, ob sie das Geld durch den Verkauf der Fernsehrechte an die Amerikaner jemals zurückbekommen würden.

Das IOC schien außerstande, das Problem in den Griff zu bekommen. In einem Artikel der *Revue Olympique* wurde behauptet, die Fernsehgesellschaften hätten das Angebot unterbreitet, »die Summen, die sie den Organisatoren zahlen, zu verdoppeln, wenn die Finals in den wichtigen olympischen Sportarten vormittags stattfinden«. In Wahrheit mußten die Veranstalter mit weniger als der Hälfte des Geldes rechnen, wenn die Verbände die Zeitpläne *nicht* änderten.

Laut diesem Artikel führten die verzweifelten Koreaner das Argument ins Feld, daß es angesichts der Temperaturen und der Luftfeuchtigkeit ratsamer sei, die Entscheidungen vormittags auszutragen.

Nun meldete sich auch Nebiolo zu Wort und zog die Daumenschrauben, die er den Organisatoren in Seoul angelegt hatte, noch etwas fester an. In einem Interview mit der *Revue* erklärte er, er habe mit den führenden Leichtathletik-Nationen gesprochen, und niemand wünsche eine Änderung des Zeitplans. Dann fügte er hinzu: »Finden die Ausscheidungen morgens statt, können die Athleten nicht ihre Höchstleistung bringen. Für uns hat das Interesse der Athleten Vorrang.«

Im März und April 1985 verstärkten die Fernsehgesellschaften den Druck auf die Koreaner. TV-Manager informierten die New Yorker Zeitungen, daß es aufgrund des ungewöhnlich späten Beginns der Olympischen Spiele im September zu Überschneidungen im Programm kommen könne. Im September nahmen der College-Football und die höchste Basketball-Liga ihren Spielbetrieb wieder auf, zudem lief eine Vielzahl populärer Sendungen an, die hohe Einschaltquoten erzielten.

Advertising Age schrieb, daß die Koreaner zwar von ihrer Forderung von einer Milliarde Dollar abgerückt seien, aber nach wie vor noch fünfhundert Millionen verlangten, »und das für zeitversetzt gesendete Aufzeichnungen«. Ein Kommentator schrieb: »Im September schicken die Leute wieder ihre Kinder zur Schule, verfolgen die Spiele der Baseball-Weltmeisterschaft und den Start in die neue Football-Saison und durchleben am Bildschirm die Höhen und Tiefen des neuen Abendprogramms.« Der kommerzielle Wert der Spiele wurde systematisch heruntergeredet. Die Fernsehleute wußten: Alles, was die New Yorker Presse schrieb, wurde am folgenden Tag in Seoul gelesen. Die Daumenschrauben wurden noch fester angezogen.

Ende Mai wusch Präsident Samaranch seine Hände in Unschuld: »Der Zeitplan für die Wettbewerbe in Seoul muß zwischen dem Organisationskomitee und den internationalen Verbänden abgesprochen werden. Jeder Verband kann nun selbständig über seine Zeitpläne verhandeln. Das hat die Diskussion um die Frage, ob Entscheidungen vormittags ausgetragen werden sollen, entschärft.« Damit gab er Nebiolo grünes Licht, nach eigenem Gutdünken zu verfahren – vorausgesetzt, es kam eine Vorverlegung der Finals dabei heraus.

Nebiolos brillante Taktik schien aufzugehen. Er wußte genau, was er wollte. Er hatte die Koreaner so gut wie im Sack. Und jetzt war es an der Zeit, den Sack zuzubinden. Er wartete in Rom, bis die Koreaner ihn dort aufsuchten und versuchten, einen Handel mit ihm zu schließen.

Er kam zu mehreren Sitzungen zwischen der IAAF und den Koreanern. Und regelmäßig wurden die Medien davon unterrichtet, daß die Gespräche keine Fortschritte machten. Dann fand eine Sitzung statt, über die bislang noch nie berichtet wurde. Ein Teilnehmer schilderte uns den Moment, als Nebiolo der entscheidende Durchbruch gelang.

Diesem Informanten zufolge fragte ein koreanischer Unterhändler, der das Kaliber seines Gegenüber offenbar erkannt hatte, verzweifelt: »Was verlangen Sie denn als Gegenleistung, damit Sie den Zeitplan ändern?« Jetzt mußte Nebiolo zuschlagen. Jetzt hatte er sie wirklich im Sack. Seine Augen blitzten auf, und dann sagte er kurz und knapp: »Zwanzig Millionen Dollar.« Die Koreaner gaben sich geschlagen. Ein einziger Scheck über zwanzig Millionen Dollar für Nebiolo konnte sie wieder mit der NBC ins Geschäft bringen. Und da winkten Hunderte von Millionen Dollar. Es war eine Investition. Sie versprachen, das Geld zu beschaffen.

Nebiolo hatte große Pläne mit den zwanzig Millionen Dollar. Wenn es ihm gelang, die Summe an der IAAF vorbeizuleiten, könnte er immense Fördergelder verteilen. Die damit verbundene Macht wäre enorm.

Die Organisatoren in Seoul überredeten einen koreanischen Sportbekleidungshersteller, mit dem Leichtathletikverband einen Sponsorenvertrag zu schließen. Das Unternehmen brachte die zwanzig Millionen auf – immerhin fünf Millionen mehr, als der exklusive Olympia-Großsponsor Visa bezahlte. Der Scheck über zwanzig Millionen ging auf ein Konto bei der Bank von Monte Carlo.

Monte Carlo war ein Zentrum sportpolitischer Kungeleien, seit Dassler und Nally sich ein Jahrzehnt zuvor dort niedergelassen hatten. Die Herrscherfamilie der Grimaldis nahm es dankbar zur Kenntnis, denn Dassler, die Allgemeine Versammlung der Internationalen Sportföderationen und die Vielzahl von Sportveranstaltungen belebten die Geschäfte im Fürstentum.

Und nun offerierte Nebiolo einen weiteren Sportverband, der noch mehr Geld ins Land zu bringen versprach. Allerdings verlangte er eine Gegenleistung. Er wollte »königliche« Patronage. Das war kein Problem. Der Thronfolger, Seine Hoheit Prinz Albert, war verfügbar.

Am Ende der ersten Maiwoche 1985 wurde Prinz Albert nebst Gefolge in Lausanne von IOC-Präsident Samaranch empfangen. Offizieller Anlaß: Der monegassische Leichtathletikverband, gewiß kein Schwergewicht im Weltsport, hatte Prinz Albert gerade zum Präsidenten gewählt. Die gewissenhafte *Revue* berichtete über den Besuch in gewohnter Manier. Sie beschrieb den Playboy

Albert als »einen Mann der See«, weil er im Begriff war, eine Segelregatta nach New York zu organisieren. Samaranch und seine vornehmen Gäste fuhren zum Abendessen ins Girardet, das nobelste Restaurant der Stadt, wo sie laut einer Pressemitteilung »über die Förderung des Sports im Fürstentum« sprachen. Eine weit wichtigere Förderung, die der monegassischen Wirtschaft nämlich, kam erst ein Jahr später ans Licht.

Eine Woche darauf wurde Prinz Albert bei der 90. Session des IOC in Ost-Berlin in den »Club« aufgenommen. Samaranch hatte seine Sammlung um einen weiteren »Aristokraten« bereichert.

Alles war nun an seinem Platz: Der Scheck über zwanzig Millionen Dollar lag sicher in Monte Carlo, und Prinz Albert war Mitglied im »Club«. Einen Monat später tagte Nebiolos Leichtathleten-Rat in Athen und hielt seinen Teil der geheimen Abmachung mit den Organisatoren von Seoul. Alle wichtigen Finals, darunter auch die über 100 und 1500 Meter, sollten am frühen Nachmittag koreanischer Zeit beendet sein.

Nun konnte die NBC ernsthafte Verhandlungen aufnehmen und Werbezeiten verkaufen. Nebiolo dürfte herzhaft in sich hineingelacht haben. Er hatte den größten Poker in der Geschichte des Weltsports gewonnen. Und das mit einem leeren Blatt auf der Hand!

»Wenn die Koreaner Nebiolo gesagt hätten, daß seine Forderung eine Unverschämtheit sei und daß sie niemals zwanzig Millionen Dollar zahlen würden«, sagte uns ein IAAF-Insider, »hätte er mit den Achseln gezuckt und den Zeitplan ihren Wünschen entsprechend geändert. Eines wußten die Koreaner nämlich nicht: Der IAAF-Rat hielt es für zu riskant, die amerikanischen Fernsehgesellschaften noch länger zu brüskieren. Vergessen wir nicht, daß Primo für die Leichtathletik-WM 1987 in Rom eine Riesensumme von ihnen verlangt hatte. Er konnte es sich nicht leisten, als finanzieller Totengräber der Olympischen Spiele dazustehen. Deshalb faßte man heimlich den Beschluß, den Zeitplan umgehend zu ändern. Wären die Koreaner nicht so naiv gewesen und nicht so unerfahren bei Verhandlungen dieser Art, dann hätten sie einfach abgewartet und eine Menge Geld gespart.«

Nebiolo hatte ein starke Waffe eingesetzt: Er hatte geblufft, und zu seinem Glück hatten die Koreaner nur einen einzigen Ausweg gesehen, nämlich sofort zu bezahlen.

Dr. Un Yong Kim hatte für die Koreaner die TV-Verhandlungen geführt. Er gehörte zu den Leuten, die in Seoul für die internationalen Kontakte und die Organisation der Wettkämpfe verantwortlich waren. Darüber hinaus hatte Kim die Delegation angeführt, die nach Rom gereist war und Nebiolo um die Vorverlegung der Leichtathletik-Finals ersucht hatte. Die Zeitschrift *Sport Intern* schrieb über ihn: »Dr. Kim entwickelte in Zusammenarbeit mit den Sportverbänden Zeitpläne für Seoul, die auch für die amerikanischen Fernsehgesellschaften akzeptabel waren, ohne daß die Verbände das Gesicht verloren.«

Wir gingen davon aus, daß Kim wußte, wie der Streit über die olympischen Finals beigelegt worden war. Es schien unwahrscheinlich, daß er von einer Abmachung, die den Transfer von zwanzig Millionen Dollar nach Monte Carlo vorsah, keine Kenntnis hatte. Doch anscheinend irrten wir uns.

»Davon wußte ich nichts«, sagte uns Kim. »Mit Geld hatte ich nichts zu tun, nur mit organisatorischen Aufgaben. Nicht die NBC hat den Zeitplan für die Finals festgelegt, sondern wir. Wir haben es so gemacht, wie wir es für richtig hielten. Für Japan und die europäische Zeitzone war das ja auch in Ordnung so. Die USA waren entweder am frühen Morgen oder um Mitternacht live dabei. Auf jeden Fall entschied das Organisationskomitee über die Zeitpläne. Und übrigens auch nicht die Verbände. Wir prüften nur die Zeiten und stellten den besten Zeitplan auf. Wir Koreaner sind ein sehr stolzes Volk. Wir sind sehr patriotisch und lassen uns nicht gern vorschreiben, was wir zu tun und zu lassen haben. In dem Fall sagen wir nur: ›Scher dich zum Teufel!‹«

Wir hatten mit Dr. Kim bei der IOC-Session 1991 in Birmingham gesprochen. Wir trennten uns in bestem Einvernehmen. Dachten wir jedenfalls. Ein paar Stunden später sprach uns die IOC-Pressechefin Michèle Verdier an. Sie war ungehalten und schien ziemlich schockiert über die Tatsache, daß ein Journalist mehr Informationen begehrte, als ihre Pressemitteilungen preisgaben.

»Dr. Kim hat sich bei mir über Sie beschwert«, sagte sie. »Sie haben ihn nicht nach der Sitzung gefragt. Sie haben ihn nach anderen Sachen gefragt.« In IOC-Kreisen ist ein solches Verhalten anscheinend ungehörig.

Nach den Spielen von Seoul schrieb Kim ein Buch über seine

Erfahrungen. Zu dem Hickhack um die olympischen Finals hatte er nur folgendes zu sagen: »In der Leichtathletik war es am schwierigsten, eine Regelung zu finden.« Das war alles.

Nebiolo gründete mit den zwanzig Millionen Dollar aus Seoul eine eigene Stiftung mit Sitz in Monaco und gab ihr den Namen International Athletics Foundation, kurz IAF. Ihr Zweck bestand darin, der IAAF, also dem Leichtathletikverband, bei der Förderung der Leichtathletik in aller Welt zu helfen. Mit Geld, das im Namen des Sports gesammelt wurde, sollte die Stiftung also offenbar die gleichen Ziele verfolgen wie der Verband.

Die IAAF-Mitglieder in aller Welt erfuhren von Nebiolos Stiftung zum ersten Mal aus ihrer Zeitschrift *Newsletter*. Der Grund: Nebiolo hatte die IAF im engsten Kreis ins Leben gerufen. Auf einer Vollversammlung wurde das Thema nie zur Diskussion gestellt. Nebiolos vielgepriesene »Leichtathletenfamilie« blieb bei der Entscheidung außen vor. Es gab keinerlei demokratische Mitsprache. Weder wurde gefragt, ob die Stiftung überhaupt gegründet werden sollte, noch wurde über die Herkunft des Geldes diskutiert oder darüber, wer es verwalten sollte. Nebiolo hatte seine Familie überrumpelt, und er hatte Erfolg damit.

Die IAF ist in Monaco registriert und unterliegt den dort geltenden Gesetzen. Ihre Satzung erweckt den Eindruck, als handle es sich um eine große Organisation. Sie hat eine Generalversammlung, einen Rat, ein Exekutivkomitee, einen stellvertretenden Generalsekretär, einen Generalsekretär, einen Vizepräsidenten sowie einen Präsidenten. Das klingt beeindruckend. Erst bei genauerem Hinsehen wird klar, daß sie weniger als dreißig Personen umfaßt. Zugelassen sind nur Mitglieder aus Nebiolos IAAF-Rat, und der besteht derzeit aus fünfundzwanzig Personen.

Der Präsident der Stiftung verfügt praktisch über unbeschränkte Vollmachten – überflüssig zu sagen, daß Nebiolo dieses Amt bekleidet. Er allein kann neue Mitglieder berufen. Er allein kann Schecks ausstellen. Er allein kann »Maßnahmen treffen, die er für notwendig erachtet«, ohne vorher die Stiftung zu unterrichten.

Darüber hinaus hat Nebiolo »alle Vollmachten, im Namen der Stiftung zu handeln«, nicht zuletzt auch das Recht, »Anwälte zu beauftragen«. Ein Anwalt seiner Wahl ist Mino Auletta, sein alter Freund aus Mailand. Auletta bezieht von der Stiftung ein Jahreshonorar von dreißigtausend Dollar. Doch damit nicht genug:

Auch von Nebiolos Leichtathletikverband erhält er stattliche Vergütungen. Die IAAF zahlt ihm jährlich hunderttausend Dollar dafür, daß er die Verträge des Verbands mit der ISL und adidas durchsieht. Auletta hat eine Londoner Kanzlei beerbt, die vor ihm diese Arbeit erledigte. In den vergangenen fünf Jahren hat er rund eine Million Dollar bekommen. Die Höhe seiner Honorare hat im Verband Querelen ausgelöst.

Bei der ersten Sitzung der neuen Stiftung, die im Juli 1986 stattfand, gab sich auch Seine Hoheit Prinz Albert von Monaco die Ehre. *Newsletter,* das Verbandsblatt der Leichtathleten, berichtete darüber. »Der Rat trug Seiner Hoheit die Ehrenpräsidentschaft in der Stiftung an und war erfreut, als Seine Hoheit die Einladung anzunehmen geruhte.«

Rosige Zeiten brachen an. Weihnachten 1986 »beehrte« Prinz Albert die erste öffentliche Veranstaltung der neuen Stiftung, die der Förderung der Leichtathletik dienen sollte. Schauplatz war das Hôtel de Paris in Monaco, Anlaß die »Erste Welt-Gala der Leichtathletik«. Nebiolo und sein Prinz verliehen den neuen Weltrekordlern des zurückliegenden Jahres eine neue Auszeichnung, den »Goldenen IAF-Stern der Leichtathletik«. Den Applaus spendeten mehrere hundert Mitglieder aus Nebiolos »Leichtathleten-Familie«: bewährte Funktionäre, befreundete Journalisten, Fernsehleute und Sponsoren.

Das rauschende Fest kostete fast 500 000 Dollar. »Diese Einrichtung hat sich das moralische Ziel gesetzt, für mehr Sauberkeit im Hochleistungssport zu sorgen«, verkündete Nebiolo. Wie sich das mit der Herkunft des Geldes vereinbaren ließ, mit dem an diesem Abend der Champagner bezahlt wurde, erklärte er freilich nicht.

Die kostspielige Gala wird seitdem jedes Jahr veranstaltet. Auf den Einladungen heißt es: »Im Beisein des Präsidenten des Internationalen Leichtathletikverbandes, Dr. Primo Nebiolo, und Seiner Königlichen Hoheit Prinz Albert von Monaco findet im Sporting Club von Monte Carlo die Welt-Gala der Leichtathletik statt.«

Unglücklicherweise verbietet Prinz Alberts fürstliche Herkunft die Verwendung des Adjektivs »königlich« in der Anrede. In der wunderlichen Welt der Etikette ist er nur »durchlauchtig«. Doch Nebiolo dürfte das nicht sonderlich stören. Der Prinz verhalf seiner Stiftung zu Glaubwürdigkeit, und eines Tages wird er das Steuerparadies regieren.

Nebiolo hat sich selbst zum Präsidenten ernannt und wird es auf Lebenszeit bleiben. Sollte die Stiftung aus irgendeinem Grund aufgelöst werden, haben die Athleten keinerlei Anspruch darauf, daß die zwanzig Millionen oder mehr Dollar, die auf der Bank von Monte Carlo liegen, an sie zurückgegeben werden.

Nebiolo hat nie enthüllt, woher das Vermögen seiner Stiftung stammt. Im Gegenteil, er tut alles, um es geheim zu halten. Danach gefragt, sagte er: »Die Sache bleibt nur deshalb anonym, weil die Stifter es so wollen. Das Geld wird ausschließlich zur Sportförderung verwendet.«

In den IAAF-Büros am Londoner Hans Crescent, in der Nähe der Knightsbridge, drückte man uns eine Hochglanzbroschüre in die Hand, die damals in Umlauf gebracht werden sollte. Darin stand, daß das Startkapital der Stiftung von einem einzelnen Spender stamme und zwanzig Millionen Dollar betrage. Als wir unsere Verwunderung darüber zum Ausdruck brachten, daß eine Einzelperson oder eine Firma in der Lage war, eine so gewaltige Summe zu stiften, lösten wir Bestürzung aus. Die Broschüre wurde uns wieder aus den Händen gerissen.

Später wurde uns mitgeteilt, die Broschüre sei ein Probeexemplar gewesen und wieder eingestampft worden. Wir waren überrascht; jedenfalls muß das eine Menge Geld gekostet haben. Als Begründung wurde angeführt, man habe einen Fehler gemacht. Es gebe mehr als einen Spender, deshalb werde die Broschüre neu gedruckt. Und sachlich stimmt das sogar. So hat adidas kürzlich 50 000 Dollar gestiftet, und auch ein oder zwei andere Sponsoren haben bescheidene Summen beigesteuert. Adidas-Mitarbeiter gaben uns gegenüber zu, daß Nebiolos Stiftung auf dieses Geld nicht angewiesen sei, doch auf diese Weise könne der Eindruck erweckt werden, als werde die Stiftung aus mehr als einer Quelle finanziert.

Nebiolos Stiftung ist typisch für die Mißstände im »Club«. In den vergangenen zwei Jahren gab die Stiftung 516 000 Dollar für nützliche Projekte aus. Im selben Zeitraum verschwendete sie eine Million Dollar für zwei Galas in Monaco. Und das extravagante

Ereignis wird alljährlich wiederholt. Bis heute verschlangen diese Feste rund drei Millionen Dollar.

Hinzu kommen Beraterhonorare, Reisekosten, Ausgaben für Bewirtung und Hotelsuiten und andere Aufwendungen, über die öffentlich keine Rechenschaft abgelegt wird. Wer danach fragt, was mit der Riesensumme, die bei der Bank von Monte Carlo lagert, tatsächlich geschieht, wird mit der höflichen Antwort abgespeist: »Damit werden autonome Projekte realisiert, die der IAF-Rat beaufsichtigt und das IAF-Sekretariat kontrolliert.«

Ein führendes IOC-Mitglied sagte uns im Vertrauen: »Niemand spricht über diese Zahlungen an die Verbände, denn es ist peinlich. Nach außen hin heißt es immer: ›Wir müssen an die jungen Leute denken, die um drei Uhr morgens aufstehen, um sich aufzuwärmen – unser Interesse gilt in erster Linie dem Wohl der Athleten.‹ Und dann stellt man fest, daß sie genau das Gegenteil tun und daß Hunderttausende von Dollars sonstwo gelandet sind. Wir wissen nicht viel über die Finanzierung der Stiftung. Wir wissen nur, daß es in diesem Teil der Welt – und in dem zwielichtigen Bereich, in dem Nebiolo arbeitet – ein Tauschgeschäft gegeben hat.«

[illegible]

[illegible] Mitglied.

Anschließend [illegible]
Ausscheidung entgegenzunehmen. [illegible]

[illegible]

13 Betrügereien

Das Jahr 1987 hätte zu einem Höhepunkt für Primo Nebiolo werden sollen. Doch die finstere Seite seines Charakters triumphierte, und die zwölf Monate, die der Leichtathletik große Leistungen und ihrem Präsidenten noch mehr Prestige bescheren sollten, sind nur deshalb in Erinnerung geblieben, weil es in dieser Zeit zum schlimmsten organisierten Betrug in der Geschichte des modernen Sports kam.

Und als sei das nicht schlimm genug, bestritt Nebiolo auch noch im nachhinein, was geschehen war. Heute sind wir in der Lage, die Verschwörung bei den Weltmeisterschaften 1987 in Rom aufzudecken, bei der man einem amerikanischen Weitspringer eine Medaille wegnahm und sie einem Italiener zuerkannte. Nur eine Frage bleibt offen: Seit wann wußte der Präsident davon?

Das neue Jahr begann für Nebiolo nach Wunsch. Ende der ersten Januarwoche leitete er eine Tagung des IAAF-Rats in Rio de Janeiro, einer seiner Lieblingsstädte. Ehrengast war sein alter Freund João Havelange, FIFA-Präsident und brasilianisches IOC-Mitglied.

Anschließend flog Nebiolo nach Paris, um einmal mehr eine Auszeichnung entgegenzunehmen. Gegen Ende des Monats wohnte er im Hotel Inter-Continental einer Veranstaltung bei, die in einer Pressemitteilung als »glanzvolles Ereignis« beschrieben wurde. Gemeint war die alljährliche Preisverleihung durch Oberst Hamoudas Zeitschrift *Champion D'Afrique*. Dassler war natürlich der Gastgeber, und im Beisein von zweihundert Gästen überreichte Samaranch dem Generalsekretär der UNESCO, Mahtar M'Bow, Havelange und Nebiolo die »Goldmedaillen«.

Für Nebiolo war es die ideale Kulisse. Festlich bewirtet und kulinarisch verwöhnt, konnte er gelassen in die Zukunft blicken.

Er hatte das Jahr 1987 so organisiert, daß er monatelang im Mittelpunkt des internationalen Sportgeschehens stehen würde. Nicht von ungefähr hatte er 1987 zum »Jahr der Leichtathletik« erklärt.

Den offiziellen Auftakt sollten im Frühjahr die erstmals ausgetragenen Hallenweltmeisterschaften der IAAF in Amerika bilden. Dann, im Sommer, wollte Nebiolo die Werbetrommel für die zweiten Leichtathletik-Weltmeisterschaften im römischen Olympiastadion rühren. Und am Vorabend der Titelkämpfe stand der IAAF-Kongreß auf dem Programm, auf dem er, soviel war sicher, ohne Gegenkandidaten erneut zum Präsidenten »gewählt« werden würde.

Das Jahr der Leichtathletik sollte auch das Jahr des Luciano Barra werden. Barra ist einer der führenden Funktionäre im italienischen Sport. Als langjähriger Angestellter des Olympischen Komitees seines Landes hatte er maßgeblichen Anteil an den Erfolgen der italienischen Leichtathleten und am Machtzuwachs Nebiolos. Im Ausland lobte man sein Organisationstalent und sein Geschick bei der Vermarktung großer Leichtathletik-Veranstaltungen.

Außerdem war Barra Generalsekretär des italienischen Leichtathletikverbands FIDAL – und einer der »Jungtürken«, die Nebiolo Ende der sechziger Jahre auf den Präsidentenstuhl gehievt hatten. Viele Jahre lang war er als Sportfunktionär mit Bus und Bahn quer durch Italien gereist, war in bescheidenen Hotels abgestiegen und hatte lokalen Veranstaltern in den Ohren gelegen, den Sport in ihrer Region zu fördern.

Bei einigen unsinnigen Vorhaben Nebiolos spielte er die Rolle des Bremsers, und während sein Chef auf der Weltbühne herumstolzierte, blieb er stets diskret im Hintergrund und sorgte dafür, daß die vollmundigen Ankündigungen seines Chefs besonnen in die Tat umgesetzt wurden. Als Nebiolo 1981 von Dassler zum Präsidenten des Internationalen Leichtathletikverbands gekürt wurde, schuf er den neuen Posten eines »Assistenten des Präsidenten« und besetzte ihn mit Barra.

Jetzt stand Barra vor seiner bislang größten Bewährungsprobe: Die Weltmeisterschaft 1987 in Rom war die größte und komplizierteste Leichtathletik-Veranstaltung aller Zeiten, und er sollte sie erfolgreich über die Bühne bringen. Niemand zweifelte daran, daß ihm das gelingen würde. Was aber weder er noch Nebiolo vorhersahen: Die Arbeitsbelastung des Assistenten wurde so groß, daß er keine Zeit mehr fand, seinem unberechenbaren und ehrgeizigen Chef, der nur von einer Medaillenflut für Italien träumte, auf die Finger zu schauen.

Die erste Hallenweltmeisterschaft in Indianapolis hätte ein weiterer Triumph für Nebiolo werden sollen, ein Meilenstein in der Geschichte des Sports. Doch die italienische Delegation kehrte zerknirscht und enttäuscht aus Amerika zurück.

Bei der Vorbereitung der Wettkämpfe hatte Nebiolo seine Machtbasis nicht vergessen. Jeder der über hundertsiebzig angeschlossenen Verbände durfte einen Athleten und eine Athletin entsenden, unabhängig davon, ob sie eine Qualifikationsnorm erfüllt hatten oder nicht. Natürlich blähte das die Zahl der Ausscheidungskämpfe unnötig auf, und Dutzende von chancenlosen Außenseitern mußten nach kurzer Bekanntschaft mit der Weltklasse wieder die Heimreise antreten.

Die Einladung dieser unerfahrenen Athleten war beileibe kein Akt der Nächstenliebe. Sie beruhte auf einem nüchternen politischen Kalkül. Selbst Nationen, die nur einen Wettkämpfer aufboten, konnten auf Kosten der IAAF einen Funktionär entsenden. Und nur die Funktionäre zählten. Sie, und nicht die Athleten, votierten für Nebiolo, wenn er ihre Stimme brauchte. Nichts ist umsonst in Nebiolos IAAF.

Austragungsort der Hallenweltmeisterschaft war der gewaltige Hoosier Dome in Indianapolis. Mehr als zwanzigtausend Zuschauer sorgten dafür, daß sie zur größten Hallenveranstaltung der Leichtathletik überhaupt wurde. Nebiolo registrierte mit »großer Freude«, daß vierundachtzig Länder teilnahmen. Und auch seine unersättliche Gier nach Weltrekorden, die den TV-Wert der Wettkämpfe in die Höhe trieben, wurde befriedigt. Ben Johnson, dessen mit Steroiden gedopter, muskulöser Körper im Schein der Bogenlampen glänzte, stellte auf der 60-Meter-Sprintstrecke mit 6,41 Sekunden eine neue Bestmarke auf.

Trotz dieser Erfolge waren die italienischen Funktionäre verstimmt. Sie hatten in Indianapolis auf einen guten Medaillenrang ihres Weitsprungstars Giovanni Evangelisti gehofft. Carl Lewis war nicht gemeldet, also war der Amerikaner Larry Myricks Evangelistis Hauptkonkurrent. Aber Evangelisti war nicht in Bestform: Nach fünf Durchgängen standen für ihn nur schwache 7,91

Meter zu Buche. Im letzten Versuch wollte er es noch einmal wissen. Er nahm am Ende der Anlaufbahn Aufstellung und stürmte der Sprunggrube entgegen, fest entschlossen, Gold zu holen.

Die italienischen Funktionäre waren überzeugt, daß der Sprung korrekt war. Aller Augen waren zu der riesigen Bildwand gewandert, und die Italiener schworen, Evangelisti habe nicht übertreten. Doch die amerikanischen Kampfrichter hoben die rote Flagge. Der Sprung wurde ungültig gegeben, und die Italiener kochten vor Wut. Sie waren überzeugt, daß man ihnen die Goldmedaille gestohlen habe. Zerknirscht schauten sie zu, wie Larry Myricks in seinem letzten Versuch mit 8,23 Meter alles klarmachte. Der Vorfall sollte ein Nachspiel haben.

Die Funktionäre des italienischen Teams vergaßen Evangelistis umstrittenen Sprung von Indianapolis nicht. In den kommenden fünf Monaten konzentrierten sie sich auf die Vorbereitung der Weltmeisterschaft im August, doch es blieb ihnen noch genügend Zeit, über den Vorfall in Amerika nachzudenken. Soviel war sicher: In Rom stellten sie die Kampfrichter an der Sprunggrube.

Ende August trafen sich einige dieser Funktionäre in der WM-Zentrale, um ihre Planungen abzuschließen. Der Gegenstand der Diskussion war erstaunlich: Italienische Athleten sollten um jeden Preis Medaillen gewinnen.

Sie sprachen über eine Reihe von Disziplinen, auch über den Weitsprung. Immer noch mit der Entscheidung von Indianapolis hadernd, beschlossen sie, Evangelisti auf jeden Fall eine Weite von ungefähr 8,40 Meter zu garantieren.

Die Pläne der FIDAL-Funktionäre blieben nicht geheim. Einzelheiten sickerten durch und erreichten schließlich Anna Micheletti, die als Sekretärin für den Verband arbeitete. Frau Micheletti informierte ihren Mann Renato Marino, der als Cheftrainer bei einem der renommiertesten Clubs Italiens tätig war, und der wiederum erzählte es seinem Freund Sandro Donati. Donati, Nationaltrainer der italienischen Sprinter, beobachtete Nebiolos Führungsstil schon seit geraumer Zeit mit wachsender Sorge. Insbesondere hielt er ihm vor, daß er nichts gegen den zunehmenden Dopingmißbrauch in der italienischen Leichtathletik unternahm. Marino beschloß, einen Feldstecher ins Stadion mitzunehmen und das Geschehen an der Weitsprunganlage genau im Auge zu behalten.

Bei dem IAAF-Kongreß, der am Vorabend der Weltmeisterschaften in Rom stattfand, ließ sich Nebiolo von den Delegierten durch Akklamation für weitere vier Jahre zum Präsidenten wählen. Anschließend ging er daran, seine Machtbasis noch weiter auszubauen.

Seit fast zehn Jahren störten sich die kleineren Leichtathletik-Nationen am Abstimmungsmodus der IAAF. Ihrer Meinung nach sollte jedes Land nur eine Stimme haben. Nebiolo paßte ihre Forderung ins Konzept, also schürte er ihren Groll. Bis 1984 waren die über hundertsiebzig Mitgliedsländer in vier Gruppen unterteilt gewesen. Entsprechend ihrer Rolle in der internationalen Leichtathletik hatten sie bei Kongressen acht, sechs, vier oder zwei Stimmen gehabt. Beim IAAF-Kongreß in Los Angeles hatte man das System dann vereinfacht und auf drei Gruppen reduziert.

Nun, im Vorfeld des Kongresses in Rom, stellten sich die Russen hinter die Forderung der kleineren Nationen, jedem Land nur eine Stimme einzuräumen. Ihre Bereitschaft, die eigene Machtposition zu opfern, war leicht zu durchschauen: Sie hatten so viele Vasallenstaaten, daß sie bei Bedarf immer einen großen Stimmenblock zusammenbekamen. Indem sie aber die kleinen Nationen gegen die großen unterstützten, profilierten sie sich als fortschrittliche Reformer.

Bei dem Kongreß im August, der geprägt war von einer Atmosphäre des guten Willens und der Selbstzufriedenheit, witterte Nebiolo die Chance, sich ein für allemal aus der Abhängigkeit von den westeuropäischen Nationen zu befreien, die alle der Gruppe mit den meisten Stimmen angehörten und häufig seinen Führungsstil monierten. Er empfahl dem Kongreß, für ein einfaches Stimmrecht zu votieren, und warb für das Prinzip »ein Land, eine Stimme« unter dem Deckmantel einer demokratischen Revolution. In Wahrheit festigte er damit seine diktatorische Stellung in der IAAF.

Nebiolo wußte nur zu gut, daß er die kleinen Nationen jederzeit mühelos bei der Stange halten konnte. Die steigenden Einnahmen des Verbands setzten ihn in die Lage, die Reisen der Athleten – und, noch wichtiger, ihrer stimmberechtigten Funktionäre – zu Wettkämpfen oder Kongressen und Seminaren in aller Welt mit immer größeren Beträgen zu bezuschussen.

Der stillschweigende Handel, den er Verbänden aus so entlegenen Gegenden wie Vanuatu, den Cookinseln, Nauru und dem

Bund der Nördlichen Marianen im Pazifischen Ozean, Aruba und den Turks- und Caicosinseln in der Karibik oder Bhutan, Macao und Laos in Asien anbot, war klar: Solange ihre Funktionäre zu ihm hielten, durften sie zur Belohnung regelmäßig mit Flugtickets, Unterbringung in erstklassigen Hotels und stattlichen Spesen in US-Dollars rechnen.

Es war ein meisterhafter Coup. Je mehr die entwickelten und mächtigen Sportnationen Nebiolo wegen seiner überhöhten Ausgaben attackierten, desto mehr trieben sie die Funktionäre der Klein- und Kleinststaaten in aller Welt, die ebenfalls über eine Stimme verfügten, in seine Arme. Und das schönste daran: Alles sah so demokratisch aus.

Im Jahr 1987 feierte die IAAF nicht nur das »Jahr der Leichtathletik«, sondern auch ihr 75jähriges Jubiläum. Sie produzierte einen prächtigen Bildband mit dem Titel »Hundert goldene Augenblicke« in der Leichtathletik, gab zum Gedenken an das Ereignis einen Film in Auftrag und packte achttausend Geschenkpakete für Wettkämpfer, Offizielle, Sponsoren, Fernsehleute und den gesamten Troß des Präsidenten. Eigens entworfene Preise und Medaillen wurden das ganze Jahr über an »Mitglieder der Leichtathletenfamilie, Prominente, Gäste und Staatsoberhäupter« verliehen. Für die Öffentlichkeit eröffnete Nebiolo aus Anlaß des 75jährigen Jubiläums der IAAF im Foro Italico eine Ausstellung, ebenfalls unter dem Motto »Hundert goldene Augenblicke«.

Bei einem Dinner am Vorabend der Weltmeisterschaften nahm Nebiolo Carl Lewis auf die Seite und sagte ihm, daß er sich einen Weltrekord wünsche, egal was für einen. »Das wird die größte Veranstaltung aller Zeiten.« Das gleiche sagte er später auch zu Ben Johnson. Der Kanadier wurde der Star von Rom und blieb es dreizehn Monate.

Im Juni absolvierte Johnson seinen letzten zweiwöchigen Steroid-Zyklus. Dann wartete er, bis sein Organismus alle Spuren des Dopingmittels ausgeschieden hatte, und reiste anschließend nach Rom. Am Eröffnungstag der Titelkämpfe besiegte er Lewis und stellte mit 9,84 Sekunden einen phantastischen neuen Weltrekord auf. Kaum war Johnson für sauber erklärt, stürzte sich der Manager des Sprintstars in Verhandlungen mit Sponsoren über Millionenverträge.

Wie die meisten Sportler und Funktionäre aus dem Leichtathletik-Zirkus wußte auch Lewis, daß Johnson ein gedoptes Monster war. Kurz vor dem Endlauf über hundert Meter erfuhr Lewis von einem schwer belastenden Gespräch zwischen Johnsons Trainer Charlie Francis und seinem amerikanischen Kollegen Chuck DeBus. Francis ließ dabei die Bemerkung fallen: »Ich werde einfach sagen, daß Ben den Tripper hat.«

Das war praktisch der Beweis, daß Johnson das Mittel Probenecid nahm, um etwaige Rückstände seiner Steroide zu verschleiern. Die Einnahme von Probenecid ist in einigen Fällen erlaubt, zum Beispiel dann, wenn der Athlet wegen einer Geschlechtskrankheit in Behandlung ist und die Wirkung von Penizillin verstärkt werden soll. Für den Fall eines positiven Testbefunds hatte Francis gute Argumente parat.

Lewis war perplex: Er habe nicht gewußt, sagte er, ob er Johnson denunzieren oder darauf hoffen solle, daß ihm die Offiziellen auf die Schliche kamen. Das Problem war nur, daß Lewis den Funktionären nicht traute, weder den amerikanischen noch den anderen. Später erklärte er, er wisse zumindest von einem weiteren Goldmedaillengewinner in Rom, der gedopt gewesen sei. Und bei einem weiteren seien am Oberschenkel deutlich Einstiche zu sehen gewesen.

Es gab kaum einen Zweifel, wer im Weitsprung Gold und Silber unter sich ausmachen würde. Zu klar hatten Carl Lewis und der Russe Robert Emmiyan in den vergangenen Monaten die Konkurrenz distanziert. Lewis wollte den Weitsprung unbedingt gewinnen und verzichtete sogar auf einen Start über zweihundert Meter, um genügend Ruhepausen zu haben. Völlig offen war hingegen der Kampf um Bronze. Drei Athleten durften sich die besten Chancen ausrechnen: Evangelisti, Myricks und der Kubaner Jefferson.

Niemand rechnete damit, daß es wegen der Kampfrichter beim Weitsprung Streit geben würde. Die drei offiziellen technischen Delegierten bei der Weltmeisterschaft in Rom waren der Ostdeutsche Georg Wieczisk, der Jugoslawe Artur Takac und der Sudanese Hassan Agabani. Sie alle saßen in Nebiolos IAAF-Rat.

Zehn Minuten vor Beginn des Wettbewerbs tauchten Luciano Barra und Takac neben der Sprunggrube auf und scheuchten die

Pressefotografen ein Stück zurück, weil sie angeblich den Fernsehkameras im Bild standen und die Athleten störten. Doch eines übersahen sie. Am hinteren Ende der Sprunggrube war eine Kamera fest installiert, die frontal den Anlauf der Springer aufnahm. Die Bilder wurden sofort auf Videoband aufgezeichnet. Es war unwahrscheinlich, daß sie bei Live-Übertragungen benutzt würden, denn sie zeigten lediglich das Geschehen in der Grube. Allerdings konnte das Band später mit Bildern der anderen Kameras zusammengeschnitten werden.

Die Kampfrichter, vorwiegend Sizilianer, und die beiden englischen Techniker, die das elektronische Meßgerät von Seiko überwachten, warteten auf den ersten Sprung. Das Seiko-Gerät hat das traditionelle Maßband ersetzt. Ein Stift mit einem reflektierenden Prisma wird am hintersten sichtbaren Abdruck des Springers in den Sand gesteckt und von dem Gerät, das neben der Absprunglinie steht, angepeilt. Arbeitet es korrekt, gibt es bei der Messung des Sprungs zwei Pieptöne von sich.

Um sechzehn Uhr dreißig eröffnete Evangelisti, dem die erste Startnummer zugelost worden war, unter dem Jubel des überwiegend italienischen Publikums den Wettbewerb. Er stürmte die Anlaufbahn hinunter und übertrat. Die Menge stöhnte. Dann folgte Larry Myricks. Auch er übertrat. Dann schraubte sich Lewis durch die Luft und landete bei fabelhaften 8,67 Meter. Diese Weite sollte nicht mehr überboten werden und sicherte ihm Gold. Emmiyan erzielte bei seinem ersten Versuch beachtliche 8,30 Meter und setzte sich an die zweite Stelle.

Eine halbe Stunde später begann der zweite Durchgang. Evangelisti machte wieder den Anfang, und auf der Anzeigetafel leuchteten bescheidene 8,09 Meter auf. Fünfter Platz. Myricks landete fünf Zentimeter hinter ihm. Lewis sprang 8,65 Meter, Emmiyan übertrat.

Im dritten Durchgang verbesserte sich der Italiener auf 8,19 Meter, doch Myricks überflügelte ihn: 8,23 Meter. Lewis stellte seine Extraklasse unter Beweis und wiederholte die 8,67 Meter aus dem ersten Durchgang.

Evangelisti leitete den vierten Durchgang ein, erreichte aber nicht einmal die Acht-Meter-Marke. Myricks sprang bescheidene 8,19 Meter, und Emmiyan sicherte sich mit 8,53 Meter die Silbermedaille. Der fünfte Durchgang war für die Italiener noch deprimierender. Evangelisti übertrat. Myricks landete bei 8,33 Meter. Die Bronzemedaille war ihm kaum noch zu nehmen.

Jetzt galt es. Wenn Evangelisti Myricks noch übertreffen sollte, mußte er in seinem sechsten und letzten Versuch einen Sprung der Extraklasse hinlegen. Er nahm am Ende der Anlaufbahn Aufstellung und konzentrierte sich. Doch bevor er nach vorn stürmen konnte, dröhnte die Wilhelm-Tell-Ouvertüre aus den Lautsprechern und kündigte die Siegerehrung im Kugelstoßen der Frauen an. Der Italiener machte eine irritierte Geste und drehte ab. Er mußte mit seinem letzten Sprung bis zum Ende der Siegerehrung warten.

Die Organisatoren hatten detaillierte Pläne für die Siegerehrungen erarbeitet. So waren alle Offiziellen angewiesen, ihre momentane Tätigkeit einzustellen und sich dem Siegerpodest zuzuwenden. Alle Augen und Fernsehkameras schwenkten zu den drei Frauen hinüber, die den Innenraum des Stadions betraten, um ihre Medaillen in Empfang zu nehmen.

Deshalb fiel kaum jemandem die leichte Unruhe unter den Kampfrichtern beim Weitsprung auf. Doch die Kampfrichter hatten die Fernsehkamera am hinteren Ende der Grube vergessen, deren Bilder in den RAI-Studios neben dem Olympiastadion aufgezeichnet wurden.

Die Siegerehrung ging zu Ende, und Evangelisti bereitete sich auf seinen letzten Sprung vor. Es war seine letzte Chance, Bronze zu holen. Kaum war er in der Luft, wußten Zuschauer und Experten, daß er es nicht geschafft hatte. Evangelisti stieg aus der Grube, zuckte mit den Schultern, als wollte er sagen: »Ich habe mein Bestes getan«, und trottete davon. »Der Sprung sah gut aus«, berichtete *Track and Field News,* »aber das Publikum jubelte nicht. Er ging weg und wirkte enttäuscht.«

Der Kampfrichter Sergio Maggiari trat in die Grube und steckte den Meßstift hinter Evangelistis Abdruck. Seine beiden Kollegen Mario Biagini und Paolo Pellegrino, deren Aufgabe es war, den Sand nach jedem Sprung wieder glattzustreichen, wußten, daß sie erst in Aktion treten durften, wenn das Meßgerät zwei Pieptöne von sich gegeben hatte. Sie warteten – doch der Apparat piepte nur einmal.

Sie merkten, daß etwas nicht in Ordnung war. Pellegrino trat schnell vor und legte seinen Rechen an Evangelistis Abdruck, um zu gewährleisten, daß er korrekt gemessen werden konnte. Biagini rief er zu, den Abdruck auf keinen Fall zu verwischen. Zu seinem Erstaunen protestierte Chefkampfrichter Marco Mannisi, und im selben Moment kam Kampfrichter Tommaso Aiello herübergerannt und rief: »Glattstreichen, glattstreichen.« Gehorsam ebneten sie den Sand ein, und die wahre Weite des Sprungs war für immer verloren.

Biagini schien von dieser merkwürdigen Wendung der Ereignisse in keiner Weise überrascht. Er drehte sich zu Pellegrino um und sagte: »Bitte, Paolo, ich kenne dich. Halt den Mund, die Sache hier ist eine Nummer zu groß für uns. Wenn du rausgehst, sagst du am besten, daß du nichts bemerkt hast. Halt bloß den Mund.«

Das Ergebnis von Evangelistis Sprung leuchtete an der Anzeigetafel auf: 8,38 Meter. Das Stadion tobte. Evangelisti hatte sich auf den dritten Platz geschoben, Bronze war greifbar nahe. Als die übrigen Springer ihren letzten Versuch absolvierten, wurden sie von der parteiischen Menge ausgepfiffen und augebuht, auch Myricks, der die Rangfolge noch einmal umstoßen konnte. Und tatsächlich gelang dem Amerikaner noch einmal ein weiter Satz. Die Messung der Kampfrichter ergab 8,20 Meter, eine Weite, die zwar besser war als alle Versuche Evangelistis in den ersten fünf Durchgängen, angesichts Evangelistis unerwarteter Leistungssteigerung jedoch nicht reichte. »Ich hatte das Gefühl, daß der Sprung weiter war als 8,20 Meter«, sagte Myricks später. »Irgendwas stimmte da nicht im letzten Durchgang.« Evangelisti gewann Bronze und verdrängte den Amerikaner auf den undankbaren vierten Platz.

Viele amerikanische Sportjournalisten in Rom zweifelten an der Korrektheit des Weitsprungresultats. Und nicht nur sie. Ein finnischer Reporter erzählte jedem, der es hören wollte, daß die Jury Evangelisti eine bessere Weite zuerkannt habe, als er verdiene. Auch andere Experten äußerten sich kritisch über den Sprung. Auf der Tribüne neben der Weitsprunganlage saß eine Gruppe britischer Fans und Leichtathletik-Experten. Einer von ihnen war Alf Wilkins aus London: »Unserer Meinung nach lag der Sprung etwa bei 7,95 Meter. Selbst die Italiener, die um uns herum saßen, zeigten keinerlei Begeisterung, bis das Resultat aufleuchtete. Am Abend in den Restaurants sprachen alle über den Sprung. Sie machten sich darüber lustig.«

Wilkins ist Mitglied in der Association of Track and Field Statisticians. Die Organisation verweigerte dem Sprung die Anerkennung und stufte ihn als »zweifelhaft« ein. Dies war umso bemerkenswerter, als das Resultat bei einer von der IAAF und im Beisein ihres Präsidenten veranstalteten Weltmeisterschaft erzielt worden war.

Zwei Tage nach dem Weitsprung ging Renato Marino, der den Wettbewerb zwar durch seinen Feldstecher verfolgt, aber nicht genau beobachtet hatte, wie Evangelistis Resultat verfälscht worden war, in eine römische Bar. Dort traf er den WM-Direktor Paolo Giannone und dessen Frau. Bei einer Pizza erzählte Giannone, daß er sich über einen Bericht ärgere, der über ihn in den Zeitungen stehe. Luciano Barra hatte einem Journalisten erzählt, daß Giannone sich bei ihm entschuldigt habe, weil er daran schuld sei, daß der sowjetische Stabhochspringer Sergei Bubka durch die Siegerehrung im Kugelstoßen der Frauen bei einem Weltrekordversuch gestört worden sei.

Giannone beteuerte, daß nicht er das Zeichen gegeben habe, mit der Siegerehrung zu beginnen. Er sei zu dem Zeitpunkt nämlich im Innenraum gewesen, um beim Weitsprung nach dem Rechten zu sehen.

»Nach dem Rechten?« platzte Marino heraus. »Sie meinen wohl eher das Gegenteil.« Frau Giannone wandte sich ihrem Mann zu und sagte: »Siehst du!«

»Er als Fachmann hat es gemerkt«, antwortete Giannone.

»Hören Sie, ich habe es nicht bemerkt, weil ich zufällig ein Fachmann bin. Jeder auf der Tribüne hat kapiert, was da vor sich ging.«

»Sie müssen das verstehen«, antwortete Giannone. »Man hatte uns gesagt, daß Evangelisti unbedingt eine Medaille gewinnen müsse.«

Das erste [illegible]

[illegible]

Die Wahl war [illegible] Monate nach den Wahlen [illegible]

[illegible]

Die Ergebnisse [illegible]

14 Skandal

Das erste Opfer des schwelenden Weitsprung-Skandals waren Nebiolos politische Ambitionen in Italien. Nebiolo war zwar schon Präsident des internationalen Hochschulsports, der italienischen Leichtathleten und des Weltverbands, doch das genügte ihm nicht: Die letzte verbliebene Machtposition, die er anstrebte, war die Führung im Nationalen Olympischen Komitee Italiens, CONI. Der CONI-Präsident kontrolliert ein Jahresbudget von 750 Millionen Dollar. Die damit verbundene Macht hätte Primo in der Tat zum Primus im italienischen Sport gemacht.

Als der bisherige NOK-Chef Franco Carraro der Regierung des Sozialistenführers Benito Craxi beitrat, wurde das Amt vakant. Nur die neununddreißig Präsidenten der italienischen Sportfachverbände durften kandidieren und abstimmen. Nebiolo war bereits Vizepräsident, wie es sich für den höchsten Funktionär einer dominierenden Sportart gehörte, und spekulierte darauf, daß viele ihm einen Gefallen schuldig waren. Rasch überschlug er die Stimmen, die er vermutlich zusammenbekommen würde, und meldete seine Kandidatur an.

Die Wahl war für den 12. November 1987 anberaumt, zwei Monate nach der Weltmeisterschaft von Rom – zu spät für Nebiolo. Seine Hoffnungen auf einen Sieg zerstoben eine Woche vor der Abstimmung. Die Sportjournalisten der staatlichen Fernsehanstalt RAI hatten sich wie die meisten Kollegen von der schreibenden Zunft über Evangelistis erstaunliche Leistungssteigerung im letzten Durchgang des Weitsprungs gewundert. Sie kamen auf die Idee, die Bilder vom Weitsprung mit dem sogenannten Telebeam zu untersuchen, einem technischen Hilfsmittel, mit dem sie normalerweise Tore im Fußball analysierten.

Die Ergebnisse präsentierten sie in den Abendnachrichten. Ihr verblüffender Schluß: Evangelisti war im letzten Versuch höchstens 7,90 Meter gesprungen. Nebiolos Assistent Luciano Barra nahm in der Sendung dazu Stellung. Auf seine gewohnt ruhige Art sagte er, die Differenz zwischen den gemessenen 8,38 Meter und den vermuteten 7,90 Meter sei so groß, daß Betrug auszuschließen sei. Niemand, so Barra, würde es wagen, um rund einen halben Meter zu betrügen. Es müsse sich um einen technischen Fehler gehandelt haben. Damit war Barra der erste, der aus Nebiolos Front ausscherte. Während der Präsident daran festhielt, daß die Messung korrekt gewesen sei, konzedierte sein Assistent, der gleichzeitig auch Generalsekretär der FIDAL war, daß sie falsch gewesen sein müsse. Die Frage löste in ganz Italien Debatten aus, aber nirgends wurde sie so leidenschaftlich diskutiert wie im CONI.

Die Wahl des neuen Präsidenten fand in den eleganten CONI-Büros im Foro Italico, nahe dem Olympiastadion, statt. Das sportbegeisterte Italien verfolgte das Ereignis gespannt. *La Repubblica,* die größte seriöse Zeitung des Landes, brachte sogar einen ausführlichen Bericht über den Wettstreit zwischen Nebiolo und seinem Gegenkandidaten Arrigo Gattai, dem Chef des Skiverbands. »Der längste Tag im Leben Nebiolos«, schrieb der Journalist Vittorio Zambardino, »begann um sechs Uhr in der Frühe, als Marchio, der Präsident des Boxverbands, bei ihm zu Hause anrief: ›Man hat es getan. Man ist uns in den Rücken gefallen. Wir haben verloren.‹ Weitere Anrufe folgen. Ein Anrufer rät: ›Treten Sie zurück und wahren Sie das Gesicht.‹ Aber Primo will die Sache zu Ende bringen. Um 8.20 Uhr ist er im CONI. Er ist der erste. Seine berühmte Sonnenbräune zeigt Risse. Die anderen Präsidenten treffen ein. Er grüßt sie flüchtig. Die Hände in den Taschen vergraben, geht er nervös auf und ab. Er weiß, daß er geschlagen ist, versteht aber nicht, warum. Ein paar kühle Händedrücke. Nebiolo lächelt nicht. Enttäuscht schreitet er den Flur entlang. Mit blutunterlaufenen Augen starrt er wütend auf die Verräter.«

Dann traf Carraro ein. Die Sportpräsidenten versammelten sich und lauschten seiner Abschiedsrede. Carraro ließ keine Gelegenheit aus, die Gerüchte über den Weitsprungwettbewerb aufzugreifen und Nebiolo zu attackieren. Er sprach über die »Moral im Sport«. Nach einer kurzen Unterbrechung schritt man zur Wahl.

Dazu die *Repubblica:* »Ein Witzbold sagt: ›Alle, die meine Stimme kaufen wollen, einen Schritt vortreten.‹ Nebiolo klebt an seinem Stuhl und nagt an seiner Brille. Um 10.30 Uhr verkündet Giorgio di Stefani das Ergebnis: ›Gattai sechsundzwanzig, Nebiolo dreizehn Stimmen.‹ Nebiolo ist mehr als deprimiert – seine 1,80 Meter sind schiere Trauer. Er murmelt: ›Jetzt muß ich ihm wohl gratulieren.‹ Sein Gesicht ist eine schmerzverzerrte Maske, und seine Lippen verziehen sich zu einem clownhaften Grinsen, während er Gattai die Hand schüttelt: ›Es ist nicht mehr als recht und billig. Der Bessere hat gewonnen.‹ Sein tragischer Sarkasmus ist offensichtlich.«

Der Streit über Evangelistis Sprung weitete sich zum Skandal aus. Drei Tage nach der Wahl veröffentlichte *L'Espresso,* Italiens meistgelesenes Nachrichtenmagazin, die erste Folge einer Artikelserie, die sich bis zum Jahresende hinzog und die Vorgänge an der Weitsprunganlage beleuchtete. Das Magazin hatte Hinweise auf eine Art Verschwörung unter den Kampfrichtern erhalten, die darauf abzielte, die Resultate zu verfälschen und Italien eine Medaille zuzuschanzen. Darüber hinaus hatte es eine eigene Computeranalyse der Fernsehbilder in Auftrag gegeben, die wie der Telebeam ergab, daß Evangelisti deutlich hinter der offziell gemessenen Weite gelandet sein mußte. Außerdem äußerte es Zweifel an der Weitenmessung mehrerer anderer Sprünge. Die übrige Presse griff die Angelegenheit auf, der Druck verstärkte sich.

Die Offiziellen konnten nicht länger untätig bleiben. Luciano Barra kündigte im Namen der FIDAL eine Untersuchung des Weitsprungresultats an. Die italienische Sportpresse schien beschwichtigt. Die Schlagzeile des *Corriere dello Sport* lautete: »FIDAL nimmt Evangelistis Sprung unter die Lupe.« FIDAL-Funktionäre baten die RAI um eine Videokassette mit allen Sprüngen. Auf dem Band waren keine Unregelmäßigkeiten festzustellen. Es dauerte Wochen, bis jemand die Frage stellte, was eigentlich während der Siegerehrung aufgezeichnet worden war. Die Techniker der RAI erinnerten sich an die fest installierte Kamera hinter der Sprunggrube, deren Bilder den ganzen Abend lang aufgezeichnet worden waren. Sie versprachen, nach dem Band zu suchen.

In der ersten Dezemberwoche veröffentlichte *L'Espresso* neues Beweismaterial. Es belegte erneut, daß die Weitenmessung falsch gewesen war. Diese Informationen konnten eigentlich nur aus dem italienischen Leichtathletikverband durchgesickert sein, und wenn dem so war, dann muß Nebiolo sie bereits gekannt haben.

Die Überschrift des Artikels lautete: »Der deutsche Beweis«. Ein Team von der Deutschen Sporthochschule Köln unter Leitung von Dr. August Kirsch, ebenfalls Mitglied im IAAF-Rat, hatte den Weitsprung untersucht. Die Kölner hatten ein dreidimensionales Meßverfahren entwickelt, bei dem entlang der Sprunganlage elektronische Geräte aufgestellt wurden. Da die Meßdaten ermittelt wurden, während die Athleten anliefen und sprangen, war das Beweismaterial unanfechtbar. Kirschs Befund war verblüffend.

Danach waren alle Wettkämpfer, mit Ausnahme Evangelistis, weiter gesprungen, als die Kampfrichter behauptet hatten. Kirsch bestätigte, daß Evangelisti im letzten Versuch lediglich 7,91 Meter erzielt hatte. Die Differenz zu den 8,38 Metern, die das Kampfgericht angegeben hatte, war unglaublich. Die Italiener hatten sich gründlich für das Ergebnis von Indianapolis gerächt.

Wie reagierten Nebiolo und die IAAF? Mitte Dezember sollte in Monte Carlo der Verbandsrat tagen, um die Ereignisse des vergangenen Jahres aufzuarbeiten. Anschließend stand die 500 000-Dollar-Gala der International Athletic Foundation auf dem Programm. Just in diesem Moment erinnerte die Mailänder Sportzeitung *Gazzeto dello Sport* Nebiolo an seine Pflichten und machte ihn für das verfälschte Weitsprungresultat verantwortlich.

Der Rat konnte gar nicht anders: Er mußte den Skandal in Monaco auf die Tagesordnung setzen. Schließlich hatte Barra bereits öffentlich eingeräumt, daß das Resultat nicht stimmen konnte. Und Kirschs Beweise ließen sich nicht hinwegdiskutieren. Zwei elektronische Untersuchungen hatten unabhängig voneinander gezeigt, daß die Messungen falsch gewesen waren, und in der italienischen Presse rissen die Enthüllungen nicht ab. Kurzum, das Resultat war so unglaubwürdig geworden, daß zumindest Bronze neu vergeben werden mußte. Doch Nebiolo wollte davon nichts hören. Dabei kam ihm der Umstand zu Hilfe, daß der Skandal außerhalb Italiens nicht bekannt war. Mit anderen Worten: Wer keine italienischen Zeitungen las, war nicht im Bilde.

Die Gerechtigkeit lag in den Händen Nebiolos, seines Rats und der drei technischen Delegierten des Verbands bei der Weltmeisterschaft von Rom: des Ostdeutschen Georg Wieczisk, des Jugoslawen Artur Takac und des Sudanesen Hassan Agabani. Im Sudan herrscht seit zehn Jahren eine Militärdiktatur. Das Land stöhnt unter Bürgerkrieg und Hungersnöten. Sportliche Aktivitäten sind rar, die Hauptstadt Khartum zerfällt. Für einen wohlhabenden Geschäftsmann wie Agabani bieten sich da wenig Betätigungsmöglichkeiten, also verbringt er einen Großteil seiner Zeit in seinem Haus im Seebad Morecambe, Lancashire.

Eine Zeitlang hatte er darauf spekuliert, die Nachfolge des sudanesischen IOC-Mitglieds General Gadir anzutreten, den die Militärs im Sudan vier Jahre lang gefangenhielten. Inzwischen befindet sich Gadir aber wieder auf freiem Fuß und ist ins IOC zurückgekehrt. Agabanis Leben wäre langweilig ohne die Mitgliedschaft im IAAF-Rat, ohne die Reisen und die Annehmlichkeiten bei Olympia und anderen sportlichen Großereignissen.

Artur Takac konnte auf eine glänzende Karriere als Athlet zurückblicken. Im Zweiten Weltkrieg floh er von Jugoslawien in die Schweiz und schloß sich später der französischen Résistance an. Als der internationale Sport boomte, wurde er hauptamtlicher Sportfunktionär, was ihm und seiner Familie ein gutes Auskommen sicherte. Takac wirkte an der Ausrichtung von zehn Sommer- und vier Winterspielen mit und gehörte zu den Organisatoren von Nebiolos Universiade 1986 in Zagreb. Außerdem ist er Vorsitzender des technischen Komitees der Mittelmeer-Spiele und berät das IOC auf Honorarbasis, sitzt im IAAF-Rat und ist in der European Athletic Association aktiv.

Der dritte technische Delegierte in Rom war der Ostdeutsche Georg Wieczisk, ein Mann, der sein ganzes Leben im gestrengen SED-Staat verbracht hatte. Als Mitglied im IAAF-Rat genoß er große Vergünstigungen, pflegte einen westlichen Lebensstil und reiste ungehindert in alle Welt. Diese »drei Weisen« waren in einer prekären Situation, als sie unter Nebiolos Vorsitz in Monaco zusammenkamen. Möglicherweise waren ihnen nicht alle Enthüllungen der italienischen Presse bekannt, doch wenn sie ernsthaft an der Leichtathletik interessiert waren, so mußte ihnen zu Ohren gekommen sein, daß die Weitsprungresultate nicht korrekt oder gerecht sein konnten.

Bei der Sitzung des Rats wurde Luciano Barras Untersuchungsbericht vorgelegt. Er enthielt keine Überraschungen. Die Firma Olivetti erklärte, daß ihre Computer einwandfrei gearbeitet hätten, und gleiches behauptete die Firma Seiko von dem Meßgerät an der Sprunganlage. Im Widerspruch dazu stand der Bericht von August Kirschs Sporthochschule in Köln, der belegte, daß Evangelisti lediglich 7,91 Meter gesprungen war.

Da Nebiolo den Vorsitz führte, war das Ergebnis vorherzusehen. Er bestritt, daß es zu Unregelmäßigkeiten gekommen sei. Evangelistis letzter Sprung und seine Bronzemedaille wurden bestätigt. Zur Rechtfertigung bemühte Nebiolo das Beispiel Maradonas: »Erst als wir im Fernsehen sahen, wie Maradona im WM-Spiel gegen England den Ball mit der Hand ins Netz bugsierte, war klar, daß er gemogelt hatte – aber auch in unserem Fall ist es zu spät, tut mir leid.« In der IAAF-Erklärung vom Dezember hieß es: »Der Weitsprung der Männer wurde korrekt durchgeführt, deshalb besteht kein Anlaß, das offizielle Resultat zu ändern.«

Zuversichtlich, daß die Affäre damit ein für allemal aus der Welt sei, vergnügte sich Nebiolo bei der IAAF-Gala. Und auch IOC-Präsident Samaranch ignorierte die Empörung über den Fall Evangelisti. In einem Privatjet flog er aus Lausanne ein und zeigte sich bei der Gala an der Seite Nebiolos.

Doch der Skandal ließ sich nicht unter den Teppich kehren. Nebiolo hatte nicht mit der Beharrlichkeit des Sprintertrainers Sandro Donati gerechnet. Donati hatte bei der römischen Polizei Anzeige erstattet, die Ermittlungen waren bereits in Gang. Über die Weihnachtsfeiertage dachte er über die Entscheidung des IAAF-Rats nach. Dann fuhr er zum Foro Italico und reichte beim CONI eine offizielle Beschwerde gegen das Weitsprungresultat ein. Im Januar 1988 berief das CONI einen fünfköpfigen Ausschuß, der den Fall untersuchen und den guten Namen des italienischen Sports wiederherstellen sollte.

Unterdessen tauchte neues Material auf, das den unanfechtbaren Beweis lieferte, daß das Weitsprungresultat verfälscht worden war. Das Magazin *L'Espresso* veröffentlichte es Anfang Februar 1988, also nach Einsetzung des NOK-Untersuchungsausschusses. Danach hatte man die Weite von Evangelistis letztem Sprung nicht absichtlich nach oben korrigiert, wie von Skeptikern bisher vermutet, man hatte sie überhaupt nicht gemessen!

Die Kamera am Ende der Sprunggrube hatte die Wahrheit im

Bild festgehalten. Während der Siegerehrung, die den sechsten und letzten Durchgang des Weitsprungs verzögert hatte, war sie weitergelaufen. Monatelang hatte das Videoband unbeachtet im Archiv gelegen. Nun hatte *L'Espresso* ein belastendes Foto aus der Sequenz erhalten. Kurz darauf zeigte das italienische Fernsehen das vollständige Band.

Die Bilder waren erschreckend: An jenem Spätnachmittag war Geschichte geschrieben worden. Kaum hatte die Siegerehrung begonnen, blickte sich Kampfrichter Tommaso Aiello verschwörerisch um. Im Glauben, alle Augen seien bei der Siegerehrung, steckte er heimlich das optische Prisma in den Sand. Dann sprang er wieder aus der Grube und entschwand für etwa eine Minute dem Blickfeld der Kamera. Dann trat er wieder ins Bild und pflückte das Prisma aus dem Sand. Er hatte für Evangelisti eine Weite von 8,38 m gemessen, und zwar, bevor der Italiener gesprungen war. Die falsche Messung wurde in dem Seiko-Gerät gespeichert und nach dem wirklichen Sprung abgelesen.

Nebiolos Reaktion war erstaunlich. Ohne auf das Videoband mit Aiello einzugehen, ließ er von der Londoner IAAF-Zentrale einen Brief an das CONI schicken, in dem er ihm das Recht absprach, eigene Untersuchungen anzustellen. »Jede nichtautorisierte Maßnahme oder Einmischung«, so behauptete er, »könnte als Verletzung oder Übertretung der Regeln im internationalen Sport betrachtet werden.« Das Schreiben war wohlüberlegt. Nebiolo bestritt das Recht des Olympischen Komitees seines Landes, sich mit den Angelegenheiten eines internationalen Gremiums zu beschäftigen. Das CONI ignorierte seinen Protest.

Nebiolo unternahm einen weiteren Versuch, die Enthüllung der Wahrheit zu verhindern. Über einen Monat später ging beim CONI ein zweites Schreiben der IAAF ein. Darin hieß es: »Wie uns mitgeteilt wurde, haben die italienischen Justizbehörden ihre Ermittlungen eingestellt. Damit dürfte diese Diskussion wohl ein für allemal beendet sein.« Abermals ignorierten ihn die italienischen Olympier und setzten ihre Untersuchung fort.

Der langerwartete CONI-Bericht hätte für Nebiolo schlimmer ausfallen können. Das dreiundachtzig Seiten starke Papier schadete ihm zwar, fiel aber nicht so vernichtend aus, wie Insider erwartet hatten. Am 25. März 1988 wurde der Bericht veröffentlicht. Er bestätigte alle Enthüllungen der italienischen Presse über die Manipulationen bei Evangelistis letztem Versuch.

Mit Nebiolos Assistenten Luciano Barra gingen die Verfasser des Berichts hart ins Gericht. In erster Linie warfen sie ihm Nachlässigkeit bei seinen Ermittlungen für die IAAF vor. Neben den Berichten von Seiko und Olivetti hatte er auch Stellungnahmen der Weitsprung-Kampfrichter eingeholt, und die hatten natürlich übereinstimmend versichert, sie hätten sich »ordnungsgemäß« verhalten.

Doch nach Meinung der CONI-Ermittler war zum damaligen Zeitpunkt eines bereits offensichtlich: Hätte man mehr Druck auf einen der Kampfrichter ausgeübt, so »hätte er Details liefern können, mit deren Hilfe man Aspekte einer Tat hätte aufdecken können, für die es, legte man die Dokumentation zugrunde, keine hinreichende Erklärung gab«.

Die Kritik an Barra ging noch weiter: »Hätte man die Untersuchung nicht darauf beschränkt, Dokumente beizubringen, die für die Klärung der Fakten nicht nur irrelevant waren, sondern tendenziell deren Unerklärlichkeit untermauerten, und statt dessen präzisere Ermittlungen angestellt, so hätte das Resultat andere Schlußfolgerungen zugelassen.«

Auch die Auswahl der Kampfrichter deutete nach Meinung des CONI auf eine Verschwörung hin. Niemand verstand, warum fast alle Kampfrichter aus Sizilien geholt worden waren. Ebenso befremdlich war, daß die ursprüngliche Kampfrichterliste grundlos geändert worden war.

Die Mitglieder des Untersuchungsausschusses hatten diese Liste in die Hände bekommen. Die Kampfrichter stammten ursprünglich aus allen Landesteilen und hatten einen Monat vor der Weltmeisterschaft bei den italienischen Meisterschaften gut zusammengearbeitet. Nach den nationalen Titelkämpfen hatte man die Liste willkürlich geändert und ausgerechnet zwei sehr erfahrene Kampfrichter gegen zwei Sizilianer ausgetauscht. Nach Meinung des CONI ohne triftigen Grund.

Dann zogen die Ermittler ihre Schlußfolgerungen. Ihrer Meinung nach hatte man versucht, durch eine oberflächliche und unvollständige Untersuchung den Anschein zu erwecken, alles sei korrekt zugegangen. Außerdem monierten sie die »Intervention durch die IAAF und ihren Versuch, auf die Arbeit des Ausschusses einzuwirken und die Klärung der Fakten zu verhindern«. Damit übten sie offene Kritik an Nebiolo und brachten ihn indirekt mit den Vertuschungsversuchen in Verbindung.

Das Urteil über den Sprung selbst fiel klar aus: Evangelisti sei keine 8,38 Meter gesprungen. Ein technischer Fehler habe nicht vorgelegen. Vielmehr sei die falsche Messung Aktivitäten zuzuschreiben, »die Leute initiierten, die in unserer Untersuchung herausgehoben werden«.

Sechs FIDAL-Offizielle wurden gesperrt, darunter auch Tommaso Aiello, der das Prisma in den Sand gesteckt hatte. Luciano Barra kam ohne Strafe davon, trat aber unmittelbar darauf zurück und erklärte: »Damit wieder Ruhe unter den Athleten einkehrt und ich mich besser verteidigen kann, habe ich mein Amt als Generalsekretär der FIDAL zur Verfügung gestellt.«

Später, zu spät, räumte Barra ein, daß er früher mit Nebiolo hätte brechen sollen, und akzeptierte die Kritik an seiner »Untersuchung«. Er kehrte von der FIDAL zum CONI zurück und wirkte an den Vorbereitungen zur Fußball-Weltmeisterschaft 1990 mit. Doch die italienische Presse gab keine Ruhe. Der *Gazzeto dello Sport* konstatierte mit Befremden, daß keine Funktionäre bestraft worden waren, und schrieb: »Das Schweigen der FIDAL zeigt deutlich, daß die Spitzenfunktionäre tief in diesen Skandal verstrickt sind und folglich nicht als Richter fungieren können.« Eine Woche später tagten Italiens Trainer in Reggio und forderten Nebiolo zum Rücktritt von seinem Amt bei der FIDAL auf.

Kaum einen Monat später trat erneut der IAAF-Rat zusammen, diesmal in London. Die Sportjournalisten belagerten das Büro am Hans Crescent, und spätestens da dürfte es Nebiolo bedauert haben, daß er die Tagung nicht auf einen entlegenen Außenposten seines Imperiums verlegt hatte, auf die Nördlichen Marianen etwa. Drei Monate, nachdem sein Rat die Akte geschlossen hatte, stand der Weitsprung erneut zur Diskussion.

Obwohl das Olympische Komitee Italiens Evangelistis Sprung für ungültig erklärt hatte und die Fernsehbilder klare Beweise lieferten, machte Nebiolo erstaunlicherweise keine Anstalten, das Resultat zu annulieren. Im Gegenteil, seine Haltung war so unnachgiebig, daß im Rat bereits das Gerücht kursierte, er habe Mitgliedern sogar verboten, den CONI-Bericht zu lesen. Die Einhaltung dieses Verbots, so es denn existierte, dürfte nur wenigen schwergefallen sein, denn der Bericht war italienisch abgefaßt und niemand beeilte sich, ihn zu übersetzen. Als die Mitglieder des Rats in London eintrafen, soll Professor Ljungkvist aus Schweden gesagt haben: »Wenn das stimmt, können die Athleten kein Vertrauen mehr zu uns haben.«

Wir wissen nicht, wer den Rat dazu brachte, gegen Nebiolo Partei zu ergreifen. Als der Präsident schließlich nachgab, beschwor er abermals das Beispiel Maradonas, nur diesmal umgekehrt. Triumphierend erklärte er: »Was wir getan haben, hat noch kein internationales Gremium vor uns getan. Wir haben nach Auswertung der Fernsehbilder das Resultat geändert. Die FIFA hat es jedenfalls nicht, als Maradona bei der Weltmeisterschaft gegen England ein Tor mit der Hand erzielte.« Nur zu gern übersah Nebiolo die Tatsache, daß Myricks und Evangelisti, zwei Angehörige seiner »Leichtathletenfamilie«, nicht einem spontanen Regelverstoß zum Opfer gefallen waren, sondern einer Verschwörung, die seine eigenen Funktionäre angezettelt hatten.

Nur in wenigen Ländern ist bekannt, was 1987 in Rom tatsächlich geschah. Der Grund dafür ist, daß die Angelegenheit in den Zeitschriften und Mitteilungsblättern der IAAF systematisch heruntergespielt wurde. Es gibt zahlreiche Beweise, die belegen, daß die IAAF an ihrer Vertuschungstaktik festhielt, als das CONI und die europäische Presse die Wahrheit längst aufgedeckt hatten. Viele der hundertsiebzig Mitgliedsverbände der IAAF in aller Welt beziehen ihre einzigen Informationen über das Geschehen in der Leichtathletik aus dem IAAF-Organ *Newsletter.* Nur wenige Dutzend haben eine freie Presse und die finanziellen Mittel, über Sportpolitik zu berichten. Die Art, wie die Affäre Evangelisti in *Newsletter* besprochen wurde, war beschämend.

In einem Rückblick auf das Jahr 1988 berichtete das Blatt über die Londoner Ratssitzung vom April. Der Weitsprungskandal wurde nicht aufgeführt. Weiter hinten in dem langen Artikel entdeckten wir zwischen einem Bericht über einen gesperrten Athleten und einem Abschnitt über Vermarktungsfragen folgende spärliche Zeilen:

»Nach einer Überprüfung des Weitsprungwettbewerbs der Männer bei den Leichtathletik-Weltmeisterschaften der IAAF

1987 in Rom beschloß der Rat einstimmig und ungeachtet der gegenwärtigen IAAF-Regeln, den sechsten Sprung Giovanni Evangelistis nicht zu werten und das Resultat entsprechend zu ändern. Demnach gewann Larry Myricks die Bronzemedaille (8,34 Meter), und Evangelisti fiel in der Plazierung um einen Rang zurück.«

Die Fernsehbilder der RAI und die Machenschaften, die sie aufdeckten, wurden ebensowenig erwähnt wie der Ausschluß der sechs Funktionäre aus Nebiolos nationalem Verband – von Entschuldigungen gar nicht zu reden. Außerdem wurde nicht klargestellt, daß Evangelisti an der Verschwörung völlig unschuldig war.

Zu diesem Zeitpunkt hatte Evangelisti seine Medaille längst zurückgegeben, und Myricks steckte in den Vorbereitungen für Seoul. Aber wichtiger als alles andere war, daß Nebiolo einen Skandal vermieden hatte, der ihn zu Fall hätte bringen können.

[illegible]

[illegible]

[illegible] Weltmeister [illegible]

[illegible] Sie machte kein Geheimnis daraus, daß sie [illegible] des Mißbrauchs [illegible] Sportfunktionäre und [illegible] Präsidium [illegible]

[illegible] Doping [illegible] mit dem Doping [illegible]

15 Vor aller Augen

Man stelle sich vor, man befinde sich im Bankettsaal eines Erste-Klasse-Hotels irgendwo in Westeuropa. Kellner und Kellnerinnen eilen durch den Saal und bedienen rund hundert Gäste. Das Essen ist erlesen, dasselbe gilt für die Auswahl an Weinen. Richtig geraten: Es handelt sich um ein Abendessen für die Spitzenfunktionäre einer populären olympischen Sportart. Der Präsident, ein Mitglied des »Clubs«, sitzt am oberen Ende der Tafel. Das Bankett ist Teil eines luxuriösen Wochenendes aus Anlaß eines wichtigen sportlichen Ereignisses.

Alle sind elegant gekleidet, die Herren im dunklen Anzug und die Damen im Abendkleid. Ein international bekannter Sportstar und amtierender Weltmeister gesellt sich zu uns. Sein Anblick erschreckt uns. Der Star ist der einzige Gast, der sich offenbar nicht rasiert hat.

Es ist nicht der Verstoß gegen die Etikette, der uns bestürzt, sondern die Tatsache, daß der Champion eine Frau ist – und daß sie einen stärkeren Bartwuchs hat als die meisten Männer im Saal. Sie machte kein Geheimnis daraus, daß sie ganz offensichtlich gedopt hat. Die Nebenwirkungen des Mißbrauchs von Steroiden traten deutlich zutage. Ihr Geschlecht änderte sich gewissermaßen vor aller Augen! Die Sportfunktionäre und ihr Präsident nahmen keine Notiz davon. Sie sahen darin nichts Anstößiges. Wir waren die einzigen im Saal, die große Augen machten.

Viele der an diesem Abend anwesenden Funktionäre sagten dem Doping seit Jahren in schwungvollen Reden den Kampf an. Erst bei diesem Bankett wurde uns bewußt, daß viele Spitzenfunktionäre sich mit dem Doping bereits abgefunden hatten.

Ein paar Tausend Athleten werden bei den Olympischen Spielen 1992 auf leistungssteigernde Mittel untersucht werden. Die Kosten werden sich auf mehrere Millionen Dollar belaufen. Inwieweit die Form eines Athleten in der Vergangenheit überhaupt einen Anhaltspunkt für Doping liefert, ist unklar. Bis zu einem Dutzend Wettkämpfer werden erwischt werden, meist deshalb, weil sie Anabolika und andere Mittel genommen haben, die die Spuren anaboler Steroide überdecken. Auf seiner letzten Pressekonferenz wird Präsident Samaranch vermutlich erklären, daß es, abgesehen von ein paar unglücklichen Vorkommnissen, die von den Medien hochgespielt wurden, dopingfreie Spiele waren.

Eine Handvoll unvorsichtiger Athleten wird sich schämen, die Öffentlichkeit wird sich täuschen lassen, und die Sponsoren werden erleichtert sein, daß ihren enormen Investitionen nicht der Glanz genommen wurde. Die ISL wird dafür sorgen, daß der Preis für die exklusive Nutzung des »Kommunikationsinstruments« Olympiade in vier Jahren in Atlanta wieder in die Höhe klettert. So war es in Seoul. Der Öffentlichkeit wurde versichert, der mit Anabolika vollgepumpte Ben Johnson sei die Ausnahme im Sport. Die Dopingkontrollen in Barcelona werden denen in Seoul entsprechen.

Es ist schon ziemlich beunruhigend, wie uns die Verantwortlichen im Sport in bezug auf die Dopingkontrolle irregeführt haben. Tatsache ist, daß innerhalb des »Clubs« seit fast zwanzig Jahren bekannt ist, daß die Kontrolle von Athleten am Wettkampftag praktisch Zeit- und Geldverschwendung ist. Es ist nur Schau, um von der Wahrheit abzulenken. Wer Dopingmittel nimmt, wird von Ärzten und Trainern fachmännisch darüber informiert, wie lange es dauert, bis im Körper keinerlei Spuren mehr davon zu finden sind. Nur ein Dummkopf, oder ein Ben Johnson, läßt sich erwischen. Als Johnson in Seoul an den Start ging, riskierte er bewußt, daß die letzten Spuren der Steroide noch nicht aus seinem Körper verschwunden waren.

Das einzig glaubwürdige Abschreckungsmittel für gedopte Sportler sind Stichproben während der Vorbereitungszeit. Die Sportler müssen fürchten, daß während des Trainings in ihrer Heimatstadt, ihrem Sportverein oder College, wenn Betrüger mit der Einnahme von Dopingmitteln beginnen, ein Team von Prüfern auftauchen und eine Probe verlangen könnte. Aber Stichproben werden relativ selten durchgeführt, obwohl sie bereits seit zwanzig Jahren gefordert werden.

Als sich ein Outsider näher mit dieser dunklen Seite des Sports befaßte, wurde sofort klar, daß es eine Farce war, sich nur auf Kontrollen bei den Wettkämpfen zu verlassen. Nach dem Skandal um Ben Johnson beauftragte die kanadische Regierung den obersten Richter von Ontario, Charles Dubin, mit der Untersuchung des Falles. Sein unabhängiger und klarer Rechtsverstand machte der jahrelangen Posse ein Ende.

»Obwohl die Gesundheitskommissionen internationaler Sportdachverbände wie IAAF und IOC schon seit Jahren wissen, daß Kontrollen während des Wettkampfs keine zuverlässigen Ergebnisse bringen«, schrieb Dubin in seinem Bericht, »haben sie keinerlei Schritte unternommen, den Irrtum aufzuklären. Dadurch haben sie den Eindruck erweckt, daß ihre Wettkämpfe fair sind und die Untersuchungslabors nicht getäuscht werden können.«

Der Vorstand des IOC und die Sportverbände haben nur wenig zu ihrer Entschuldigung vorzubringen. Ihre eigenen Sportmediziner wie Professor Brookes in Großbritannien, Dr. Manfred Donike in Deutschland und Dr. Robert Dugal in Kanada verlangen seit Anfang der siebziger Jahre Stichproben, aber bis zu den Spielen von Seoul geschah in dieser Hinsicht nichts. Wenn es den Verbänden und dem IOC tatsächlich ernst damit gewesen wäre, das Doping zu unterbinden, hätten sie den neuen Reichtum, den sie den Fernsehgesellschaften und anderen Sponsoren verdanken, dafür verwenden können, den Sport vom Doping zu säubern. Ben Johnson hätte sich dann nie für die Nationalmannschaft qualifiziert.

Möglicherweise erfuhr selbst Richter Dubin nicht die ganze Wahrheit. Tatsache ist, daß viele nationale und internationale Verbände jahrelang einfach wegsahen, wenn prominente Sportler gedopt wurden, daß sie positive Testergebnisse verheimlichten und daß sie bei mehreren Gelegenheiten ihre Nationalmannschaften sogar selbst mit Anabolika versorgten.

Zehn Jahre sind vergangen, seit Sebastian Coe beim olympischen Kongreß in Baden-Baden die dort versammelten Funktionäre dringend ersuchte, über Athleten, denen Doping nachgewiesen wurde, eine lebenslange Sperre zu verhängen. Coe, der von vielen Sportlern auf der ganzen Welt unterstützt wurde, hat seine Bitte häufig wiederholt. Aber er wurde ignoriert.

Im Herbst 1991, als wir dieses Buch fertigstellten, war das bei britischen Sportlern beliebteste Dopingmittel ein Produkt der Tiermedizin, für das die Ärzte bislang noch kein zufriedenstellendes Testverfahren entwickelt haben. Betrüger werden in Barcelona wenig Verdruß haben. Zwar hat der Leichtathletikverband jetzt die Dauer der Sperre von zwei auf über vier Jahre erhöht, um sicherzustellen, daß beim Doping erwischte Sportler nicht an der nächsten Olympiade teilnehmen können, und der IOC wird diesem Beispiel vermutlich folgen. Aber das wird den Schuldigen kaum Kopfzerbrechen bereiten, da viele Mittel nicht nachweisbar sind. Einige Sportlerinnen, die Dopingmittel einnehmen, benutzen einen Katheter. Am Wettkampftag führen sie ihn ein, um dopingmittelfreien, von Freunden gespendeten Urin in ihre Blase zu leiten. Anschließend gehen sie unbesorgt zum Test.

Das IOC und führende Sportdachverbände wie die IAAF veröffentlichen bewegende Dokumente über die schlimmen Folgen des Dopings. Sie investieren bescheidene Summen in Symposien, auf denen Sportmediziner Vorträge halten. Dagegen widerstrebte es ihnen bislang, Geld für die Verbesserung der Testverfahren auszugeben, mit denen vor allem Hormone entdeckt werden könnten. Sie haben nie ernsthaft herauszufinden versucht, wer Dopingmittel nimmt, wer die Mittel zur Verfügung stellt und ob ihre eigene »Kontrolle« der Plage wirksam ist.

Weder Samaranch vom IOC noch Nebiolo von der IAAF haben im Fall Ben Johnson Nachforschungen angestellt. Es oblag der kanadischen Regierung, eine entsprechende Untersuchung in die Wege zu leiten. Im selben Jahr mußte die australische Regierung eine Untersuchungskommission einsetzen, weil Sportfunktionäre den Doping-Enthüllungen von Sportlern nicht nachgehen wollten. Trotz Bekanntwerdens zahlloser Dopingfälle in Amerika haben weder der Leichtathletikverband noch das USOC jemals Nachforschungen angestellt. Erst Senator Joe Bidens gerichtlicher Ausschuß deckte in Amerika Doping-Skandale auf und erbrachte einige besonders eindeutige und erschreckende Beweise für die Nebenwirkungen von anabolen Steroiden.

Die amerikanische Sprinterin Diane Williams erklärte, sie sei von ihrem Trainer gezwungen worden, Anabolika zu nehmen. Im Jahr 1989 berichtete sie dem Ausschuß darüber. Miss Williams gab an, sie sei Anfang der achtziger Jahre von einem der erfolgreichsten Trainer Amerikas angeworben worden und habe danach sofort Anabolika nehmen müssen. Ein Jahr später stellte sie Veränderungen an ihrem Körper fest. Daraufhin gab der Trainer ihr »diese Pillen, die wie kleine Fußbälle aussehen – Dianabol«. Dianabol ist ein bekanntes Anabolikum.

Was Diane Williams dann sagte, sorgte für verlegenes Schweigen. »Männliche Merkmale wurden sichtbar, etwa ein Schnurrbart und feiner Flaum am Kinn. Meine Klitoris nahm peinliche Proportionen an.«

Sie fing an zu weinen, und der Ausschuß gewährte ihr eine kurze Erholungspause. »Meine Stimmbänder dehnten sich und ich bekam eine tiefere Stimme«, fuhr sie fort. »Starker Haarwuchs machte sich bemerkbar. Die anabolen Steroide beeinflußten mein Sexualverhalten. Ich wurde immer mehr zur Nymphomanin.«

Anabolika bewirken auch bei Männern eine Zunahme der Muskelkraft, aber ebenso können unerwünschte Nebenwirkungen auftreten. Bei derselben Anhörung wurde Trainer Pat Croce gefragt, wie er sich bei jungen Männern verhalte, die behaupteten, Anabolika machten sie stark. »Ich fordere sie auf, ihre Hosen runterzulassen und mir zu zeigen, wie männlich sie tatsächlich sind«, antwortete er. »Sie wollen stärker und männlicher werden – aber ihre Hoden schrumpfen.«

Warum nehmen Männer und Frauen dieses Risiko auf sich? Der kanadische Sprinter Tony Sharpe, ein Kollege Ben Johnsons, gab darauf eine ehrliche Antwort: »Der Ruhm lockt, und die vielen Dollars auch.«

Den Verlockungen von Ruhm und Geld erlagen nicht nur die Athleten, sondern auch die Veranstalter. Von dem Geld, das der Amateursport vom Fernsehen und durch Sponsoring einnahm, profitierten nicht nur die Sportler. Auch die Verbände gewannen an Ansehen und Reichtum. Das alles war verloren, wenn die Öffentlichkeit erfuhr, daß viele ihrer Helden mit verbotenen Mitteln vollgepumpt wurden. Die Angst machte blind. Sportfunktionäre, die Doping im Keim hätten ersticken sollen, sahen einfach darüber hinweg. Und noch schlimmer, sie schützten ihre Stars sogar vor Entdeckung.

Bei den Panamerikanischen Spielen in Caracas im August 1983

erreichte der Skandal einen Höhepunkt. In den Ländern des amerikanischen Kontinents rangieren diese Spiele gleich hinter der Olympiade. Den ganzen Sommer über hatten sich Spitzensportler mit Anabolika gestärkt. Die Öffentlichkeit hätte nie vermutet, wie viele es waren.

Aber in Caracas wartete eine Überraschung auf sie. Dr. Manfred Donike aus Köln, der die Dopingkontrolle durchführen sollte, hatte neue und präzisere Testverfahren entwickelt. Dies wurde durch Zufall bekannt. Ein Ärzteteam des Olympischen Komitees der USA reiste vor der amerikanischen Mannschaft nach Caracas, um sanitäre Probleme zu lösen und Fragen hinsichtlich der Ernährung abzuklären. Das Team entdeckte das neue Testgerät. Arglos wurde den Verantwortlichen in den USA mitgeteilt, was den Wettkämpfern bevorstand.

Eine Katastrophe bahnte sich an. Das größte Risiko gingen die Gewichtheber ein. Bei der Ankunft in Caracas wurden sie heimlich aufgefordert, sich probehalber mit dem neuen Gerät testen zu lassen. Die Testergebnisse hätten eigentlich zu eingehenderen Überprüfungen von seiten der amerikanischen Sportverbände führen müssen. Der amerikanischen Mannschaft gehörten elf Gewichtheber an. Bei einem fiel der Test negativ aus, die Urinprobe eines anderen war zu sehr verdünnt, um ein Ergebnis zu ermöglichen – ein Zeichen dafür, daß vermutlich ein Tarnmittel verwendet worden war. Bei den übrigen neun fielen die Tests positiv aus.

Offenbar kam es den Funktionären nicht in den Sinn, ihr Team umgehend nach Hause zu schicken und Maßnahmen zu ergreifen, um die Einnahme von Dopingmitteln zu stoppen. Statt dessen entschlossen sie sich, die Sache zu vertuschen. Es wäre einfach zu peinlich gewesen, zehn von elf Gewichthebern aus der Mannschaft zu nehmen. Das Team nahm zwar vollzählig am Wettkampf teil, aber zehn Mitglieder zeigten eine miserable Leistung. Da nur Medaillengewinner kontrolliert wurden, wurden sie nicht überführt.

Der Gewichtheber, der den Probetest bestanden hatte, strengte sich nach Kräften an und gewann drei Goldmedaillen. Er machte als erster gedopter Sportler die Erfahrung, daß es möglich ist, an einem Tag den Test zu bestehen und am nächsten durchzufallen. Spuren des Dopingmittels bleiben im Fettgewebe des Körpers zurück und gelangen in unregelmäßigen Abständen in den Urin.

Anhand eines Schaubilds läßt sich erkennen, daß die Kurve, die den Abbau des Mittels im Körper markiert, nicht geradlinig nach unten verläuft. In den letzten Tagen ist die Kurve ungleichmäßig, und als der Sieger seine Urinprobe abgab, wies sie Spuren eines Dopingmittels auf. Alle drei Medaillen wurden ihm aberkannt.

Seine Schmach wurde freilich durch einen noch größeren Skandal überdeckt. Mindestens ein Dutzend Leichtathleten, die nach Venezuela gekommen waren, kehrten nach genauem Abwägen aller Risiken in die USA zurück. Sie betraten das Stadion erst gar nicht.

Aber damit war die Geschichte noch nicht zu Ende. Die Leichtathleten waren wieder abgereist, weil sie sicher waren, bei den Tests durchzufallen und dann als Betrüger dazustehen. Viele von ihnen hatten jedoch zwei Wochen zuvor an den ersten Leichtathletik-Weltmeisterschaften in Helsinki teilgenommen. Zu diesem Zeitpunkt hätten in ihrem Körper noch deutlichere Spuren anaboler Steroide vorhanden sein müssen. Aber in Finnland waren keine positiven Testergebnisse bekannt geworden. Es war verblüffend.

Dr. Donike war auch für die Dopingkontrolle in Helsinki verantwortlich gewesen und hatte dort dasselbe Testgerät benutzt. Tage später war es in eine Kiste verpackt und nach Caracas geflogen worden. Die beiden Wettkämpfe unterschieden sich nur in einem wichtigen Punkt: Die Verantwortlichen waren nicht dieselben. Die Meisterschaften in Helsinki waren das erste große Sportereignis unter der Schirmherrschaft von Primo Nebiolo nach dessen Machtübernahme in der IAAF. Nebiolo erlebte zum ersten Mal, wie Millionen von Dollars in den Weltsport flossen. Er erklärte, in Helsinki habe es keine positiven Testergebnisse gegeben.

Es besteht kaum ein Zweifel, daß bei den Meisterschaften der IAAF in Helsinki Dopingmittel verabreicht wurden. Der Journalist John Rodda schrieb im Londoner *Guardian:* »Es gab besorgte Mutmaßungen darüber, wie einige der Athleten ihre Höchstform erreicht hatten. Die vielen Verletzungen gaben Anlaß zu großen Bedenken, und selten wurde so offen über die Ansicht diskutiert, daß Streßverletzungen durch eine Überbelastung des Körpers infolge von Dopingmitteln verursacht werden können.«

Ein Jahr nach den Wettkämpfen in Helsinki erklärte der amerikanische 400-Meter-Läufer Cliff Wiley: »Bei mindestens achtunddreißig Sportlern ist der Test positiv verlaufen; siebzehn davon waren Amerikaner. Aber sie waren so populär, daß die Organisatoren nicht wagten, sie namentlich zu nennen.«

Die Geschichte von Caracas und Helsinki wurde von Dr. Robert Voy aufgedeckt. Als Spezialist für Sportmedizin wurde er 1984 leitender Arzt beim USOC. Dr. Voy war ein Ärgernis. Er wollte dem »Club« nicht beitreten. Er wehrte sich gegen Vertuschungsaktionen und kämpfte für einen dopingfreien Sport. Als das USOC 1989 sein Budget kürzte, trat er von seinem Posten zurück.

»Die IAAF muß in Helsinki Ergebnisse unterschlagen haben«, meint Dr. Voy. Seine schärfste Kritik gilt dem Präsidenten des Leichtathletikverbandes. »Für mich gibt es keinen Zweifel, daß Nebiolo zumindest 1983 in Helsinki nicht auf einer ehrlichen, genauen Kontrolle bestanden hat.«

Drei Monate nach den Wettkämpfen in Helsinki ließen Nebiolo und die IAAF verlauten, sie wollten stichprobenartige, unangekündigte Dopingkontrollen durchführen. Überall wurde darüber berichtet, und die Öffentlichkeit war beruhigt. Betrüger sollten aus dem Sport verbannt und Sportler von der Einnahme von Dopingmitteln abgeschreckt werden. Das alles klang äußerst beeindruckend. Aber nichts passierte.

Die Irreführung der Öffentlichkeit durch die IAAF war schon schlimm genug, aber das Olympische Komitee der USA ging sogar noch weiter. Ein Jahr vor den Olympischen Spielen in Los Angeles brachte man den Teilnehmern der Olympiamannschaft bei, wie sie Dopingkontrollen unbeschadet überstehen konnten. In einem vom IOC anerkannten Labor in Kalifornien wurde zur Vorbereitung auf die Olympiade ein euphemistisch sogenanntes »legales Dopingtestprogramm zum Zweck der Aufklärung« gestartet.

Offiziell sollten die Sportler mit Hilfe dieses Programms vor der Olympiade mit den Testmethoden der Dopingkontrolle vertraut gemacht werden. Aber das war offenkundig ein Scherz: Nur wenigen muß beigebracht werden, wie man in eine Flasche uriniert. Für diejenigen, die Dopingmittel nahmen, war es dagegen ein Geschenk des Himmels. Sie kamen in Scharen ins Labor, um sich genau darüber zu informieren, wie schnell die verräterischen Spuren anaboler Steroide aus ihrem Körper verschwanden. Freiwillige Spenden von Einzelpersonen und Firmen an das USOC zur Vorbereitung des US-Teams auf die Olympiade wurden dazu verwendet, den Athleten beizubringen, wie man besser betrog. Bei den Spielen in Los Angeles wurde kein einziger Amerikaner erwischt. Dafür wurden vierzehn Sportler aus dem Ausland des Dopings überführt.

Nicht alle amerikanischen Funktionäre waren in diesen Skandal verwickelt. »Als ich von dem vorolympischen Versuchsprogramm des USOC erfuhr, das unseren Sportlern ermöglichen sollte, sich der Entdeckung durch offizielle Testverfahren erfolgreicher zu entziehen«, sagte Pat Connolly, die Trainerin der Damen, bei der Anhörung vor dem Senatsausschuß, »fühlte ich mich verraten wie ein Kind, das von seinen Eltern im Stich gelassen wurde.«

Die Spiele von Los Angeles 1984 lieferten weitere Anhaltspunkte dafür, wie wenig ernst es dem Präsidenten des Leichtathletikverbandes, Nebiolo, mit seinem Vorsatz war, gedopte Sportler zu überführen. Der größte Skandal war das Ausscheiden des Finnen Martti Vainio kurz vor dem Start zum 5000-Meter-Lauf. Die Läufer nahmen bereits ihre Startpositionen ein, als bekannt wurde, daß Vainios Dopingtest nach dem Gewinn der Silbermedaille im 10 000-Meter-Lauf wenige Tage zuvor positiv verlaufen war.

Einer der Schiedsrichter, Fred Holder aus Großbritannien, erklärte Vainio, er dürfe nicht zum Wettkampf antreten. »Vainio nahm das ohne Widerrede hin und verließ die Bahn«, erzählte uns Holder. »Nebiolo war hinterher wütend. Er beharrte darauf, daß nur der IAAF-Rat eine solche Entscheidung treffen könne.«

Der Rat sollte jedoch erst nach den Spielen wieder tagen, und der Verdacht liegt nahe, daß Nebiolo die Disqualifikation eines Silbermedaillengewinners erst nach den Spielen bekanntgeben wollte, wenn das Interesse der Medien nachgelassen hatte. »Das war dumm, aber typisch für Nebiolo«, erklärte uns ein IAAF-Funktionär. »Das beweist seinen Mangel an Erfahrung – er wollte das Problem einfach vertuschen.«

»Ich denke, da gibt es noch andere«, sagte Vainio später. »Ich bin nur der einzige, der überführt wurde. Es ist richtig, daß ich bestraft werde, aber wie viele andere Sportler müßten dann eigentlich auch bestraft werden?« Später wurde bekannt, daß Vainios Test beim Marathon in Rotterdam zwei Monate zuvor ebenfalls positiv verlaufen war. Diese beiden Verstöße hätten eigentlich eine lebenslange Sperre zur Folge haben müssen. Aber er wurde lediglich für Los Angeles bestraft und für insgesamt achtzehn Monate gesperrt.

Die Skandale rissen nicht ab. Nach der Olympiade von Los Angeles war die zweite Leichtathletik-Weltmeisterschaft in Rom 1987 das nächste große internationale Sportereignis. Der Betrug beim Weitsprung Evangelistis warf den größten Schatten über die Weltmeisterschaft, aber die Duldung des Betrugs durch gedopte Sportler war genauso deprimierend.

Am Ende der Meisterschaften erklärte IAAF-Präsident Nebiolo mit Blick auf den reichen Gewinn durch die Sponsoren, die Wettkämpfe seien »dopingfrei« gewesen. Es war eigentlich unglaublich, daß ein hoher Vertreter des Sports derart zynisch leugnen konnte, was jeder Sportler, Funktionär und Journalist wußte.

Ein »Triumph« der Meisterschaften war Ben Johnsons neuer Weltrekord über hundert Meter. »Einige Offizielle des kanadischen Teams traten unruhig von einem Fuß auf den anderen, bis bekannt wurde, daß Ben Johnson den Test bestanden hatte«, erzählte uns ein IOC-Mitglied, das bei den Meisterschaften dabei gewesen war. Daß Johnson Dopingmittel nahm, war im Sport ein offenes Geheimnis, aber der Öffentlichkeit wurde es verschwiegen. Offenbar hatte sich Johnson bei seinen Vorbereitungen auf Rom auch richtig eingeprägt, ab wann im Körper keine Dopingmittel mehr nachweisbar waren.

Carl Lewis, der hinter Johnson als Zweiter ins Ziel kam, erklärte in einem Fernsehinterview: »Es gibt bei diesem Wettkampf Goldmedaillengewinner, die eindeutig gedopt sind. Von diesem 100-Meter-Lauf wird man noch viele Jahre sprechen, aus mehr als einem Grund. Wenn ich mich dopen würde, könnte ich aus dem Stand 9,8 laufen.«

Als Reporter Nebiolo zu Carl Lewis' Anschuldigungen befragten, konnte dieser nur sagen: »Er sollte einen Bericht an den amerikanischen Verband schicken.« Zwei Wochen nachdem Johnson den neuen Rekord aufgestellt hatte, wurde er von Präsident Samaranch im Château de Vidy empfangen.

Das Verhalten der IAAF war befremdlich, aber die Wahrheit über den italienischen Leichtathletikverband, dessen Präsident ebenfalls Nebiolo war, war noch viel schlimmer. Ben Johnson und die anderen Betrüger von Rom wurden heimlich gedopt. In Italien dagegen ließen sich Spitzensportler, so unglaublich das klingt, ihr Blutdoping und ihre Anabolika von Nebiolos FIDAL, dem nationalen Leichtathletikdachverband Italiens, organisieren und bezahlen.

Seit Beginn der achtziger Jahre unterstützte der italienische Verband das Blutdoping. Ein paar Monate vor einem großen Wettkampf wurde dem Sportler ein halber Liter Blut entnommen. Die sauerstoffreichen roten Blutkörperchen wurden konserviert und am Vorabend des Wettkampfs wieder injiziert. In der Zwischenzeit ersetzte der Körper die fehlenden Blutkörperchen. Während des Laufs wurden die Muskeln deshalb mit mehr roten Blutkörperchen und mehr Sauerstoff versorgt. Angeblich konnte sich ein Läufer durch Blutdoping beim 1500-Meter-Lauf um bis zu fünf Sekunden verbessern.

Obwohl diese Methode vom IOC erst Ende der achtziger Jahre verboten wurde, galt sie von Anfang an als unmoralisch. Aber das störte Nebiolos Verband nicht. Zu den fachlichen Beratern des Verbands gehörte Dr. Francesco Conconi, Professor für Biochemie an der Universität Ferrara.

Der Vorsitzende des italienischen Leichtathletikverbandes muß davon gewußt haben. Am 10. Juni 1983 schrieb Conconi an Nebiolo: »Sehr geehrter Herr Präsident, die Forschung der letzten drei Jahre hat uns ermöglicht, Techniken zu vervollkommnen, die denen von 1980 in Moskau, von 1981 in Jugoslawien und von 1982 in Athen weit voraus sind. Die Vorbereitungen für Los Angeles mit den Athleten, die an dem Programm teilnehmen, werden vier Monate in Anspruch nehmen. Wir werden spätestens am 1. November 1983 damit beginnen. Die Methoden, die wir anwenden wollen, sind in der Durchführung langwierig und mühsam, das Programm wird deshalb sehr komplex sein.«

Mehrere italienische Sportler, die an den Spielen von Los Angeles teilnahmen, hatten sich dem Blutdoping unterzogen. In der Praxis ging die Rechnung freilich nicht auf: Es gab keine zusätzlichen Medaillen. Nach den Spielen bekam die italienische Sportpresse Wind davon, und der Skandal war perfekt.

Blutdoping war zwar fragwürdig, aber immerhin noch legal. Für Anabolika galt das nicht. Die FIDAL ließ sich dadurch freilich nicht abschrecken. Ihr Ziel waren möglichst viele Medaillen, Popularität in Italien und noch mehr Sponsorenverträge.

Am Vorabend der Abreise des italienischen Teams zur Olympiade in Los Angeles stolperten der Trainer der italienischen Sprinter und ein Kollege im Büro der technischen Abteilung der FIDAL über einen Karton, der mit Aufklebern aus den USA versehen war. Der Karton war offen und enthielt über tausend Fläschchen mit Anabolika. Jede Flasche enthielt hundert Pillen zu je fünf Milligramm. Sie stammten von einer Firma aus New York, und auf dem Karton klebte ein Zettel mit dem Hinweis »rezeptpflichtig«.

Die Mittel wurden unter Aufsicht eines bezahlten Angestellten der FIDAL verabreicht. Dieser versah seine Aufgabe mit bürokratischer Umsicht und beharrte darauf, daß alle von ihm behandelten Sportler eine Verzichterklärung unterzeichneten. Ein handgeschriebener Entwurf zu dieser Erklärung wurde in den Akten der FIDAL gefunden.

Der Text lautete: »Ich ... [Name des Sportlers] erkläre hiermit, daß ich mich zusätzlich zu meinem Training einer Therapie mit dem Anabolikum ... [Name des Mittels] unterziehen möchte. Ich tue dies aus freien Stücken und trage selbst die Verantwortung.«

Die FIDAL war über diese eindeutige Formulierung nicht glücklich und entwarf deshalb einen unverfänglicheren Text. Ihre Version lautete: »Ich ... [Name des Sportlers] erkläre hiermit, daß ich mich aus freiem Willen einer Therapie mit Medikamenten unterziehen möchte, die von Ärzten der FIDAL verordnet worden sind. Ich werde über Dosierung, mögliche Nebenwirkungen und negative Folgen informiert und über die mögliche Toxizität aufgeklärt.«

Donati stellte Nebiolo deswegen persönlich zur Rede. »Sie müssen die Tätigkeit des Verbandes weiträumiger betrachten«, erklärte der Präsident ihm. »Ich gebe mir viel Mühe, die Leichtathletik zu fördern. Früher hatte sie in den Medien und in der Öffentlichkeit immer ein schlechtes Image. Wir befinden uns in einem großen Zirkus; wenn wir die Wände des Zirkuszelts zu weit auseinanderstellen, stürzt das Dach ein. Wir müssen global denken, nicht nur unter einem Aspekt. Wir wollen nicht, daß das Dach einstürzt.«

Bei der Olympiade in Seoul hätte das Dach eigentlich einstürzen müssen. Kurz nachdem Samaranch Ben Johnson in Rom zu seinem Weltrekord über hundert Meter gratuliert hatte, erklärte er vor der Presse: »Sie können versichert sein, daß wir, was das Doping anbelangt, größte Strenge walten lassen. Doping ist eine Form des Betrugs, die wir nicht tolerieren können.« Die Betrüger wußten es besser. Zu Beginn des Sommers 1988 schluckten sie eifrig ihre Pillen und spritzten sich Mittel.

Im Mai gab es den ersten Hinweis darauf. Zu den ersten Spitzenwettkämpfen der Saison zählt das Gatorade Classic in Knoxville, Tennessee. Als bekannt wurde, daß bei dieser Veranstaltung Dopingkontrollen durchgeführt würden, zogen viele Sportler ihre Bewerbung zurück. Von acht Diskuswerfern ging nur einer an den Start, und ein führender Dreispringer verzichtete auf die Teilnahme.

Bei der Pepsi-Classic-Veranstaltung eine Woche vor den olympischen Ausscheidungskämpfen in den USA war es das gleiche. Wieder sollte es Dopingkontrollen geben. Daraufhin gingen so viele Athleten nicht an den Start, daß die Wettbewerbe im Kugelstoßen und Diskuswerfen abgesagt werden mußten.

Die Olympia-Ausscheidung fand im Juli in Indianapolis statt. Wieder bestand Grund zur Annahme, daß einige Sportler noch immer Dopingmittel nahmen, weil sie sich für Seoul qualifizieren wollten. Tatsächlich wurde im Körper von acht Athleten das in Pflanzen enthaltene Alkaloid Ephedrin nachgewiesen, ein beliebtes Tarnmittel, um die Spuren von Anabolika zu überdecken. Den Sportlern wurde jedoch verziehen, weil Ephedrin auch in einigen Vitaminprodukten enthalten ist.

Ein Jahr später erklärte die australische Marathonläuferin Lisa Martin, bei den amerikanischen Ausscheidungskämpfen sei der Dopingtest bei siebzehn Athleten positiv verlaufen. Ihr Agent berichtete, er sei nach der Ausscheidung bei einer Veranstaltung gewesen, wo den Sportlern gesagt wurde: »Wenn ihr nach Seoul kommt, zählt das Testergebnis.«

Bei der Olympia-Ausscheidung in den USA gab es eine weitere Sensation: die Qualifikation von Flo-Jo, der Sprinterin Florence Griffith-Joyner, deren vorangegangene sportliche Karriere wenig beachtenswert gewesen war. Im Jahr 1987 kam sie in der Zeitschrift *Track & Field News* nicht einmal unter die zehn besten Läuferinnen, und in den USA rangierte sie über hundert Meter an siebzehnter Stelle. Doch in nur einem Jahr, wie Ben Johnsons Trainer Charlie Francis bissig bemerkte, »brachte sie die geschichtliche Leistungskurve durcheinander. Ihre Zeiten waren dem Zeitplan um fünfzig Jahre voraus«. In Seoul gewann sie drei Goldmedaillen und stellte zwei Weltrekorde auf.

Carl Lewis und andere führende US-Athleten haben die Frage aufgeworfen, ob Flo-Jo Dopingmittel nimmt oder nicht. Ein Journalist der *Times* in London fragte: »Ist sie ein mit Dopingmitteln vollgepumpter Hermaphrodit?« Im November 1991 erklärte Frau Griffith-Joyner vor Journalisten, sie wolle »weder Zeit noch Geld mit gerichtlichen Klagen vergeuden«, aber sie werde Lewis schon noch »drankriegen«.

Nach der Olympiade in Seoul veröffentlichte das Magazin *Stern* eine Behauptung des ehemaligen US-Champions über vierhundert Meter, Darrell Robinson. Danach hatte die Sprinterin ihm für ein Zehn-Kubikzentimeter-Fläschchen mit menschlichen Wachstumshormonen zweitausend Dollar gezahlt. Im Fernsehen nannte Frau Griffith-Joyner Robinson einen »verrückten, verlogenen Geistesgestörten«. Sie hat bislang jeden Test bestanden. Es gibt allerdings noch kein zuverlässiges Testverfahren für Wachstumshormone.

Ben Johnson war für den IOC und die IAAF in den achtziger Jahren die größte Überraschung. Endlich gab es wieder einen »schnellsten Mann der Welt«. Johnsons Weltrekorde in Rom und Seoul begeisterten das Publikum und die Sponsoren. Samaranch und Nebiolo sonnten sich in seinen Erfolgen.

Bei der Vorbereitung für Seoul hatte Johnson Probleme. Ende 1987 wurde in seiner Umgebung bemerkt, daß sich nach jahrelangen Hormongaben seine linke Brust vergrößert hatte. Er verwandelte sich allmählich in eine Frau! Darüber wurde jedoch nichts bekannt, und die Funktionäre versicherten der kanadischen Öffentlichkeit, ihr Sport sei »sauber«. Stichproben waren angekündigt worden, sie wurden allerdings nicht durchgeführt. Alle möglichen Ausreden wurden vorgebracht, um sie hinauszuzögern. Johnson war auf dem besten Weg, den Funktionären in Seoul noch mehr Ruhm und Geld einzubringen.

Johnsons Vorbereitungen auf die Olympiade wurden immer wieder durch Verletzungen unterbrochen, aber dennoch wurden ihm weiterhin Dopingmittel verabreicht. Ende August begann er mit seinem letzten zweiwöchigen Doping-Programm vor Seoul. Es blieben noch dreizehn Tage bis zu einem Vorbereitungswettkampf in Tokio, bei dem keine Kontrollen durchgeführt wurden, und anschließend ging es nach Seoul, wo er betete, daß auch die letzten Spuren der Steroide aus seinem Körper verschwunden sein würden. Er hatte sich verrechnet.

Das IOC hat Vermutungen zurückgewiesen, wonach es Johnsons Testergebnis lieber verschwiegen hätte, um einen Skandal zu vermeiden und die Sponsoren nicht zu vergraulen. Tatsache bleibt, daß jemand im Versuchslabor des IOC dermaßen besorgt war, das Ergebnis könne unterschlagen werden, daß er es an die Medien weitergab.

Wenn es im Sport noch etwas Schmutzigeres geben konnte als den »Auftritt« Johnsons als langfristig gedopter Sportler, dann war es die Antwort von IOC und IAAF auf das Problem der Neuvergabe der Medaillen. Zwei Jahre zuvor hatte der russische Sportler Vladislav Tretyak Samaranch gegenüber erklärt: »Wenn ein Wettkampfteilnehmer, der eine Medaille gewinnt, disqualifiziert wird, sollten die wirklichen Sieger die Ehrung erhalten, die ihnen zusteht – aber dazu kommt es meist nicht.«

Auch in Seoul kam es nicht dazu. Eine öffentliche Neuvergabe der Medaillen nach Johnsons Disqualifikation wurde nicht vorgenommen. Das Gebot der Stunde hieß Schadensbegrenzung. Der Skandal war für das Ansehen und den finanziellen Wert der Spiele schon schlimm genug. Das letzte, was die nervösen Präsidenten wollten, war, den Skandal durch eine zweite Medaillenvergabe noch mehr in die Schlagzeilen zu bringen.

Samaranch sah weg, und Nebiolo beschränkte die »Zeremonie« darauf, Carl Lewis, Linford Christie und Calvin Smith die neuen Medaillen im 100-Meter-Lauf in der Abgeschiedenheit seines Privatbüros im Stadion von Seoul zu überreichen. »Es wird keine besondere Zeremonie geben«, erklärte IOC-Sprecherin Michèle Verdier vor der Presse. »Das ist eine Vorschrift der IAAF.«

Ben Johnson machte in seinem jungen Leben drei schwerwiegende Fehler: Er nahm Steroide, er ließ sich dabei erwischen, und er verlangte danach törichterweise eine Untersuchung, um seinen Namen reinzuwaschen. Die kanadische Regierung tat ihm den Gefallen und beauftragte Richter Charles Dubin mit der Leitung einer Untersuchungskommission. Die Zeugen sagten 1989 in Toronto öffentlich unter Eid aus. Es war die gründlichste Untersuchung, die der moderne Sport je erlebt hat.

Hätte die kanadische Regierung die Untersuchung nicht angeordnet, es hätte nach der Johnson-Affäre überhaupt keine Nachforschungen gegeben. Der Skandal wurde rasch verdrängt. Der Öffentlichkeit wurde versichert, daß es sich hier lediglich um Johnsons persönliche Tragödie handle. Bald darauf bewies Dubin, daß diese Beteuerungen ausgemachter Blödsinn waren.

Bei den Anhörungen wurde klar, daß jeder, der in der Leichtathletik Kanadas und der Welt etwas zu sagen hatte, genau wußte, daß die Sprinter von Trainer Charlie Francis »an der Nadel« hingen. Aber Johnson hatte in der Vergangenheit einen Test nach dem anderen bestanden – wenn es ihm gerade paßte, sich einem Test zu unterziehen –, und kein Funktionär hatte öffentlich protestiert. Durch genaue Einteilung der Dopingzyklen, der dopingfreien Zeiten und seiner Auftritte in Wettkämpfen mit Kontrollen hatte Johnson es fertiggebracht, in den zwei Jahren vor Seoul den Test neunzehnmal zu bestehen.

Dubin prüfte die Angaben von IOC und IAAF zur Effektivität ihrer Dopingtests bei der Eindämmung der Seuche, und stellte sie auf den Boden der Tatsachen. Ein Zeuge nach dem anderen gab zu, entweder Dopingmittel genommen oder Sportlern Mittel beschafft zu haben.

Nachdem das ungeheure Ausmaß des Dopings feststand, widerlegte Dubin die Behauptung aus dem Jahr 1968, derzufolge »bewiesen« war, daß Doping nur eine geringe Gefahr darstellte, wenn von Tausenden von Tests nur wenige positiv verliefen. Dubin stellte fest, was ohnehin alle wußten: daß nämlich, wie Sir Arthur Gold aus Großbritannien es ausdrückte, »nur der Unvorsichtige oder schlecht Beratene erwischt wird«.

Gnadenlos demontierte der kanadische Richter das Lügengebäude, das die Sportpräsidenten über die Jahre errichtet hatten. Dubin hatte erkannt, womit die Öffentlichkeit in die Irre geführt worden war. Er entlarvte die Statistiken des IOC, die »bewiesen«, daß nur eine Handvoll Sportler gedopt seien. Laut Dubin wurden diese Statistiken »verschiedentlich in irreführender Weise benutzt, um zu zeigen, daß der Mißbrauch solcher Mittel nur einen geringen Prozentsatz der Athleten betreffe«. Die Sorge um eine oberflächlich stimmige Darstellung statt um das Wesentliche sei auch für die anderen im Lauf der Anhörungen gemachten Aussagen charakteristisch.

Der schwedische Leiter der medizinischen Kommission der IAAF, Arne Ljungkvist, geriet unter schweren Beschuß. Ljungkvist ist in Schweden und im Weltsport eine anerkannte Persönlichkeit. Laut Dubin hatte Ljungkvist gesagt: »Die Spiele in Seoul waren keine ›Doping-Olympiade‹. Rund 1600 Sportler wurden getestet, und nur bei zehn war das Ergebnis positiv. Das Problem in Seoul war, daß einer der gedopten Athleten zufällig Ben Johnson hieß.«

Dubin konterte in seinem Bericht: »Dr. Ljungkvist und andere wissen genau, daß bei Kontrollen vor den Wettkämpfen nicht alle Sportler erwischt werden. Trotzdem zieht er diese Kontrollen als Maßstab für das Ausmaß des Dopings in Seoul heran. Aussagen, die im Lauf dieser Untersuchung gemacht wurden, beweisen, daß die Athleten, die in Seoul des Dopings überführt wurden, nicht als einzige gedopt waren. Sie waren nur diejenigen, die erwischt wurden.«

In der Analyse des Richters hieß es weiter: »Dr. Ljungkvist schenkt positiven Tests mehr Beachtung als dem eigentlichen Problem des Dopings im Sport. Der breiten Öffentlichkeit wurde lange genug eingeredet, daß nur der Sportler gedopt ist, dessen Test positiv verläuft. Wir wissen jetzt, das diese Annahme falsch ist – IOC und IAAF wissen das schon seit vielen Jahren.«

Dubins Kritik beruhte auf einer Erklärung der IAAF von 1985: Damals hatte die IAAF bekanntgegeben, ihre Verbände würden ab sofort Kontrollen außerhalb der Wettkämpfe durchführen und die IAAF wolle bei nationalen Meisterschaften Stichproben machen. Dazu erklärte Dubin: »Wenn überhaupt, dann wurde nur wenig zur Verwirklichung solcher Kontrollen getan.«

Und weiter: »Der IAAF wurde das Recht zugestanden, eigene Kontrollen durchzuführen. Trotzdem fanden im September 1988 nur in wenigen der 184 Mitgliedsländer der IAAF Kontrollen außerhalb der Wettbewerbe statt. Diese Regelung wurde nie durchgesetzt.«

Endlich erfuhr die Öffentlichkeit die Wahrheit über Dr. Nebiolos Verband: »Es ist bedauerlich, daß die IAAF ihren Einfluß nicht auf sinnvollere Weise genutzt hat, um das Dopingproblem in der Leichtathletik auszumerzen. Offenbar reagierte die IAAF auf das Problem erst nach begangener Tat. Der medizinischen Kommission der IAAF war von Anfang an bekannt, daß Kontrollen vor dem Wettkampf allein nicht ausreichen, um anabole Steroide im Körper nachzuweisen, und daß sie kein wirksames Abschrekkungsmittel gegen den Einsatz von Anabolika sind.«

Dubin sah nur eine Möglichkeit, die Olympischen Spiele vom Doping zu säubern. Er forderte das IOC auf, nationale Sportverbände, die über keine wirksame Dopingkontrolle verfügen – oder sie nicht anwenden – von der Teilnahme an den Spielen auszuschließen. Damit setzte Dubin das Ziel für Barcelona.

Dubins Bericht hätte im Weltsport eigentlich zu einer Revolution führen müssen. Aber er wurde ignoriert. Der Name »Dubin« steht bei den Organen von IOC und IAAF, *Revue* und *Newsletter*, offenbar auf der schwarzen Liste. Nur Kanada, Australien und die nordeuropäischen Länder verfügen über unabhängige Dopingtestprogramme auf gesetzlicher Basis, die von staatlichen Behörden durchgeführt werden. Die Sportverbände haben in diesen Ländern ihren Einfluß verloren. Man könnte meinen, die internationalen Verbände wären froh darüber, weil eine derartige Politik die Hoffnung der Öffentlichkeit stärkt, daß der Sport endlich sauber wird.

Dr. Nebiolo ist da anderer Ansicht. Im Juli 1991 instruierte die IAAF ihre Mitglieder weltweit folgendermaßen: »Eine Reihe von Regierungen hat jetzt nationale Dopingbehörden eingerichtet, die für Dopingkontrollen im Sport zuständig sind. Mit einiger Sorge muß festgestellt werden, daß manche dieser Behörden die Dopingkontrolle in dem entsprechenden Land völlig in der Hand haben und daß die angewandten Verfahren den Regeln der IAAF zuwiderlaufen. Die Doping-Kommission der IAAF ist der Ansicht, daß die Mitglieder jede nur erdenkliche Anstrengung unternehmen sollten, die Kontrolle wiederzuerlangen.«

Es wurde noch ein zweiter Versuch unternommen, die Uhren heimlich zurückzustellen. Man hat seit je geargwöhnt, daß die Verantwortlichen in der Leichtathletik nur ganz bestimmte Sportler für die Doping-Kontrolle auswählten, Athleten, die bekanntermaßen »clean« waren, während sie gedopte Sportler einfach ignorierten. In dem Schreiben der IAAF wurden jetzt nationale Funktionäre aufgefordert, den neuen staatlichen Behörden das Recht streitig zu machen, die Testpersonen zu bestimmen.

Die reiche IAAF hat im Mai 1990 schließlich zwar doch noch

ein eigenes Testprogramm gestartet, aber im ersten Jahr wurden weltweit nur 113 Sportler getestet. Kein Test verlief positiv. Amerikanische Staatsbürger wurden nicht kontrolliert. In Amerika gibt es in bezug auf solche stichprobenartigen Tests Probleme wegen des Grundrechts der freien Entfaltung der Persönlichkeit. Nebiolo wollte den spendenfreundlichen Amerikanern nicht sagen, daß sie zwar das Recht haben, den Test zu verweigern, daß alle anderen dann aber das Recht haben, sie vom Wettkampf auszuschließen. Fairerweise muß gesagt werden, daß viele große amerikanische Sportler diese Tests ausdrücklich befürworten.

Trotz der Schärfe von Dubins Bericht, trotz der Schande, die der Skandal um Johnson Nebiolo und der IAAF gebracht hat, und trotz der Tatsache, daß man es im Sport in eklatanter Weise versäumt hat, das Doping auszurotten, bestehen die Verantwortlichen noch immer auf ihrem Recht, die Dopingkontrollen überwachen zu dürfen. Das ist ein schlechtes Omen für Barcelona.

IOC und IAAF spielen die Krankheit herunter, die den Sport langsam auffrißt. Ende 1988 erklärte IOC-Präsident Samaranch in Lausanne lapidar: »Das IOC gewinnt den Kampf gegen das Doping.« Unter anderem wollte er ein »fliegendes Labor« des IOC einrichten, das Stichproben durchführen sollte. Das Labor sollte eine Million Dollar kosten, die Betriebskosten wurden auf 500 000 Dollar jährlich geschätzt. Es klang beeindruckend: eine Dopingpolizei des IOC weltweit im Einsatz, um die bösen Buben zu fangen. Aber wie üblich war alles nur Schau. Achtzehn Monate später ließ das IOC, das vierzig Millionen Dollar für ein neues Olympisches Museum in Lausanne ausgibt, das Projekt aus Kostengründen fallen.

Noch unglaublicher ist, daß sowohl Samaranch als auch Nebiolo erklärten, Ben Johnson sei nach Ablauf seiner zweijährigen Sperre als Teilnehmer bei der Olympiade in Barcelona willkommen. Das war der Gipfel des Zynismus. Ein Sportler, der fast zehn Jahre lang Dopingmittel genommen hatte, der die Dosis so gewählt hatte, daß er nicht erwischt wurde, und der noch log, als man ihn ertappte, dieser Sportler wurde dazu ermuntert, trotz seiner eigenartigen Auffassung von Moral wieder an einer Olympiade teilzunehmen.

Von anderen Sportfunktionären kam kaum Protest. Viele erklärten in Übereinstimmung mit der offiziellen Linie, Johnson sei genügend gestraft und man solle die Vergangenheit ruhen lassen.

Mitte 1989 veranstaltete Nebiolos Leichtathletikverband ein Doping-Symposium in Monte Carlo. Die anwesenden Dopingtester und Sportfunktionäre mußten sich den unangenehmen Beitrag des ehemaligen britischen Olympia-Trainers Ron Pickering anhören, der zwar kein Wissenschaftler war, die Verantwortlichen im Sport aber scharf kritisierte. »Kein Präsident darf sagen: ›Wir veranstalten dopingfreie Spiele‹, nur weil keine positiven Tests vorliegen oder veröffentlicht werden. Es sollte keinem Präsidenten erlaubt sein zu sagen, Ben Johnson sei uns bei der nächsten Olympiade ›willkommen‹. Es wäre scheinheilig, ihn wieder aufzunehmen, und das womöglich noch mit offenen Armen.« Pickering brachte frischen Wind in eine ansonsten vor Selbstgefälligkeit strotzende Veranstaltung.

Wichtigster Rechtsbeistand des Dubin-Untersuchungsausschusses war Staatsanwalt Robert Armstrong. In einer Rede auf einer internationalen Anti-Doping-Konferenz im Jahre 1991 erinnerte er an die Enthüllungen von Toronto darüber, wie die Verantwortlichen im Sport die Weltöffentlichkeit in bezug auf das Doping irregeführt hatten. Er machte noch einmal deutlich, daß Dopingkontrollen bei Wettkämpfen zur Feststellung des Ausmaßes von Doping zwecklos waren.

Er bedauerte, daß IOC und IAAF den im Verlauf der Biden-Anhörungen in Amerika gemachten Aussagen so wenig Beachtung geschenkt hatten. Mit Blick auf Nebiolos Führungsstil erklärte er, die IAAF habe sich in der Vergangenheit »offenbar fast ausschließlich mit Öffentlichkeitsarbeit zufriedengegeben«.

Dann wandte er sich dem IOC zu: »Das IOC hat keinen Grund, auf seine Leistung stolz zu sein. Der medizinischen Kommission war seit Jahren bekannt, daß die Untersuchung auf Anabolika zum Zeitpunkt des Wettkampfs im Grunde Zeitverschwendung ist.«

Armstrong kam zu folgendem Schluß: »Die Verantwortlichen in unseren Sportverbänden haben auf nationaler und internationaler Ebene versagt. Sie haben uns im Stich gelassen.«

16 Ein Anwalt aus Des Moines

Robert H. Helmick war auf dem besten Weg, der mächtigste Mann im internationalen Sport zu werden. Er war eine Generation jünger als Samaranch, er war Amerikaner, und er kannte Horst Dassler. Sein Glück schien gemacht. In Amerika war Helmick die Nummer eins im olympischen Sport. Aber im Herbst 1991 machte er in den USA Schlagzeilen. Er hatte von Firmen, die aus der Olympiade Kapital schlagen wollten, heimlich Geld genommen.

Es war nicht nur eine persönliche Tragödie. Helmicks Fall traf den Kern des Konflikts, der den modernen Olympischen Spielen zu schaffen macht: Geld. Seit zehn Jahren streitet Samaranchs IOC mit dem einflußreichen Olympischen Komitee der Vereinigten Staaten um die ungeheuren Summen, um die es bei den Spielen geht. Der größte Teil stammt von amerikanischen Fernsehgesellschaften und amerikanischen Firmen. Ohne amerikanische Dollars keine Olympischen Spiele.

Helmick überbrückte die Kluft. Als Präsident des USOC vertrat er in Colorado Springs gegenüber dem IOC die finanziellen Interessen der USA. In Lausanne wurde von ihm erwartet, daß er sich als loyales Mitglied des Exekutivkomitees des IOC, Samaranchs Geheimkabinett, für die vielfältigen Belange der olympischen Bewegung einsetzte.

Am Mittwoch, dem 18. September 1991, entstieg der 1,88 Meter große Amerikaner mit den weißen, kurzgeschnittenen Haaren und der Nickelbrille nachmittags der ersten Klasse eines Transatlantik-Jets aus Berlin.

»Mit großem Bedauern lege ich mit sofortiger Wirkung mein Amt als Präsident des Olympischen Komitees der Vereinigten Staaten nieder«, erklärte er. Für Clubmitglied Robert H. Helmick war damit der unausweichliche Schlußpunkt hinter die zwei schlimmsten Wochen seines Lebens gesetzt.

Es hatte damit begonnen, daß die Zeitschrift *USA Today* enthüllte, Helmick habe im vorangegangenen Jahr von Klienten, die mit der Olympiade Geschäfte machen wollten, 275 000 Dollar angenommen.

Als erstes wurde bekannt, daß er von Turner Broadcast Systems in Atlanta, deren Tochterunternehmen Cable News Network ist, 37 500 Dollar erhalten hatte. Der Chef des Unternehmens, Ted Turner, wollte sich aus dem Würgegriff der US-Fernsehgesellschaften befreien und sich in die Spiele einkaufen. Seit 1987 hatte Helmick auf Turners Lohnliste gestanden und ihn bei der Planung seiner Kampagne für die Olympischen Spiele 1996 in Atlanta unterstützt.

Als nächstes wurde enthüllt, daß Helmick von Sportverbänden, die sich um Anerkennung durch den IOC bemühten, 75 000 Dollar für Beratungsdienste bekommen hatte. Das IOC hatte Helmick unter anderem mit der Aufgabe betraut, neue Sportarten vorzuschlagen, die am lukrativen olympischen Geschäft teilhaben sollten. Er hatte freilich vergessen, seine Kollegen über seine privaten Einnahmen von Firmen zu unterrichten, die den Weltgolfverband und den internationalen Kegelverband vertraten.

Noch etwas anderes fiel Helmick erst wieder ein, als Reporter es zur Sprache brachten: seine lukrative Verbindung zu Boris Bekkers Manager Ion Tiriac. Dieser leitete TIVI Amsterdam, eine Marketingfirma, die die Finanzierung der Schwimmweltmeisterschaften durch Sponsoren regelte und die Fernsehrechte vergab. Helmick, bis vor kurzem noch Präsident des Weltschwimmverbands FINA, erhielt weitere 150 000 Dollar.

Das letzte Geschäft, das aufgedeckt wurde, war Helmicks Arrangement mit der Lifestyle-Marketinggesellschaft, einer Tochterfirma von Saatchi und Saatchi. Von ihr bekam Helmick als Beraterhonorar 14 500 Dollar.

Die Reise nach Berlin war alles andere als angenehm gewesen. Zehn Tage zuvor hatten die Zeitungsmeldungen begonnen. Als Helmick sich mit seinen Kollegen zur vierteljährlichen Sitzung des Vorstands traf, hatten diese bereits einen Blick in die europäischen Ausgaben der US-Presse geworfen.

Natürlich hatten sie ihn gefragt, wie er sein Verhalten mit dem Versprechen vereinbaren könne, das er bei Ableistung des Olympischen Eides gegeben hatte. Helmick wurde an jenen Tag des Jahres 1985 erinnert, an dem er feierlich gelobt hatte, sich nicht vom Kommerz beeinflussen zu lassen. Wie aus dem Umkreis der Sitzungsteilnehmer verlautete, sollte Helmick so bald als möglich als Präsident des USOC zurücktreten. Die Teilnehmer selbst hatten es freilich nicht eilig, eine möglicherweise peinliche Entscheidung zu treffen. Das Exekutivkomitee setzte eine Kommission ein, die die Geschäfte des einflußreichen Clubmitglieds überprüfen sollte.

Helmick setzte sich gegen einen Rücktritt vehement zur Wehr: »Diese Behauptungen sind ein infamer Angriff nicht nur auf meine Karriere im Sport, sondern auch auf mein Berufsleben«, erklärte der fünfundfünfzig Jahre alte Anwalt, als die Geschichte publik wurde. »Ich sehe keinen Grund, einen Rücktritt auch nur in Erwägung zu ziehen.«

Zwei Tage später zeigte sich der hochgewachsene Amerikaner sehr viel weniger optimistisch. Nach einem traumatischen Wochenende, an dem er mit seinen Kollegen vom USOC in Chicago zusammengetroffen war, verkündete Helmick kleinlaut, er dürfe seinen Posten als Präsident behalten. Er mußte dafür allerdings einen furchtbaren Preis bezahlen.

Helmick mußte öffentlich zugeben, »Interessenkonflikte falsch eingeschätzt zu haben«, und sich verpflichten, »alle gegenwärtigen Vereinbarungen aufzuheben und künftige Absprachen, die im Widerspruch zu seinen Verpflichtungen stehen könnten, zu unterlassen«.

Die Demütigungen gingen noch weiter. Helmick mußte sich bereit erklären, einer Sonderkommission bei der Überprüfung seiner fragwürdigen Geschäftsbeziehungen behilflich zu sein. Trotz allem beteuerte Helmick auch weiterhin seine Unschuld.

Die Zeit verging, immer mehr skandalträchtige Geschichten wurden bekannt, und Helmicks Lage verschlechterte sich. Zwei Kongreßabgeordnete forderten eine unabhängige Überprüfung seiner Geschäfte. Kurz darauf ließ der amerikanische Skiverband eine weitere Bombe platzen. Angeblich hatte Harvey Schiller, Helmicks geschäftsführender Direktor beim USOC, seine Position dazu benutzt, um an teure Skipässe zu kommen. Schiller behauptete, es handle sich um ein Mißverständnis.

Helmick unternahm einen letzten verzweifelten Versuch, den Schaden möglichst geringzuhalten. Er erklärte, er werde sich nach Ablauf seiner Amtszeit als Präsident des USOC im Jahre 1992 nicht zur Wiederwahl stellen. Das zweite IOC-Mitglied der USA, Anita DeFrantz, bezeichnete Helmicks Erklärung als »Ablenkungsmanöver«.

Aber damit nicht genug. Zwei Tage später verließ der Präsident des weltweit mächtigsten Nationalen Olympischen Komitees vorzeitig die Sitzung des Exekutivkomitees in Berlin und flog in die Vereinigten Staaten zurück.

»Niemand hat mich aufgefordert oder gezwungen, zurückzutreten«, erklärte Helmick dort unverfroren. »Wer glaubt, ich laufe vor den Bullen davon, der irrt sich gewaltig. Seit die Medien diesen Unsinn verbreiten, wurde noch kein einziger ›Beweis‹ erbracht.«

Das Basketballturnier war der einzige olympische Wettbewerb, bei dem die Amerikaner den Sieg stets für sich beanspruchten. Seit Basketball 1936 zum ersten Mal bei einer Olympiade als Sportart zugelassen wurde, hatten die Amerikaner immer Gold gewonnen. Aber 1972 geschah das Unvorstellbare. Die Amerikaner verloren. Und was noch schlimmer war, sie verloren gegen die UdSSR.

Als der Schlußpfiff ertönte, hatten die Amerikaner mit einem Punkt Vorsprung gewonnen. Die Russen behaupteten, das Spiel sei drei Sekunden zu früh abgepfiffen worden. Der Schiedsrichter wollte davon nichts wissen. Die Amerikaner hatten gewonnen. Daraufhin wurde der Generalsekretär des internationalen Basketballverbandes eingeschaltet, und dieser hob die Entscheidung des Schiedsrichters auf. Die letzten drei Sekunden mußten nachgespielt werden.

Erste Sekunde: Die Russen warfen den Ball von einem Ende des Spielfelds zum anderen. Zweite Sekunde: Alexander Below tippte den Ball nur leicht an und erzielte den entscheidenden Treffer. Dritte Sekunde: Das Spiel war vorbei. Die Russen hatten die Goldmedaille gewonnen. Die Amerikaner waren darüber so aufgebracht, daß sie München vorzeitig verließen, ohne die Silbermedaille in Empfang zu nehmen.

Der junge Bob Helmick – damals Manager und Trainer der Wasserballmannschaft der USA – verfolgte die Niederlage und schäumte vor patriotischer Entrüstung. Seine Wasserballer hatten in München die Bronzemedaille gewonnen, obwohl die Olympiaschiedsrichter seiner Meinung nach offenkundig befangen waren.

»Beim Wasserball waren die Mogeleien der Schiedsrichter 1972 einfach haarsträubend«, sagte Helmick zwanzig Jahre später. »Ich erinnere mich auch an das Basketballspiel USA gegen UdSSR und an die berühmten letzten drei Sekunden. Ich erkannte, daß der Sekretär des internationalen Verbandes die Wende herbeigeführt hatte. Ich begriff, daß die USA im internationalen Sport über keinerlei Einfluß verfügten, und ich sagte zu mir: ›Ich möchte der Sekretär dieses internationalen Verbandes werden und entscheiden können, ob das Spiel zugunsten der UdSSR oder der USA ausgehen soll‹ – nicht, um uns einen Vorteil zu verschaffen, sondern um wenigstens die gleiche Chance zu haben.«

Helmick legte sich das Sternenbanner um und stieg innerhalb von vier Jahren zum Generalsekretär des internationalen Schwimmverbandes FINA auf. Acht Jahre später war er bereits Präsident. Ein Jahr darauf legte er den Olympischen Eid ab und trat dem »Club« bei. 1985 war Bob Helmicks Jahr. Vier Monate zuvor hatte er einen weiteren Sieg errungen: Er war Präsident des Olympischen Komitees der Vereinigten Staaten geworden.

Amerika hatte es seit jenen düsteren Tagen in München zu Beginn der siebziger Jahre weit gebracht. Das USOC ist mittlerweile das einflußreichste Olympische Komitee der Welt. Heute fürchtet man, Amerika, dessen Finanzkraft die olympische Bewegung stützt, stehe bereit, Samaranchs sorgsam errichtetes Kartenhaus zum Einsturz zu bringen.

»Ich kenne keinen, der Helmick bewundert. Man hört nie, daß ein anderes IOC-Mitglied gut von ihm spricht«, sagt ein Olympia-Insider. »Er ist ein merkwürdiger Mensch. Wer ihn bei Sitzungen des IOC beobachtet, in denen er am Kopfende des Tisches sitzt, wird feststellen, daß er nie länger als fünf Minuten auf seinem Platz bleibt. Er geht herum, ist immer in Bewegung, telefoniert ständig und sitzt nie still, auch wenn Samaranch gerade eine Rede hält. Es ist ein ständiges Auf und Ab wie bei einem Jo-Jo. Ich kann nur vermuten, daß der Schein trügt und er in Wirklichkeit sehr tüchtig ist, sonst hätte er es nicht als kleiner Anwalt aus Des Moines bis an die Spitze geschafft. Er ist zweifellos sehr ehrgeizig.«

Helmicks Ambitionen in der schönen neuen Welt der Geschäfte und des internationalen Sports wurden von adidas-Chef Horst Dassler unterstützt. »Dieser Anwalt aus Des Moines wurde international gefördert und mit Lorbeeren überschüttet, bis er IOC-Mitglied war«, sagt Dasslers früherer Geschäftspartner Patrick Nally. »Und weil er zufällig zur rechten Zeit am rechten Ort war, wurde Bob Präsident des mächtigsten Olympischen Komitees der Welt.«

Robert Helmick wurde in Des Moines, Iowa, geboren, wuchs dort auf, ging dort zur Schule und fand dort schließlich auch eine Anstellung. Der junge Helmick, ein Akademikerkind, begann sich für den Schwimmsport zu interessieren, als er auf der Roosevelt Highschool Wasserball spielte. Im Jahr 1954 begann er an der Drake University, wo seine Eltern unterrichteten, ein Mathematikstudium. Er blieb dem Schwimmsport treu und entwickelte sich während seines Studiums an der Drake University zum Spitzenspieler.

Sechs Jahre später legte er an der juristischen Fakultät der Drake University sein Examen ab, ließ sich in Des Moines nieder und arbeitete dort in einem Anwaltsbüro. Er lebte einunddreißig Jahre in Des Moines und arbeitete sich zum Seniorpartner der Kanzlei hoch. Im Jahr 1991 trat er in die Anwaltskanzlei Dorsey und Whitney mit Sitz in Minneapolis ein. Es wurde bekannt, das er weiterhin im internationalen Sportrecht arbeiten wolle. Das überraschte viele Olympia-Funktionäre, die Helmick immer für einen Provinzanwalt gehalten hatten.

Helmick behauptete dagegen: »Seit 1977 standen in meinem Lebenslauf immer internationales Recht und Sportrecht.« In der jüngsten Ausgabe der *Olympic Biography* nennt Helmick sich freilich nur »Seniorpartner der Anwaltskanzlei Dorsey und Whitney mit Sitz in New York, Washington D. C., Brüssel, London und Des Moines, Spezialgebiet internationales Recht und Finanzrecht«. Kein Wort von Sportrecht.

Auch in den sechziger Jahren blieb Helmick dem Schwimmsport treu. Er gehörte der Wasserballmannschaft von Iowa an, schaffte es aber nicht bis in die Nationalmannschaft. Als es Zeit war, mit dem aktiven Sport aufzuhören, warf Helmick seine Energie auf die Organisation. Mit Juniorenmannschaften war er auf nationaler Ebene erfolgreich, und nach der Olympiade 1968 in

Mexiko wurde er zum Vorsitzenden des US-Wasserballteams ernannt. Bei der darauffolgenden Olympiade in München gewannen die Spieler aus den USA mit Helmick als Team-Manager die Bronzemedaille.

Helmick war auf Erfolgskurs in der Welt der internationalen Sportverbände. Im Jahr der Münchener Olympiade wurde er zum Vorsitzenden des Wasserballkomitees des Internationalen Schwimmverbandes FINA gewählt.

Horst Dassler wurde zwangsläufig auf Helmick aufmerksam. Der Marionettenspieler war dabei, seine Geschäftsinteressen auszuweiten. »Horst hatte besonderes Interesse am Schwimmen«, sagt Nally. »Er hatte eine neue Firma für Bademoden namens Arena gegründet. Er wollte die fast absolute Vorherrschaft der australischen Firma Speedo im Schwimmen brechen.«

Dassler bediente sich des siegreichen amerikanischen Schwimmers Mark Spitz, der in München sieben Goldmedaillen gewonnen hatte, um für die neue Marke Arena zu werben. Spitz wurde vorgeworfen, während der Olympiade kommerziellen Interessen Vorschub geleistet zu haben, obwohl er durch eine nachfolgende Untersuchung des IOC entlastet wurde.

Die Werbung für Arena war nur ein Anliegen Dasslers. Er wollte adidas in Amerika, dem größten ihm zugänglichen Markt, zur Nummer eins machen. Anfang der achtziger Jahre wurden in Amerika fünfzehn Milliarden Dollar im Jahr für Sportkleidung ausgegeben. Jeder dritte Amerikaner besaß ein Paar Turnschuhe. Dassler wollte, daß all diese Schuhe seine drei Streifen trugen. »Horst sprach ständig von der Bedeutung der USA«, sagt Nally, »und davon, wie lebenswichtig es für uns sei, die USA zu gewinnen.«

Als die Partner ihren Angriff auf die internationalen Verbände starteten, war Schwimmen eine der ersten Sportarten, der sie sich zuwandten.

»Als wir die Regeln für die Schwimmweltmeisterschaft ausarbeiteten, suchte ich Bob Helmick in Des Moines auf«, erinnert sich Patrick Nally. »Er hatte ein Büro in einer kleinen Anwaltskanzlei. Er fuhr mit einem roten, offenen Mercedes 450 SL vor und hatte eine Freundin bei sich. Ich verbrachte ziemlich viel Zeit mit Bob.

Zu den internationalen Verbandstagungen in Monte Carlo kam

er in der Regel immer in Begleitung einer attraktiven jungen Dame. Er wirkte ein bißchen wie ein Playboy. Es war irgendwie komisch, weil Bob so unerfahren war. Er kam nicht besonders gut an und hatte nicht viel zu sagen. Aber er fand es großartig, in der Welt herumzureisen. Er liebte das internationale Flair, und war stolz darauf, mit der Olympiade zu tun zu haben und anschließend mit den Schwimmweltmeisterschaften, die wir organisierten.

Die FINA war nicht dynamischer als die anderen Verbände. Sie hatte nicht viel Geld. Aber wie alle internationalen Verbände in den siebziger Jahren gewann sie an Bedeutung, je mehr Geld sie vom Fernsehen bekam. Bob, der das angenehme Leben zweifellos genoß, war der richtige Mann, um sich hier zu betätigen.«

Helmick genießt das angenehme Leben auch heute noch. Seine Penthousewohnung in Iowa beherbergt eine Sammlung zeitgenössischer Kunst und verfügt über ein Massagebad mit Wasserfall. Helmick besitzt eine Farm, ein Bürogebäude und ein Einkaufszentrum in Des Moines und ein Apartment in New York. Er liebt guten Kaffee, klassische Musik und teure Autos. »Er hat Autos, die er nie fährt«, sagt sein Freund Bill Reichardt. »Er will nicht, daß sie schmutzig werden.«

In jener Zeit gehörte Helmick zu den wenigen Amerikanern, die in der internationalen Sportszene aktiv waren. »Es überrascht mich immer wieder, wenn ich daran denke, daß es ein Amerikaner war, Avery Brundage, der das IOC so lange Zeit geleitet hat«, sagt Nally. »Was in den internationalen Verbänden vorging, schienen die Amerikaner in ihrer Naivität überhaupt nicht zur Kenntnis zu nehmen. Das ist um so merkwürdiger, wenn man bedenkt, daß das Geld, das in die Olympiade floß, vorwiegend von amerikanischen Unternehmen stammte. NBC, ABC und CBS zahlten Unsummen für die Fernsehübertragungsrechte.

Denkt man an die Summen, die dem IOC von den US-Fernsehgesellschaften zufließen, und daran, daß die Sender damals auch den internationalen Verbänden immer mehr Geld zukommen ließen, um über die Wettbewerbe berichten zu können, dann waren die USA der finanzielle Motor dieser ganzen Entwicklung. Dagegen waren Wissen und Einfluß der Amerikaner im internationalen Sport im Bereich von Management und Verwaltung äußerst gering.

Horst betrachtete Bob Helmick als interessanten potentiellen

Kandidaten. Er glaubte, daß Bob für Vergnügungen, Festessen, Gastfreundschaft und luxuriöse Hotelzimmer empfänglich war. Horst wollte den unerfahrenen Anwalt aus Des Moines mit solchen Lebensfreuden und dem Prestige der internationalen Verbände verführen, und er begann, Pläne zu schmieden, was Bob Helmick tun sollte und was nicht.«

In Montreal gelang Helmick 1976 der große Sprung nach vorn. Er wurde unter dem neuen Präsidenten Javier Ostos Generalsekretär des Schwimmverbandes.

Der Schwimmsport entwickelte sich jetzt auch nach den vertrauten Prinzipien von Geschäft und Sport. Neue Wettkämpfe wurden veranstaltet, wobei Nally für das nötige Geld und das Marketing sorgte und Dassler seine Arena-Sportkleidung zur Verfügung stellte. Bei den Olympischen Spielen 1980 in Moskau konnte Dassler stolz verkünden, Arena habe Speedos Vorherrschaft im Schwimmbecken gebrochen. In Moskau trugen über die Hälfte der Schwimmer Produkte von Arena. In Arena-Bademoden wurden sechsunddreißig Medaillen gewonnen, darunter allein elf von dreizehn möglichen Goldmedaillen bei den Herren.

Der einzige Verlierer in Moskau war Präsident Ostos. Im Gegensatz zu einem Havelange oder Nebiolo kann der Präsident des internationalen Schwimmverbandes nur für vier Jahre im Amt bleiben. Danach muß er abtreten. Diese Vorschrift gilt jedoch nicht für den Generalsekretär. Beim FINA-Kongreß in Moskau bekam Helmick persönlich mit, wie der scheidende Präsident Javier Ostos sich um eine Änderung der Satzung des Schwimmverbandes bemühte, damit er weitere vier Jahre im Amt bleiben konnte. In den kommenden Jahren würde Helmick dasselbe tun müssen.

Auf dem Gelände eines ehemaligen US-Luftwaffenstützpunkts in Colorado Springs am Rand der Rocky Mountains befindet sich die Zentrale des Olympischen Komitees der Vereinigten Staaten. Das USOC ist heute eine wuchernde Sport-Bürokratie mit einem Budget von dreihundert Millionen Dollar und das wichtigste Gremium des Amateursports in Amerika. Das war nicht immer so. Bis Ende der siebziger Jahre war das Komitee kaum mehr als ein besseres Reisebüro für Olympia-Athleten. Die eigentliche Kontrolle über den Amateursport in Amerika lag in den Händen zweier sich ständig befehdender Institutionen: der Amateur Athletic Union (AAU), des größten Sportdachverbands der USA, und der National Collegiate Athletic Association, des Dachverbands für Leichtathletik an den amerikanischen Universitäten und Colleges.

Die beiden Verbände waren so sehr mit ihrer Privatfehde beschäftigt, daß sie die internationale Sportszene schlicht übersahen. Die amerikanische Olympiamannschaft kehrte kleinlaut aus Montreal zurück. Die Amerikaner waren von den Russen und Ostdeutschen gedemütigt worden und hatten auf dem Medaillenspiegel nur den dritten Platz belegt. Präsident Ford wollte wissen, warum Amerika von den Kommunisten geschlagen worden sei. Eine von ihm eingesetzte Untersuchungskommission schlug eine Strukturänderung vor, aus der das Olympische Komitee der Vereinigten Staaten gestärkt hervorging. Von nun an kontrollierte das USOC den Amateursport in Amerika. Erwartungsvoll sah das Land einem neuen Aufschwung und neuen Erfolgen entgegen.

Helmick war Präsident der AAU, einer der beiden von Präsident Fords Kommission kritisierten Organisationen. Es gelang ihm jetzt mühelos, Vizepräsident des gestärkten USOC zu werden. »Horst kannte die Bedeutung des Olympischen Komitees der USA sehr wohl, und er wußte, daß es hilfreich sein würde, Bob dort unterzubringen«, sagt Nally. Einmal im USOC, hielt Helmick sich bereit. »Ich glaubte, daß ich nur abzuwarten brauchte, dann würde ich 1988 Präsident des USOC werden«, meinte er. Sein Aufstieg kam dann freilich rascher als erwartet.

Jack Kelly, Bruder von Fürstin Gracia Patricia von Monaco und in Melbourne Bronzemedaillengewinner im Rudern, wurde 1985 USOC-Präsident. Drei Wochen nach der Wahl starb Kelly. »Der vitale, gesunde Mann bekam beim Joggen in Philadelphia plötzlich einen Herzinfarkt«, erinnert sich Nally. »Bob Helmick war zum ersten Vizepräsidenten gewählt worden, zum zweitwichtigsten Mann also, und jetzt, in einem entscheidenden Augenblick, stand er plötzlich an der Spitze des USOC.«

Es galt als unmöglich, aber das Organisatorenteam aus Los Angeles wußte es besser: Zum ersten Mal warfen die Spiele Gewinn ab. Mehr als man sich je erträumt hatte. Der Dollarberg aus dem »Unternehmen Olympia« von Los Angeles überstieg alle Erwartungen. Nach Begleichung aller Rechnungen blieb die unglaubliche Summe von 215 Millionen Dollar übrig.

In der schwierigen Zeit Ende der siebziger Jahre, als noch niemand daran geglaubt hatte, daß die Spiele die Kosten decken würden, hatte das USOC erklärt, es werde für alle Verluste aufkommen. Jetzt hatte es Anspruch auf vierzig Prozent des unverhofften Gewinns. Helmick erbte eine zum Bersten gefüllte Schatztruhe.

Der Geldsegen führte zu einem erbitterten Konflikt. Auf der ganzen Welt machten die Nationalen Olympischen Komitees Ansprüche geltend. Sie erinnerten die Amerikaner daran, daß sie nach der Absage des Ostblocks auf eigene Kosten zusätzliche Teilnehmer zu den Olympischen Spielen geschickt hätten, um die Reihen der Athleten aufzufüllen. Deshalb hätten sie einen rechtmäßigen Anspruch auf den Gewinn. Insgesamt verlangten sie sieben Millionen Dollar.

IOC-Präsident Samaranch mußte zu Kreuze kriechen. »Wir bitten darum«, erklärte er. »Wir sagen bitte. Sie können ja oder nein sagen. Wenn sie nein sagen, heißt das nein.« Die *New York Times* zeigte Verständnis. »Das USOC sollte die sieben Millionen Dollar zahlen und froh sein, wenn Samaranch nicht mehr verlangt«, hieß es dort. »Schließlich ist das ein Bagatellbetrag.«

Das stimmte zwar, aber innerhalb des USOC erhitzten sich trotzdem die Gemüter. Der geschäftsführende Direktor des USOC, F. Don Miller, erinnerte die olympische Bewegung daran, daß bei den Winterspielen 1980 in Lake Placid elf Millionen Dollar Verlust gemacht worden seien. »Damals machte keiner vom IOC den Vorschlag, die Kosten der Spiele gemeinsam zu tragen.«

Er machte deutlich, daß der Gewinn in Los Angeles »von der Großzügigkeit amerikanischer Unternehmen, der amerikanischen Öffentlichkeit und unserer Fernsehgesellschaften« herrührte. »Achtzig Prozent der Finanzmittel für die internationale olympische Bewegung kommen aus den USA, und wir sind stolz darauf, daß wir diese Unterstützung dank unseres freien Unternehmertums anbieten können.« Damit brachte er die Sache auf den Punkt. Die Amerikaner merkten endlich, daß Onkel Sams Dollars den ganzen olympischen Zirkus aufrechterhielten.

Das IOC zeigte sich überzeugt, daß der neue Präsident des USOC, Robert Helmick, im Streit um das Geld von Los Angeles »eine Lösung finden« werde. Helmick besuchte Samaranch in dessen offiziellem Amtssitz, dem Château de Vidy in Lausanne. Dort erörterten die beiden Männer das Problem von Präsident zu Präsident. Als Helmick Samaranch verließ, gab es »neuen Anlaß zu Optimismus«, wie ein Olympia-Beobachter erklärte. Das IOC stellte zufrieden fest, daß IOC und USOC mit Helmick als Präsident »jetzt enger zusammenarbeiteten als in den letzten fünf Jahren.«

Im »Club« wurde ein Posten frei. Amerikas ältestes IOC-Mitglied Douglas Roby trat in den Ruhestand. Neue IOC-Mitglieder werden zunächst vom IOC-Präsidenten nominiert, und üblicherweise billigen die IOC-Mitglieder seine Wahl. Die Neubesetzung von Robys Posten kam für Samaranch zu einem entscheidenden Zeitpunkt. Das Nationale Olympische Komitee der USA entdeckte allmählich seine eigene Stärke. Zur selben Zeit reisten Dassler und sein ISL-Team in der Welt herum, um andere Nationale Olympische Komitees zu überreden, sich auf Gedeih und Verderb seinem Programm TOP anzuschließen. Dassler und Samaranch arbeiteten enger zusammen als je zuvor. Wenn TOP Erfolg hatte, verfügte Samaranch durch den Verkauf von Fernsehrechten über eine neue, alternative Einnahmequelle, während Dassler mehr mit Marketing als mit der Schuhproduktion verdiente. Auf lange Sicht hing ihre Zukunft davon ab, in Amerika den richtigen Mann zu haben.

Es gab viele geeignete Bewerber. Ganz oben auf der Liste stand der ehemalige Finanzminister Bill Simon. Er hatte seit seinem Ausscheiden aus der Regierung einige erfolgreiche Geschäfte getätigt und war vortrefflich geeignet, dem IOC unter die Arme zu greifen. Gegen ihn sprach erstens, daß er Profipolitiker war, Samaranch ihn also möglicherweise nur schwer kontrollieren konnte, und daß er zweitens Samaranch verärgert hatte, als er bei den Olympischen Spielen in Los Angeles erklärt hatte: »Es ist an der Zeit, der langfristigen Zukunft der olympischen Bewegung Aufmerksamkeit zu schenken. Leider scheint das IOC sich für diese Frage so wenig zu interessieren wie eine Diktatur in der Dritten Welt für freie Wahlen.«

Ein weiterer Kandidat war Peter Ueberroth, Leiter des Organisationskomitees der Spiele in Los Angeles und ebenfalls ein dynamischer Geschäftsmann, der für den reibungslosen Verlauf der Spiele gesorgt hatte. Ueberoth geriet jedoch zwischen die Fronten der olympischen Politik.

Dabei hatte das Jahr für ihn gut angefangen. Im Januar hatte sein Komitee in Los Angeles erklärt, es wolle den Nationalen Olympischen Komitees gerne die sieben Millionen Dollar aus dem Gewinn der Spiele erstatten. Offenbar hatte Samaranchs Bitten genutzt. Die Entscheidung mußte noch vom USOC gebilligt werden, das erst im folgenden Monat zusammentrat.

Die Tagung des USOC brachte für Ueberroth einen Mißerfolg. Die nationale Fraktion setzte sich durch. »Amerika hat dieses Geld selbst verdient«, hieß es in *Sport Intern.* »Warum sollten wir es teilen? Uns hat auch nie jemand Geld gegeben.«

Wenn das USOC der übrigen Welt schon Geld zahlen sollte, wollte es im Gegenzug eine gewisse politische Kontrolle. Das USOC schlug deshalb einen »Freundschaftsfonds« als Lösung vor. Die Organisatoren in Los Angeles lehnten ab. Ueberoths Aktien gingen in den Keller. Das Ende seiner Anwartschaft war gekommen, als über zwei Millionen Dollar des Gewinns von Los Angeles für ein Kunstfestival in Kalifornien ausgegeben wurden. »Seit sieben Jahren gehen wir davon aus, daß Gewinne auch wieder in den Sport investiert werden«, protestierte ein IOC-Mitglied. »Jetzt wird der olympischen Bewegung eine bescheidene Forderung abgeschlagen, und das Geld kommt nicht einmal dem amerikanischen Sport zugute.«

Das USOC hatte seinen eigenen offiziellen Bewerber für das IOC. Der mit Abstand geeignetste Mann war nach Ansicht des Komitees dessen langjähriger geschäftsführender Direktor F. Don Miller. Das USOC war an der Wahl Millers zum neuen IOC-Mitglied dermaßen interessiert, daß es Samaranch ein bemerkenswertes Geschäft anbot. Das USOC wollte seinen Widerstand gegen das Marketingprogramm TOP aufgeben und der ISL in den USA eine Erprobungszeit von vier Jahren zugestehen, wenn Samaranch Miller nominierte. Das war der Durchbruch, den Dassler und Samaranch brauchten. Ohne die Zusammenarbeit mit dem Nationalen Olympischen Komitee der USA konnte TOP keinen Erfolg haben.

»Don war unser offizieller Kandidat«, erzählt George Miller, der 1985 geschäftsführender Direktor des USOC wurde. »Er hatte die Unterstützung des USOC, und Samaranch war bereit, ihn zu nominieren. Aber Helmick ging hinter unserem Rücken zu Samaranch und sagte: ›Nehmen Sie mich! Ich bin der Präsident des

USOC.‹ Helmick machte Samaranch klar, daß er das Sagen hatte, und daß er Samaranch außerordentlich nützlich sein konnte. Ich kann Samaranchs Entscheidung verstehen, aber Helmick war nicht der Mann, den wir in Lausanne haben wollten.« Samaranch erfüllte Helmicks Bitte nur allzugern.

Neun Monate nach seinem Eintritt in den »Club« kam Helmick mit einer frohen Botschaft zum IOC-Präsidenten nach Lausanne. Die olympische Familie sollte endlich die heiß umkämpften sieben Millionen Dollar aus dem Gewinn von Los Angeles erhalten. »Sie wissen sicher, wie sehr das IOC und ich persönlich eine solche Entscheidung herbeigesehnt haben, zu der das USOC nicht verpflichtet ist«, sagte Samaranch. Offenbar wurde Helmick den in ihn gesetzten Erwartungen gerecht. Samaranch hatte den richtigen Mann ausgewählt.

17 Alarmsignale

Welche Ziele dem ehrgeizigen Bob Helmick für den amerikanischen und olympischen Sport vorschwebten, wurde deutlicher, als Helmick Jack Kelly als Präsidenten des USOC ablöste.

Der rasche Aufstieg des neuen USOC-Präsidenten erinnert an die Übernahme des IOC-Vorsitzes durch Samaranch im Jahr 1980. Beide Männer folgten Präsidenten nach, die ihr Amt nur als Teilzeitjob betrachtet hatten und froh gewesen waren, wenn sie Aufgaben an bezahlte Mitarbeiter delegieren konnten. Die neuen Präsidenten gingen ganz in ihrer Aufgabe auf. Beide feuerten einflußreiche Mitarbeiter. Samaranch wartete fünf Jahre, ehe er die respekteinflößende Monique Berlioux entließ. Helmick entledigte sich des geschäftsführenden USOC-Direktors George Miller in der Hälfte der Zeit.

»Als Jack Kelly starb, kam Helmick zu mir und fragte mich, ob ich ihm helfen wolle, daß er gewählt würde«, erzählte uns George Miller. »Ich hielt es für wichtig, sofort einen neuen Präsidenten zu benennen, deshalb unterstützte ich ihn. Aber nachdem er das Amt übernommen hatte, zerstritten wir uns. Er hatte kein Gespür dafür, wie man ein Unternehmen führt, und er schätzte seine Aufgabe ganz falsch ein. Er war ein Mann mit großem politischen Ehrgeiz, der das USOC dazu benutzte, seine eigene Position zu stärken.«

Vor seiner Zeit als geschäftsführender Direktor des USOC war Miller stellvertretender Kommandeur des Strategischen Luftwaffenkommandos der Vereinigten Staaten gewesen. »General Millers Problem war, daß er zu gut war«, meint Dr. Robert Voy, vormals Arzt beim USOC. »Er war ein dynamischer Mensch. Ich hatte von Anfang an das untrügliche Gefühl, daß Helmick schon General Millers bloße Anwesenheit bei der USOC als indirekte Bedrohung empfand, und es zeichnete sich ein Machtkampf ab.«

Helmick handelte rasch. Er richtete sich in Des Moines ein eigenes Olympiabüro ein. »Das war ein ungewöhnlicher Schritt«, erinnert sich George Miller. »Frühere Präsidenten wie Bill Simon benutzten das Büro, das sie sowieso schon hatten. Bill brauchte lediglich ein Fax-Gerät. Helmick verursachte gewaltige Kosten. Wir hatten zuvor nie einen Präsidenten bezahlt, aber Helmick erhielt bald regelmäßige Zahlungen.«

Als nächstes verfügte Helmick, daß nur er berechtigt sei, Verträge mit Fernsehgesellschaften und Sponsoren zu unterzeichnen. »Bis zu seiner Wahl zum Präsidenten wurden sämtliche Verträge vom geschäftsführenden Direktor unterschrieben, also von mir«, erklärt Miller. »Helmick änderte das. Er wollte die Kontrolle über alles haben. Das war sein Stil. Wegen seiner Stellung beim IOC riet ich ihm, von Vertragsverhandlungen Abstand zu nehmen – daraus könne ein Interessenkonflikt entstehen. Aber er wollte nicht hören.«

Im August 1987 war der Kampf zwischen dem General vom Strategischen Luftwaffenkommando und dem Anwalt aus Des Moines beendet. Der General wurde entlassen. Der letzte Streit zwischen den beiden entzündete sich daran, daß das Organisationskomitee der Panamerikanischen Spiele in Indianapolis hunderttausend Dollar für einen Empfang verpulvern wollte.

Nach seinem Ausscheiden aus dem USOC erinnerte sich Dr. Voy: »Helmick gab seine Zustimmung. George Miller, der eigentlich für das Budget verantwortlich war, war nicht gefragt worden. Er hielt es für unangebracht, hunderttausend Dollar in eine Party zu stecken, denn er wußte, daß für ein so exklusives Essen und Unterhaltungsprogramm für Nichtsportler kein Geld da war.« Miller machte Helmicks Entscheidung rückgängig und wollte keinen einzigen Dollar herausrücken. Binnen weniger Tage wurde Miller ein Ultimatum gestellt. Entweder er trat freiwillig zurück, oder er wurde gefeuert. Er wählte ersteres und ließ sich die vorzeitige Kündigung mit einer Abfindung von 700 000 Dollar bezahlen.

Der kostspielige Abgang des tüchtigen Miller schreckte noch niemanden auf, und Helmick hatte jetzt bei der Leitung des USOC die Hände frei. Er tat seine Absicht kund, »zu sparen, wo es geht, und Geld für die Sportler zu beschaffen«. Das wollte die Öffentlichkeit hören.

Während Helmicks erster Amtszeit war Howard Miller Schatzmeister des USOC. Seine Darstellung widerlegt Helmicks Behauptung, nach Kräften sparen zu wollen. »Ich hatte mit dem Mann keine Probleme, bis er Präsident wurde«, berichtete Miller uns. »Wie George unterstützte auch ich Helmick, als Jack Kelly starb. Dann stellte ich fest, daß Helmick bei allen Reisen erster Klasse flog. Gewählte Mitglieder wie wir sollten eigentlich Freiwillige sein, die bereit sind, sich für das Wohl der Organisation einzusetzen. Ich war verärgert. Ich sagte zu Helmick: ›Hören Sie zu, Sie sind hier, um für die Organisation zu arbeiten. Die Organisation ist nicht dazu da, für Sie zu arbeiten.‹«

Unter Bob Helmick war auf einmal alles viel teurer. Die Kosten für den jährlich stattfindenden Kongreß des USOC, die Delegiertenversammlung, stiegen unaufhaltsam. Im Jahr 1986 beliefen sie sich auf 98 000 Dollar, 1987 erhöhte sich die Summe auf 122 000 Dollar, und 1988 engagierte Helmick sogar eine Beraterfirma aus Washington als Organisator. Die Kosten hierfür beliefen sich auf 200 000 Dollar. Dieses Engagement war freilich auch Helmicks Kollegen vom USOC zu teuer, und der Vorfall wiederholte sich nicht.

Nach Angaben von Ex-Schatzmeister Miller belief sich der Gesamtetat für USOC-Mitglieder zwischen 1980 und 1984 auf rund 170 000 Dollar. Während Helmicks erster Amtszeit als USOC-Präsident kletterte die Summe in vier Jahren auf 575 000 Dollar. Helmicks Ausgaben machten fast achtzig Prozent dieses enormen Betrages aus. »Helmick gab Geld aus wie ein betrunkener Matrose«, sagt Miller, »und er benutzte die Organisation, um seine Position beim IOC zu verbessern.« Miller wurde nicht wiedergewählt, um Helmicks Ausgaben eine weitere Amtszeit lang zu überwachen.

Im Jahr 1988 hätten eigentlich wieder die Alarmglocken läuten müssen. Helmick wollte unbedingt in den Vorstand des IOC, in Samaranchs Exekutivkomitee, gewählt werden. Als Grund führte er an, Amerika habe als das Land, das den größten finanziellen Beitrag zur Olympiade leiste, Anspruch auf einen Sitz im Vorstand.

Helmick war für Samaranch ein attraktiver Kandidat. Wer immer Präsident des USOC war, der IOC-Präsident mußte ihn unter seine Kontrolle bringen. In Amerika wurde man angesichts des endlosen Dollarstroms, der von amerikanischen Fernsehgesellschaften und Sponsoren der olympischen Bewegung im Ausland zugeleitet wurde, allmählich unruhig. Innerhalb des USOC wurden immer mehr Stimmen laut, die beanstandeten, für die Sportler des eigenen Landes sei nicht genügend Geld zur Vorbereitung auf die Spiele vorhanden.

Um Mitglied des Exekutivkomitees zu werden, brauchte Helmick die Stimmen seiner Club-Kollegen. Bei den Olympischen Spielen in Seoul bekundete er auf der Session des IOC im September 1988 formell seine Absicht, sich um die Mitgliedschaft zu bewerben. Anschließend begann er seinen Wahlkampf – mit dem Geld des USOC.

Im April 1988 lud Helmick eine Reihe von IOC-Mitgliedern persönlich ein, ihn während der Delegiertenversammlung des USOC in Washington zu besuchen. Mit Geld aus dem »Freundschaftsfonds«, den das USOC nach den Spielen in Los Angeles zur Förderung des Sports in armen Ländern eingerichtet hatte, wurden die Kosten für Erste-Klasse-Flugtickets für ein halbes Dutzend IOC-Mitglieder und deren Gefolge bestritten. Während ihres Aufenthalts in Washington wurden die olympischen Würdenträger in Limousinen mit Chauffeur herumkutschiert und zum Einkaufen zu Saks in die Fifth Avenue gefahren.

»Der Freundschaftsfonds wird von einer Handvoll Olympia-Funktionären als ›Fleischtopf‹ benutzt, um in internationalen Sportverbänden einflußreiche Positionen zu erlangen«, schrieb der *Gazette Telegraph* von Colorado Springs in einem Bericht. Das war ein erstes Warnsignal, aber keiner hörte hin.

Erst Ende 1988 wurde Helmick sich der Folgen der widersprüchlichen Position bewußt, in die er sich hineinmanövriert hatte. Um beim IOC voranzukommen, mußte er seine einflußreiche Stellung als Präsident des USOC behalten. Er konnte in Lausanne nur dann eine wichtige Rolle spielen, wenn er zu Hause in der immer lauter werdenden Debatte über Amerikas Beitrag zur Olympiade die Fäden in der Hand behielt.

Aber seine Zeit beim USOC neigte sich dem Ende zu. Jack Kelly war erst drei Wochen im Amt gewesen, als er starb und Helmick seinen Posten übernahm, Helmick war Ende 1988 also fast vier volle Jahre im Amt. Nach den Regeln des USOC ist dem Präsidenten aber nur eine Amtszeit erlaubt. Wenn Helmick abtreten mußte, verlor er auf einen Schlag seine Machtbasis.

Helmick erklärte, er habe Anspruch darauf, für eine zweite Amtsperiode als Präsident zu kandidieren, weil er ein paar Wochen weniger im Amt gewesen sei. Seine Kritiker betrachteten das als formale Spitzfindigkeit, aber Helmick erhielt innerhalb des USOC genügend Unterstützung und setzte seinen Willen durch. Er durfte ein zweites Mal kandidieren.

Aber seine Probleme endeten damit nicht. Wenn er tatsächlich die Stimmen seiner Kollegen beim USOC gewinnen wollte, mußte er gegenüber dem IOC und dessen unstillbarem Appetit auf US-Dollars hart bleiben. Wenn er dagegen in Lausanne Erfolg haben wollte, schuldete er an erster Stelle dem IOC Loyalität.

Dazu der ehemalige geschäftsführende Direktor George Miller: »Die Frage ›USOC oder IOC‹ war für Helmick außerordentlich heikel. Er sagte dem USOC immer, was es hören wollte, daß er nämlich voll hinter unserem Recht stehe, mit dem IOC über einen größeren Anteil am Geld der Fernsehgesellschaften und Sponsoren zu verhandeln. Aber immer wenn es soweit war, definitive Prozentzahlen festzulegen, wich er wieder aus, um sich beim IOC Vorteile zu verschaffen.

Im Jahr 1986 bat ich Samaranch um einen höheren Anteil am Geld der Fernsehgesellschaften. Zwischen Dick Pound vom IOC und mir gab es langwierige Verhandlungen. Wir verlangten zwanzig bis fünfundzwanzig Prozent, das IOC bot zehn Prozent. Wir kamen nicht weiter. Auf einmal erklärte Helmick, er wolle bei einer Begegnung beider Parteien den Vorsitz führen. Die Mitglieder des USOC hatten beschlossen, bis auf fünfzehn Prozent herunterzugehen, aber Helmick erklärte, Samaranch habe ihn gebeten zu intervenieren, und er beharrte darauf, daß wir uns mit zehn Prozent zufrieden gaben. Er tat das, um seine Position beim IOC zu stärken. Ich hatte das Gefühl, daß er uns hinterging.«

Bei den TOP-2-Verhandlungen über die Finanzierung der Spiele in Barcelona war es dasselbe. Die Verhandlungen waren gerade in Gang, als Helmick sich um die Mitgliedschaft im Exekutivkomitee des IOC bemühte. »Einer seiner Mitarbeiter suchte mich auf«, berichtet Howard Miller, »und erklärte, unsere Einstellung zu TOP-2 sei für Helmicks Kandidatur nicht gerade förderlich.

Daraufhin gab ich ihm zu verstehen, ich sei nicht bereit, das USOC zugunsten Helmicks zu verraten.«

Helmick zögerte, schwankte, und schließlich kapitulierte er im letzten Moment. Auf der Vollversammlung des IOC bei den Olympischen Spielen in Seoul beauftragte er seine amerikanische Kollegin Anita DeFrantz noch, seine offizielle Kandidatur für die Wahl ins Exekutivkomitee des IOC bekanntzugeben. Dann erklärte Helmick, er habe seine Kandidatur zurückgezogen. Damals behauptete er, er habe verzichtet, weil er »zu den anderen Kandidaten Vertrauen« habe. Später sagte er, er sei »unentschlossen« gewesen. Sein Verhalten machte einen denkbar schlechten Eindruck. Es stellte sich die Frage, ob Helmick als Präsident des USOC überhaupt geeignet war. Aber auch diesmal läuteten keine Alarmglocken.

Nun konnte Helmick sich ganz auf seine Wiederwahl als USOC-Präsident konzentrieren. »Im Jahre 1987 kam er mit einer erweiterten Liste von Zahlungen zu mir, die das USOC an verschiedene amerikanische Sportvereine leisten sollte«, erinnert sich George Miller. »Er wollte das Budget um fünf Millionen Dollar aufstocken. Ich sagte, so viel Geld hätten wir nicht. Daraufhin meinte Helmick: ›Dann treib es irgendwo auf.‹ Als ich ihm erklärte, daß wir den amerikanischen Olympiateams in Calgary und Seoul auch dann nicht mehr helfen könnten, wenn wir die fünf Millionen Dollar aufbrächten, sagte er nur: ›Das ist mir egal.‹ Vermutlich war das sein USOC-Wahlmanifest.« Im Februar 1989 wurde Helmick für eine zweite Amtszeit als Präsident des USOC wiedergewählt.

Nachdem Helmick seine Machtbasis gesichert hatte, nahm er sofort sein zweites Ziel in Angriff – die Kandidatur um den wichtigen Sitz im IOC-Exekutivkomitee. Gegenüber Reportern, die über seine Wiederwahl zum Präsidenten des USOC berichteten, erklärte er, er werde sich auf der nächsten Session des IOC 1989 in San Juan, Puerto Rico, zur Wahl stellen. Eine wirtschaftlich bedeutende Macht wie die USA könne innerhalb der olympischen Gemeinschaft »ihren Einfluß nicht geltend machen«, wenn sie im Exekutivkomitee nicht vertreten sei.

Samaranch verfolgte seine Bemühungen vom Château de Vidy aus. Er wußte, wie wichtig es war, Helmick und Amerika als

Mitglied im Exekutivkomitee zu haben. »Die Loyalität des USOC ist für das IOC außerordentlich wichtig«, erklärte uns Anita DeFrantz. »Und es ist absolut notwendig, daß ein Amerikaner im Exekutivkomitee sitzt. Wenn ich Helmicks Vorgesetzte gewesen wäre, hätte ich es sein können. Vielleicht hatte er nur deshalb die besseren Karten, weil er zufällig Präsident des USOC war. Samaranch liegt viel an einer festen Bindung des USOC an das IOC. Das trifft auch auf andere NOK zu, deshalb nimmt Samaranch auch gern jemanden wie Vitaly Smirnov, den gegenwärtigen NOK-Präsidenten der UdSSR, in sein Komitee auf. Aber die USA sind besonders wichtig, und zwar wegen des Geldes der Fernsehgesellschaften. Der Druck auf die USOC hat mit diesem Geld zu tun.«

Im Sommer desselben Jahres wurde Helmick auf der Vollversammlung in Puerto Rico ordnungsgemäß als Mitglied in das Exekutivkomitee des IOC berufen. Zeitgleich mit seinem Aufstieg in diese Spitzenposition wurde die Auseinandersetzung darüber akut, wie die olympische Welt amerikanische Dollar verschlang.

Dasslers erster TOP-Finanzierungsplan war aus amerikanischer Sicht eine Katastrophe. Wie andere Nationale Olympische Komitees hatte auch das USOC sein eigenes Marketingprogramm gekürzt, um IOC und ISL zu unterstützen. Das USOC hatte sich bei der Verteilung der Einnahmen durch das IOC einen weitaus größeren Anteil am Gewinn erhofft als die dreizehn Millionen Dollar, die es letztlich erhielt. Beim nächsten Mal in Barcelona wollte das USOC unbedingt mehr.

Die Verbitterung vieler Amerikaner angesichts der Dollarflut, die sich ins Ausland ergoß, spiegelte sich Ende 1989 in einem Artikel des Wissenschaftsmagazins *Brookings Review* wider. Der Titel des kritischen und für das IOC unerfreulichen Berichts lautete »Katzengold – was Amerika zahlt, um bei der Olympiade zu verlieren«, verfaßt hatten ihn Robert Lawrence und Jeffrey Pellegrom. »Wir zahlen, sie spielen«, klagten die Autoren. »Wir bieten, sie verhandeln.« Sie legten einen verheerenden Zustand offen. In erster Linie ging es um den Betrag, den die US-Fernsehgesellschaften für die Spiele zahlten, und die kolossalen Summen, die große US-Firmen, die dem TOP-Club der Sponsoren angehörten, ins

Ausland transferierten. Für den amerikanischen Sport blieb nicht genügend übrig. Ärgerlich war vor allem die Tatsache, daß das USOC von den 609 Millionen Dollar, die ABC und NBC für die Olympiade in Calgary und Seoul ausgaben, nur zweieinhalb Prozent bekam.

»Die Finanzierung der Spiele ist eine Farce«, heißt es in dem Bericht weiter. »Die Amerikaner werden gleich dreifach betrogen. Wir zahlen überproportional viel für die Spiele und müssen übermäßig viele Werbespots über uns ergehen lassen, um sie sehen zu können, und unsere Sportler bekommen kaum etwas von dem Geld, das wir bezahlen.« Das war der Kern der Kritik. Wenn das IOC den Gewinn verteilte, flossen zu viele US-Dollars in die Kassen anderer Länder.

»Amerikanisches Geld gelangt in die Kassen der nationalen Komitees, die damit die Konkurrenz der USA unterstützen. Die UdSSR profitiert davon mehr, als sie für Übertragungsrechte ausgibt. Den Rest der Welt behandelt das IOC mit Glacéhandschuhen statt mit eiserner Faust.«

Amerika, so wurde argumentiert, sei das Opfer seines eigenen freien Unternehmertums. Nur in Amerika kämpften verschiedene Fernsehgesellschaften erbittert um das Privileg, dem IOC für die Übertragungsrechte der Olympischen Spiele Millionen zahlen zu dürfen, während sich in den meisten anderen Ländern die öffentlichen Sendeanstalten unter Berufung auf ihre geringen Mittel zusammentaten und ein gemeinsames Angebot unterbreiteten. Die Autoren hatten eine Lösung parat. Das USOC sollte dem IOC die US-Senderechte gegen eine feste Gebühr abkaufen dürfen. Anschließend sollte das USOC die Übertragungsrechte unter den US-Fernsehgesellschaften versteigern, und der dadurch erzielte beträchtliche Gewinn sollte dann den Sportlern zugute kommen.

Mit diesem Problem sah Helmick sich konfrontiert, als er Samaranchs engerem Kreis beitrat. Für den IOC-Präsident war es tröstlich zu wissen, daß der ehrgeizige Helmick sein Nachfolger werden wollte. Als Präsident des internationalen Schwimmverbandes hatte Helmick 1986 seinen Sitz nach Lausanne verlegt, um in der Nähe des IOC zu sein. Die Londoner *Times* äußerte Bedenken hinsichtlich seiner Entschlossenheit, sich für die Rechte Amerikas einzusetzen. Helmick taktiere bewußt vorsichtig, »weil er sich als möglichen Nachfolger Juan Antonio Samaranchs betrachtet – auch wenn er damit noch weitgehend allein steht«.

In Amerika betrachtete Helmick sich als seinen eigenen möglichen Nachfolger. Zu Beginn seiner zweiten Amtsperiode als USOC-Präsident 1989 verkündete Helmick, er werde nach Ablauf seiner Amtszeit im Jahr 1993 abtreten und es seinen Nachfolgern überlassen, mit den anstehenden Problemen fertig zu werden: »Ich denke, ein ehemaliger USOC-Präsident sollte sich im Hintergrund halten. Ich möchte dasein, wenn ich gebraucht werde, aber ansonsten soll der neue Präsident das Ruder führen.«

Die öffentlichen Äußerungen widersprachen der Realität. Im Februar 1991 stimmte der Vorstand des USOC einer Satzungsänderung zu. Fortan konnten USOC-Präsidenten für eine zweite Amtszeit kandidieren. Der erste Nutznießer dieser neuen Regelung hätte Robert H. Helmick sein sollen.

»Ich glaube, was Helmick passierte, war unvermeidlich«, sagt George Miller. »Ich bin nur erstaunt, daß es so lange gedauert hat.« Offenbar schenkten nur wenige den regelmäßigen Alarmsignalen Beachtung. Das USOC reagierte erst, als Außenstehende öffentlich bekannt machten, was Insider insgeheim schon jahrelang vermuteten. »Das USOC haßt schlechte Publicity«, meint der von Helmick gefeuerte George Miller. »Das Komitee verschanzt sich lieber in einer Wagenburg, als Leute an die Indianer auszuliefern. Deshalb läßt es sich auch in den Schmutz ziehen.«

Schließlich handelte das USOC doch. Helmick mußte sich öffentlich zu »Fehleinschätzungen« bekennen. Anschließend wurde eine unabhängige Untersuchungskomission damit beauftragt, Helmicks geheime Geschäfte zu überprüfen. Im November 1991 veröffentlichte das USOC die wichtigsten Ergebnisse der Untersuchung.

»Helmick verletzte wiederholt Vorschriften des USOC und vermittelte den Eindruck, er nutze seine Stellung zum Vorteil privater Klienten aus«, erklärte Arnold Burns, der die Untersuchung leitende ehemalige stellvertretende Justizminister. Burns' Bericht widersprach eindeutig Helmicks fortwährender Behauptung, er habe nie etwas Unrechtes getan. »Mr. Helmick«, erklärte Burns vor amerikanischen Journalisten, »hat die Schwere seiner Verstöße unterschätzt.«

Samaranchs IOC dagegen hat es versäumt, eine öffentliche Stellungnahme zu Helmicks Aktivitäten abzugeben. Die selbsternannten Hüter der olympischen Werte versagten kläglich, als es darum ging, zu einem der wichtigsten ethischen Probleme des modernen Sports Stellung zu nehmen. Das IOC setzte zwar eine dreiköpfige Kommission ein, um die Angelegenheit zu untersuchen, aber diese Kommission setzte sich aus Mitgliedern des IOC zusammen und nicht aus unabhängigen Mitgliedern. Die drei weisen Männer vom IOC, die dem USOC die Initiative überlassen hatten, Helmick zum Rücktritt zu zwingen, wollten sich die Demütigung ersparen, den übrigen IOC-Mitgliedern einen vertraulichen Bericht über die geheimen Geschäfte und möglichen Interessenkonflikte ihres Kollegen vorzulegen.

Nachdem Helmick auf einer Sitzung des Exekutivkomitees des IOC in der Schweiz die Lage sondiert hatte, kam er am 3. Dezember 1991 zu dem Schluß, daß er endgültig verspielt hatte. Um ein Uhr morgens schob er sein Rücktrittsgesuch unter der Tür zu Samaranchs Suite im Palast-Hotel von Lausanne durch. Fünf Stunden später kehrte der unmoralische Olympier der Schweiz und dem IOC für immer den Rücken.

»Es ist immer schlimm, wenn ein IOC-Mitglied zurücktritt«, erklärte Generaldirektor François Carrard. Das klang, als sei die plötzliche Abreise eines einflußreichen IOC-Mitglieds unter solchen Umständen etwas Alltägliches. »Aber insofern, als der Fall Helmick für die olympische Bewegung ganz offensichtlich sehr heikel war, war seine Entscheidung klug«, fügte Carrard hinzu. »Und eine Erleichterung.«

Helmicks Pläne sind gescheitert. Sie sind den Konflikten zum Opfer gefallen, die zum Geschäft mit dem Sport dazugehören, jenen Konflikten, die der modernen, von Horst Dassler geprägten olympischen Bewegung innewohnen. Das ist eine Ironie des Schicksals, die der deutsche Schuhproduzent zweifellos erkannt hätte.

Helmicks Ende ist mehr als nur eine persönliche Tragödie. Es ist auch eine Tragödie für den amerikanischen Sport. Der Amerikaner mit der Nickelbrille hätte die besten Voraussetzungen dafür mitgebracht, sich 1996 um die Nachfolge Samaranchs als Präsident des Internationalen Olympischen Komitees zu bewerben. Nach einem Vierteljahrhundert hätte wieder ein Amerikaner an der Spitze des Weltsports gestanden. Leider wird es nicht so sein, und dafür können sich die Amerikaner bei Bob Helmick bedanken, dem Mann mit dem »großen politischen Ehrgeiz, der das USOC dazu benutzte, seine eigene Position zu stärken«.

18 Diktator mit Samthandschuhen

Ein lauer Sommerabend mitten im Herzen Englands. In einem großen Zelt im Park von Warwick Castle nehmen dreihundertfünfzig Mitglieder der olympischen Familie und ihr Gefolge zum Abendessen Platz. »O nein«, stöhnt ein Sportfunktionär beim Studium der Speisekarte, »nicht schon wieder Lachs!« Beim Empfang im großen Saal des Schlosses war es noch schlimmer gewesen. Dort hatten Lakaien in grünen Samtfräcken Champagner kredenzt.

Ein schottischer Dudelsackpfeifer in der Tracht der Hochländer geleitet die Gastgeberin Prinzessin Anne und ihre Ehrengäste zu den Plätzen am oberen Ende der Tafel. Die älteste Tochter der englischen Königin, die Präsidentin der British Olympic Association, sitzt in der Mitte. Zu ihrer Linken hat der Präsident des IOC, Seine Exzellenz Juan Antonio Samaranch, Platz genommen. Zur Rechten der Prinzessin sitzt der schnurrbärtige Mexikaner Mario Vazquez Raña, Präsident des Verbands der Nationalen Olympischen Komitees.

»Beim Abendessen in Warwick Castle«, erinnert sich einer der Ehrengäste, »wurde Raña von der Prinzessin ganz offensichtlich ignoriert. Er war darüber verärgert. Viele der Anwesenden bemerkten es.« Raña, der nur spanisch spricht, war dermaßen verärgert, daß er schließlich seinen englischen Dolmetscher fortschickte.

Die offensichtliche Abneigung der Prinzessin gegenüber Mario Vazquez Raña spiegelt das Unbehagen wider, mit dem viele ihrer IOC-Kollegen den Mexikaner betrachten. Ein IOC-Mitglied beschrieb uns dieses Gefühl ganz offen als »Angst«. Doch noch bevor die Woche zu Ende war, sollte der stämmige Lateinamerikaner, mit dem Prinzessin Anne kaum ein Wort wechselte, Mitglied des IOC werden.

Als ein IOC-Mitglied deswegen bei Präsident Samaranch Bedenken anmeldete, lautete die Antwort: »Ich kann ihn nicht vom IOC fernhalten.« Ein anderer Insider erzählte uns eine andere Geschichte: »Samaranch erklärte, es sei sehr wichtig für ihn, Raña für das IOC zu gewinnen. Raña könne die Nationalen Olympischen Komitees bei der Stange halten.«

Mario Vazquez Raña ist einer der reichsten Männer Mexikos. Ihm gehören mehr als siebzig Zeitungen sowie eine Reihe von Rundfunk- und Fernsehsendern. Seine Brüder kümmern sich um andere Unternehmen der Familie, darunter eine Möbelfabrik und eine Fluggesellschaft.

Peter Ueberroth, der Verantwortliche für die Olympischen Spiele 1984 in Los Angeles, schilderte einmal den Lebensstil des Multimillionärs Raña. »Ich erinnere mich an ein ganz besonderes Fest, an die Hochzeit seiner Tochter auf seinem Besitz in Mexico City. Wir zählten zu den 1600 engsten Freunden. Er führte uns durch die prächtigen Gartenanlagen, vorbei an seinem privaten Fußballplatz und den Tennisplätzen und zu einem großen eingezäunten Gelände. Dort entdeckten wir zu unserem Schrecken einen großen Bären. ›Ein Geschenk des Moskauer Organisationskomitees 1980‹, erklärte Raña unbekümmert. Plötzlich kam mir mein Geschenk für den Vater der Braut, ein handgearbeitetes Weatherby-Gewehr, ziemlich unbedeutend vor.«

Zu Rañas Bürokomplex in Mexiko City gehören ein Speisesaal, eine Bar, ein Fernsehraum mit sechzig Sitzplätzen, ein Friseurladen, ein Aerobic-Studio, ein Erholungsraum und ein Swimmingpool. Sein persönliches Vermögen wird auf fünfhundert Millionen Dollar geschätzt.

Im Jahr 1986 bezahlte Raña vierzig Millionen Dollar für die fast bankrotte Nachrichtenagentur United Press International. »Don Mario ist für Mexiko, ja für ganz Lateinamerika, zu groß geworden«, erklärte ein unbekannter »Freund« gegenüber der Zeitschrift *Business Week*. Don Mario machte sein Vermögen mit der Möbelfabrik der Familie und wurde als Geldgeber von Präsident Luis Echeverria bekannt.

Gegen Ende der Amtszeit Echeverrias Mitte der siebziger Jahre erwarb Raña die *Organizacion Editorial Mexicana,* Eigentümerin der *El-Sol*-Kette, Mexikos größtem Zeitungsverlag mit fünfundfünfzig Titeln. »Beobachter sprechen von einem Bombengeschäft«, hieß es in *Business Week*. »Knapp ein Jahr zuvor hatte die staatliche Entwicklungsbank Somex die Kette übernommen und die großen Schulden des früheren Besitzers getilgt.« Das Medienimperium machte Raña zu einer einflußreichen politischen Persönlichkeit Zentralamerikas.

Es ist schwer vorstellbar, wie Raña jetzt noch Zeit für sein Firmenimperium findet. Seit der Gründung der Vereinigung der Nationalen Olympischen Komitees 1979 ist er ihr Präsident. Die ANOC zählt heute 165 Mitglieder. Die Nationalen Komitees beschaffen die Mittel, um die Mannschaften ihres Landes zur Olympiade schicken zu können, und in reicheren Ländern bestimmen sie die Städte, die sich um die Ausrichtung künftiger Spiele und IOC-Sessionen bewerben dürfen. In der ANOC überwiegen freilich afrikanische, asiatische und lateinamerikanische Länder, deshalb ist sie eine arme Organisation. Gerüchten zufolge bezahlt Präsident Raña jährlich rund zwei Millionen Dollar aus seiner eigenen Tasche.

»Er reist immer mit großem Gefolge und übernimmt sämtliche Kosten«, erinnert sich Peter Ueberroth. »Bei einer Veranstaltung der panamerikanischen Sportorganisation 1982 in Los Angeles geriet Rañas Gefolge in Panik, als der Peso über Nacht fiel und die Hotelleitung zur sofortigen Zahlung aufforderte. Raña wurde mit dem Problem spielend fertig. Er überredete die Hotelleitung, ihm einen Tag Aufschub zu gewähren, und am nächsten Tag überreichte einer seiner Mitarbeiter dem Hotelmanager einen Koffer mit amerikanischen Dollarnoten. Raña hatte das Geld von seiner Bank in Mexiko City einfliegen lassen.«

Rañas Großzügigkeit ist vermutlich nicht ganz selbstlos. Die Kontrolle der ANOC verleiht Macht und Ansehen. Hauptsächlich über sie verteilt das IOC den Gewinn aus den Spielen in Millionenhöhe. Außerdem ist sie die Clearingstelle für weitere Millionen an Sporthilfe aus dem Solidaritätsfonds des IOC für ärmere Länder. Bis vor kurzem noch war Anselmo Lopez, der jahrzehntelang Samaranchs spanischem Küchenkabinett angehörte, für den Solidaritätsfonds zuständig. Lopez ist auch Schatzmeister der ANOC. Jetzt leitet Samaranch den Fonds, und Raña ist sein Stellvertreter. Diese enge Verflechtung von Einzelpersonen und Organisationen erinnert an jenes korporative System, dem Samaranch im totalitären Spanien diente und in dem alle Parteien zum Wohl des Staates und des Führers zu einer nahtlosen Organisation zusammengeschweißt waren.

Adidas-Chef Horst Dassler erkannte Rañas Format rasch. »Horst knüpfte sein Leben lang Verbindungen«, sagt der ehemalige Olympia-Läufer John Boulter, der sich Dassler Anfang der siebziger Jahre anschloß. »Manche lohnten sich, manche nicht. Horst glaubte, Raña würde in Zukunft eine wichtige Rolle spielen, und er wußte, daß er mit ihm zusammenarbeiten mußte.«

Dassler unterstützte Rañas ANOC von Anfang an. Er trug zur Finanzierung der jungen Organisation bei und stellte ihr die Büros von adidas und seine Privaträume in Paris für Versammlungen zur Verfügung. »Raña war immer auf Hilfe angewiesen, weil er nur spanisch spricht«, erzählt Boulter. »Er und Horst wurden gute Freunde. Ich weiß nicht, ob ihre Freundschaft Horst bei seinen geschäftlichen Aktivitäten in Mexiko von Nutzen war, aber es ist gut möglich, daß Raña Horst in Zentralamerika einige Türen öffnete.«

Im Jahr 1990 verlieh Raña seinem alten Freund postum die Verdienstmedaille der ANOC. Sie wurde von Oberst Hassine Hamouda entgegengenommen, der in Dasslers politischem Team für Afrika zuständig gewesen war und jetzt die Zeitschrift *Tribune* der ANOC verlegte. Die Zeitschrift druckt immer noch ganzseitige Anzeigen von adidas ab, der *»marque au 3 bandes«*, geschmückt mit dem Slogan: *»Partenaire de l'ACNO«*.

Die Nationalen Olympischen Komitees hielten erstmals Ende der sechziger Jahre gemeinsame Sitzungen ab. Sie hielten es für notwendig, dem autokratischen Führungsstil des damaligen IOC-Präsidenten Avery Brundage energisch entgegenzutreten. Die Initiative ging von den europäischen Komitees aus, die demokratische Länder repräsentierten und deshalb mit der Vorstellung einer gegenseitigen Kontrolle vertraut waren.

Heute hat es den Anschein, als wolle Samaranch die unabhängige Stimme der Olympischen Komitees zum Schweigen bringen. Das Konzept der offenen Diskussion und Meinungsvielfalt, das jeder echten demokratischen Organisation zugrunde liegt, ist einem Mann, dessen politische Erziehung unter dem diktatorischen Regime General Francos stattfand, offenbar ein Greuel.

In Samaranchs allumfassendem System werden die Vorsitzenden der internationalen Sportverbände und der Nationalen Olympischen Komitees vom IOC praktisch aufgesogen. Seit Samaranchs Amtsantritt in Moskau waren neununddreißig von achtundfünfzig IOC-Mitgliedern, die er nominierte, ehemalige oder gegenwärtige Präsidenten oder Generalsekretäre. Diese Änderung hat den Charakter der olympischen Bewegung völlig entstellt.

»Die Organisation sollte die Form einer Pyramide haben, mit dem IOC an der Spitze und den Olympischen Komitees und Verbänden als Basis«, meint ein langjähriges IOC-Mitglied. »Wenn einmal Meinungsverschiedenheiten auftauchen, dann kann das IOC als Schiedsrichter den Streit schlichten. Aber wenn die Sportpräsidenten und die Präsidenten Olympischer Komitees immer wieder in das IOC aufgenommen werden, dann ist das nicht die richtige Struktur.«

Dennis Howell ist ein Berufspolitiker, der im Gegensatz zum IOC-Präsidenten sein Leben lang in einem demokratischen System gearbeitet hat. Als bekanntester Sportminister Großbritanniens und als Befürworter der Bewerbung Birminghams als Austragungsort der Olympischen Spiele 1992 hat er Samaranchs politischen Stil mit geschultem Auge verfolgt.

»Samaranch scheut Auseinandersetzungen«, sagt Howell. »Wenn er Probleme auf sich zukommen sieht, schafft er sie irgendwie durch Bestechung aus der Welt. Er nimmt jeden in seinen Verein auf, der ihm unbequem ist, und kauft ihn, indem er ihm einen Sitz im IOC oder in einer der zahlreichen Kommissionen verschafft. So ist seine Politik, und so hat er es auch mit Raña gemacht.«

Raña und Samaranch wurden beide zur selben Zeit Präsidenten der olympischen Organisationen ihrer Länder. Als die ANOC 1979 die weniger profilierte Vollversammlung der Nationalen Olympischen Komitees ersetzte, wurde Raña ihr erster und einziger Präsident. Im darauffolgenden Jahr wurde Samaranch IOC-Präsident. In den Veröffentlichungen der ANOC wurde um diesen doppelten Amtsantritt viel Aufhebens gemacht – meist in bedeutungslosen olympischen Phrasen.

Ein typisches Beispiel aus der *Tribune* der ANOC lautet: »Die Wahl Rañas und Samaranchs zu den Präsidenten der ANOC beziehungsweise des IOC zur selben Zeit förderte das Zustandekommen einer freundschaftlichen persönlichen Beziehung zwischen den beiden Präsidenten und ermöglicht somit ein gemeinsames Handeln zum Wohl der allgemeinen Entwicklung der olympischen Bewegung. In diesem Zusammenhang scheute Mario Vazquez Raña keine Mühen, alle Kontinente ausführlich zu bereisen, um Probleme zu begreifen, Krisen zu mildern und Mißverständnisse auszuräumen. Juan Antonio Samaranch und Mario Vazquez Raña zweifelten in dieser schwierigen Zeit nie daran, daß die Situation der olympischen Bewegung und des internationalen Sports bereinigt werden könnte.«

Der Stil ist trocken, der Inhalt nichtssagend und die Konzeption banal. Der Stil der *Tribune* erinnert an die vielen Publikationen aus Lausanne, die in Ländern mit entwickeltem Medienwesen einfach ignoriert werden; in der übrigen Welt dagegen sind sie die einzig verfügbaren Sportnachrichten.

Raña mußte lediglich 1981 einen Wahlkampf führen; danach hatte er keine Probleme mehr mit Herausforderern. Jedesmal, wenn es um die Verlängerung seines Mandats ging, geschah dies in der gewohnten Weise durch Akklamation ohne Gegenstimmen.

»Mr. Mario Vazquez Raña ist der einzige Kandidat für das Präsidentenamt der ANOC«, schrieb die *Tribune* anläßlich der letzten »Wiederwahl« des Mexikaners im Jahre 1990. »Gemeinsam mit den Präsidenten der fünf Kontinente und den NOK übermitteln wir ihm unsere besten Wünsche für eine erfolgreiche Amtszeit.«

In der Zentrale der ANOC in der Rue d'Artois in Paris trafen von mehreren NOK »Loyalitätsbezeigungen« ein. Die meisten stammten aus armen Ländern der Dritten Welt, bei denen der Sport zwar kaum eine Tradition hatte, die dem millionenschweren Präsidenten aber für seine Großzügigkeit in bezug auf Reise- und Unterbringungskosten überaus dankbar waren.

Benin lobte seine »effiziente Führung«. Burkina Faso sprach von »bemerkenswerter Arbeit«, Guinea von »geleisteten Diensten«, Marokko von der Schaffung einer »für die olympische Bewegung förderlichen Atmosphäre und Umwelt«, El Salvador von seiner »großen Vision« und Thailand von seiner »Stärke und Tüchtigkeit«.

Rañas großer Vorzug war sein beharrliches Eintreten für Samaranchs Vision einer allumfassenden olympischen Bewegung, die unbedingt an der Spitze des internationalen Sports bleiben mußte. »Die jahrelange enge Beziehung der beiden ist ganz offensichtlich«, sagt Anita DeFrantz, eine von zwei Vertretern Amerikas im IOC. »Raña war eindeutig das, was Samaranch einen großen Freund der olympischen Bewegung nannte; er war eine große Stütze. Er übernahm Aufgaben, die der Präsident erledigt haben wollte. Außerdem stellte er dem Präsidenten sein Flugzeug zur Verfügung, wenn dieser eine Stadt aufsuchen mußte, die von kommerziellen Fluggesellschaften nicht regelmäßig angeflogen wird.«

Viele IOC-Mitglieder beobachten nervös, wie Samaranch Raña immer stärker an das IOC bindet. Raña ist Vizepräsident der IOC-Kommission für Olympische Solidarität und Mitglied der Kommission für die Olympische Bewegung und der Kommission für Apartheid und Olympismus.

Inzwischen herrscht ernste Besorgnis wegen Rañas Aufnahme ins IOC. Viele Mitglieder fragen sich, was das für die Prinzipien ihrer Organisation bedeutet und was es über die Werte ihres Präsidenten aussagt.

»Ich war wegen Raña beunruhigt«, gesteht Anita DeFrantz. »Ich glaube nicht, daß ein IOC-Mitglied nur deshalb gewählt werden sollte, weil es zufällig gerade Chef eines wichtigen Zweiges der olympischen Organisation ist. Raña ist nicht sein Leben lang Präsident der ANOC. Er wird in dieses Amt gewählt und kann es später verlieren. Welchen Nutzen hat er dann noch für das IOC? Deshalb sollte man darauf achten, was das künftige Mitglied sonst noch mitbringt.« Auf die Frage, was Mario Vazquez Raña noch mitbringen könnte, erwiderte Miss DeFrantz nach kurzer Bedenkzeit: »Ich weiß es nicht.«

In der olympischen Familie glaubt man allgemein, daß Raña das Konto der ANOC lange Zeit aus eigener Tasche aufbesserte. Bei der Vollversammlung der Organisation 1981 entdeckten die Delegierten auf dem Konto einen Betrag von 407318 Dollar, der als »dank der Initiative des Präsidenten eingegangene Spende« deklariert war. Der Schatzmeister der ANOC, der Spanier Anselmo Lopez, sagte dazu nur, das Geld stamme von vier anonymen Firmen, darunter drei aus Mexiko.

Außerdem ging aus den Büchern hervor, daß nur wenige NOK

ihre Mitgliedsbeiträge bezahlt hatten. Lediglich Jamaika, Finnland, Spanien, Bolivien, Norwegen, China und Mexiko hatten den Beitrag in Höhe von neunhundert Dollar überwiesen. Von der geheimnisvollen Spende »dank der Initiative des Präsidenten« und dem Zuschuß des IOC in Höhe von 200 000 Dollar abgesehen, waren nur 5900 Dollar auf dem Konto. Die übrige olympische Welt hatte es nicht für nötig befunden, den Mitgliedsbeitrag zu entrichten. Dieses Versäumnis kommentierte, welche Bedeutung und welchen Wert für den Weltsport die anderen Länder der ANOC und Raña beimaßen.

Die Verteilung der Gelder durch die ANOC bot Anlaß zu öffentlicher Kritik. »Der Schatzmeister der ANOC verteilt in der Hotelhalle ohne jede Diskretion bündelweise Dollarnoten, um den Vorstandsmitgliedern ihre Auslagen zu erstatten«, berichtete die Zeitschrift *Continental Sport.*

Aber die eigentliche Frage ist: Wenn Raña bezahlt, darf er dann auch bestimmen? Als Raña sich 1981 als Präsident der ANOC zur Wiederwahl stellte, sorgte er dafür, daß viele NOK zur Sitzung am Wahlort Mailand anreisen konnten, indem er sich an ihren Unkosten beteiligte. Die Folge war, daß bei der Sitzung 127 NOK vertreten waren. Raña schlug seinen britischen Herausforderer Sir Dennis Follows glatt mit 95 zu 25 Stimmen bei sieben Enthaltungen.

Vielleicht hätte Raña Follows auch ohne Rekordwahlbeteiligung geschlagen. Vielleicht ermöglichte sein Geld den ärmeren NOK eben nur die Teilnahme an einer wichtigen Sitzung des internationalen Dachverbands. Aber die finanzielle Unterstützung von Wählern verstieß gegen die Grundsätze derer, die in einer Demokratie westlicher Prägung aufgewachsen waren.

Samaranchs Vorgänger, der irische Peer Lord Michael Killanin, war derart beunruhigt, daß er das Problem auf dem olympischen Kongreß 1981 in Baden-Baden offen zur Sprache brachte. »Die Tendenz geht offenbar dahin, sich einen Posten zu verschaffen, indem man sich bei den Wählern einschmeichelt und ihnen angeblich sogar ihre Unkosten erstattet«, stellte Killanin in seiner Rede mit schonungsloser Offenheit fest.

Die deutsche Presse griff Killanins Bemerkung sofort auf. Leider zog die *Frankfurter Allgemeine* daraus den falschen Schluß. »Zweifellos dachte er dabei an seinen Nachfolger«, hieß es in der deutschen Zeitung. Besorgt stellte sich das Pressebüro des IOC hinter Samaranch und veröffentlichte eine Mitteilung, in der beteuert wurde, daß Killanin sich »in keiner Weise auf den Präsidenten oder auf Mitglieder des IOC« bezogen habe.

»An Raña ist vor allem auszusetzen, daß er offenbar vieles mit dem Scheckbuch erreicht«, erklärt ein anderer Insider, der nicht genannt sein will. »Das ist zum Teil generationsbedingt. Seine mexikanischen Kollegen lehnen ihn ab, aber sie gehören natürlich der alten Garde an. Sie waren 1968 für die Spiele in Mexiko City verantwortlich, die lange vor Samaranch stattfanden und noch in die strenge und prinzipientreue Ära von Avery Brundage fielen. In Mexiko erzählte man mir über Raña mysteriöse Dinge. ›Natürlich wissen Sie, wovon wir sprechen, junger Mann‹, sagte man mir. Damals wußte ich das noch nicht, aber offensichtlich wußten es die, mit denen ich sprach. Diese Leute glaubten, ihre Meinung sei allgemein bekannt.«

Nicht überall in Mexiko begegnet man dem internationalen Mythos vom vielgeliebten Raña. Nach Rañas Wiederwahl zum Präsidenten seines Nationalen Olympischen Komitees im Jahre 1990 erklärte der mexikanische Präsident Carlos Salinas, mindestens zwanzig Millionen der in Mexiko lebenden fünfundachtzig Millionen Menschen seien in einem Alter, wo sie zum Präsidenten des NOK gewählt werden könnten. »Warum müssen wir immer an denselben alten Namen festhalten? Vor allem jetzt, da unser Sport neue Ideen und neue tatkräftige Veranstalter braucht.«

Samaranch war so fest entschlossen, Raña ins IOC aufzunehmen, daß er die Wünsche der Mehrheit der Mitglieder einfach ignorierte. »Die meisten von uns wollten Raña nicht«, erzählt ein IOC-Mitglied. »Als Samaranch Raña und Nebiolo auf der Vollversammlung 1984 als Mitglieder ex officio vorschlug, wollte ihn auch niemand. Mir war nie ganz klar, ob Samaranch seinen Vorschlag deshalb erst fünfzehn Minuten vor Ende der Sitzung machte, weil er die Anwesenden überrumpeln wollte, oder ob er es tat, um später sagen zu können, er habe es zwar versucht, aber leider ohne Erfolg. Bis zur Abstimmung in Birmingham dachte ich, er wollte einfach sagen können: ›Seht her, ich habe es versucht.‹ Ich hoffte, er würde in Birmingham eine geheime Abstimmung fordern, aber jetzt weiß ich, daß er Raña tatsächlich im IOC haben wollte.«

Die Ressentiments gegen Raña waren derart stark, daß zum ersten Mal seit Beginn der olympischen Bewegung Mitglieder aller Ebenen der Hierarchie einen Plan ausheckten, um ihrem Präsidenten einen Strich durch die Rechnung zu machen.

»In den Kaffeepausen sprachen alle über Raña«, erzählte uns ein anderes IOC-Mitglied. »Einer der Vizepräsidenten sagte: ›Ich weiß, worüber ihr sprecht.‹ Ich sagte dem Vizepräsidenten, wenn er wirklich ein guter Freund des Präsidenten sei, dann solle er ihn warnen. Samaranch solle den versammelten Mitgliedern als Zeichen des guten Willens erklären: ›Es hat Unstimmigkeiten gegeben, deshalb werden wir eine geheime Abstimmung abhalten.‹ Er solle sich großzügig zeigen. Aber er tat es nicht.«

Am Sonntag, dem 16. Juni 1991, am Morgen der letzten Sitzung der Session, nahmen die Mitglieder des Exekutivkomitees im Salon des Hotels Hyatt gemeinsam das Frühstück ein.

Kim aus Südkorea, Pound aus Kanada, Gosper aus Australien, Mbaye aus Senegal, Hodler aus der Schweiz, Zhenliang He aus China und ihre Kollegen saßen um den großen ovalen Tisch. Juan Antonio Samaranch hatte am oberen Ende der Tafel Platz genommen. Für die, die am Ende einer genußreichen Woche immer noch hungrig waren, gab es Eier, Wurst, Speck, Pilze, Tomaten und Kartoffeln. Wer einen empfindlichen Magen hatte, konnte sich mit Gebäck und frischem Obst stärken.

»Es waren alles wichtige Leute«, erzählte uns eine Kellnerin, die die bedeutenden Männer an jenem Morgen bediente. »Ich meine, sie kamen sich alle wichtig vor. Sie waren es gewöhnt, von vorn und hinten bedient zu werden. Aber sie waren nicht höflich. Einige schnippten dauernd mit den Fingern. Ich hasse das. Ich bin doch kein Hund. Samaranch war der Boß, das sah man ganz deutlich. Zuerst wußte ich nicht einmal, wer er war, aber es war zu deutlich. Einige führten bei Tisch heftige Diskussionen, aber wenn Samaranch sich einmischte, verstummten sie und hörten ihm zu.«

Die letzte Aufgabe an diesem Morgen war die Wahl neuer Mitglieder. Traditionsgemäß bedürfen die Nominierungen des Präsidenten der Zustimmung der IOC-Mitglieder. Diese haben zwar das Recht, abzustimmen, aber normalerweise billigen sie Samaranchs Vorschläge ohne Ausnahme.

An diesem Morgen hatte Samaranch vier Sitze im IOC zu vergeben. Seine Kandidaten waren Thomas Bach aus Deutschland, Denis Oswald aus der Schweiz, Jaques Rogge aus Belgien und Mario Vazquez Raña aus Mexiko.

Nach getaner Arbeit verließen die Mitglieder des Exekutivkomitees und der Präsident den Salon des Hyatt und überquerten die Verbindungsbrücke zu Saal Nummer vier des International Convention Centre, wo die übrigen Kollegen vom IOC auf den Beginn der letzten Sitzung warteten.

Rañas Gegner waren ebenfalls bereit und warteten. Sie wollten Samaranch zwingen, eine geheime Abstimmung abzuhalten. Denn in einer geheimen Abstimmung, glaubten die Verschwörer, würde Raña nicht gewählt. Die besondere Ironie der Situation war, daß ausgerechnet Mitglieder aus Samaranchs Exekutivkomitee das Komplott ausgeheckt hatten.

»Sogar einige Spitzenfunktionäre des IOC waren für eine geheime Abstimmung«, sagt ein IOC-Mitglied, bei dem die Verschwörer vorgefühlt hatten. »Aber dazu war die Zustimmung von fünfundzwanzig Mitgliedern nötig.«

Mary Glen-Haig, eines der beiden britischen IOC-Mitglieder, gehörte zu denen, die von Rañas Gegnern um Unterstützung gebeten wurden. Sie erklärte, sie sei nicht bereit, eine geheime Abstimmung zu fordern, sie wolle Rañas Gegnern aber insofern helfen, als sie Samaranch im geeigneten Moment fragen werde: »Herr Präsident, können Sie uns versichern, daß Ihre Kandidaten die volle Unterstützung der gegenwärtigen IOC-Mitglieder haben?«

Das erste neu zu ernennende Mitglied war der Deutsche Thomas Bach. »Um nicht persönlich zu werden«, sagt das IOC-Mitglied, »stellte Mary Glen-Haig ihre Frage gleich bei ihm.«

Samaranch gab keine Antwort. »Er machte einfach weiter und nannte als nächsten Vazquez Raña.« Mary Glen-Haig war überzeugt, daß Samaranch die Angelegenheit als beendet betrachtete, nachdem er ihre Frage ignoriert hatte. Deshalb betätigte sie noch einmal ihren Summer. François Carrard, der Generaldirektor des IOC, machte den Präsidenten darauf aufmerksam, daß Mary Glen-Haig noch etwas sagen wollte.

Mary Glen-Haig wiederholte ihre Frage. »Herr Präsident, können Sie uns versichern, daß Ihre Kandidaten die volle Unterstützung der gegenwärtigen IOC-Mitglieder haben?« Einem Artikel der *Times* zufolge war Samaranch »sichtlich verärgert« und bat um Handzeichen.

Mary Glen-Haig und fünf weitere Frauen hoben ihre Hand – Prinzessin Anne, Pirjo Haggman, Prinzessin Nora von Liechtenstein, Anita DeFrantz und Carol Anne Letheren. Auch vier Herren hoben die Hand – Philipp von Schoeller, Prinz Albert von Monaco, Pedro Vazquez und Tay Wilson.

An dieser Stelle hätte eigentlich Anita DeFrantz, eines der beiden IOC-Mitglieder aus den USA, Samaranch um eine geheime Abstimmung bitten sollen. Aber die Amerikanerin blieb stumm.

»Ich hatte nicht damit gerechnet, daß Samaranch so rasch zur Abstimmung rief«, erzählte uns Anita DeFrantz. »Er tat es, bevor überhaupt eine Möglichkeit bestand, eine geheime Abstimmung zu fordern. Ich glaube, eine geheime Abstimmung wäre wünschenswert gewesen, weil die Leute dann unbesorgt hätten abstimmen können. Aber jedes IOC-Mitglied muß sich durch einen Eid zur Einhaltung des Prinzips verpflichten, daß gegen Entscheidungen des IOC kein Einspruch möglich ist. Deshalb ist es nun, da Raña gewählt ist, schwierig, über eine Opposition zu sprechen, die möglicherweise vorhanden war.«

Einer von denen, die gegen Raña stimmten, meinte: »Samaranch ging überaus geschickt vor. Seine Taktik war brillant. Er ist ein Diktator mit Samthandschuhen. Dreizehn stimmten für Raña, zehn stimmten gegen ihn, und sechzig enthielten sich der Stimme. Können Sie sich vorstellen, bei sechzig Enthaltungen in einen Londoner Club aufgenommen zu werden?«

Die Umstände der Wahl Rañas lassen die Struktur des IOC unter Samaranch deutlich erkennen. Der Präsident und sein Exekutivkomitee haben die eigentliche Macht innerhalb der olympischen Bewegung inne, nicht die Vollversammlung des IOC. Das ist ein Triumph für Samaranch, allem Anschein nach ein Anhänger korporativer Organisationen. Auch vielen seiner engeren Mitarbeiter gefällt diese Art der Machtverteilung.

»Die IOC-Mitglieder lassen dem Exekutivkomitee die meiste Zeit eine Menge Spielraum«, sagt Un Young Kim aus Südkorea, der seit 1988 Mitglied des Komitees ist. »Das hat zum Teil praktische Gründe. Die Vollversammlung des IOC, die als das Parlament der olympischen Bewegung gilt, tagt nur einmal im Jahr. Angesichts der vielen Arbeit ist das Exekutivkomitee gezwungen, viel öfter Sitzungen abzuhalten.« Bei dieser Gelegenheit werden Strategien des IOC festgelegt und Entscheidungen getroffen.

»Im Exekutivkomitee hat Samaranch das letzte Wort«, sagt Kim. »Seit ich 1986 Mitglied des IOC wurde, habe ich nie erlebt, daß ein Vorschlag des Exekutivkomitees von der Vollversammlung abgelehnt wurde.«

Dick Pound aus Kanada, Kims ehemaliger Kollege im Exekutivkomitee, sagt dazu: »Theoretisch hat Kim recht mit seiner Behauptung, daß die Vollversammlung nie einen Vorschlag des Exekutivkomitees ablehnt. Aber das ist deshalb so, weil Samaranch weiß, was geht und was nicht. Samaranch weiß, wie man etwas organisiert. Er ist mehr als ein Politiker, er ist ein Staatsmann.«

»Samaranch zieht es vor, ein Problem überhaupt zu vermeiden, statt zu versuchen, es zu lösen, wenn es erst besteht«, erklärt Pound. Viele IOC-Mitglieder würden dem sicher nicht widersprechen. »Das Ansehen der olympischen Bewegung ist dank Samaranch gestiegen«, meint ein IOC-Mitglied. »Seine große Stärke ist seine Diplomatie. Er tut kaum etwas anderes. Die Bewegung ist sein Lebensinhalt. Bei ihm dreht sich alles um die Olympiade, ob er nun ißt, atmet, nachdenkt oder schläft. Aber obwohl Samaranch immer von der großen Geschlossenheit der olympischen Bewegung spricht und davon, daß wir sie bewahren müssen, glaube ich, daß er damit nur die Risse übertüncht.«

Ein Beispiel sei die Arbeitsweise des Exekutivkomitees. »Selbst wenn einige Mitglieder des Vorstands gegen eine Maßnahme sind, wird auf der Vollversammlung der Anschein erweckt, als seien auch sie dafür. Rañas Kandidatur wurde der Vollversammlung vorgelegt, als ob das Exekutivkomitee geschlossen dahinter stehen würde. In Rañas Fall traf das jedoch nicht zu.«

Viele IOC-Mitglieder sind der Meinung, daß bei einer Organisation, deren Exekutivkomitee den Mitgliedern nie die Ansicht der Minderheit mitteilt – auch wenn es Meinungsverschiedenheiten gibt –, im Grunde etwas nicht stimmen kann.

»Es ist eine von Samaranchs Schwächen, daß er Leute, die ihm zu mächtig sind, nicht ins IOC berufen will«, sagt ein anderes

IOC-Mitglied, das nicht genannt sein möchte. »Er leitet die Sitzungen des Exekutivkomitees genauso wie die Sessionen des IOC. Ein Beispiel sind die Geschäftsbücher des IOC. Sie werden den Mitgliedern so präsentiert, daß diese sie zwar lesen können, in ihnen aber nie das finden, was sie wirklich wissen wollen. Auf Sitzungen werden nur die Zahlen genannt. Es bleibt keine Zeit, die Bücher eingehend zu studieren. Marc Hodler macht sich als Vorsitzender der Finanzkommission hervorragend, und er läßt einen natürlich auch einmal einen Blick in die Bücher werfen, aber, zugegeben, wir akzeptieren sie, weil Hodler sie akzeptiert. Das ist Routine. Wie das meiste bei einer IOC-Sitzung. Es wird nie diskutiert.«

Dick Pound weist solche Vorwürfe zurück. »Das IOC hat nie behauptet, eine demokratische Organisation für jedermann zu sein«, erklärte er uns. »Es ähnelt in mancher Hinsicht einem britischen Club. Es steht nur Clubmitgliedern offen, aber innerhalb des »Clubs« geht es demokratisch zu.«

»Ich glaube, Samaranch ist raffiniert und clever«, meint ein anderer Olympia-Insider, »und was noch viel wichtiger ist, er zeigt Tatkraft in einer Welt, die nicht besonders tatkräftig ist. Aber vielleicht zeigt sich später einmal, daß Samaranch viel mit dem britischen Premierminister Harold Wilson von der Labour Party gemein hat. Solange Wilson die Verantwortung trug, bewunderte jeder, wie er alles im Griff hatte. Doch insgeheim wurden die Einflüsse, die er angeblich verabscheute, immer stärker.«

Wofür steht also Samaranchs olympische Bewegung kurz vor Beginn des 21. Jahrhunderts? Die unzähligen öffentlichen Erklärungen Samaranchs aus den letzten zehn Jahren daraufhin zu durchforsten, ist wenig aufschlußreich. »Wenn man sich seine Reden anhört«, sagt ein Olympia-Beobachter, »und ich habe ziemlich viele gehört, stellt man fest, daß sie keinen Inhalt haben.«

Samaranchs Rhetorik folgt in deprimierender Weise immer wieder dem gleichen Schema. Zuerst wird die Erinnerung an Coubertin, den Begründer der modernen Olympischen Spiele, wachgerufen. Dann folgt eine kürzere oder längere Aufzählung vager olympischer Devisen: »Die olympische Bewegung hat im wesentlichen erzieherische Funktion«; »Sport in Verbindung mit Kultur«; »Handeln, um Frieden zu stiften«; »Einigkeit ist unsere Stärke«; »die friedliche Vereinigung der Völker zum Wohl der Menschheit«. Die Worte werden dem Redner automatisch in den Mund gelegt.

»Ich weiß nicht, wie man die moralische Grundlage der olympischen Bewegung heute beschreiben sollte«, meint Dennis Howell. »Man müßte erst einmal sagen, was sie früher war, und dann zugeben, daß die Fundamente von damals heute schon etwas wakkelig sind. Wegen der gigantischen Ausmaße des Unternehmens ist es heute nahezu unmöglich, ein Land zu finden, das die Spiele nach den alten Grundsätzen veranstalten kann. Ich glaube, man ist allmählich von den Prinzipien des Amateursports abgerückt und hat sich mehr der Vielseitigkeit verschrieben, die alle möglichen Sportarten umfaßt.

Obwohl Samaranchs persönliche Situation in seinen Überlegungen eine wichtige Rolle spielt, vor allem, was das Fernsehen angeht, ist der allumfassende Charakter der Spiele und die Beteiligung möglichst vieler Athleten für ihn von grundsätzlicher Wichtigkeit.

Aber meiner Ansicht nach hat er viele unlogische Entscheidungen getroffen. Zum Beispiel sprach er in Birmingham von der Notwendigkeit, die Zahl der Teilnehmer an der Olympiade zu reduzieren, nachdem er gerade von der Aufnahme des Tennis gesprochen hatte!«

»Führung und Erfolg.« Unter diesen beiden Schlagworten faßt ein anderer Olympia-Insider zusammen, was für Samaranchs IOC charakteristisch ist. »Für Samaranch steht eindeutig fest, daß die olympische Bewegung die wichtigste Organisation auf der Welt sein sollte. Er vergleicht die olympische Bewegung mit den Vereinten Nationen. Deshalb ist es so wichtig für ihn, daß jede Olympiade die beste ist und daß in seiner Welt alles größer und schöner ist.«

Aber Samaranchs Ziele sind widersprüchlich. »Für Samaranch ist es beispielsweise wichtig, daß Steffi Graf an der Olympiade teilnimmt. Aber wenn das so wichtig ist, warum dann nicht auch Maradona? Natürlich wollen Havelange und die FIFA den Rang ihrer Weltmeisterschaft nicht schmälern, deshalb sind sie dagegen. Aber von solchen Konflikten verlautet kein Wort. Der olympische Fußballwettbewerb wird der Öffentlichkeit als etwas Einmaliges präsentiert, weil er Ländern der Dritten Welt ermöglicht, sich auf internationaler Ebene mit anderen zu messen. In Samaranchs olympischer Welt gibt es auf alle Fragen eine Antwort.«

Die Sorge der älteren IOC-Mitglieder ist grundlegender. Sie fragen sich, wohin die Politik ihres Präsidenten sie geführt hat. Sie haben Angst, der Sportsgeist könne in Samaranchs IOC verlorengehen.

»Die fünf Ringe sind von einer gewissen Aura umgeben. Wenn Samaranch nicht aufpaßt, kann das das Ende bedeuten«, glaubt ein olympischer »Traditionalist«. »Das ist wie mit Amateuren und Profis. Ich mußte zwar sparen, um an der Olympiade teilnehmen zu können, aber wir hatten viel Spaß. Ich glaube nicht, daß es heute noch viel Spaß macht. Das Geld hat alles kaputtgemacht. Wenn sie nicht aufpassen, wird die Olympiade enden wie das Finale in Wimbledon, wo Boris Becker wütend auf dem Platz herumstampfte. Hätte er sich so verhalten, wenn es bei dem Turnier weniger Geld gegeben hätte?«

Howell meint: »Meines Erachtens war Samaranchs Präsidentschaft für die olympische Bewegung von Vorteil, obwohl sie den Keim der Selbstzerstörung in sich birgt. Jetzt muß ein neuer Präsident her – obwohl ich nicht weiß, wer das sein könnte –, ein Präsident, der wieder Ordnung schafft und an etwas glaubt.«

Der nächste Präsident wird mit einem grundlegenden Problem zu kämpfen haben. Die Strukturen, die Horst Dassler zugunsten von adidas in der Welt des Sports und der Olympiade aufgebaut hat, sind noch immer dominierend, obwohl ihr Urheber inzwischen tot ist.

Dennis Howell meint: »Es klingt seltsam, aber vielleicht will Samaranch unter anderem deshalb weitermachen, weil die Frage des Nachfolgers dem IOC erhebliche Probleme bereiten könnte, wenn auch er geht. Samaranch will auch nach Barcelona noch im Amt bleiben, aber da schätzt er die Lage wohl falsch ein. Ich glaube nicht, daß er sein Ansehen noch steigern kann. Er ist fast schon so etwas wie ein Monarch. Jedenfalls wird er von vielen so behandelt. Da hört man dann nur noch: Der Präsident will dies, der Präsident will das!«

Samaranch verrät nicht, wer seiner Meinung nach sein Nachfolger werden sollte – aber ein Mann, der den Zusammenbruch seiner Welt nach Francos Tod erlebte, wird vermutlich nicht zulassen, daß das gleiche mit dem IOC passiert. Einem Beobachter zufolge scheint er dauernd seine Meinung zu ändern. »Vor ein paar Jahren sagte er zu mir, Dick Pound sei der beste Mann im IOC. Letztes Jahr meinte er, Kim aus Korea sei der richtige Mann für den Job. Aber die besten Leute in der olympischen Bewegung sind zu bescheiden. Sie sind so bescheiden, daß sie es sogar versäumt haben, gemeinsam die wachsenden Probleme anzugehen. Einige der besten sind mittlerweile schon zu alt. Aber es gibt immer noch welche, die großen Einfluß haben, wie Großherzog Jean von Luxemburg oder Prinz Merode. Prinzessin Anne war eine Enttäuschung.

Kevan Gosper zählt zu den ernsthaften Anwärtern. Er glaubt, er schafft es. Und da ist Dick Pound, aber seine Aktien stehen im Moment schlecht. Wenn Merode es nicht schafft, dann möchte ich Pound als Präsident sehen. Zumindest wäre er unabhängig.«

»Es ist meiner Meinung nach sehr schwer zu beurteilen, welchen Beitrag die gegenwärtigen IOC-Mitglieder zur Förderung des internationalen Sports leisten«, erklärt ein ständiger Beobachter des IOC. »Alle reden von Pound und Gosper, aber ich kann mir auch Raña als künftigen Präsidenten des IOC vorstellen. Vor allem, wenn Samaranch sich nach Barcelona wieder zur Wahl stellt und bis zu den Spielen 1996 in Atlanta im Amt bleibt. Er würde sicher ohne Gegenstimmen gewählt, denn nach Barcelona wird es wieder heißen: ›Lieber Herr Präsident, bitte bleiben Sie‹, und dann steht da noch die Hundertjahrfeier vor der Tür, die weltweit Beachtung finden wird. Man wird ihn auffordern, erneut zu kandidieren, weil es keinen eindeutigen Nachfolger gibt.

Mein Gefühl sagt mir, daß Raña in den nächsten Jahren genügend Zeit haben wird, um sich vorzubereiten. Dann kann er den Sprung ins Exekutivkomitee schaffen und zuletzt als Präsident kandidieren.«

[illegible]

[illegible]

[illegible]

[illegible]

[illegible]

19 Die Schuhgröße der zweitältesten Tochter

Die Vorhalle von Highbury House in Birminghams grünem Vorort Moor Green bietet mit ihren weiß-blauen Fliesen, Intarsien und weiß-goldenen Stuckarbeiten einen herrlichen Anblick. Der Salon beeindruckt durch seine prachtvoll bemalte, mit Walnuß und indischem Atlasholz eingelegte Decke und seine mit Platanenholz getäfelten Türen. Dank ihrer Pracht eignet sich die herrschaftliche Villa bestens für ein Bewerbungsgespräch um die Olympischen Spiele.

Vor neunzig Jahren residierte in Highbury ein führender Politiker Birminghams. Heute gehört das Haus der Stadt und wird für repräsentative Zwecke genutzt. Doch auch Privatpersonen können es mieten. »Suchen Sie einen außergewöhnlichen Tagungsort für einen besonders wichtigen Anlaß?« heißt es in der Broschüre über Highbury. »Wünschen Sie die Annehmlichkeiten eines Hauses, das mit seiner imponierenden Architektur ihrer Veranstaltung einen glanzvollen Rahmen verleiht und mit seinem historischen Ambiente bei ihren Gästen einen bleibenden Eindruck hinterläßt? Dann suchen Sie nicht weiter.«

Für die komplette zweite Juniwoche 1991 wurde Highbury von Männern gemietet, die ein Vermögen dafür ausgaben, bei ihren Gästen einen bleibenden Eindruck zu hinterlassen. Sie kamen aus der japanischen Stadt Nagano und wollten die Olympischen Winterspiele 1998 ausrichten. Um ihre vier Rivalen zu schlagen, brauchten sie bei der 97. Session des IOC in Birmingham die Mehrheit der achtundachtzig Stimmen. Olympia-Städte werden stets bei den jährlichen Vollversammlungen des IOC nominiert, und die Bewerber aus Nagano überließen nichts dem Zufall. Zumindest nichts, was mit Geld zu kaufen war.

Highbury diente ihnen als heimliche Basis für ihr Werben um

die Gunst der obersten Olympier. Die Miete pro Nacht betrug fünfhundert Pfund, eine Summe, die sie aus der Portokasse bezahlten. Um sicherzustellen, daß Nagano die erforderliche Stimmenmehrheit im IOC bekam, hatten die Japaner einen Etat von zehn Millionen Dollar bereitgestellt.

»Ich kam aus dem Staunen nicht heraus«, sagte Shirley Hunt, die in der besagten Woche als Aushilfe in Highbury arbeitete. »Die Japaner hatten eigene Küchenchefs, Serviererinnen, Kellner und so weiter eingeflogen.« Die Gäste wurden bei ihrer Ankunft mit einem japanischen Teezeremoniell empfangen. »Sie kamen abends vom Hotel Hyatt herüber«, erzählte Miss Hunt. »An dem Abend, als ich dort war, waren es etwa dreißig Leute. Sie trugen alle kleine Nagano-Anstecker.« Nach der traditionellen Teezeremonie wurden die vergnügt gestimmten Gäste ins Speisezimmer geführt, wo unter der in einem Efeu- und Kleeblattmuster getäfelten Decke ein japanisches Festessen serviert wurde.

»Da stand ein halbes Dutzend Tische, alle wundervoll hergerichtet. Die japanischen Köche hatten Unglaubliches geleistet. Sie hatten eine riesige Auswahl verschiedener Fischsorten auf einer Eisunterlage arrangiert: Lachs, Garnelen und alle möglichen Meeresfrüchte. Es sah wundervoll aus. Der Fisch wurden herumgefahren, und jeder Gast konnte sich etwas aussuchen und dann zusehen, wie es vor seinen Augen in Teig gebacken wurde. Es war ein Augenschmaus.«

Die ganze Woche über waren in der Küche von Highbury vier Chefköche im Einsatz. Abend für Abend zelebrierten sie in der eleganten Umgebung der historischen Villa für die Gäste vom IOC ihr kulinarisches Spektakel.

»Außerdem gab es eine gut sortierte Bar mit Wein, Spirituosen und Sake«, fuhr Hunt fort. »Die hochprozentigen Getränke wurden nach Gefühl eingeschenkt. Wir hatten Anweisung, es mit der Menge nicht so genau zu nehmen.«

Wenn die Gäste müde, aber gut gelaunt den Heimweg antraten, erhielten sie ein Andenken an den japanischen Abend. »In der Halle war eine Computeranlage von Mitsubishi aufgebaut«, sagte Hunt. »Die Japaner machten von jedem Gast ein Foto wie für einen Ausweis. Dann fütterten sie den Computer damit und legten es über einen Hintergrund, der die schneebedeckten Berge von

Nagano zeigte. Dann fügten sie das Maskottchen von Nagano hinzu, eine Art dickes, wuscheliges Eichhörnchen, und schließlich die Worte ›Schönes Nagano‹. Am Schluß wurde das Ganze wie ein Polaroidfoto ausgedruckt. Jedes IOC-Mitglied bekam so ein Foto von sich in Nagano. Ich habe mir auch eins machen lassen.«

Zurück im Hyatt, konnten die Gäste das Souvenir von Mitsubishi vorzeigen und behaupten, sie hätten den Abend in Nagano verbracht! Nötig hatte das allerdings keiner. Viele IOC-Mitglieder hatten auf Kosten der Bewerberstadt bereits mehrere angenehme Abende in Japan verbracht.

Die großzügige Bewirtung von IOC-Mitgliedern, als Inspektionen getarnte Vergnügungsreisen und die allgemeine Kostenexplosion bei Olympiabewerbungen bereiten den Olympiern schon lange Kopfzerbrechen. Aber wirklich dagegen unternommen haben sie nichts.

Bereits 1965 untersagte das IOC den Bewerberstädten, bei Sitzungen des Komitees Empfänge oder Cocktail-Partys zu geben. Ferner verbot es ihnen, mehr als sechs Delegierte zu entsenden. Und vor allem sollten die Städte den IOC-Mitgliedern keine Geschenke mehr machen.

Heute, dreißig Jahre später, gibt die IOC-Führung immer noch die gleichen Erklärungen ab, und immer noch werden sie von Bewerberstädten wie IOC-Mitgliedern fröhlich ignoriert. Im April 1991 erließ das Exekutivkomitee neue Richtlinien, die dem zügellosen Treiben einen Riegel vorschieben sollen. »Sie wissen um das Problem, daß wir die Kosten der Bewerberstädte im Rahmen halten müssen«, lautete Samaranchs verschlüsselte Botschaft an seine IOC-Mitglieder. »Wie immer zähle ich auf Ihre Unterstützung.«

Die neuen Beschränkungen traten einen Tag nach Ende der Sitzung in Birmingham in Kraft. Das hieß: Nagano und seine Rivalen konnten sich nach Belieben in Unkosten stürzen, und die IOC-Mitglieder brauchten kein Angebot auszuschlagen. Das siegreiche Nagano wie auch das unterlegene Salt Lake City mieteten Privathäuser für ihre Empfänge und verstießen damit gegen den Geist der neuen Regeln. Gerügt wurden sie dafür nicht. Allein diese beiden brachten über tausend Anhänger mit nach Birmingham. Alle fünf Bewerberstädte gaben zusammen rund fünfzig Millionen Dollar aus.

Samaranchs »Instruktionen« sind stets ein Aufguß von Altbekanntem. Nach den neuesten Richtlinien, aufgestellt für Kandidaten für Olympia 2000, sind Empfänge und Cocktail-Partys verboten, dürfen die Delegationen der Bewerberstädte maximal sechs Mitglieder umfassen, soll der Gesamtwert der Geschenke, die einem IOC-Mitglied überreicht werden, zweihundert Dollar nicht überschreiten.

Die neuen Bestimmungen wurden im September 1991, also keine zwei Monate später, verletzt, als das IOC-Exekutivkomitee in Berlin tagte und seine Mitglieder herzlich zu einer Soirée im Wirtshaus Schildkorn eingeladen wurden. Gastgeber waren die Berliner Olympia-Bewerber. Aus dem Wettbewerb ausgeschlossen wurden sie deshalb nicht.

Eine Zeitlang standen die Olympischen Spiele nicht hoch im Kurs. Die Städte wollten sie nicht einmal geschenkt. Nach dem finanziellen Fiasko in Montreal scheuten die meisten das Risiko, sich auf zwei Jahrzehnte hinaus zu verschulden. Nur Los Angeles war so zuversichtlich, daß es sich um die Spiele 1984 bewarb. Es versteht sich von selbst, daß die Kalifornier die IOC-Mitglieder nicht mit Geschenken überhäuften. Im Gegenteil, sie führten die letzte billige Bewerbungskampagne. Als sie nach den Spielen jedoch bekanntgaben, daß sie ein Plus von 215 Millionen Dollar erwirtschaftet hatten, eröffnete sich den Olympiern eine ganz neue Welt. Die nächste Kampagne setzte neue Maßstäbe.

»Das war beispiellos in der Geschichte der olympischen Bewegung«, sagte Denis Howell, der die Kampagne Birminghams gegen Barcelona anführte. »Nichts war reglementiert, weder die Zahl der Empfänge noch die Summen, die dafür ausgegeben werden konnten, noch die Besuche der IOC-Mitglieder, noch die Geschenke, die sie erhielten.«

Die Kosten für die Kampagne der Stadt Birmingham wurden zunächst mit anderthalb Millionen Pfund veranschlagt, am Ende lagen sie eine Million Pfund darüber. Der Sieger Barcelona gab fast das Doppelte aus. Und das waren nur zwei der sechs Städte, die um die Sommerspiele wetteiferten. Sieben andere hoffnungsvolle Bewerber, darunter Sofia und Berchtesgaden, konkurrierten um die Winterspiele im selben Jahr. Alle dreizehn Kandidaten zusammen gaben offiziell fast hundert Millionen Mark aus. Der inoffizielle Betrag ist unbekannt.

All diese Millionen dienen nur dem einen Zweck: im IOC mehr als vierzig Stimmen zu sammeln. Einen anderen Weg nach Olympia gibt es nicht. Die Bewerberstädte müssen ihre ganze Aufmerksamkeit auf den »Club« konzentrieren.

»Alles hängt davon ab, daß man Kontakte zu den IOC-Mitgliedern aufbaut«, sagt Bob Scott, der umtriebige Theater-Impresario, der Manchesters Werbefeldzug für die Jubiläumsspiele von 1996 führte und mit Atlanta und Athen konkurrierte. »Ich kenne sogar die Schuhgröße der zweitältesten Tochter eines bestimmten IOC-Mitglieds!«

Heute kauert Scott abermals in den Startblöcken. Diesmal hofft er, Olympia 2000 nach Manchester zu holen. Einer der Rivalen wird Peking sein. »Ich bin gespannt, wie die Chinesen ihre Bewerbung durchziehen. In Birmingham hatten sie sechs Leute, in Sydney bei der Konferenz der internationalen Föderationen vierzehn, und bei der Leichtathletik-Weltmeisterschaft in Tokio waren sie schon nicht mehr zu zählen. Aber kümmern sie sich auch genügend um die Ehefrauen der IOC-Mitglieder? Das muß man nämlich. Denn letztlich ist es eine ganz persönliche Sache.«

Auf Bob Scotts Kredo – »Kontakte zu den IOC-Mitgliedern aufbauen« – fußte auch die Kampagne Birminghams 1986. Als erstes legte Dennis Howells Team damals ein Dossier über jedes IOC-Mitglied an. Vorlieben und Abneigungen jedes einzelnen wurden aufgelistet. Dann produzierten sie ein Video, in dem die Vorzüge der Stadt gepriesen wurden, bauten ein Modell der geplanten neuen Sportstätten und besuchten Sportkonferenzen in aller Welt, um möglichst viele IOC-Mitglieder zu erreichen.

Laut Howell »erwarteten die IOC-Mitglieder, daß bei jeder Tagung ein Empfang gegeben wurde. Wenn solche Empfänge erwartet wurden, dann zeigte sich Birmingham von seiner besten Seite.« Was das heikle Thema Geschenke anging, so zog Howell Erkundigungen ein. Das Ergebnis: »Es war nach wie vor üblich, daß den IOC-Mitgliedern bei solchen Gelegenheiten Geschenke überreicht wurden. Wir beschlossen, uns daran zu halten, wenn sie uns besuchten.«

Howell, ein ehemaliger Minister, war zutiefst beunruhigt über seine Erfahrungen: »Ich merkte deutlich, daß die Bewerbung mit der Zeit außer Kontrolle geriet.« Doch trotz solcher Bedenken buhlte Birmingham kräftig mit um die Gunst der Olympier. Bei der IOC-Sitzung in Lausanne, bei der die Entscheidung fallen sollte, unternahm die Stadt einen letzten Versuch, mietete einen Dampfer und lud zu einem Dinner auf dem Genfer See. Hinterher spielte die Dudelsack-Kapelle der West Midlands Police in der Lobby des Palais de Beaulieu, wo die Sitzung stattfand. Auch der frühere WM-Fußballstar Bobby Charlton war zur Stelle und begrüßte die IOC-Mitglieder.

Andere Bewerberstädte scheuten ebenfalls keine Kosten. Brisbane gab für seine Selbstdarstellung und Präsentation bei einem IOC-Treffen 1985 in Ost-Berlin eine Million Dollar aus. Zusätzlich ließ Rupert Murdoch für eine von Brisbane veranstaltete Gartenparty Meeresfrüchte im Wert von 200 000 Dollar in die DDR fliegen.

Amsterdam unterstrich seine Ansprüche auf die Spiele, indem es die Journalisten aus aller Welt täglich zu Freibier einlud. Die Erfahrungen der Amsterdamer blieben allerdings nicht ungetrübt. Einem Bericht zufolge soll zumindest ein IOC-Mitglied als Gegenleistung für seine Stimme Bares von ihnen verlangt haben.

Unmittelbar nach den Vergnügungen in Berlin flogen fünfunddreißig IOC-Mitglieder nach Schweden und nahmen das Wintersportgebiet um Falun in Augenschein. Den Höhepunkt bildete ein Dinner mit dem schwedischen Königspaar. IOC-Vizepräsident Ashwini Kumar reiste mit Frau und zwei Kindern. Wer die Flugtickets und die Hotelzimmer für seine Familie bezahlte, ist unklar.

Als der deutsche Bundesrechnungshof die Bücher der Bewerberstadt Berchtesgaden prüfte, entdeckte er »unangemessene und unvorhergesehene Ausgaben«. Flüge für dreiunddreißig Besucher vom IOC hatten die Olympia-Stadt in spe hunderttausend Mark gekostet. Allein die Rechnung des peruanischen Mitglieds Ivan Dibos belief sich auf 27 000 Mark. Er kam mit Frau und drei Kindern.

Namhafte Zeitungen in aller Welt übten Kritik an den aufwendigen Kampagnen. »Nie zuvor in der Geschichte des Sports«, stöhnte der Londoner *Observer,* »wurde einer so kleinen Gruppe von Leuten, die, legt man ihre körperliche Verfassung und ihr Alter zugrunde, längst nicht mehr wettkampftauglich sind, so viel Aufmerksamkeit zuteil. Um unter den fünfundachtzig Mitgliedern einer Oligarchie, die unter dem Namen IOC bekannt ist, dreiundvierzig Stimmen zu erringen, wurden dreiunddreißig Millionen Pfund zum Fenster hinausgeworfen.«

Nach Meinung der *Frankfurter Allgemeinen Zeitung* forderten die langwieirgen und kostspieligen Kampagnen zu viele Verlierer. Allein schon aus diesem Grund müsse das IOC »ihren absurden Olympiarummel auf ein vernünftigeres Maß reduzieren«. Und die *Süddeutsche Zeitung* klagte angesichts der mageren Stimmenausbeute von Berchtesgaden (sechs) und Amsterdam (fünf), daß sportliche Erwägungen bei der Wahl »fast eine untergeordnete Rolle« gespielt hätten. Die Athleten selbst, so das Blatt, hätten in beiden Städten »mehr oder weniger ideale Bedingungen« vorgefunden.

Die öffentliche Anprangerung von IOC-Mitgliedern als begehrlich und verhätschelt war potentiell schädlich. Deshalb befand es Präsident Samaranch für nötig, etwas zu unternehmen oder wenigstens den Anschein zu erwecken. Kaum war die Nominierung Barcelonas gesichert, bat er die Bewerberstädte um Anregungen, wie man Auswüchse bei der Bewerbungspraxis verhindern könne. Das Resultat waren neue Regeln aus Lausanne.

Ausstellungen und Empfänge, wie sie im Vorfeld der Abstimmung 1986 bei jeder sich bietenden Gelegenheit organisiert worden waren, wurden untersagt. Künftig sollten sie nur noch »im Rahmen einer IOC-Session« gestattet sein.

Ebenfalls verboten wurden kostspielige Präsente, mit denen die IOC-Mitglieder bisher überhäuft worden waren. Lausanne verfügte, daß solche Geschenke einen »relevanten Charakter« haben müßten. Was mit »relevant« gemeint war, blieb unklar.

Außerdem sollten die zahllosen Reisen vieler IOC-Mitglieder in Bewerberstädte drastisch reduziert werden – ein Vorschlag, den Dennis Howell bereits gemacht hatte. Fünf Jahre später äußerte sich der ehemalige Sportminister skeptisch: »Sie werden gegen den IOC-Tourismus nichts unternehmen. Es ist doch klar, daß das Exekutivkomitee seinen Mitgliedern nicht die vielen Reisen in alle Welt vorenthalten wird. Schließlich will es ja wiedergewählt werden.«

Nach den neuesten Richtlinien soll jedes Mitglied nur einmal in die Bewerberstädte reisen und einen Begleiter mitnehmen dürfen. »Was aber tun Sie, wenn jemand fragt, ob er seine Tochter mitbringen kann?« fragte ein Insider. »Melden Sie es dem IOC?

Natürlich nicht. Genausogut könnten Sie Ihre Examensnote anfechten. Nichts wird passieren. Der Bewerberstadt bringt es gar nichts, wenn sie den Wunsch ablehnt oder meldet.«

Die Erfahrungen, die Howell bei der Olympia-Bewerbung Birminghams für das Jahr 1992 machte, veranlaßten ihn zu der Bemerkung: »So etwas hat es nie zuvor in der Geschichte der olympischen Bewegung gegeben. Und es bleibt zu hoffen, daß wir so etwas nie wieder erleben.«

Es blieb ein frommer Wunsch. Bei der Kampagne für 1996 überschütteten Atlanta, Athen, Manchester, Melbourne und Toronto den erlesenen Kreis der Olympier, die den Schlüssel zu ihren Träumen in Händen hielten, mit Aufmerksamkeiten.

Athens Olympia-Bewerbung für das Jahr 1996, in dem die Spiele der Moderne ihr hundertjähriges Jubiläum feiern werden, begann mit einem feierlichen Bankett am Fuße der Akropolis. Der griechische Ministerpräsident Andreas Papandreou gab im Beisein Präsident Samaranchs und sechzehn weiterer IOC-Mitglieder aus Europa, Afrika, Lateinamerika und Ozeanien offiziell die Kandidatur der Stadt bekannt. Nach dem Bankett gab das griechische NOK einen Empfang im Glyfada-Golf-Club.

Mit einer Sondermaschine der Olympic Airways flogen die Herrschaften vom IOC zu einem Privatflugplatz bei Olympia. Anschließend unternahmen sie eine Kreuzfahrt durch den Golf von Korinth, besichtigten die Tempel von Delphi und kehrten nach Piräus zurück. Im Jahr darauf reisten weitere IOC-Mitglieder nach Griechenland. Sie wohnten der Weltpremiere eines symphonischen Balletts bei, das Mikis Theodorakis zu dem Stoff Alexis Sorbas komponiert hatte.

»Während der Aufführung des schwermütigen Musikwerks«, berichtete die Londoner *Times,* »redete über die Hälfte der anwesenden IOC-Mitglied laut miteinander, trank und lachte. Ich anstelle der Griechen wäre am liebsten aufgesprungen und hätte gerufen: ›Behaltet eure Spiele und eure Fernsehmillionen, eure Sponsorenverträge und eure gedopten Muskelmaschinen.‹«

»Ich bin ein unabhängiges IOC-Mitglied«, sagte uns einer, der schon lange dabei ist. »Ich bin nicht käuflich.« Das mag stimmen, aber viele IOC-Mitglieder erwecken durchaus den Eindruck, daß sie gern die Hand aufhalten.

Als der olympische Bewerberzirkus 1991 in Birmingham einfiel, ging im Hyatt die Geschenkorgie weiter. Im Postzimmer im ersten Stock stapelten sich malerisch verpackte Präsente aus den fünf Bewerberstädten: Gläser von Vennini, Handtaschen von Gucci, Personalcomputer, Aquarellfarben, Drucke mit limitierter Auflage, Seidenschals, Krawatten, Bücher und Cowboy-Hüte. Großgewachsene Gentlemen aus Australien, die gar nicht für die Winterspiele kandidierten, gingen herum und verschenkten Krawatten, um die Kandidatur Sydneys für Olympia 2000 publik zu machen.

Shirley Hunt, die in Highbury die Gäste der Japaner umsorgte, arbeitete auch im Hyatt. »Im Postzimmer kam so eine Menge Zeug zusammen, daß die Mädchen die ganze Woche brauchten, um alle Geschenke auf die Zimmer der IOC-Mitglieder zu verteilen. Es war unglaublich. Die ersten Geschenke trafen gegen Mittag ein, und von da an quoll das Postzimmer von Tüten und Geschenkpaketen aller Art förmlich über. Ich weiß, daß Prinzessin Anne alle Geschenke zurückgab, aber meines Wissens war sie die einzige.«

Im Hyatt wurde jeder Bewerberstadt eine »offizielle« Empfangssuite zugewiesen. »Wir hatten Anweisung, sie fair zu behandeln«, sagte Catriona McFadden, Publicity-Chefin des Hotels. »Alle bekamen eine Suite für Empfänge und zwanzig Schlafzimmer. Die Suiten wurden von Lausanne zugeteilt. Wir gaben jeder Stadt nur einen leeren Raum. Möbel und Ausstattung flogen sie selbst ein. Geld spielte dabei offenbar keine Rolle.«

In den Zimmern hinter jeder Suite türmten sich Kartons, die weniger wertvolle Werbegeschenke enthielten: Trainingsanzüge, T-Shirts, Kugelschreiber, Schlüsselanhänger, Bierkrüge, Feuerzeuge, Anstecknadeln und Aufkleber.

Solange die Konkurrenten ihre Räume dekorierten, hingen Rollos an den Glastüren. Alles war streng geheim. Die Italiener aus Aosta verschlossen ihre Vordertür und schafften alles durch den Hintereingang hinein.

Ein japanisches Fernsehteam, das offenbar viel Zeit hatte und nichts Lohnenderes vor die Kamera bekam, lauerte am Vordereingang der Italiener. Als die Tür endlich aufging, blendeten die Scheinwerfer auf, und die Kameras surrten los. »Die Italiener drehten durch«, sagte Catriona McFadden. »Ich dachte, der Dritte Weltkrieg bricht aus.«

Die Delegation aus Jaca hatte ein hektisches High-Tech-Interieur gewählt. Über zahllose Bildschirme flimmerten unentwegt die Wintersport-Attraktionen der spanischen Pyrenäen.

Aosta hatte sich für ein beschauliches, klassisches Ambiente entschieden. Kernstück der Dekoration war die Attrappe eines steinernen Springbrunnens.

Der Raum von Salt Lake City war einer Szene aus dem Film *Trail of the Lonesome Pine* nachgestellt: Eine Cowboy-Band in buntkarierten Hemden fiedelte vor der malerischen Kulisse der Rocky Mountains.

»Riesige Laster mit Möbeln und Einrichtungsgegenständen rollten an«, sagte Shirley Hunt. »Salt Lake City ließ sogar richtige Kiefern herbeischaffen, eine Fuhre nach der anderen. Hinterher mußten wir alles saugen. Es war ein Alptraum. Es dauerte Stunden. Alles sah aus wie ein riesiger grüner Teppich.«

Die Stadt Nagano setzte auf die heitere Atmosphäre eines japanischen Teehauses. In ihrer Suite wurden, wie bei allen anderen, Speisen und Getränke, Appetithäppchen, Süßigkeiten und kleinere Geschenke angeboten. »Aus Jaca haben sie einen Kühlwagen voller Lebensmittel die ganze Strecke bis hierher gefahren«, sagte Shirley Hunt. »Die meisten Städte haben auch Unmengen von Getränken aus ihrer Heimat mitgebracht: italienischen Schaumwein, fässerweise spanisches Bier und japanischen Sake. Wir berechnen für alkoholische Getränke eine Gebühr, deshalb muß alles kontrolliert werden.«

Am Eingang zur japanischen Teestube sprachen wir mit Tasuku Tsukada, dem Bürgermeister von Nagano.

»Wie schätzen Sie Ihre Aussichten ein?«

»Wir sind zuversichtlich«, antwortete der Bürgermeister. Langsam tasteten wir uns zu den heikleren Themen vor. »Und wie steht es mit Geschenken?« fragten wir.

Herr Tsukada lauschte gleichmütig der Übersetzung des jungen Dolmetschers. Dann ein müdes Nicken, ein resignierter Blick, und er verschwand im hinteren Teil der Suite. Als er wiederkam, hielt er eine Schachtel mit wunderschön verpackten Süßigkeiten in der Hand.

Mit einem wissenden Lächeln drückte er uns das Präsent in die Hand. Nur ein Olympia-Bewerber konnte unsere Frage so verstehen.

Ganz am Ende des Korridors warben die Schweden aus Östersund. Ihre Suite erinnerte an einen bunten Hochglanzprospekt für Einbauküchen. Schränke bis zur Decke, alles aus schwedischer Kiefer. Die Delegation schenkte Wodka und Loganbeerensaft aus. Auf Tabletts lag Gebäck, gefüllt mit geräuchertem Rentierfleisch.

Wir sprachen mit Herrn Borg. Er war Östersunds Pressereferent. Wir arbeiteten uns durch die übliche Statistik.

»Wir haben siebenundachtzig IOC-Mitglieder in ihren Ländern besucht. Zweiundsiebzig haben wir nach Östersund geholt. Durch das Auswärtige Amt in Schweden sind wir an die IOC-Mitglieder in aller Welt herangekommen. Hier in Birmingham sind wir mit vierzig Leuten.«

Wie wir feststellten, war Herr Borg kein Neuling im Geschäft. Er hatte an der Kampagne für 1986 teilgenommen und später Falun vertreten, als sich die Stadt für die Winterspiele 1992 bewarb. Wir sprachen über die Vergangenheit.

»Hat sich etwas verändert?«

»Heute reisen viel mehr Leute vom IOC in die Städte als zu der Zeit, als sich Falun bewarb«, sagte Borg.

Das mag man kaum glauben. Das IOC war damals so besorgt über die Flut von Einladungen nach Falun, daß es die Schweden ersuchte, »nicht alle Personen einzuladen, die an der Wahl direkt beteiligt sind«. Schön wär's.

»Und wie steht es mit Geschenken?« fragten wir.

»Heutzutage werden zu viele Geschenke gemacht«, sagte Borg. »Ihr Wert ist wohl gesunken, aber die Quantität hat zugenommen. Jedes IOC-Mitglied erhält von uns ein Geschenk, wenn wir es besuchen, wenn es unsere Stadt besucht, wenn es in unsere Suite kommt und jeden Tag eins im Hotel. Wir geben nur kleine Geschenke wie Gläser und Kunsthandwerk aus Schweden«, sagte er und kramte aus einem der Kiefernschränke zwei verpackte Becher hervor. Sie wanderten wieder zurück ins Regal. Wir waren keine IOC-Mitglieder.

»Die Mädchen, die im Hotel die Geschenke verteilen mußten, beschwerten sich«, sagte Borg. »Einige Geschenke waren einfach zu groß.« Die Sorge war unbegründet. Für den Abtransport der Beute waren für die IOC-Mitglieder bereits spezielle Koffer geordert worden.

Vierundzwanzig Stunden nach der Wahl hatten Sieger und Besiegte ihre Zimmer im Hyatt geräumt.

»Von den Spaniern bekamen wir nicht einmal ein Trinkgeld«, sagte Shirley Hunt, »das war ziemlich schäbig. Die Schweden gaben den Mädchen zehn Pfund und einen Briefbeschwerer aus Glas, die Italiener eine Flasche Likör, die Japaner ein wuscheliges Maskottchen. Die Japaner meinten, sie würden hübschen Mädchen kein Geld geben. Von den Spaniern bekam ich einen Trainingsanzug. Wie spendabel!« Die Amerikaner gaben überhaupt nichts.

»Das war schon merkwürdig, wo sie doch die Woche über ganze Berge von Geschenken verteilt haben«, fuhr Shirley Hunt fort. »Es war so offensichtlich, daß jeder nur versuchte, den anderen auszustechen. Also, mir kam das vor wie Bestechung. Mit dem ehrlichen Wunsch, jemandem etwas zu schenken, hatte das jedenfalls nichts zu tun. Es ging nur darum, den IOC-Mitgliedern in den Arsch zu kriechen. Und die genossen offensichtlich die Aufmerksamkeit und die Schmeicheleien.«

Wie wir von Herrn Borg erfuhren, arrangierte die Stadt Östersund normalerweise den Flug und die Unterbringung für die Besucher vom IOC. »Sie können es aber auch selbst tun und uns die Kosten in Rechnung stellen.«

Daß IOC-Mitglieder die Möglichkeit haben, für Flüge und Hotels, die sie angeblich selbst bezahlt haben, die Bewerberstädte zur Kasse zu bitten, ist ein dunkles Kapitel.

»Normalerweise war es so, daß wir die Tickets besorgten, wenn sie uns besuchen wollten«, sagte Denis Howell. »Einmal gab es allerdings Schwierigkeiten mit einem IOC-Mitglied, das Bargeld wollte. Das wäre nicht passiert, wenn ich damals davon gewußt hätte. Er bekam das Geld, und ich war wütend. Es ist unfaßbar, aber irgend jemand ging in sein Hotel und hinterlegte das Geld für ihn an der Rezeption, so wie er es wollte. Er hatte sich die Tickets nämlich schon irgendwoanders besorgt.«

Nach einer neuen Verfügung aus Lausanne sollen Mitglieder, die Bewerberstädte besuchen, vom IOC selbst mit Erste-Klasse-Tickets ausgestattet werden. Der einzelne darf sie nicht zu Bargeld machen, und die Städte sollen die Kosten erstatten. »Die Leute werden sich nicht daran halten«, so die Prognose eines ehemaligen Olympia-Bewerbers. »Sie werden es nicht angeben. Wer sollte es denn melden? Was tun Sie, wenn jemand Geld für die Tickets will?

›Ach ja, bevor ich es vergesse, schicken Sie das Geld einfach an mein Reisebüro, die werden das erledigen.‹ Regeln, die nicht durchgesetzt werden, sind lächerlich. Der Ausschluß von Bewerberstädten ist das einzig wirksame Mittel, aber ob es jemals dazu kommen wird?«

Mit dieser längst überfälligen Reform könnte das IOC einem allgemein üblichen Trick vorbeugen, den 1991 in Birmingham ein Mitglied aus dem Ostblock praktizierte: »Am Abend, bevor alle abreisten«, sagte Denis Howell, »kam jemand zu mir und sagte, daß ein bestimmtes IOC-Mitglied eine Menge Gepäck habe und einen Wagen zum Londoner Flughafen wolle. Der Leiter unseres Fuhrparks wies darauf hin, daß es in Anbetracht des Verkehrs in London und Birmingham viel besser sei, das Flugzeug von Birmingham nach Heathrow zu nehmen. Ich fragte unsere Leute, ob noch Autos frei seien, denn am Tag der Abreise waren wir total ausgelastet. Schließlich bekamen wir zwei Wagen. Wie ich gehört hatte, war das IOC-Mitglied schon etwas älter und wollte die Mühe, von Birmingham aus zu fliegen, nicht auf sich nehmen. Wir waren völlig perplex, als uns die Fahrer nachher erzählten, was passiert war: Kaum hatte der Wagen das Hyatt verlassen, gab ihnen das IOC-Mitglied die Anweisung, zum Birminghamer Flughafen zu fahren. Die Fahrer sagten: ›Aber wir dachten, wir fahren nach Heathrow.‹ ›Schon‹, bekamen sie zur Antwort, ›aber vorher will ich mir das Geld für die Tickets auszahlen lassen.‹ Zuerst machte er also die Tickets für den Inlandsflug zu Geld, anschließend ließ er sich nach London chauffieren.«

Jedes Bewerberteam strebt danach, möglichst viele IOC-Mitglieder in ihrer Heimat zu besuchen. Teurer ist es, sie zu einem Besuch in die Stadt einzuladen. Wie teuer, ist unklar. Die Bewerber von Salt Lake City setzten einen Spendenaufruf in die Zeitung, um Geld für die Bewirtung der IOC-Besucher zu sammeln. Darin hieß es: »Unser Ziel ist es, fünfzig bis sechzig IOC-Mitglieder zu einem Besuch hierherzuholen. Aber das wird über eine Million Dollar kosten.«

»Haben Sie einen Taschenrechner zur Hand?« fragte der in Utah erscheinende *Park Rekord*. »Angenommen, alle sechzig Mitglieder kommen, und die Millionengrenze wird nicht überschritten, so belaufen sich die Kosten pro IOC-Mitglied auf 16 666 Dollar. Ziehen wir davon die Kosten für einen Flug erster Klasse in Höhe von 1666 Dollar ab, so bleibt uns die schöne runde Summe von 15 000 Dollar. Ziehen wir davon wiederum hundert Dollar für Sweatshirts, Mützen und Sporttaschen mit der Aufschrift Salt Lake City '98 ab, ferner siebenhundert Dollar pro Woche für die Unterbringung in einem Spitzenhotel, so bleiben uns immer noch 14 200 Dollar. Das wirft zwei Fragen auf. Erstens: Was essen IOC-Mitglieder? Zweitens: Wie werde ich IOC-Mitglied?«

Die Bewerber müssen zuerst mit viel Geld um die Gunst der stimmberechtigten IOC-Mitglieder werben, bevor diese die Vorzüge der Stadt in Augenschein nehmen. Das alles erinnert an das Liebeswerben eines verliebten jungen Mannes.

»Gib mir einen Kuß«, sagt der Verliebte.

»Nein«, antwortet das Objekt seiner Begierde.

»Aber ich mag dich wirklich«, sagt er. »Sieh mal, ich habe dir sogar ein Geschenk mitgebracht!«

»Na gut, wenn das so ist.«

»Bei einem Geschenk«, sagt ein ehemaliger Olympia-Bewerber, »kommt es nicht darauf an, wie teuer es ist, sondern ob es der Empfänger wirklich mag. Man muß es geschickt anfangen. Wenn Sie beispielsweise Prinzessin Anne eine Seiko-Uhr schenken, wird sie sie mit Sicherheit zurückschicken, und selbst wenn sie es nicht tut, können Sie davon ausgehen, daß jemand wie sie schon etwas anderes am Handgelenk trägt. Es ist wie an Weihnachten. Manche Leute kaufen siebzehnmal das gleiche und verschenken es. Am besten kommt der an, der sich hinsetzt und überlegt, was X und Y sich wirklich wünschen. Eine Stadt hat beispielsweise der Frau des Schweizer IOC-Mitglieds Raymond Gafner ein Buch für Hobbygärtner geschenkt. Wahrscheinlich war es spottbillig, aber sie liebt nun mal Gartenarbeit und hat sich darüber gefreut. Weniger über das Geschenk als über die Tatsache, daß sich jemand die Mühe gemacht hatte, etwas Passendes auszusuchen. Und darauf kommt es beim Schenken an.«

In Atlanta wurde das beherzigt. Ein Mitglied des Bewerbungsteams hatte nur die Aufgabe, sich passende Geschenke auszudenken. »Eine Idee war, drei golfbegeisterte IOC-Mitglieder für eine Runde Golf nach Augusta zu fliegen, dem Austragungsort der

US-Masters«, sagte der ehemalige Olympia-Bewerber. »Für Golfspieler wie die drei gibt es nichts Vergleichbares.«

Noch mehr Geld wird für die vielen IOC-Mitglieder ausgegeben, die meinen, sie müßten den Bewerberstädten mehr als einen Besuch abstatten. »Ein bestimmtes IOC-Mitglied kam häufiger als alle anderen nach Birmingham«, erinnerte sich Dennis Howell. »Zufällig entdeckte ich, daß mein Büro auf Wunsch dieses Mitglieds eine Wohnwagen-Tour durch das Land organisierte. Meine Mitarbeiter dachten, sie müßten jeder Bitte nachkommen, solange ich ihnen keine anderen Anweisungen gab.«

Birmingham bekam auch mehrere Besuche von einem langjährigen IOC-Mitglied aus Afrika. »Das ist ein harter Brocken«, erinnerte sich ein Insider. »Er erklärt jedem definitiv, daß er für ihn stimmen wird.« Derselbe Afrikaner tauchte in Toronto auf, als sich die Stadt um die Spiele bewarb, und wollte mit den Sponsoren aus der Wirtschaft ins Geschäft kommen. Er erhielt eine Abfuhr.

Bob Scott nahm es gelassen, daß Birmingham mit Gefälligkeiten um Stimmen warb. »Oder gewinnt man vielleicht damit Stimmen, daß man ihnen ein Ticket dritter Klasse schickt und sagt, das letzte Stück von Heathrow hierher könnt ihr per Anhalter fahren? Es ist doch ganz klar, daß man sich nicht lumpen läßt. Natürlich gibt man ihnen ein Ticket erster Klasse. Natürlich bemüht man sich um sie. Und wenn einer sagt, daß er seinen Sohn unbedingt nach England schicken will, damit er Englisch lernt, dann arrangiert man das halt für ihn. Das kostet nicht viel. Das entspricht den guten Gepflogenheiten. So werden Waffengeschäfte gemacht. So werden überhaupt alle Geschäfte gemacht. Wenn wir damit Stimmen gewinnen würden, daß wir sie beleidigen, schlecht behandeln und nicht zu uns einladen, dann würden wir es tun.

Ich bin nicht unbedingt neidisch auf jemanden, der der Frau eines IOC-Mitglieds einen Nerzmantel für fünftausend Dollar schenkt. Andererseits hat Manchester so etwas nicht getan und nicht besonders gut abgeschnitten. Aber ich denke nicht, daß das der Grund war. Eine Menge Leute haben sich bei mir für Geschenke bedankt, und dabei hatten sie gar nichts von mir bekommen. Sie dachten, ich hätte ihnen etwas geschenkt, weil es eben jeder tut.

Wir machten Geschenke anderer Art. Das philippinische IOC-Mitglied Francisco Elizalde zum Beispiel flog während seines Aufenthalts in England mit uns nach Sardinien zu einem WM-Spiel. Das hat uns überhaupt nichts gekostet, weil ein Sponsor die Maschine zur Verfügung gestellt und bezahlt hat. Andererseits frage ich mich: Hätten wir es getan, wenn er kein IOC-Mitglied gewesen wäre?«

In einem Punkt hat Scott recht, was die Olympia-Bewerbung angeht: Wer den Musiker bezahlt, gibt nicht notwendigerweise auch den Ton an. »Als ich 1990 in Tokio war«, berichtete Denis Howell, »gab Manchester eine Party. Prinzessin Anne war anwesend. Als ich hinkam, zählte ich ungefähr sechzehn IOC-Mitglieder. Kurz zuvor hatte ich mit zweien von ihnen gesprochen, und sie hatten mir mit Bestimmtheit gesagt, daß sie für Atlanta stimmen würden.«

Dazu Bob Scott: »Die Leute sind deshalb so deprimiert, weil sie alles glauben, was man ihnen sagt. Das ist Blödsinn. Ich weiß, daß die meisten Leute andere nur ungern verletzen. Als die letzten vier großen Entscheidungen bekanntgegeben wurden, war ich jedesmal mit dabei. Eines blieb mir besonders im Gedächtnis haften: die betretenen Gesichter der IOC-Mitglieder. Sie fühlen sich nicht wohl in ihrer Haut. Sie müssen sich zwischen ihren Freunden entscheiden. Und das mögen sie nicht.«

Glaubt man Präsident Samaranch, so gewinnt der beste Bewerber: »Das IOC gibt sich große Mühe, die richtige Entscheidung zu treffen«, sagte der Präsident. »Ausschlaggebend ist die Präsentation.« Und möglicherweise hat er sogar recht. Doch die Bewerber von Sofia bis Salt Lake City dürften anderer Meinung sein.

»Die Bewerbungen von Barcelona und Paris waren beide sehr gut«, sagte Denis Howell, »aber der Sieg Barcelonas stand eigentlich nie in Frage. Schon zu Beginn der Kampagne wurden die Mitglieder ziemlich deutlich daran erinnert, wem ihre Loyalität zu gelten habe, natürlich ihrem Präsidenten Samaranch.«

Spannend wurde es noch einmal vor der endgültigen Abstimmung in Lausanne, als Jacques Chirac die Präsentation der Stadt Paris vornahm. Durch seine grandiose Rede brachte er viele IOC-Mitglieder ins Wanken.

»Sie hatte eine so durchschlagende Wirkung«, glaubt Howell, »daß die Strategen aus Barcelona beschlossen, die Sympathien für Frankreich zu spalten, indem sie die Kandidatur Albertvilles für die Winterspiele unterstützten. Frankreich sollte die Winterspiele bekommen, damit Barcelona Anwärter Nummer eins auf die Sommerspiele bleiben konnte. Die ganze Nacht hindurch rief man Mitglieder an und sagte ihnen, sie sollten für Albertville votieren.«

Samaranch blieb neutral und verwahrte sich dagegen, daß man ihn mit der Kandidatur seiner Heimatstadt Barcelona in Verbindung brachte. »Das konnte er sich leisten«, sagte Howell. »Je länger er im Amt ist, desto mehr Mitglieder beruft er und desto mehr Mitglieder fühlen sich ihm verpflichtet. Das ist bedenklich. In meinen Augen führt allein schon die Art und Weise, wie Mitglieder ins IOC berufen werden, zu Wettbewerbsverzerrungen. Der einzelne sollte frei entscheiden können und sich nur an Leistung orientieren.«

Andere Politiker stimmen Howell zu. Der frühere australische Premierminister Bob Hawke, enttäuscht über das schlechte Abschneiden Melbournes bei der Bewerbung für 1996, sagte unverblümt: »Die Hälfte der stimmberechtigten Mitglieder sitzt seit maximal neun Jahren im IOC und kam mit der neuen Welle der Kommerzialisierung ins Amt. Diese Leute mußten nie selbst ihre Flugtickets oder Hotelrechnungen bezahlen.«

Die Kampagne für die Jubiläumsspiele 1996 hinterließ unter den aussichtsreichsten Konkurrenten noch größere Verbitterung. Vier Jahre lang tobte der Kampf Alte Welt gegen Neue Welt, olympische Tradition gegen olympischen Kommerz, Athen gegen Atlanta.

Aus moralischer Sicht sprach einiges dafür, das hundertjährige Jubiläum der Olympischen Spiele in Griechenland zu feiern, dem Land ihres Ursprungs und ihrer Wiedergeburt. Doch eine Vergabe nach Amerika versprach lukrativere Verträge und höhere Einnahmen. Am Ende zog Athen gegen Atlanta den kürzeren. Und für welche Stadt plädierte der Präsident? Wie gewöhnlich, wahrte Samaranch in der Öffentlichkeit geflissentlich Neutralität.

»Mich würde interessieren«, sagte Bob Scott, der bei dieser Kampagne die Stadt Manchester vertrat, »wie Samaranch in solchen Fragen seinen Standpunkt durchblicken läßt. Die Leute hängen doch an seinen Lippen, sehen ihm in die Augen und fragen: ›Was ist mit Toronto?‹ Und Samaranch schenkt ihnen einen Blick, der soviel bedeuten kann wie ›vielleicht‹ oder ›das ist doch nicht Ihr Ernst‹. Die Leute sagen, daß er Spione ausschickt, um herauszubekommen, aus welcher Richtung der Wind weht. Jeder behauptet von sich, er hätte einen guten Draht zu Samaranch. Ich glaube das nicht. Ich will nicht behaupten, daß die Leute nicht mit ihm reden, aber die Vorstellung, daß er sie zu sich ruft und sagt: ›Also Jungs, das und das werden wir jetzt tun‹, ist kompletter Unsinn. Ich weiß, daß er das nicht tut.«

Gleichwohl gab es Presseberichte, nach denen Samaranch »deutlich« signalisert haben soll, daß er die Spiele nicht nach Griechenland vergeben wollte. Um die historisch untermauerte Forderung der Griechen, das hundertjährige Jubiläum der modernen Spiele in Athen zu feiern, zu entkräften, sagte er, daß er die Hundertjahrfeier 1994 und nicht 1996 begehen wolle. Seine Begründung: Es sei schließlich im Jahr 1894 gewesen, als Pierre de Coubertin an der Pariser Sorbonne die Wiederbelebung der antiken Spiele gefordert habe. Nun, da die Entscheidung zugunsten Atlantas gefallen ist, plant Präsident Samaranch aufwendige Feierlichkeiten in beiden Jahren.

Samaranch gab aber auch Winke, die Bewerbung Athens zu unterstützen. »Ich vermute, daß ihm die Schmähung Athens Sorgen machte«, sagte Bob Scott. »Bei den vierteljährlichen Sitzungen setzte er sich für die Stadt ein. Einige Leute regten sich darüber unnötig auf, zum Beispiel Billy Payne aus Atlanta, der energisch protestierte. Ich persönlich bin von Samaranch beeindruckt. Er kann offenbar nie verlieren. Alle mögen ihn. Sie mögen ihn wirklich. Jeder hofft auf ein Lächeln von ihm, auf seine Gunst. Samaranch ergreift immer Partei für hoffnungslose Fälle. Ich habe das Gefühl, daß er im Falle Athens die gleiche Rolle gespielt hat. Wenn es an die entscheidende Abstimmung geht, glauben die meisten IOC-Mitglieder, daß fast alle Kandidaten die Spiele ausrichten könnten. Folglich geben andere Faktoren den Ausschlag. Welche Richtung will ich einschlagen? Was ist das Beste für die Bewegung? Aber auch: Was will mein Präsident? Samaranch ist eine Macht, und zwar weil jeder an ihn denkt, und nicht, weil er herumgeht und sagt, was er will.«

Athen hatte nicht nur Amerika zum Gegner. Es hatte Atlanta zum Gegner, die Coca-Cola-Stadt. Seit über sechzig Jahren investiert Coca-Cola regelmäßig in die Olympischen Spiele, und seit Mitte der achtziger Jahre ist das Unternehmen der wichtigste TOP-Sponsor.

Der Einfluß des Limonaden-Riesen auf die olympische Bewegung ist so groß, daß er sich genötigt sah, dem Beispiel Samaranchs zu folgen und öffentlich Neutralität zu wahren. »Coca-Cola wird es zwar bestreiten«, sagte Gerald Bartels, Chef der Handelskammer von Atlanta, »aber jeder aufmerksame Beobachter würde sagen, daß die Firma ein maßgeblicher Faktor war. Nicht daß sie sich offen an der Kampagne beteiligt hätte. Nein, ihre bloße Präsenz genügte.«

Die Zurückhaltung, die sich Coca-Cola bei einem Besuch des IOC-Präsidenten in Atlanta auferlegte, hielt das Unternehmen nicht davon ab, 350 000 Dollar in Atlantas Sieben-Millionen-Sonderfonds einzuzahlen. Doch es nimmt für sich in Anspruch, fair gehandelt zu haben. Spenden gingen auch an die Konkurrenten. Toronto erhielt von lokalen Abfüllern und Vertreibern 125 000 Dollar, Melbourne 80 000 Dollar. Coca-Cola reagiert überaus empfindlich auf jeden Verdacht, es habe die Wahl zu den Jubiläumsspielen beeinflußt. Dazu Firmenchef Don Keough: »Allein schon der Gedanke, wir hätten die Abstimmung beeinflussen können, wäre anmaßend.«

Und doch: Das IOC steht tief in der Schuld des Unternehmens. Als Dassler für die Spiele in Seoul das erste TOP-Programm konzipierte, stieg Coca-Cola als erstes Unternehmen ein. Kleinere Multis zogen nach, und Olympia wurde ein Erfolg.

Als die japanische Stadt Nagano die Abstimmung über die Winterspiele 1998 gewann, sagte der Vorsitzende ihres Bewerbungskomitees, Goro Yoshimura: »Wir haben viele Versprechungen gemacht und hoffen, daß wir sie einhalten können.« Darin lag auch der Grund, warum die Verlierer aus Salt Lake City so erzürnt waren. Sie hatten keine Versprechungen gemacht – sie hatten praktisch alle erforderlichen Einrichtungen bereits gebaut.

Fertig zur Besichtigung waren der Salt Palace, ein riesiges Kongreß- und Pressezentrum, ein Olympiastadion mit fünfzigtausend Sitzplätzen, ein Olympisches Dorf für viertausend Athleten, sämtliche Wettkampfstätten für die Skiwettbewerbe sowie Hotels, die mit fünfzigtausend Zimmern ausreichende Unterbringungsmöglichkeiten boten. Eislauf- und Eishockeyhallen befanden sich noch im Bau und sollten binnen sechs Monaten fertiggestellt werden.

Im Gegensatz dazu verfügte Nagano zum Zeitpunkt der Wahl

nicht einmal über eine Halle für die Eislaufwettbewerbe oder das Eishockey-Turnier. Weder gab es ein Pressezentrum, noch war geklärt, wo Eröffnungs- und Schlußfeier stattfinden sollten. In ihrer Presserklärung nach der Abstimmung gaben die Japaner denn auch offen zu: »Wenn das IOC unsere Dokumentation aufmerksam studiert hat, wird es bemerkt haben, daß wir das Land erst noch bestellen müssen.«

Wer war Samaranchs Favorit in Birmingham? Der einzige, der es mit Sicherheit weiß, hielt sich bedeckt: »Gemäß der Entscheidung des Exekutivkomitees«, lautete die übliche Erklärung, »wird der Präsident des IOC nicht an der Abstimmung teilnehmen.« Der oberste Olympier wahrte in der Öffentlichkeit wieder einmal Neutralität. Wir sind also erneut auf vertrauliche Hinweise angewiesen.

»Am Tag vor der Abstimmung in Birmingham«, berichtete uns ein langjähriges IOC-Mitglied, »sagte ich zu Samaranch, daß nach technischen Gesichtspunkten Salt Lake City eindeutig die Nase vorn habe. Dort sei alles schon vorhanden. Ich fragte ihn, ob wir nach dem Votum für Atlanta die Spiele erneut nach Amerika vergeben könnten. Sollten wir die Ausrichterqualitäten beurteilen oder eher eine politische Entscheidung treffen? Er sagte mürrisch: ›Wir können sie nicht schon wieder den Amerikanern geben.‹ Dann wechselte er das Thema.«

Samaranch war mit dem Ergebnis offenbar zufrieden. Einem Reporter sagte er: »Was, meinen Sie, hätten Ihre Kollegen über die Abhängigkeit des Sports und inbesondere des IOC vom US-Dollar und von den nordamerikanischen Fernsehgesellschaften geschrieben, wenn die USA nach der Fußball-WM 1994 und den Olympischen Spielen 1996 nun auch die Winterspiele 1998 bekommen hätten?«

Das IOC verfügt über eine eigene Bewertungskommission, deren Aufgabe es ist, die technischen Fähigkeiten der Bewerber zu beurteilen. Doch auch sie war bislang nur ein Papiertiger. So wurde ihr bei der IOC-Sitzung in Tokio 1990 nicht gestattet, den Teilnehmern mitzuteilen, wie sie die Bewerberstädte einstufte. Samaranchs Exekutivkomitee stoppte sie.

Die Kommission unter Leitung des Schweden Gunnar Eriksson schrieb einen Bericht für das Komitee. Darin teilte es die sechs

Kandidaten in zwei Gruppen ein. Zur ersten Gruppe, die das Prädikat »sehr gut« erhielt, gehörten Atlanta, Toronto und Melbourne. Die zweite Gruppe, nur als »gut« eingestuft, umfaßte Manchester, Belgrad und Athen.

Das Exekutivkomitee mochte sich mit einer Notenverteilung nicht anfreunden und bat die Kommission, den Bericht umzuschreiben, bevor sie ihn den Mitgliedern vorlegte. »Wie soll eine Bewertungskommission ordentliche Arbeit leisten, wenn sie gar nicht bewerten darf?« fragte ein verstimmtes Kommissionsmitglied.

Die ANOC, der Verband der Nationalen Olympischen Komitees, nahm unter ihrem Vorsitzenden Mario Vazquez Raña gleichfalls eine Bewertung der Kandidaten für 1996 vor. Sie vergab Plus- und Minuspunkte, ging aber nach so simplen Kriterien vor, daß kaum jemandem damit gedient war:

»Athen Pluspunkt: Moralischer Beitrag zur olympischen Tradition.

Athen Minuspunkt: Voraussichtlich hohe Temperaturen und kaum Niederschläge.

Atlanta Pluspunkt: Die Spiele versprechen der olympischen Bewegung einen beträchtlichen finanziellen Gewinn.

Atlanta Minuspunkt: Ziemlich hohe Temperaturen und vermutlich nur geringe Niederschläge.

Melbourne Minuspunkt: Lange Anreise für die meisten Teilnehmerstaaten.

Toronto Pluspunkt: Spezielles Rahmenprogramm für die Athleten.«

Dieser letzte Pluspunkt dürfte das Abstimmungsverhalten der IOC-Mitglieder kaum beeinflußt haben.

In der Öffentlichkeit verurteilten Samaranch und sein Exekutivkomitee alle Auswüchse. Die vielen neuen »Anweisungen« von 1991, mit denen sie dem IOC-Tourismus angeblich einen Riegel vorschieben wollten, waren nur die letzten in einer langen Liste von Verboten. Doch bis dato hat Lausanne nichts getan, um ihnen auch Geltung zu verschaffen. Im Gegenteil, auch Samaranch selbst reist häufig in Bewerberstädte, spornt sie zu größeren Anstrengungen an und treibt damit zwangsläufig die Kosten in die Höhe.

In Salt Lake City erfuhr Samaranch, daß achtundvierzig IOC-Mitglieder die Hauptstadt Utahs besucht hatten. Der Präsident schien beeindruckt, erinnerte seine Gastgeber aber daran, daß »achtundvierzig nicht einundneunzig« seien.

Unmittelbar vor seiner Abreise sagte er bei einer Pressekonferenz: »Viele Mitglieder, die hierherkamen, waren sehr beeindruckt. Von ihnen weiß ich, daß Salt Lake City sehr gute Aussichten hat.«

Die Einheimischen bissen an und fragten: »Sind wir die Nummer eins?« Und Samaranch antwortete: »Vielleicht. Lassen Sie mich ein Wort hinzufügen: Die Stadt hat sehr, *sehr* gute Aussichten.«

Nach diesen Worten der Ermutigung reiste der Präsident zu den japanischen Bittstellern in der Konkurrenzstadt Nagano.

Ermutigung auszusprechen ist ihm zur Gewohnheit geworden. Als ihn der ehemalige japanische Ministerpräsident Yasuhiro Nakasone um Hilfe bat, die Spiele erneut in sein Land zu holen, lautete die Antwort: »Nagano hat sehr gute Aussichten.«

»Neulich«, sagte Dennis Howell, »sprach ich in China mit einem britischen Geschäftsmann, der an der Bewerbung Pekings für Olympia 2000 beteiligt war. Er erzählte mir, daß sich Samaranch nach seinem Chinabesuch sehr lobend geäußert habe. Ich sagte nur: ›Wieder einmal.‹ Er tut das nämlich überall. Damit kurbelt er das Geschäft an. Er will mehrere Bewerber, denn das ist wichtig für das kollektive Selbstbewußtsein der Organisation, und deshalb sage ich auch, daß wir dieses Auswahlverfahren abschaffen sollten. Es taugt nichts und führt zu einer ungeheuren Verschwendung öffentlicher Mittel. Ich glaube, daß Samaranch und seine Kollegen die Bewerbungspraxis momentan für so unentbehrlich und wichtig für die Zukunft des IOC halten, daß sie niemals etwas dagegen unternehmen werden. Denn was geschieht da eigentlich? Sechs Bewerberstädte machen mit Millionen Werbung für das IOC, und das IOC kostet es keinen Pfennig. So gesehen lohnt es sich für das IOC allemal, und deshalb, so meine ich, wird es zwar versuchen, das Ganze in Grenzen zu halten, aber niemals wirklich abschaffen.«

In den Wandelhallen des internationalen Konferenzzentrums, in dessen Sitzungssaal sich die IOC-Mitglieder zur Abstimmung versammelten, geigten Kinder aus Nagano mit der Cowboy-Band aus Salt Lake City um die Wette, und die fahrenden Musikanten aus Jaca versuchten, den gemischten Chor aus Östersund zu übertönen.

Draußen im Regen warteten Hunderte von Nagano-Anhängern mit japanischen Drachen, ein starres Lächeln auf dem Gesicht, und winkten mit unverwüstlicher Freundlichkeit den amüsierten Passanten zu. Seit drei Tagen sangen und skandierten sie dort unter mehreren Schirmen im Busby-Berkeley-Stil.

Drinnen liefen die Fernsehkameras und schickten Bilder eines zweisprachigen TV-Spektakels in den Äther, das der BBC-Sportkoordinator Desmond Lynam und ein französisch sprechendes Pendant mehr schlecht als recht moderierten. Wie ein Papageienpärchen plapperte der eine die Sätze des anderen nach. »Well, and now for a look at Salt Lake City«, rief Lynam begeistert. »Eh bien«, tönte sein französisches Echo, »et maintenant, Salt Lake City.«

Endlos flimmerten Videos von verschneiten Landschaften in verschiedenen Teilen der Welt über den Bildschirm, bis sich die quälende Show endlich ihrem Höhepunkt und damit ihrer eigentlichen Bestimmung näherte: der Bekanntgabe des Siegers durch Juan Antonio Samaranch.

Die IOC-Mitglieder strömten auf die Bühne, gefolgt von ihrem Präsidenten. Das Orchester stimmte die Olympische Hymne an. Halb erwartete man, daß die Bühne sich jetzt drehen müßte. Als die Mitwirkenden endlich Aufstellung genommen hatten und bewegungslos verharrten, fiel der Scheinwerfer auf Samaranch.

Er zog ein Blatt Papier aus einem Umschlag. »Der Gewinner ist – Nagano.« In der Halle und vor der Halle weinten erwachsene Männer, die einen vor Freude, die anderen vor Trauer.

Salt Lake City wäre um ein Haar bereits im ersten Wahlgang ausgeschieden. Die Amerikaner hatten nur fünfzehn Stimmen erhalten, genausoviel wie die italienische Stadt Aosta. Trotz des Qualitätsunterschieds der beiden Bewerbungen mußten die Amerikaner zu einer demütigenden Stichwahl gegen die Italiener antreten. Eine Stimme weniger im ersten Durchgang, und einer der stärksten Kandidaten wäre bereits an der ersten Hürde gestrauchelt.

»Das hätte einen Riesenrabatz gegeben«, sagt Bob Scott. »Viele Leute stimmten im ersten Wahlgang für Jaca, hatten aber nicht die Absicht, dabei zu bleiben.« Die Amerikaner waren außer sich. Frau Smirnov, die Gattin des russischen IOC-Mitglieds Vitaly Smirnov, sollte von Birmingham aus nach Salt Lake City weiterfliegen. Die Russen hatten die amerikanische Bewerbung unterstützt. Nach der Abstimmung wurden ihr Paß und ihr Visum unter der Zimmertür durchgeschoben. Die Amerikaner hatten die Reise rückgängig gemacht.

Bei der abschließenden Pressekonferenz wurde der IOC-Präsident in Birmingham gefragt, ob der erste Wahlgang dem Ansehen des IOC nicht geschadet habe. Seine barsche Antwort: »Nur der letzte Wahlgang zählt.«

Beunruhigter über die Vorgänge zeigte sich draußen vor dem Saal der australische IOC-Vizepräsident Kevan Gosper: »Wir müssen das Verfahren neu überdenken«, vertraute er einem Journalisten an, fügte aber hinzu: »Und wir dürfen die Abstimmungsergebnisse nicht mehr veröffentlichen.«

Marc Hodler, Vorsitzender der Kommission, die die neuesten Richtlinien für die Bewerber ausgearbeitet hatte, wirkte resigniert. Ein Reporter fragte ihn:

»Haben Sie vor, bei den Bewerbungen und Geschenken etwas zu ändern?«

»Wir tun unser Bestes«, antwortete er. »Wir wollen den Wert der Geschenke begrenzen und hohe Ausgaben vermeiden, wie sie etwa mit großen Empfängen verbunden sind – solche Empfänge sind jetzt nicht mehr erlaubt.«

Dann erinnerte Hodler die Journalisten daran, daß eine Bewirtung der IOC-Mitglieder nur in den Hotel-Suiten im Hyatt möglich gewesen sei. Anscheinend wußte er nichts von den japanischen Abenden in Highbury. Ebensowenig die Journalisten.

»Sind die Delegationen aus den Bewerberstädten zu groß?«

»Wir tun unser Bestes«, wiederholte Hodler sein Sprüchlein. »Wir wollten sie auf jeweils sechs Personen beschränken, konnten uns damit aber nicht durchsetzen. Wir leben nun mal in einer freien Welt.«

»Was dürfen Geschenke höchstens kosten?«

»Wir prüfen verschiedene Posten, die in der Vergangenheit Kosten verursacht haben, zum Beispiel Ausstellungen. Und wir versuchen zu unterbinden, daß wertvolle Geschenke gemacht werden.« Damit war das Gespräch beendet.

Samaranch hat angekündigt, daß er verschärft gegen Auswüchse bei den Bewerbungen vorgehen will. Aber seine neuen Richtlinien zielen nur auf die Berwerberstädte, nicht auf seine IOC-Mitglieder. So hat er erstmals damit gedroht, jede Stadt auszuschließen, die zu viele Verlockungen bietet. Doch seine neuen Regeln sehen keine Sanktionen gegen IOC-Mitglieder vor, jene Leute also, die ihnen erliegen. In den achtziger Jahren beklagten sich aufgebrachte Bewerberstädte bei Samaranch über unannehmbare Forderungen einzelner IOC-Mitglieder. Doch kein Mitglied wurde zum Rücktritt aufgefordert – wie es in jedem anderen Bereich des öffentlichen Lebens und in der Wirtschaft der Fall gewesen wäre.

Die wirklichen Verhältnisse zeigten sich in Birmingham, in Highbury House und im Hyatt, wo eine junge Studentin bei ihrem Ferienjob erste Bekanntschaft mit den Hütern der olympischen Ideale machte.

»Als ich anfing, wußte ich nicht, was mich erwartete«, sagt Shirley Hunt, »und wir alle waren gespannt, wer die Wahl gewinnen würde. Aber dann fand ich alles ziemlich ernüchternd. Am Ende der Woche fragte ich mich, was das alles eigentlich mit Sport zu tun hatte. Es war eine einzige große Show. Alles war so offensichtlich. Anscheinend waren sie fest entschlossen, möglichst viel Geld auszugeben. Das paßte überhaupt nicht zu dem, was ich mir immer unter den Olympischen Spielen vorgestellt hatte – menschliche Qualitäten, Leistung und so. Die Olympischen Spiele sind nicht so schön und unschuldig, wie man meint oder wie einem vorgemacht wird. Von Moral ist nicht viel zu merken. Nur das Geld zählt, es ist ein Geschäft wie jedes andere. Obwohl«, fügte sie hinzu, »am Ende der Woche wußte ich, was ich werden wollte: IOC-Mitglied.«

20 Ende der Olympischen Spiele?

Die Olympischen Spiele sind in einer Hinsicht noch immer einzigartig: Alle vier Jahre bringen sie die Jugend der Welt zu ungezwungenem und fairem Wettkampf zusammen und bieten so die Perspektive einer besseren Welt. Wenn es heißt, die Teilnahme sei ebenso wichtig wie der Sieg, so ist das mehr als ein Klischee – es ist ein Ideal und zugleich das Fundament einer demokratischen Lebensweise.

Es ist unannehmbar, daß sich zwei alte Männer das Recht anmaßen, die wichtigsten Entscheidungen über die Zukunft der Olympischen Spiele zu fällen – zwei alte Männer, deren Hauptsorge offenbar darin besteht, ihr Ego und ihren Ehrgeiz im Kampf um die Vorherrschaft im Weltsport gegeneinander auszuspielen.

Juan Antonio Samaranch und Primo Nebiolo tragen die Hauptverantwortung dafür, daß sich unsere Spiele von einem Amateur-Sportfest in ein professionelles Show-Spektakel verwandelt haben. Beim Amateursport zählt nur das Mitmachen, bei der professionellen Variante geht es um Geld, um Sieg um jeden Preis und um die Manipulation der Sportler durch die Impresarios. Es kann sein, daß auch diese Variante Freude bereitet, auf jeden Fall aber muß sie profitabel sein. Moralisch oder demokratisch ist sie nicht. Die Anklage gegen die beiden alten Männer ist vernichtend. Sie haben den Weg geebnet für den Ausverkauf des Sports und der einst unbefleckten fünf Ringe an die Meistbietenden. Sie haben in ihren Reden darauf hingewiesen, wie gefährlich das Doping für den Sport sei, sich aber mit durchgreifenden Gegenmaßnahmen zurückgehalten. Dabei wußten sie die ganze Zeit über, daß Betrüger die Tests umgehen konnten. Zusammen stehen sie jetzt dreiundzwanzig Jahre an der Spitze des Sports. Unser Sport kann sich diese alten Männer nicht mehr leisten.

In ihrem Kampf um die Vorherrschaft schlugen Juan Antonio Samaranch und Primo Nebiolo ähnliche Wege ein. Ihre Vorstellungen, wie der Weltsport inszeniert werden sollte, scheint vom selben Denken bestimmt. Beide haben sich über die anderen führenden Sportfunktionäre zu einer absoluten Machtfülle erhoben, die in der demokratischen Welt des Sports bislang unbekannt war. Ihre einzige Differenz betrifft die Frage, wer von ihnen allein an der Spitze stehen sollte.

In diesem olympischen Jahr treffen sie in Barcelona wieder aufeinander. Es könnte ein entscheidendes Jahr für die olympische Bewegung und für den Weltsport werden. Viele Menschen, die nicht zur gefügigen Mitgliedschaft des »Clubs« gehören, sind der Meinung, daß den Erfordernissen der Medien und der multinationalen Konzerne bereits zu viele Opfer gebracht wurden. Weder Zuschauer noch Teilnehmer wurden jemals zu den »Kommunikationsinstrumenten« und »Produktkategorien« bei der Vermarktung des Sports befragt. Immer mehr Fernsehzuschauer auf der ganzen Welt glauben, daß viele Sportstars von Medikamenten abhängig sind, aufgedunsen zu Weltmeistern der Chemie. Im Kampf um mehr Geld, mehr Anreize, mehr Genuß, höhere TV-Einschaltquoten und immer dubiosere Weltrekorde werden die Grundrechte und Interessen der weltweiten schweigenden Mehrheit außerhalb des »Clubs« übergangen.

Vor zehn Jahren hielt Samaranch beim olympischen Kongreß in Baden-Baden eine Rede. Der neugewählte Präsident erklärte: »In einer Welt, in der der Sport täglich an Größe und Bedeutung gewinnt, muß der Präsident des IOC an seiner Spitze bleiben.« Das war die korporative Definition seines Amtes, die er im ersten Jahr seiner Präsidentschaft formulierte. Sein Vermächtnis ist die Anerkennung von Sportarten wie Synchronschwimmen und die Teilnahme millionenschwerer Tennisprofis und Basketballstars an den Olympischen Spielen.

Samaranch kann sich zu seiner Leistung in den letzten zehn Jahren beglückwünschen, wenn er hier in Barcelona auf der olympischen Rednerbühne steht. Er hat sich selbst neu geschaffen. Und er hat die olympische Bewegung und ihre Spiele neu geschaffen. Es ist bemerkenswert, daß Samaranch die olympische Bewegung anscheinend nach einem Modell gestaltet hat, das dem Spanien

Francos gleicht. Der Führer des IOC weist auch insofern eine gewisse Ähnlichkeit mit dem General im Pardo-Palast auf, als er über uneingeschränkte Macht verfügt und einer Struktur vorsteht, in der Praktiken als normal gelten, die in jedem anderen Bereich des Lebens als korrupt bezeichnet würden.

General Franco, dem Samaranch die Treue schwor, ging rücksichtslos gegen seine Gegner vor. Sie wurden ermordet, gefoltert und ins Gefängnis geworfen. Wer zu stark war, wurde gekauft – er durfte Mitglied in Francos Club werden und von Steuerhinterziehung, betrügerischen Geschäftspraktiken und kommerziellen Begünstigungen profitieren.

Samaranch kann Dissidenten natürlich nicht bestrafen, auch wenn er sich manchmal wünschen mag, lieber den *Movimiento* des Generalissimo als die olympische Bewegung zu führen. Aber er hat die Macht, potentielle Unruhestifter von den Entscheidungsprozessen an der Spitze seines »Clubs« auszuschließen. Ehrgeizige IOC-Mitglieder, die auf seine Nachfolge hoffen, wären schlecht beraten, wollten sie ihm privat oder öffentlich entgegentreten. Sie würden den Ausschluß aus den Schlüsselkomitees riskieren, in denen sie Prestige und Stimmen gewinnen können. Die weniger Ehrgeizigen genießen ihre Mitgliedschaft im »Club« und die damit verbundenen Privilegien. Dies ist wohl auch die Erklärung für die bemerkenswerte Tatsache, daß es in dieser Organisation mit vierundneunzig Mitgliedern praktisch keinen öffentlich artikulierten Dissenz gibt. Minderheiten haben im IOC keine Stimme. Kein Mitglied beruft eine Pressekonferenz ein, um sich vor der Öffentlichkeit mit Entscheidungen des IOC auseinanderzusetzen. Selbst hinter geschlossenen Türen finden keine Diskussionen statt, die nicht vom Führer zugelassen wurden. Es gibt keine – oder jedenfalls keine dokumentierten – Beschwerden über den klammerartigen Griff der Organisation in Lausanne.

Aber wir sprechen hier über den Sport, nicht über die Staatssicherheit oder das private Leben von Individuen. Wie konnten wir zulassen, daß die Moral der Olympischen Spiele, die Moral dieses Symbols der Offenheit, der Demokratie und des freien Meinungsaustausches, auf den Kopf gestellt wurde? Die Ideologen in Lausanne sagen, daß der Sport uns gehöre und uns allen nütze. Gleichzeitig verweigern sie uns jede Mitsprache bei ihren Entscheidungen. Sie bringen unzählige Pressemitteilungen, Reden und Absichtserklärungen hervor, denen zufolge die Spiele für die Welt veranstaltet werden. Gleichzeitig aber verkehren sie sie in etwas ganz anderes. Wir dürfen nichts beitragen. Auch die Mehrheit der IOC-Mitglieder darf kaum etwas beitragen. Die meisten von ihnen erfreuen sich an Geschenken und Prestige und halten den Mund. Der Führer des Weltsports braucht keinerlei Rechenschaft abzulegen, und wir, die wir von den Angebern und Schönrednern aus der Welt der Sponsoren hereingelegt wurden, werden von ihm einfach ignoriert.

Wir sind weder Sportjournalisten, noch gehören wir zum olympischen Zirkus. Wir können die Realität also nüchtern einschätzen. Unserer Meinung nach leibt und lebt der Geist jenes Europas der Diktatoren, das die meisten von uns für tot hielten, in Samaranchs »Bunker« über dem Genfer See weiter. Ein Überlebender jener Zeit hat es unserer Ansicht nach geschafft, eine unserer kostbarsten, von hohen Idealen geprägten Institutionen in seine Gewalt zu bringen.

Es geht uns hier nicht um einen alten Faschisten, der unter dem Stacheldraht hindurch flüchten konnte und nun in einem entfernten Kontinent weiterlebt. Samaranch floh vor der neuen demokratischen Ordnung seines Vaterlandes und scheint im IOC einen sicheren Hafen gefunden zu haben. Dort lebt er in einem ähnlich autoritären Stil weiter, wie er in dem System geherrscht hatte, das kurz nach seinem fünfundfünfzigsten Geburtstag zusammengebrochen war. Er hätte sich vermutlich gar nicht anders verhalten können. Seine ganze Jugend war von der Diktatur geprägt, von einer Atmosphäre der Repression und der Verweigerung des Grundrechts auf eine eigene Meinung.

Wir haben den Eindruck, daß Samaranch versucht, der olympischen Bewegung eine Struktur aufzuzwängen, die an Francos Spanien erinnert. Vor einem Jahrzehnt stellte die Institution, die im Château de Vidy residiert, nur ein Drittel der olympischen Familie dar. Die beiden anderen Drittel bildeten die internationalen Sportverbände und die Nationalen Olympischen Komitees. Samaranch holte weitere Verbandsführer und NOK-Mitglieder in das IOC. Er versuchte dabei, etwas zu schaffen, das den alten syndikalistischen Organisationen glich, in denen Arbeiter und Arbeitgeber angeblich zum Wohl des Staates aneinandergekettet waren. Das Aufsaugen jeder potentiellen Opposition hat eine gesunde öffentliche Debatte praktisch im Keim erstickt.

Samaranchs IOC bricht viele der anerkannten Verhaltensregeln des öffentlichen Lebens. Die Praktiken, die das IOC beim Bewerbungsverfahren um die Ausrichtung der Spiele billigt, sind nicht ehrenhaft und widersprechen den Idealen des Sports.

Kein Unternehmen, das geschäftliche Beziehungen mit einer anderen Firma aufnehmen möchte, kann ungestraft solche Geschenke verteilen, wie sie einzelnen IOC-Mitgliedern von den Bewerberstädten überreicht werden. Denn die IOC-Mitglieder stimmen letztlich über die Bewerbungen ab. Kein Unternehmen, das sich um Aufträge lokaler oder nationaler Regierungen bewirbt, könnte sich ein solches Verhalten leisten. Der Schenkende wie der Beschenkte würden wohl beide entlassen und möglicherweise sogar angezeigt werden. Die endlosen Ströme von Geschenken und die üppige Gastfreundschaft sind unmoralisch und in keiner Weise zu rechtfertigen. Die Bürger von Birmingham und Manchester und jeder anderen Stadt, die öffentliche Gelder für Geschenke an die IOC-Mitglieder ausgaben, sollten sich die Frage stellen, ob eine solche Verwendung von Steuergeldern sinnvoll ist.

Der IOC-Führer könnte diesen Skandal mit einem einzigen Machtwort beenden. Er könnte an die übrigen dreiundneunzig IOC-Mitglieder schreiben und ihnen die Annahme weiterer Geschenke verbieten. Er könnte sie warnen, daß die Nichtbefolgung dieser Anweisung den sofortigen und schmählichen Ausschluß aus der olympischen Bewegung zur Folge hätte. Warum hat Samaranch dieses Verbot bislang nicht ausgesprochen? Warum hat er statt dessen nur die Bewerberstädte gebeten, die massive Bestechung zu unterlassen? Sicher können nur wenige Körperschaften auf der Welt Verordnungen erlassen, die auch außerhalb ihrer Rechtsgewalt Gültigkeit beanspruchen, während sich ihre eigenen Mitglieder weiterhin nach eigenem Gutdünken verhalten dürfen.

Und sicher wären einige IOC-Mitglieder zutiefst verärgert, wenn der Strom von Geschenken plötzlich unterbrochen würde. Aber sind das wirklich die Leute, die wir an der Spitze des Weltsports sehen wollen? Die Namen der ehrlosen IOC-Mitglieder, die sich ihre Geschenke auswählen, sich Geldbeträge zustecken lassen oder andere dubiose Machenschaften betreiben, sind in den Bewerberstädten gut bekannt. Sie werden im olympischen Zirkus weitergegeben und waren dem IOC sicher auch 1986 und 1990 bekannt, als sich die Skandale ereigneten, die dazu führten, daß

Barcelona und Atlanta aus dem Verfahren als Sieger hervorgingen. Vielleicht sind sie von Samaranch privat gewarnt worden.

Der Weltsport, *unser* Sport, hat eine bessere Behandlung verdient. Diese sogenannten Olympier sollten deshalb beim Namen genannt und aus dem IOC ausgeschlossen werden. Es scheint jedoch Samaranchs Politik zu sein, die Korruption seiner Organisation vor der Öffentlichkeit zu verbergen. Sie könnte die Sponsoren verärgern.

Die Weltmedien verbreiten vor und während der Spiele Millionen trivialer Phrasen über das »olympische Ideal«. Schon jetzt ist jedoch sicher, daß es keine wahren Berichte darüber geben wird, wie das IOC von seinen eigenen Mitgliedern gesehen wird. Uns wird verborgen bleiben, was sie wirklich über die undemokratische Führung der Bewegung durch ihren Präsidenten denken. In den großen Geheimdiensten der Welt gibt es mehr undichte Stellen als in Samaranchs exklusiver Gesellschaft. Warum diese Zurückhaltung? In einem vergleichbaren Zusammenhang antwortete der gedopte Sportler Tony Sharpe der Dubin-Untersuchungskommission: »Der Ruhm lockt, und die vielen Dollars auch.«

Während unserer Nachforschungen für dieses Buch gewährte uns ein IOC-Mitglied ein Interview. Wir holten unser Tonbandgerät heraus und zeichneten seine ausführliche Kritik an Samaranchs undemokratischem Führungsstil auf. Von Zeit zu Zeit wurden wir gebeten, bestimmte Äußerungen nicht aufzuzeichnen. Diesen Bitten entsprachen wir. Später geriet das IOC-Mitglied in Panik. Ohne Vorankündigung beauftragte es eine angesehene Anwaltskanzlei, die Veröffentlichung dieser ehrlichen Meinungsäußerung zu verhindern. Das Interview drehte sich nur um den olympischen Sport und um die Art und Weise, in der sein Führer das IOC leitet – Aussagen, die für Unterlassungs- und Verleumdungsklagen kaum geeignet erscheinen. Vor die Wahl gestellt, entschied sich das IOC-Mitglied dafür, die Wahrheit zu verbergen und der großen Täuschung des Juan Antonio Samaranch Vorschub zu leisten. Gleichzeitig genießt dieses Mitglied weiterhin die Ehre und das Ansehen seiner olympischen Stellung im In- und Ausland.

Auch jenes Drittel aller IOC-Mitglieder, das aus Ländern ohne demokratische Traditionen stammt, genießt in Barcelona den privilegierten Lebensstil. Fast alle sind Männer, denn Samaranchs sehr modernem IOC gehören lediglich sieben weibliche Mitglieder an. Darin unterscheidet sich das Gremium nicht wesentlich von den Führungsgremien internationaler Sportverbände wie beispielsweise Nebiolos Leichtathletik-Rat, in denen Frauen keinen Platz haben.

Mehr als die Hälfte der heutigen IOC-Mitglieder wurde von Samaranch ernannt – von einem Berufspolitiker, der sich nie einer demokratischen Wahl stellen mußte und dessen Weltbild von einer repressiven und schandbaren Ideologie geprägt wurde. Dies gibt Anlaß zu der Sorge, daß der Weltsport von Männern in das nächste Jahrhundert geführt wird, die vom Überlebenden eines ehrlosen Regimes ausgewählt wurden.

Eifrigen IOC-Mitgliedern mag ihre Lebensstellung wie das Paradies auf Erden erscheinen. Sehen wir uns an, was dieser Lebensstil zu bieten hat. In den vier Jahren zwischen den Olympischen Spielen finden vier Jahresvollversammlungen statt. In olympischen Jahren wird die Versammlung gleichzeitig mit den Spielen abgehalten, so daß das Festival der Genußsucht von einer bis zu drei Wochen dauert. In dem neuen, zweijährigen Zyklus der Winter- und Sommerspiele wird es viele genußvolle Reisen in bis zu zehn Kandidatenstädte geben, die um die Gunst der IOC-Mitglieder buhlen. Gleichzeitig können die Mitglieder verschiedenen der großartige Namen tragenden IOC-Kommissionen angehören. Auch diese Arbeit bietet Anlaß zu weiteren Luxusreisen in exotische Weltteile.

Die Aufgabe der Kommission für die Zulassung der Athleten ist es, den Wunsch der TV-Medien nach Zulassung von immer mehr Profisportlern zu den »Amateur-Spielen« zu befriedigen. Ferner gibt es eine Athleten-Kommission, eine Kommission für die Presse und eine weitere für das Fernsehen. Es gibt Kommissionen für kulturelle und medizinische Angelegenheiten, für Fragen der Apartheid, für finanzielle Angelegenheiten, für neue Finanzquellen und für Fragen des Breitensports. Damit ist die Liste noch nicht zu Ende. Es gibt Kommissionen für das olympische Programm, für die Vorbereitung des zwölften olympischen Kongresses und für die Koordination der Spiele.

Die Mitglieder können entweder der Kommission für die Vorbereitung der Spiele von 1996 oder einem der beiden Räte angehören. Ein Rat ist für die olympische Bewegung, der andere für den olympischen Orden zuständig. Samaranch ist Vorsitzender des letztgenannten Rates. Er muß sich jetzt in anderen Weltregionen nach ehrenwerten Ordensempfängern umsehen, denn es gibt keine Ostblock-Despoten mehr, die er damit auszeichnen könnte.

Die unglaubwürdigste all dieser Kommissionen ist für die Internationale Olympische Akademie zuständig. Diese bizarre Körperschaft trifft sich in Olympia in Griechenland; die Mitglieder und ihre Gäste pflegen dort das ernste Gespräch über ihre Philosophie des »Olympismus«. Einer der Hauptstützen dieser Kommission, die Theorien über die Reinheit des olympischen Ideals entwickelt, ist Abdul Muttaleb Ahmad, der Privatsekretär des verstorbenen Scheichs Fahd von Kuwait. Er hat aktiv die »Wahl« von Fahds Sohn Ahmad zum Präsidenten des Olympischen Rates für Asien betrieben.

Die politisch wichtigste Kommission ist die Solidaritäts-Kommission, die die bei den Spielen erwirtschafteten Gewinne über die ganze Welt verteilt, um dort Sporteinrichtungen und Trainingsmöglichkeiten zu schaffen. Samaranch ist Vorsitzender auch dieser Kommission. Als Stellvertreter wählte er Mario Vazquez Raña sowie den Generalsekretär der ANOC, den früheren polnischen Diplomaten Marian Renke, der zugleich Mitglied der olympischen Koordinations-Kommission ist. Rañas Bruder Olegario und Samaranchs langjähriger Geschäftsfreund Anselmo Lopez gehören ebenfalls der Solidaritäts-Kommission an. Der Journalist Andre Merce Varela aus Barcelona ist gleichfalls ein alter Bekannter Samaranchs aus der Zeit Francos; er ist Mitglied der Presse-Kommission.

Nach den Spielen wird das IOC seine Version des olympischen Ideals in einer Flut teurer, prächtiger Erinnerungsbücher, Magazine und sonstiger Schriften verbreiten. Führende Journalisten aus aller Welt werden in ihren Beiträgen die olympischen Werte anbeten und den olympischen Führer preisen. Vieles davon ist banal, und nichts davon wird außerhalb der kleinen »olympischen Familie« gelesen werden, aber solche Verlautbarungen festigen doch ihr System und lenken die Aufmerksamkeit von der Realität ab.

Samaranchs Vorstellungen von den modernen Spielen werden in seiner größten Torheit, dem Olympischen Museum, verewigt.

Das Museum wird in Kürze in Lausanne eingeweiht. Seine Kosten belaufen sich auf nahezu vierzig Millionen Dollar. Ein großer Teil der Finanzmittel stammt aus den Spenden zahlreicher TOP-Sponsoren in Höhe von jeweils einer Million Dollar. 1989 bat Samaranch den damaligen japanischen Premierminister Kaifu, die Spenden japanischer Firmen für sein Museum steuerlich zu begünstigen.

Diktatoren streben stets danach, sich in architektonisch großartigen Gebäuden verewigen zu lassen. Samaranch macht hier keine Ausnahme. Er wird sein olympisches Archiv dem Museum stiften. Hierzu würden wir gern einen Beitrag leisten und dem Museum eine Kopie des Briefes stiften, den er im Jahre 1956 schrieb und der mit der Formel endet: »Stets zu Ihren Diensten. Ich grüße Sie mit erhobenem Arm.«

Samaranch kann seinen verehrten Generalissimo Franco nicht mehr grüßen; er hat jetzt neue Idole. In der Lobby des Hotels Princesa Sofia in Barcelona werden Männer in Nadelstreifen-Anzügen verkehren – die gleichfalls nie gewählten Herrscher über das Schicksal unseres Sports: die Fernsehbosse und Marketingleute. Vor der Öffentlichkeit demonstrieren sie Einigkeit mit Samaranch; unter sich jedoch spekulieren sie bereits über den zukünftigen Wert der Olympischen Spiele.

Der Preis, den das Fernsehen für die Spiele zahlt, hat seinen Gipfelpunkt vielleicht schon erreicht. Der Griff, mit dem die amerikanischen Sender ihre Zuschauer festhalten, wird infolge der Verbreitung des Kabelfernsehens schwächer. Außerdem mußten sie bei der Berichterstattung über inländische Sportereignisse Verluste hinnehmen. Die Gesellschaften werden daher neu berechnen müssen, welche Beträge sie sich für die Übertragungsrechte der Spiele leisten können. Die Sponsoren stehen vor einem ähnlichen Dilemma: Die Übertragung von Sportereignissen im Fernsehen hat stark zugenommen, und die Möglichkeiten der Werbung sind vielfältiger geworden.

Auch Primo Nebiolo wird in der Lobby des Princesa Sofia anwesend sein und seine Beziehungen zu den Sponsoren festigen. Das IOC hat ihm bislang die Mitgliedschaft verweigert. Seit Herbst 1991 deutet sich seine Vergeltung an. Es ist denkbar, daß er sich bald über seinen Rivalen Samaranch erheben, zum wichtigsten Mann im Weltsport werden und sich an den anderen Clubmitgliedern furchtbar rächen wird. Er könnte sogar die Olympischen Spiele, wie wir sie heute kennen, zerstören.

Es wäre alles ganz anders gekommen, wenn das IOC Nebiolo die Tür geöffnet hätte. Seit 1981, als er sich ohne lästige Wahlen an die Spitze der IAAF setzte, gelüstet es ihn danach, Mitglied der Elite in Lausanne zu werden. Als Präsident der wichtigsten olympischen Sportart glaubte er, einen Anspruch auf einen Sitz im IOC zu haben. Und als Primo Nebiolo strebt er unaufhörlich danach, Primus zu werden – und das heißt, daß er Samaranch ersetzen muß.

Als Nebiolo die Nachfolge Adriaan Paulens antrat, war er achtundfünfzig Jahre alt; bis zum IOC-Pensionsalter hatte er also nur noch siebzehn Jahre. Die erste Gelegenheit ergab sich 1982, als ein neues italienisches IOC-Mitglied ernannt werden mußte. Obwohl Nebiolo damals schon seit einem Jahr Führer der wichtigsten olympischen Sportart war, überging man ihn und ernannte Franco Carraro zum neuen zweiten IOC-Mitglied für Italien. Nebiolo setzte Samaranch weiterhin unter Druck. Der IOC-Präsident schlug 1984 vor, Nebiolo und Raña zu Mitgliedern ex officio zu ernennen. Nebiolo griff begierig nach dieser Kompromißlösung; mit einer solchen formellen Präsenz im IOC konnte er darauf vertrauen, daß ihn kein anderer italienischer Bewerber überholen würde, wenn sich wieder die Frage der Nachfolge für ein italienisches Vollmitglied stellte.

Aber die IOC-Mitglieder lehnten den Vorschlag ab. Nebiolo schäumte – und reagierte heftig. Inzwischen hatte er den Erfolg der ersten Leichtathletik-Weltmeisterschaft in Helsinki für sich verbucht. Nun trug er zum ersten Mal den Gedanken vor, diese Weltmeisterschaft alle zwei Jahre durchzuführen. Es war der erste Hinweis auf seine Rückversicherung für den Fall, daß er die olympische Macht niemals erringen würde.

Die beiden italienischen Vollmitglieder im IOC bildeten das Haupthindernis für Nebiolos Aufnahme in den »Club« von Lausanne. Franco Carraro scheint sich bester Gesundheit zu erfreuen; mit seinen einundfünfzig Jahren hat er vermutlich noch viele Jahre im IOC vor sich. Das andere italienische Mitglied, der berühmte Tennisspieler Giorgio di Stefani, ist jetzt achtundachtzig Jahre alt. Er ist Ehrenmitglied des IOC und geht am Stock, scheint aber entschlossen, seinen Sitz zu verteidigen, um Nebiolo den Zutritt zu verwehren. Zwar hätte Samaranch grundsätzlich die Möglichkeit, ein drittes italienisches Vollmitglied aufzunehmen, aber dies wäre nur unter Schwierigkeiten durchsetzbar.

Weniger als achtzehn Monate nach dem Skandal um den Weitspringer Evangelisti ereigneten sich weitere Skandale. Nebiolo war als Präsident des italienischen Leichtathletikverbandes zum Rücktritt gezwungen. Er verlor auch seinen Präsidentenstuhl im CONI, dem Nationalen Olympischen Komitee Italiens, und kann nicht mehr auf die Unterstützung des Komitees rechnen, falls im IOC ein Sitz neu zu besetzen wäre. Nebiolo trennte sich auch von seinem langjährigen Assistenten Luciano Barra. Obwohl diese Trennung angeblich in aller Bitterkeit vollzogen wurde, ist Barra nicht bereit, über die gemeinsamen Jahre bei FIDAL und IAAF Auskunft zu geben.

Nach der Ablehnung von 1984 versuchte Nebiolo, im IOC eine Vakanz herbeizuzwingen. Wir befragten Giorgio di Stefani 1989 in Rom über das Gerücht, daß ihm Nebiolo gewaltige Bestechungsgelder angeboten habe, wenn er seine IOC-Mitgliedschaft niederlege. Di Stefani bestätigte das Gerücht. »Vor vier Jahren versprach mir Nebiolo fünfzig Millionen Lire, wenn ich als IOC-Mitglied zurückträte«, erklärte er. »Samaranch bat mich, keinen Skandal zu verursachen. Nebiolo bestreitet alles, aber die Geschichte ist allgemein bekannt.«

Nebiolo übte die ganzen achtziger Jahre hindurch Druck aus, um durch die Hintertür in das Château de Vidy zu gelangen. Er schlug mehrmals vor, führende Verbandspräsidenten wie ihn an der Bewertung von Kandidatenstädten für die Spiele zu beteiligen. Bei der IOC-Vollversammlung 1985 in Lausanne schlug er vor, Präsidenten wie er »sollten bei der Wahl des Veranstaltungsortes der Spiele konsultiert werden, denn es geht darum, nicht nur technische Gesichtspunkte, sondern auch die internationalen und politischen Implikationen zu bedenken«. Seine Forderung zielte auf Stimmberechtigung im IOC.

Da Giorgio di Stefani weiterhin keine Anstalten machte zurückzutreten, begann Nebiolo erneut, Druck auszuüben. Bei der Vollversammlung des IOC im Jahr 1990 in Tokio ging es um die Vergabe der Spiele für 1996. Nebiolo und die anderen führenden Verbandspräsidenten richteten einen Brief an Samaranch, in dem sie drei wichtige Forderungen erhoben: das Stimmrecht bei der Wahl der Kandidatenstädte, die Mitgliedschaft ex officio im IOC und einen Anteil an den TOP-Sponsorengeldern.

Nebiolo selbst übte noch stärkeren Druck auf Samaranch aus, und in dem Maße, in dem sein Ehrgeiz mit ihm durchging, machte er diplomatische Fehler. Den Medien wurde mitgeteilt, Nebiolo sei entschlossen, in zweijährigem Turnus Leichtathletik-Weltmeisterschaften durchzuführen. Der Streit tobte wie immer hinter verschlossenen Türen, war aber dennoch allgemein bekannt, so daß man ihn durch die Veröffentlichung von Kommuniqués herunterzuspielen versuchte. Nebiolo ließ betonen, die Beziehungen zwischen der IAAF und dem IOC seien »besser als je zuvor«, Samaranch ließ hervorheben, sie seien »wie immer sehr positiv und freundschaftlich«. Die Niederlage von Tokio trieb Nebiolo zu einem neuen Schachzug gegen das IOC. Er schlug einen Weg ein, der zur Zerstörung des »Clubs« führen könnte, dem er nicht beitreten darf.

Im Montjuic-Stadion sitzt Nebiolo in der Prominentenloge und verfolgt die Eröffnung der Spiele durch Samaranch. Er ist jetzt neunundsechzig Jahre alt und weiß, daß es für ihn zu spät ist, die Führung der olympischen Bewegung zu übernehmen. Selbst wenn in diesem olympischen Jahr ein Sitz im IOC vakant und Nebiolo im Eilverfahren Mitglied werden würde, könnte er dieses Privileg nur noch sechs Jahre lang genießen. Denn für Vollmitglieder des IOC gilt eine Altersgrenze von fünfundsiebzig Jahren. Nebiolo hätte also nur sehr wenig Zeit, die Führung zu übernehmen.

In Nebiolos IAAF gibt es solche Zwänge nicht. Nebiolos Vorbild João Havelange ist sieben Jahre älter und herrscht noch immer mit fester Hand über den Weltfußball und über seine hochangesehene Fußball-Weltmeisterschaft. Was bei Havelange funktioniert, kann auch Nebiolo nützen. Seine dritte Leichtathletik-Weltmeisterschaft, die im September 1991 in Tokio stattfand, war ein großer Erfolg. Eine Woche lang berichteten die TV-Medien ausführlich über das Ereignis, und Nebiolo profitierte von einer reichen Ernte an neuen Weltrekorden, darunter im 100-Meter-Lauf und im Weitsprung. Jetzt hatte er endlich ein Spektakel, das den Olympischen Spielen den Rang streitig machen konnte.

Da Nebiolo in der olympischen Bewegung wahrscheinlich nicht

mehr weiter aufsteigen kann, schickt er sich an, die Spiele zu unterminieren und seine Leichtathletik-Weltmeisterschaften als größtes Sportereignis der Welt im Fernsehen zu etablieren. Während der Weltmeisterschaft in Tokio gaben seine PR-Leute Pressemitteilungen heraus, in denen die weltweite Zahl der Zuschauer mit vier bis fünf Milliarden angegeben wurde. Nur wenigen fiel auf, daß dies ungefähr der Gesamtbevölkerung unseres Planeten entspricht. Wichtiger war vielmehr, daß Nebiolo damit den Fernsehgewaltigen und Sponsoren ein Signal geben wollte: Nicht die Olympischen Spiele, sondern seine Weltmeisterschaft ziehe die Zuschauer an.

In Tokio machte Nebiolo den entscheidenden Schachzug. Er verkündete, daß die Leichtathletik-Weltmeisterschaften in Zukunft in zweijährigem statt wie bisher in vierjährigem Turnus durchgeführt würden. Seine Marketing-Experten von der ISL hatten ihm versichert, daß dann insgesamt mehr Fernseh- und Sponsorengelder in die Schatztruhen der IAAF fließen würden. ISL-Vizepräsident Paul Smith erklärte uns: »Zukünftig können wir zwar nur noch fünfundsiebzig Prozent der Einnahmen erwarten, die wir mit dem vierjährigen Turnus der Weltmeisterschaften erzielt haben. Aber wenn wir die Weltmeisterschaften alle zwei Jahre veranstalten, werden wir insgesamt hundertfünfzig Prozent der früheren Einnahmen verbuchen.« Dies würde eine Steigerung um mehr als siebenunddreißig Millionen Dollar bedeuten, die aus den immer deutlicher an ihre Grenzen stoßenden Budgets der weltweit größten Sponsoren kommen müßten.

Die Leichtathletik-Weltmeisterschaften 1993 in Stuttgart und 1995 in Göteborg befinden sich gegenwärtig in der Planung. Dies bedeutet, daß die Olympischen Spiele, deren populärste Sportart die Leichtathletik ist, zwischen Leichtathletik-Weltmeisterschaften im vorhergehenden und im nachfolgenden Jahr gezwängt werden.

Nebiolos nächster Schritt deutet sich bereits an. Er droht ganz offen damit, Havelanges Beispiel nachzuahmen und Sportlern über dreiundzwanzig Jahren die Teilnahme an den Olympischen Spielen zu untersagen. Havelange schützt mit dieser Maßnahme seine Fußball-Weltmeisterschaft. Wenn es Nebiolo gelingt, diese Regel in seiner IAAF durchzusetzen, entwertet er mit einem Schlag die Olympischen Spiele und zwingt die meisten Starathleten in seine eigene Weltmeisterschaft.

Die Mehrheit der Weltrekorde würde dann bei den Leichtathletik-Weltmeisterschaften und nicht mehr bei den Olympischen Spielen aufgestellt. Die Fernseh-Berichterstattung würde allmählich verkümmern, die Sponsoren würden sofort folgen. Wenn es gelingt, die Dopingskandale zu vertuschen, würden die TV-Medien umfassend über die Weltmeisterschaften berichten, wie es in Tokio bereits der Fall gewesen ist. Der Zusammenbruch würde sich durch die gesamte kommerzielle Kette fortsetzen, die heute zu den Olympischen Spielen gehört. Städte, die sich um die Ausrichtung der Spiele bewerben wollen, würden sich nun fragen, ob sie sich nicht um die Leichtathletik-Weltmeisterschaft bewerben sollten. Finanziert werden solche Großveranstaltungen überwiegend durch die Gelder der Fernsehgesellschaften für die Übertragungsrechte. Wenn die Sender von den Olympischen Spielen keine Weltrekorde mehr übertragen könnten, würden sie den Preis für die Übertragungsrechte drastisch reduzieren. In dem Maße, in dem die Städte das Interesse an der Ausrichtung der Spiele verlieren würden, würde auch der Strom von Geschenken und Anreizen für die IOC-Mitglieder versiegen. Der einzige Nutzen für den Sport würde darin bestehen, daß der »Club« von Lausanne endlich seinen verdienten Platz zugewiesen bekäme: am Rand des Sports.

Eine Frage ist längst überfällig: Welche Bedeutung haben Samaranchs korporative olympische Bewegung und Nebiolos machtbesessene IAAF-Führung für den Breitensport? Können sie wirklich Vorbilder für unsere Kinder sein? Wenn die Antwort nein lautet, müssen wir eine Anschlußfrage stellen: Wenn wir, unser Sport und unsere Kinder keinen Nutzen von diesen Organisationen haben, wem nützen sie dann?

Die Antwort ist: Sie nützen dem neuen Typus professioneller Sportpräsidenten, den nach Geschenken gierenden IOC-Mitgliedern, den Fernsehgesellschaften und den Sponsoren, die unseren Sport gekauft haben und die Sportler zum Doping getrieben haben, damit sie spektakulärere Leistungen erbringen, als es der menschliche Körper normalerweise zuläßt.

Man erklärt uns, die Olympischen Spiele würden für uns alle veranstaltet. Aber braucht dieses große Sportfest wirklich das IOC? Die Spiele wurden 1984 erstmals zum Vehikel des Profits.

Seither hat dieser exklusive und abgeschirmte »Club« in Lausanne auf Kosten des Sports erbarmungslos das eigene Wohl verfolgt. Die grauenhaften Fernseh-Zeremonien, bei denen eine Stadt mit der Ausrichtung der Spiele geehrt, ein halbes Dutzend anderer Städte jedoch gedemütigt wird, sollen als Medienereignis das Ansehen und die Bedeutung des IOC widerspiegeln. Wenn sich der »Club« dazu überwinden könnte, seine durch Fünf-Sterne-Hotels und Erste-Klasse-Reisen verursachten Kosten in Millionenhöhe zu reduzieren, könnten diese Finanzmittel zur Verbesserung der Sporteinrichtungen auf der ganzen Welt eingesetzt werden. Zugleich wäre das eine gute Prüfung: Viele Mitglieder des IOC würden im selben Augenblick zurücktreten, in dem ihre Privilegien abgeschafft würden. Dann hätten wir eine Chance, den Sport von diesem Berg der Verschwendung namens Olymp herabzuholen und ihn wieder den normalen Menschen zugänglich zu machen.

Für den überheblichen »Club« in Lausanne sind Probleme des Sports immer nur Probleme anderer, Probleme, die von Menschen und Organisationen verursacht werden, die sich außerhalb des magischen Zirkels des »Clubs« befinden. In Wahrheit ist der »Club« selbst das Problem. Es war nicht notwendig, die Amateur-Spiele in eine weitere Branche des Show-Busineß zu verwandeln, in eine weitere Unterhaltungssendung, die von Profis veranstaltet wird. Hätten die Hüter der Sportmoral im Château de Vidy an uns und nicht nur an sich selbst gedacht, so hätten sie die Interessen des Kommerzes vielleicht unter Kontrolle halten können.

Hören wir uns an, was Samaranch kürzlich zum Segelsport sagte, einem wunderbaren Sport, der nur leider fern von den auf dem Festland stationierten Fernsehkameras stattfindet: »Eine Sportart, die nicht das Interesse des Fernsehens findet, hat keine Zukunft.« Wer ist denn dieser Samaranch, daß er uns so etwas vorschreiben kann? Muß nun jede Diskussion über das Segeln verstummen, nur weil es der Mann aus Katalonien so will? Ist das die neue Grundregel – wenn sich das Fernsehen nicht für eine Sportart interessiert, ist sie wertlos? Wie stimmt das mit Samaranchs angeblichen Bemühungen um den Sport für alle überein?

Denken wir auch über etwas anderes nach: Bei den Spielen in Seoul forderte Samaranch die Organisatoren auf, die Zuschauer bei Wettkämpfen, bei denen nur ein kleines Publikum zu erwarten war, an den für die TV-Kameras günstigen Stellen zu konzentrieren, so daß die leeren Sitze von den Kameras nicht erfaßt würden. Das Kriterium, das wir bisher im Sport voraussetzten, lautet, daß allein die Teilnahme wichtig sei. Dieses Kriterium ist jetzt obsolet geworden.

Wir alle tragen die Mitschuld daran, daß der Sport von kommerziellen Interessen vergewaltigt werden konnte. Aber es ist noch nicht zu spät, seine Schönheit und Reinheit zu bewahren. Wenn wir uns anstrengen, können wir ihn retten. Der große Furunkel des IOC auf dem Körper des Sports könnte innerhalb weniger Wochen aufgestochen werden. Wir müßten nur den TOP-Sponsoren in Barcelona klarmachen, daß wir es nicht billigen, wenn sie mit ihren Dollars eine olympische Bewegung unterstützen, die heute Ähnlichkeiten mit Francos *Movimiento* aufweist.

Vielleicht kennen Unternehmen wie Coca-Cola, Kodak, Ricoh, National Panasonic, Philips, Mars, Visa, Bausch & Lomb, Brother, der Paketzustelldienst EMS und der 3M-Konzern die Lebensgeschichte des olympischen Führers nicht. Vielleicht wissen sie nicht, was er dem Sport, dieser demokratischsten aller Tätigkeiten, angetan hat. Vielleicht kennen auch die Journalisten eines anderen olympischen Sponsors, des Magazins *Time,* Samaranchs Hintergrund nicht. Es wäre interessant, im olympischen Jahr ihre Berichte über seine lange Karriere als faschistischer Berufspolitiker zu lesen. Und es wäre nicht minder interessant zu lesen, wie sie die universellen olympischen Ideale mit den Aktivitäten des faschistischen Olympiarats von Asien und dessen anti-israelischer Führung in Übereinstimmung bringen.

Vielleicht fragen die Journalisten einmal Ed Meyer von der Agentur Grey Public Relations, ob er sich über Samaranchs Geld freut, mit dem er ein neues Image für das IOC kreieren soll. Vor einem Dutzend Jahren, bevor Samaranch an die Macht kam, hatte das IOC ein makelloses Image. Vielleicht sollte sich Meyer erst einmal erkundigen, warum das Image heute so schlecht ist, bevor er sich daranmacht, es aufzupolieren. Und wenn die Olympischen Spiele ihm wirklich so viel gelten, wie er immer betont, kommt er vielleicht auf den Gedanken, daß das Geld für sein Honorar mehr Nutzen brächte, wenn man es in Laufbahnen und Fußballfeldern anlegte und die Olympier in ihren Dollars ertrinken ließe.

Es war kein hübscher Anblick, die Olympier in Birmingham dabei zu beobachten, wie sie sich um den überfließenden Trog drängelten. Vieles erschien uns anstößig. Wenn wir unseren Sport vor diesen Menschen retten wollen, wenn wir der Moral im Sport wieder einen Platz verschaffen wollen, müssen wir unsere IOC-Mitglieder zurückrufen und sie fragen, wie sie sich, wenn überhaupt, für unseren Sport einsetzen.

Wir müssen überlegen, ob es zum Nutzen des Sports ist, wenn wir für die Olympischen Spiele spenden und Produkte mit dem Fünf-Ringe-Symbol kaufen. In Ländern, in denen das Geld der Steuerzahler für den olympischen Sport ausgegeben wird, müssen wir fragen, was wir dafür bekommen. Worin liegt der Wert der Unterstützung einer ungenannten Zahl gedopter Sportler, die vor den Fernsehkameras Höchstleistungen vollbringen?

Vielleicht ist es an der Zeit, daß wir den Olympischen Spielen, wie wir sie bisher kannten, den Rücken zuwenden. Der Sport wird darunter nicht leiden. Die Kinder werden auch in Zukunft im Park Fußball spielen und um die Wette laufen. Aber unsere Kinder sind in Gefahr, wenn wir ihnen keine anderen Leitbilder im Sport zu bieten haben als die Bruderschaft der Spritze und die Führungsmethoden der Falange und wenn wir ihre Wahlmöglichkeiten auf jene Sportarten begrenzen, die als Instrumente des TV-Marketing manipuliert werden können.

Es ist zu spät, um an den diesjährigen Olympischen Spielen irgend etwas zu ändern. Aber 1994 wird sich die olympische Bewegung in Paris versammeln, um ihren hundertsten Geburtstag zu feiern. Dies könnte der Zeitpunkt der Erneuerung sein. Die olympischen Ideale könnten wiederbelebt werden, wenn aus aller Welt Delegationen der Nationalen Olympischen Komitees mit strikten Anweisungen nach Paris reisten. Sie müßten auf einer breit angelegten Debatte über die Rückkehr zum Amateursport und dessen Organisation durch eine demokratisch ausgerichtete Institution bestehen.

Die Aussichten dafür sind schlecht. Die Olympische Charta enthält genaue Regeln für die Art und Weise, in der die Vollversammlung in Paris durchgeführt werden muß. Sie legt beispielsweise fest, daß der Präsident des IOC als Vorsitzender die Tagesordnung festlegt und daß der olympische Kongreß nur einen beratenden Charakter hat.

Das ist nicht gut genug. Solange der IOC-Präsident den Vorsitz innehat, können wir sicher sein, daß er sich und den Status quo feiern läßt. Es ist höchste Zeit, das IOC zu umgehen und eine neue Struktur für die Organisation der Weltsportereignisse auszuarbeiten.

Wie alle Olympischen Spiele, Vollversammlungen und Tagungen wird auch der Kongreß in Paris von Unternehmen gesponsert. Aber wenn ein Unternehmen daran denkt, Samaranchs Versuch zur Erhaltung seiner hegemonialen Herrschaft zu finanzieren, so sollte ihm klargemacht werden, daß seine Produkte ebenso ungenießbar sind wie das IOC selbst.

In der Einleitung zu diesem Buch haben wir unsere Schwierigkeiten beschrieben, Repräsentanten und Funktionäre zu finden, die bereit waren, die Wahrheit zu sagen und sich zu ihren Aussagen über die Fehlentwicklungen im modernen Sport öffentlich zu bekennen. Einer der wenigen Menschen, denen der Mut dazu nicht fehlte, war der bekannte frühere britische Olympiatrainer, Lehrer und Rundfunkjournalist Ron Pickering, der 1991 unerwartet verstarb.

»Ich befürchte sehr, daß sich der Sport auf einer schlüpfrigen Talfahrt befindet, von der er vielleicht nicht mehr zurückkehrt«, erklärte uns Ron kurz vor seinem Tod. »Viele von uns sind überzeugt, daß der Sport seit ungefähr einem Jahrzehnt von Habgier, Medikamenten, Scheinheiligkeit, heuchlerischem Gerede und politischer Einflußnahme vergewaltigt wird. Und von einer schlechten Führung. Der Sport ist die einzige Institution der Menschen, die auf dem Idealismus beruht. Deshalb hat er auch dreiunddreißig Jahrhunderte überleben können. Wenn es nur darum gegangen wäre, wer gewinnt, hätte er nicht einmal dreiunddreißig Wochen überlebt. Was nicht auf moralischen Prinzipien beruht, darf sich nicht als Sport bezeichnen. Wenn die Korruption im Sport vorherrscht, müssen wir unsere Kinder davor schützen.

Wir müssen unser Ideal vom Sport eifersüchtig bewachen, wenn unsere Kinder einmal Sport treiben sollen. Sobald wir merken, daß sich jemand daran macht, die moralischen Prinzipien des Sports zu zerstören, müssen wir uns auf ihn stürzen. Sonst verlieren wir das kostbare Juwel, das wir der nächsten Generation übergeben wollen. Und ich glaube nicht, daß meine eigene Generation sich besonders gut um dieses Juwel gekümmert hat.«

Appendix A
Kalender der modernen Olympischen Spiele

Jahr	Sommerspiele	Winterspiele
1960	Rom	Squaw Valley
1964	Tokio	Innsbruck
1968	Mexiko City	Grenoble
1972	München	Sapporo
1976	Montreal	Innsbruck
1980	Moskau	Lake Placid
1984	Los Angeles	Sarajewo
1988	Seoul	Calgary
1992	Barcelona	Albertville
1994		Lillehammer
1996	Atlanta	
1998		Nagano

Appendix B
Liste der gegenwärtigen IOC-Mitglieder

IOC-Mitglieder nehmen Fragen des Protokolls überaus ernst. Die Rangordnung innerhalb des IOC richtet sich nach der Dauer der Mitgliedschaft.

Die ersten vierzehn Mitglieder sind Mitglieder auf Lebenszeit. Die Regeln wurden inzwischen dahingehend geändert, daß Mitglieder nach Vollendung des fünfundsiebzigsten Lebensjahres aus dem IOC ausscheiden müssen. Sie werden automatisch Ehrenmitglieder.

Das Durchschnittsalter der dreiundneunzig Mitglieder beträgt zweiundsechzig Jahre. Das IOC hat nur sieben weibliche Mitglieder.

Als dieses Buch in Druck ging, war der Platz des Amerikaners Robert Helmick, der im Dezember 1991 überraschend zurücktrat, noch unbesetzt. Der Status der beiden Mitglieder aus der ehemaligen UdSSR ist noch nicht geklärt.

Rang	Name	Herkunftsland	Datum der Aufnahme ins IOC	Geburtsjahr	Datum des Ausscheidens
1.	Großherzog Jean von Luxemburg		1946	1921	Mitglied auf Lebenszeit
2.	Raja Bhalendra Singh	Indien	1947	1919	Mitglied auf Lebenszeit
3.	Giorgio di Stefani	Italien	1951	1904	Mitglied auf Lebenszeit

4.	Alexandru Siperco	Rumänien	1955	1920	Mitglied auf Lebenszeit
5.	Syed Wajid Ali	Pakistan	1959	1911	Mitglied auf Lebenszeit
6.	Ahmed Touny	Ägypten	1960	1907	Mitglied auf Lebenszeit
7.	Wlodzimierz Reczek	Polen	1961	1911	Mitglied auf Lebenszeit
8.	Hadj Mohammed Benjelloun	Marokko	1961	1912	Mitglied auf Lebenszeit
9.	João Havelange	Brasilien	1963	1916	Mitglied auf Lebenszeit
10.	Marc Hodler	Schweiz	1963	1918	Mitglied auf Lebenszeit
11.	Prinz Alexandre de Merode	Belgien	1964	1934	Mitglied auf Lebenszeit
12.	Major Sylvio de Magalhaes Padilha	Brasilien	1964	1909	Mitglied auf Lebenszeit
13.	Gunnar Eriksson	Schweden	1965	1919	Mitglied auf Lebenszeit
14.	Mohamed Mzali	Tunesien	1965	1925	Mitglied auf Lebenszeit
15.	Juan Antonio Samaranch	Spanien	1966	1920	1995
16.	Jan Staubo	Norwegen	1966	1920	1995
17.	Agustin Carlos Arroyo	Ecuador	1968	1923	1998
18.	Louis Guirandou-N'Diaye	Elfenbeinküste	1969	1923	1998
19.	Virgilio de Leon	Panama	1969	1919	1994
20.	Maurice Herzog	Frankreich	1970	1919	1994
21.	Vitaly Smirnov	UdSSR	1971	1935	2010
22.	Pedro Ramirez Vazquez	Mexiko	1972	1919	1994
23.	Roy Anthony Brige	Jamaika	1973	1921	1996

24.	Manuel Gonzalez Guerra	Kuba	1973	1917	1992
25.	Ashwini Kumar	Indien	1973	1920	1995
26.	Kéba Mbaye	Senegal	1973	1924	1999
27.	Mohamed Zerguini	Algerien	1974	1922	1997
28.	Matts Carlgren	Schweden	1976	1917	1992
29.	Kevin O'Flanagan	Irland	1976	1919	1994
30.	Peter Tallberg	Finnland	1976	1937	2012
31.	José Vallarino Veracierto	Uruguay	1976	1920	1995
32.	Bashir Mohamed Attarabulsi	Libyen	1977	1937	2012
33.	Kevan Gosper	Australien	1977	1933	2008
34.	General Niels Holst-Sorensen	Dänemark	1977	1922	1997
35.	Lamine Keita	Mali	1977	1933	2008
36.	Shagdarjav Magvan	Mongolei	1977	1927	2002
37.	Philipp von Schoeller	Österreich	1977	1921	1996
38.	René Essomba	Kamerun	1978	1932	2007
39.	Hamzah Bin Haji Abu Samah	Malaysia	1978	1924	1999
40.	Yu Sun Kim	Nordkorea	1978	1932	2007
42.	Vladimir Cernusak	CSFR	1981	1921	1996
43.	Nikos Filaretos	Griechen-land	1981	1925	2000
44.	Pirjo Haggman	Finnland	1981	1951	2026
45.	Zhenliang He	China	1981	1929	2004
46.	Flor Isava-Fonseca	Venezuela	1981	1921	1996
47.	Franco Carraro	Italien	1982	1939	2014
48.	Phillip Coles	Australien	1982	1931	2006
49.	Ivan Dibos	Peru	1982	1939	2014
50.	Mary Glen-Haig	Groß-britannien	1982	1918	1993
51.	Chiharu Igaya	Japan	1982	1931	2006
52.	Prinz Faisal Fahd Abdul Aziz	Saudi-Arabien	1983	1946	2021
53.	Anani Matthia	Togo	1983	1927	2002
54.	Roque Napoleon Muñoz Pena	Dominika-nische Republik	1983	1928	2003
55.	Pal Schmitt	Ungarn	1983	1942	2017
56.	Prinzessin Nora von Liechtenstein		1984	1950	2025
57.	David Sibandze	Swasiland	1984	1932	2007
58.	Generalmajor Henry Olufemi Adefope	Nigeria	1985	1926	2001
59.	Francisco Elizalde	Philippinen	1985	1932	2007

60.	Carlos Ferrer	Spanien	1985	1931	2006
61.	Prinz Albert von Monaco		1985	1958	2033
62.	Dr. Un Yong Kim	Südkorea	1986	1931	2006
63.	Lambis Nikolaou	Griechenland	1986	1935	2010
64.	Anita DeFrantz	USA	1986	1952	2027
65.	Jean-Claude Ganga	Kongo	1986	1934	2009
66.	Anton Geesink	Holland	1987	1934	2009
67.	Slobodan Filipovic	Jugoslawien	1987	1939	2014
68.	Ivan Slavkov	Bulgarien	1987	1940	2015
69.	Paul Wallwork	West-Samoa	1987	1942	2017
70.	Ihre Kgl. Hoheit Prinzessin Anne	Großbritannien	1988	1950	2025
71.	Fidel Mendoza Carrasquilla	Kolumbien	1988	1925	2000
72.	Edward Wilson	Neuseeland	1988	1925	2000
73.	Ching Kuo-Wu	Taiwan	1988	1946	2021
74.	Rampaul Ruhee	Mauritius	1988	1927	2002
75.	Marat Gramov	UdSSR	1988	1927	2002
76.	Sinan Erdem	Türkei	1988	1927	2002
77.	Willi Kaltschmitt Lujan	Guatemala	1988	1939	2014
78.	Generalmajor Francis Nyangweso	Uganda	1988	1929	2004
79.	Borislav Stankovic	Jugoslawien	1988	1925	2000
80.	Fernando Ferreira Lima Bello	Portugal	1989	1931	2006
81.	Walther Tröger	Deutschland	1989	1929	2004
82.	Philippe Chatrier	Frankreich	1990	1928	2003
83.	Carol Anne Letheren	Kanada	1990	1942	2017
84.	Shun-Ichiro Okano	Japan	1990	1931	2006
85.	Richard Carrion	Puerto Rico	1990	1952	2027
86.	General Zein El Abdin Gadir	Sudan	1990	1940	2015
87.	Nat Indrapana	Thailand	1990	1939	2014
88.	Charles Mukora	Kenia	1990	1943	2018
89.	Oberst Antonio Rodriguez	Argentinien	1990	1926	2001
90.	Thomas Bach	Deutschland	1991	1953	2028
91.	Mario Vazquez Raña	Mexiko	1991	1932	2007
92.	Denis Oswald	Schweiz	1991	1947	2022
93.	Jacques Rogge	Belgien	1991	1942	2017

Appendix C
Im Text verwendete Abkürzungen

ANOC	Verband der Nationalen Olympischen Komitees
BOA	Olympische Vereinigung Großbritanniens
CONI	Nationales Olympisches Komitee Italiens
FIDAL	Italienischer Leichtathletikverband
FIFA	Internationaler Fußballverband
GAISF	Allgemeine Versammlung der Internationalen Sportföderationen
IAAF	Internationaler Leichtathletikverband
NOK	Nationales Olympisches Komitee
OCA	Zusammenschluß der Nationalen Olympischen Komitees Asiens
TOP	Olympisches Marketing-Programm
USOC	Nationales Olympisches Komitee der USA

Personenregister